ŒUVRES

DE

JULES LECOMTE.

TOME XXVIII.

—

L'ITALIE

DES GENS DU MONDE.

—

I

ROMANS DU MÊME AUTEUR.

ROMANS MARITIMES.

L'ABORDAGE.	2 vol.
L'ILE DE LA TORTUE.	2 vol.
BRAS-DE-FER.	2 vol.
LE CAPITAINE SABORD.	2 vol.
LA FEMME PIRATE.	5 vol.
LE FORBAN DES CYCLADES (Sous presse).	2 vol.

ROMANS DE MŒURS.

LES SMOGLERS.	2 vol.
LES FOLIES PARISIENNES.	2 vol.
UNE JEUNESSE ORAGEUSE.	2 vol.
LES AVENTURES D'UN TÉNOR ITALIEN.	2 vol.
LA MARQUISE INVISIBLE.	2 vol.
LE POIGNARD DE CRISTAL (Sous presse).	2 vol.
LA MAIN DE PLATRE (Sous presse.).	» vol.

SOUS PRESSE :

Le second volume de l'ITALIE DES GENS DU MONDE. . . . . » .

SCEAUX. — IMPRIMERIE DE E. DÉPÉE

L'ITALIE DES GENS DU MONDE.

VENISE

OU

COUP-D'ŒIL LITTÉRAIRE, ARTISTIQUE, HISTORIQUE,

POÉTIQUE ET PITTORESQUE,

Sur les Monuments et les Curiosités de cette Cité,

PAR

JULES LECOMTE.

PARIS,
HIPPOLYTE SOUVERAIN, ÉDITEUR,
RUE DES BEAUX-ARTS, 5.

1844

AU LECTEUR.

Ce volume est le premier d'une œuvre longue et patiente, entreprise sous ce titre : L'ITALIE DES GENS DU MONDE.

Lorsque la livraison VENISE paraîtra, une seconde livraison, portant le nom d'une autre grande ville de l'Italie, sera sous presse.

Les autres volumes suivront à des intervalles assez rapprochés. Les matériaux sont en partie prêts. L'auteur a passé, pour les réunir, plus de quatre ans dans le pays qu'il a entrepris de décrire d'une façon qu'il croit neuve, qu'il espère être amusante et utile.—A de courtes absences près, nécessitées par les soins à donner en France à la partie matérielle de son entreprise, l'auteur habite et habitera l'Italie jusqu'à l'achèvement de son œuvre ; vivant ainsi consciencieusement au sein des choses et des gens dont il parle.

Pour consacrer spécialement ces lignes au présent volume, à cette première livraison de *l'Italie des Gens du monde*, nous dirons que le but de l'auteur a été celui-ci : offrir au voyageur qui passe quelques jours, ou plutôt quelques semaines d'agrément à Venise, ce qu'une année de travaux et d'études a permis de réunir dans ce volume. Celui qui écrit ces lignes a espéré que Venise et le touriste y gagneraient quelque chose.

Il lui a semblé que le livre qui n'offre au lecteur que des dates arides, qui ne lui apprend que le nombre de colonnes ou de fenêtres d'un temple ou d'un palais, ne *guide* que les yeux. Il a essayé de *guider* un peu l'esprit.

Venise puise une notable partie de son intérêt actuel dans la grandeur de ses souvenirs. Chacun de ses monuments voit doubler cet intérêt dans les traces qu'a laissées l'histoire : on a tenté de montrer ici le passé à travers le présent.

Nous n'avons pas, hâtons-nous de le dire, la prétention d'apprendre quelque chose au savant, à l'homme voué par état aux diverses spécialités qu'il a fallu aborder dans ce livre. Les savants, les hommes spéciaux vont chercher ce dont ils ont besoin dans les œuvres classiques qu'offrent les bibliothèques. Nous avons écrit pour la majorité des voyageurs, pour ceux qui viennent à Venise afin de se distraire, de satisfaire leur curiosité, de se créer d'agréables et poétiques souvenirs. Notre livre s'adresse aux gens du monde, aux dames, aux artistes, aux personnes qui ont les goûts littéraires.

Quant aux habitants de cette glorieuse cité, nous ne saurions avoir l'inadmissible prétention de leur apprendre quelque chose. Un étranger tente-t-il d'enseigner au fils les faits d'armes de son père? Il ne saurait y avoir ni d'un côté cette présomption ni de l'autre ce besoin.

Voilà pour l'idée du livre. Qu'on nous permette à présent quelques mots sur le plan suivi pour l'exécution.

On peut, en thèse générale, avancer cet axiome : tous les livres écrits sur l'Italie se copient mutuellement.

Plusieurs se sont faits sans que leur auteur ait vu les lieux dont des espérances de spéculation le faisaient parler. Nous avons la prétention d'avancer que notre œuvre sort de ces classifications. Les *custodes* des monuments et des bibliothèques se seront enivrés d'autre chose que des sublimes beautés des œuvres qu'ils gardent, s'ils ont pris à la lettre les nombreux *pour-boire* qui marquent dans leurs souvenirs la durée de notre séjour dans la cité adriatique.

Si nous disons ce qui a déjà été dit avant nous, c'est qu'on n'invente pas les faits accomplis, les traditions, l'histoire, pas plus que le peintre n'invente les arbres, les nuages, la nature qu'il copie. Nous avons souvent puisé, sans doute, où nos devanciers auront puisé eux-mêmes. La plume a fait comme le pinceau : cent peintres ont reproduit Venise, mais chacun est responsable de son exécution.

C'est sur cette exécution que s'attache notre défiance. La matière si belle et si riche est hors de cause; c'est l'or pur, dont, habile ou maladroit, l'ouvrier fait un magnifique ou un médiocre bijou.

C'est donc cette exécution, cette main-d'œuvre que nous voulons tenter d'expliquer, sinon défendre; car, si nous n'avons pu inventer les faits et l'histoire, la forme de ce livre est bien nôtre : c'est l'expression de notre originalité, de notre façon de voir et de sentir, les raisons de la forme adoptée sont celles-ci :

Il nous a semblé qu'un livre destiné à l'étranger, dans une ville comme Venise, ne devait pas être comme ces dictionnaires secs et arides qu'on ouvre pour y chercher un mot, une date, et qu'on rejette ensuite, comme incapables d'offrir le texte d'une lecture continue.

Nous avons cru que ce qu'il fallait, était plutôt un livre qui racontât et expliquât en indiquant — qui guidât l'opinion et le jugement des moins experts — un livre qui causât littérairement et sans pédantisme avec son lecteur, et tentât de lui apprendre quelque chose en l'amusant.....

Nous ne saurions avoir la prétention d'avoir atteint ce résultat — mais au moins pouvons-nous dire que c'est à en approcher que nous avons visé.

Nous avons tenté de faire un livre qui fut bon à quelque chose de plus qu'à être consulté dans d'arides expositions métriques et numériques, ou pour des adresses ou des dates, tout en prenant de ces choses ce qui était nécessaire comme base, nous avons essayé d'écrire une œuvre qu'on pût lire chez soi, avant de voir, — au retour, après avoir vu, — sur les lieux et dans le trajet des gondoles — quelque chose qui, au besoin, put donner une idée de Venise à ceux qui ne la connaissent pas — et la put rappeler aux personnes qui l'ont vue.

Nous croyons donc que notre plan offre quelque nouveauté : en face du monument à visiter, de la chose à examiner, nous disons ce qui nous semble indispensable pour en faire apprécier l'intérêt ou la valeur, suivant qu'il s'agit d'histoire ou d'art. Puis un renvoi alphabétique désigne la note placée à la fin du chapitre courant, laquelle note complète ce qui ne pouvait entrer dans le texte, lequel doit marcher comme le visiteur — le texte a des jambes — la note s'assied.

C'est là qu'on trouvera le souvenir historique, qui double l'intérêt qu'inspire la chose à laquelle il s'attache — là est l'anecdocte, — l'observation critique qui veut des développements, — la notice biographique — la révélation curieuse — la tradition poétique, etc. Mais le texte courant en dit au besoin assez sur la chose visitée, pour que le lecteur puisse se dispenser de lire sur les lieux les notes complémentaires.

Enfin pour suivre l'exécution de ce plan dans ses applications diverses, et éprouvant la nécessité de faire entrer parfois dans cette œuvre ce que l'histoire, la science et l'art ont de sérieux, nous avons essayé de donner à ces graves personnages le masque et le domino d'un déguisement littéraire, nous avons fait à propos des dates, des noms propres, des mesures, des chiffres, de l'archéologie et de toutes ces indispensables bases du livre, ce qu'on fait (qu'on nous passe la trivialité de la comparaison!) avec les enfants qui avalent, sans s'en apercevoir, un remède nauséabond, parce qu'il est entouré de sucre : l'aridité de nos lignes pédantesques a été de notre mieux enveloppée, déguisée avec les friandises du style.....

Ne pouvant, comme un cicerone de place, prendre le lecteur par le bras et le conduire de rue en rue, imposant ainsi à sa fantaisie, au temps qu'il veut y mettre et à son désir de varier la nature de ses impressions, l'arbitraire de notre caprice, nous n'avions donné à nos chapitres aucune liaison matérielle de distance et de proximité. Il nous a semblé beaucoup plus raisonnable et logique de classer ces chapitres, ayant tous pour objet un grand monument ou un enchaînement de choses de même sorte, dans un ordre moral et progressif, au point de vue des connaissances à acquérir pendant le séjour à Venise.

Ce que l'on aura vu hier, servira à mieux comprendre, à mieux goûter ce que l'on verra aujourd'hui, les mesquines considérations de quelques pas ou de quelques coups de rame, nous ont paru puériles, en comparaison du profit intellectuel que le voyageur devra trouver à ce parti pris.

C'est ainsi qu'avant de faire entrer le lecteur au palais ducal, un chapitre lui explique ce qu'étaient *le Doge, le Dogat, la Noblesse vénitienne, le Conseil des dix*, etc.

De même avant de s'embarquer pour visiter le grand canal, il trouve le chapitre intitulé *Gondoles et Gondoliers, Nicolotti et Castellani*, etc.

De même s'il a fait une connaissance en règle avec la physiologie de l'école de peinture vénitienne et ses artistes, il jugera mieux les peintres dont les œuvres sont réunies à *l'Académie des Leaux-arts*, et le mérite des galeries et collections particulières des palais.

Et ainsi pour tout.

Au reste, les diverses sortes de tables alphabétique, analytique et paginale faciliteront toutes les recherches, et permettront au voyageur de lire en peu d'instants, sur le lieu où il en sentira naître l'intérêt, tout ce qui peut être répandu çà et là sur tel homme, telle œuvre, tel fait, dans tout le cours de l'ouvrage.

Ce à quoi nous avons dû nous attacher, c'était de mettre de l'ordre dans les indications intérieures une fois entré dans un monument. On pourra donc suivre à la lettre la marche de ces indications.

Ce plan nous a semblé clair, simple et littéraire à la fois, résumons-le en dernières lignes pour en offrir la clef : lire le livre et voir la ville dans l'ordre suivi par nos chapitres ; le premier étant un coup-d'œil général sur une histoire dont le reflet, sur la curiosité et les monuments de cette cité, est comme un soleil qui la dore et les fait mieux voir ;

Lire le texte sur les lieux visités ainsi que les notes les plus courtes, si l'on peut, afin de mieux frapper l'esprit par la double étude matérielle et morale : la pierre, le marbre, le tableau, la statue pour l'œil — le passé, l'histoire de ces choses, le fait anecdotique, la tradition pour l'esprit — le reste des notes chez soi, dans le trajet, etc.

Nous avons cru devoir étendre les notes biographiques jusqu'à la génération actuelle, afin de fournir au lecteur les moyens de ne pas rester étranger aux conversations qui pourraient avoir lieu en sa présence, sur les hommes distingués, les articles remarquables qui datent à Venise, au XIXme siècle.

Un autre genre de précaution nous a semblé utile — c'était d'inscrire en italien les noms et titres des monuments, localités et choses diverses que l'étranger peut avoir besoin de nommer, on comprend que si nous avions, par exemple, traduit *San-Stefano*, en *Saint-Etienne* — les *Scalzi*, en *Déchaussés*, le voyageur eût mal réussi à se faire, au besoin, enseigner ces églises ; en général nous nous sommes montré le plus sobre possible dans l'emploi de la langue italienne et en citations, car on doit supposer que la majorité des voyageurs ignore cette langue, ou ne la connaît pas suffisamment pour se faire jour dans des citations qui sont généralement d'une langue compliquée ou élevée — pour compléter cette mesure, ce que nous avons été contraint de citer est toujours accompagné de la traduction.

Nous ne ferons pas ici la nomenclature de tous les ouvrages, chroniques, et monuments que nous avons consultés. Car ce se-

rait, croyons-nous, une énumération aussi inutile que fastidieuse.
— Et pour en finir avec cet indispensable exposé de nos intentions et de notre but, nous dirons comme *Clara Gazul* dans les prologues du théâtre espagnol :

« Pardonnez les fautes de l'auteur. »

Et la toile se lève sur la pièce !

L'ÉTRANGER A VENISE

SOMMAIRE.

Conseils au voyageur. — Topographie de Venise. — Notions statistiques. — Arrivée à Venise. — Du choix d'un hôtel. — Diverses classes d'hôtels. — Des mesures à prendre pour être en règle avec la police. — Explication des monnaies relatives. — Des Consulats. — Des Logements garnis. — Restaurants. — Cafés. — Gondoles. — Théâtres. — Climat. — Hygiène. — Nourriture. — Médecins. — Pharmacien. — Bains. — Natation. — Acquisitions d'étoffes, de Nouveautés. — Tailleurs. — Couturière. — Marchande de modes. — Chapelier. — Chaussure. — Gants. — Coiffeur. — Parfumerie. — Antiquités. — Tableaux. — Objets d'art. — Librairie ancienne et moderne. — Cabinet de lecture. — Bijouterie. — Articles divers. — Verroteries, perles, articles de Murano. — Papeterie. — Vues de Venise. — Musique. — Les Artistes. — Les Ateliers. — Des diverses sortes de dispositions à prendre pour partir : les bateaux à vapeur et le Levant. — Les Voiturins. — La diligence. — Le Courrier. — La Poste. — Conclusion.

Sous ce titre, et par concession au désir de l'éditeur, nous essaierons d'offrir au voyageur quelques conseils et renseignements de localité, qui paraissent de première utilité. Nous prévenons à l'avance que nous avons mis la plus consciencieuse sollicitude à réunir les éléments de ce chapitre ; que les indications qui y sont offertes, sont le résultat, soit d'une expérience personnelle consommée, après plus d'un an de séjour consécutif à Venise, soit enfin le résumé de l'opinion des Vénitiens les plus compétants sur chaque objet.

Commençons par quelques détails géographiques et statistiques, indispensables comme base de tout le reste.

VENISE, l'une des deux capitales du royaume Lombard-Vénitien, est bâtie sur 72 îles, qui s'élèvent du sein des lagunes, et dont le sol a été consolidé, raffermi sur une foule de points, par des pilotis, des immersions de cailloux, des assises de pierres.

A vol d'oiseau, la configuration générale de Venise la fait ressembler à une *amphore*, dont le goulot est un jardin public, vers le Lido, et la base aux extrémités qu'on aborde, lorsqu'on arrive soit par *Mestre*, soit par *Fusine*.

Si l'on arrive par Mestre, on parcourt le centre de la ville par le grand canal ou *canalazzo*, qui forme une S fabuleusement grande, au sein de la cité.

Si c'est par Fusine qu'on débarque, on arrive par le canal de la *Giudecca*, en prolongeant la masse de Venise dans la partie sud.

Outre ces deux canaux principaux, cette ville singulière est coupée en tous sens par 146 autres petits canaux, qui divisent les uns des autres les 72 îlots que réunissent 508 ponts publics, la plupart de marbre ou de pierre.

L'ensemble des palais et des maisons de Venise présente un total d'environ 28,000 édifices, dont 6,200 bordent le grand canal. Les îlots qu'encadrent les 147 petits canaux ci-dessus mentionnés, sont, en outre, parcourus par 2,100 rues, ruelles, impasses, passages, allées-percées, qui y rendent la circulation des piétons aussi commode que l'est celle des canaux pour les gondoles.

La population de Venise est aujourd'hui d'environ 116,000 âmes. Sous les beaux temps de la République, elle s'est élevée jusqu'à 190,000, alors que cette cité florissante commandait en terre ferme, et en Orient, à plusieurs millions de sujets.

De l'est à l'ouest, c'est à-dire dans sa plus grande longueur, la ville a *deux milles et trois quarts*, presqu'une lieue de long.

Du nord au sud, c'est-à-dire dans sa plus grande largeur, elle présente *un mille et trois quarts*.

Sa circonférence générale est de *six milles et demi*.

Elle est à deux lieues du continent; sa situation est à l'extrémité nord ouest du golfe Adriatique.

Environ 25 autres îles, d'importance diverse, sont éparpillées dans les lagunes, au sein desquelles se trouve Venise. Il est parlé des principales dans cet ouvrage.

Ni assaut ni blocus n'ont jamais livré Venise à l'ennemi.

L'eau croît autour d'elle d'environ quatre pouces par siècle. D'après cette proportion, dont la constatation résulte des plus attentives observations recueillies, à différentes époques, par les hommes de l'art, si Venise subsiste encore dans mille ans, elle verra toutes ses rues envahies par l'eau, à chaque retour de marée.

Maintenant, nous prendrons l'étranger à la descente du bateau-poste qui l'a apporté de *Mestre* ou de *Fusine*, et au moment où il met le pied sous le vestibule de l'ancien *Palais Grimani*, aujourd'hui *Administration des Postes*, pour les lettres et les voyageurs, ou nous le suivrons dans sa gondole particulière, s'il ne descend pas à l'office des Postes.

La première préoccupation de l'étranger, qui se trouve ainsi arrivé ou déposé au centre même de la ville, c'est le choix d'un hôtel. Nous allons lui en désigner plusieurs, les meilleurs qui soient, chacun dans sa classe. Les détails offerts sur chacun de ces établissements guideront le choix à faire :

ALBERGO REAL — HOTEL ROYAL.
Chez Danieli.

C'est le premier hôtel de Venise.

Ancien palais *Nani-Mocenigo*, construction dans le haut goût mauresque du moyen-âge ; sa situation est admirable : il s'élève sur la *Riva dei Schiavoni*, ou quai des Esclavons, à deux pas du *Palais ducal*, de la *place Saint-Marc*, de la *Basilique*, du *Jardin du gouvernement*, etc. Les fenêtres de la façade planent sur l'entrée du *Grand Canal*, la rive de la *Piazzetta*, l'église de *la Salute*, le canal de la *Giudecca*, le port, les lagunes, les îles de Saint-Georges-Majeur, de Saint-Servolo, de Saint-Lazare, le Lido, etc.

L'*Hôtel royal* jouit d'une vieille et solide réputation, étant toujours resté dans la famille de son fondateur. C'est là que descendent presque toujours les princes et les grands personnages : il a reçu des têtes couronnées. Le *duc régnant de Brunswick* y passe un ou deux mois tous les printemps. On y a souvent logé les membres des familles impériales d'Autriche et de Russie.

Grands et splendides appartements de l'ancien palais patricien, avec balcons sur l'immense perspective qu'embrasse l'hôtel, — appartements secondaires, — pianos, — bains, — gondoles et *cicerones* au service des voyageurs.

On parle, à l'*Albergo reale*, toutes les langues nécessaires. La cuisine est des plus renommées ; la cave, de longue date entretenue de tous les vins du pays et de l'étranger, a une réputation à Venise. — Il n'y a pas de *table d'hôte*.

Parmi les souvenirs des célébrités voyageuses on montre à l'*Hôtel royal*, la chambre où un des premiers écrivains de ce siècle, *George Sand*, a composé son roman vénitien, intitulé *Leone-Leoni*. — Dans ses *Lettres d'un voyageur*, la célèbre femme parle de cet Albergo. — M. de Balzac y a aussi logé un peu avant l'époque où il fit paraître *Gambara*.

ALBERGO DEL' EUROPA — HOTEL DE L'EUROPE.
Chez Arnaud Marseille.

Cet hôtel, qui occupe l'ancien palais *Giustiniani*, bel édifice de l'architecture arabe du seizième siècle, est des premiers de Venise. Il est dans une des situations les plus remarquables qu'il soit possible de trouver, à l'embouchure du *Grand Canal*, sur lequel plane la majorité de ses appartements, à quelques pas de la *place Saint-Marc*, de la *Basilique*, etc. — Des balcons de la salle à manger, la vue, qui embrasse les principaux édifices de Venise, s'étend sur les îles, la lagune, le Lido, et au loin jusqu'à la pleine mer.

Cet hôtel compte plus de 25 ans de fondation. Il renferme soixante chambres ou appartements meublés avec confort. Le service y est excellent, la table renommée ; on y parle français, anglais, allemand, etc. Des gondoles attachées à la maison et des guides pour la visite des monuments sont aux ordres des voyageurs. L'*Hôtel de l'Europe* est le seul parmi les grands hôtels de Venise qui, pour le moment, ait une *table d'hôte* : circonstance d'autant plus favorable aux familles voyageuses, que cette table est des mieux composées ; ce à quoi les propriétaires veillent avec sollicitude. Les prix de cette vieille et recommandable maison, qui s'est attachée avec soin à suivre tous les progrès du confortable moderne, sont des plus raisonnables. La cave est abondamment fournie en vins italiens et étrangers.

Nous recommandons l'*Hôtel de l'Europe* à nos lecteurs, qui s'en trouveront aussi bien, nous l'espérons, que de tout ce que nous leur avons indiqué par ailleurs sur Venise.

HOTEL ROYAL DU LION BLANC.
(ALBERGO REALE DEL LEONE BIANCO.)
Chez M. Ch. Marchetti.

Cet établissement est de premier ordre. Il est situé sur le centre du Grand Canal, dans une des positions les plus heureuses, à deux pas du *palais Grimani*, ou Administration des postes, où descendent les voyageurs. Un grand nombre de ses appartements planent sur le Canal, ce *corso* de Venise, et jouissent d'une belle perspective et de la vue du célèbre pont de Rialto. Ce centre de la ville, choisi par tous les patriciens pour y élever leurs splendides palais, est des plus originaux et des plus animés de la cité dogale.

Chambres et appartements meublés confortablement; nombreux domestiques, service minutieux et attentif, cuisine renommée, cave garnie des meilleurs vins indigènes et étrangers. Des gondoles et des guides pour promenades et visites des monuments sont au service des voyageurs. On va y établir une table d'hôte, pour l'excellent service de laquelle le chef de cet établissement mettra toute sa sollicitude.

Il y a, dans la maison, des bains d'eau douce et de mer.

L'*Hôtel du Lion-Blanc*, qui jouit d'une vieille réputation auprès de la classe distinguée des voyageurs, a souvent reçu des familles princières. C'est le seul qui soit à Venise dans cette partie si pittoresque et si animée du Grand Canal, au centre des magnifiques palais de l'ancien patriciat.

ALBERGO D'ITALIA. — HOTEL D'ITALIE.
Chez MM. Guidetti.

C'est un charmant établissement où tout est neuf ou nouveau : mobilier, vaisselle, service, zèle du propriétaire et des employés, tout.... excepté les vins, bien entendu.

Il est situé au centre de la ville, à *San-Mosè*, avec des terrasses et un belvédère qui planent sur tous les monuments de Venise, — à quelques pas de la place *Saint-Marc*, — à quelques coups de rame du *Grand Canal*, — non loin de la *Fenice*.

Bâti expressément pour sa destination, la distribution en est des plus confortables. Quarante chambres et appartements meublés avec une élégance parfaite; salons de réception, balcons sur le canal; l'hiver, des tapis dans toutes les chambres, ce qui n'est pas chose absolument commune en Italie.

Les propriétaires de ce joli hôtel ont fait construire des salles de bains accessibles à toute heure. Bains d'eau salée, mixtes ou d'eau douce, chauds et froids. Chaque cellule meublée avec confort.

La cuisine est excellente, le service attentif et minutieux. C'est un établissement qui a sa réputation à fonder, et qui s'efforce d'y faire contribuer toutes les personnes qui l'ont éprouvé. Les prix sont extrêmement discrets. — On parle, outre l'italien, le français, l'anglais, l'allemand et le hongrois dans ce charmant hôtel.

Un des propriétaires tient un magasin extrêmement bien fourni en nouveautés de toutes espèces, soieries, lingeries, étoffes assorties, et aux prix les plus modérés, derrière la place Saint-Marc (*Voir plus loin l'article spécial sur ce magasin.*

POLICE.

Maintenant que nous avons logé le voyageur, assurons sa tranquillité, en lui indiquant les indispensables mesures de police auxquelles il doit se soumettre, pour régulariser son passage ou son séjour à Venise.

L'étranger se classe dans deux destinations : ou il passe seulement quelques jours dans la ville, à l'hôtel, et il reste *sur passeport*;

Ou il veut séjourner, se fixer quelque temps, et il lui faut un *permis*, une *carte de séjour*, dite *di permanenza*.

On se munira du reçu imprimé qui a été donné à l'arrivée à Venise, en échange du passeport, et on se rendra, ou, à la rigueur, on enverra à la police, *au bureau des étrangers*, rendre compte de la position qu'on veut prendre.

C'est la seule démarche de ce genre qu'on aura à accomplir, pouvant aussi, la veille du départ, envoyer chercher le passeport, à l'aide du reçu, si l'on n'y va pas soi-même. Le voyageur qui serait sur *carte de séjour*, et qui désirerait prolonger ce séjour au-delà du terme demandé d'abord, et fixé sur son permis, devra le faire renouveler lorsque son échéance en sera arrivée.

MONNAIES.

Ceci est une très grave affaire. Les monnaies d'Italie sont, en général, fort embrouillées, multiples, souvent arbitraires, et celles du *Lombardo-Veneto* le sont par-dessus tout.

A Venise, on compte principalement par livres autrichiennes, ou *zwanzigers*. C'est la monnaie *légale* 100 liv. autr., ou zwanz , font 87 francs de France. Les monnaies d'or consistent en *souveraines, demi-souveraines* et *sequins*. Celles d'argent sont : le *thaler*, qui vaut 6 liv. autr., ou 5 francs 22 centimes ; le *florin*, ou *demi thaler*, qui vaut 3 liv. autr., ou 2 francs 61 cent., et enfin la livre autrichienne, ou *zwanziger*, qui vaut 87 centimes de France.

Les *napoléons d'or*, au change, valent 23 liv. autr. et quelques centimes, suivant le cours — en paiement supérieur à leur valeur, on les écoule à 24 liv. autr.

L'étranger qui prend de l'argent chez le banquier fera bien de se faire donner des *thalers* ou des liv. autr., ou *zwanzigers*, de préférence à toute autre monnaie.

CONSULATS.

Voici les noms, titres et adresses, des membres de la diplomatie consulaire, par ordre alphabétique de pays :

Amérique septentrionale : — M. Albert Dabadie — consul. — M. Holms, vice-consul-gérant — à *San-Vital*.

Bavière : — M. Ant. Cornet, conseiller royal, chevalier de l'ordre de Saint-Michel — agent consulaire — à *SS-Apostoli*.

Belgique : — M. Jean Papadopoli, chevalier de l'ordre de Léopold — consul — à *Santa-Maria-Formosa*.

Danemarck : — M. Ch.-A. Martens — consul — à *San-Canciano*.

Deux-Siciles : — M. G. Campana — vice-consul — à *San-Zaccaria*.

France : — M. A. de Franqueville, chevalier de la Légion-d'Honneur et autres ordres étrangers — consul — à *San-Vital* et sur le Grand Canal, palais *Cavalli*.

Grande-Bretagne : — M. G. Colston-Tatam — vice-consul — à *San-Vital*.

Grèce : M. George Zezzo — à *Santa-Maria-Formosa*.

Hanovre : — Le même que pour la Grande-Bretagne (*Voir plus haut*).

Lucques : — Le même que pour la Sardaigne (*Voir plus bas*).

Pays-Bas (Hollande) : — M. Fréd. Risch — vice-consul — à *SS-Giovanni-e-Paolo*.

Portugal et Brésil : — M. Ant.-L. Ivancich — vice-consul — à *San-Zaccaria*.

Prusse : M. Fréd. de Kœpff — consul — à *Santa-Maria-Formosa*.

Rome : M. Joseph Battaggia, chevalier de l'ordre de Saint-Grégoire-le-Grand — consul-général — à *San-Giacomo d'all'-Orio*.

Russie : — M. B. Freygang, conseiller d'État de Russie, chevalier de plusieurs ordres — consul-général — à *San-Maurizio*.

Sardaigne : — M. Ant. Faccanoni, chevalier de Saint Maurice-et-Lazare — consul-général — dans la *Merceria*.

Suisse et Norwège : — M. Fréd. Oexle — consul — à *San-Stefano*.

Toscane : — M. M.-Ant. Zannena, chevalier de l'ordre granducal de Toscane, etc. — consul général — à *Santa-Maria-Formosa*.

LOGEMENTS GARNIS.

Maintenant, nous prévoirons le cas où le voyageur voudrait quitter l'hôtel pour s'établir *en garni*, ou louer une maison.

Rien de plus aisé que de trouver, à Venise, des chambres ou des appartements moyens — rien de plus difficile que de se procurer un vaste logement, surtout si l'on tient (et nous conseillons bien d'y tenir!) à se loger sur le Grand-Canal; hors la place Saint-Marc et le Grand-Canal, on ne jouit pas de Venise, comme habitation.

Les petits logements sont à bon marché. On trouve des chambres de garçon pour 20 francs par mois, de petits appartements pour 30 à 40 fr, — moitié en sus, si l'on tient au Grand-Canal. L'habitude, à Venise, est de coller de petits carrés de papier blanc sur les auvents des locaux à louer, ce qui guidera la recherche de l'étranger. Des logements complets sont à des prix raisonnables, bien qu'en petit nombre. Dans les positions d'élite de la ville, les appartements ou les palais *non meublés* se trouvent assez aisément.

S'adresser, pour les indications de logements grands et petits, chez le sieur *Domenico Ciampi*, au petit négoce d'antiquités et de tableaux, à *San-Marco all' Ascensione*, à deux pas derrière la place Saint-Marc. Là se trouve un registre des logements vacants, comme des maisons et palais à vendre, etc.

RESTAURANTS.

Celui qui a quitté la vie d'hôtel pour s'installer en garni, s'il n'a pas un train de maison, devra chercher son dîner dans les établissements qui offrent aux célibataires une bonne hospitalité culinaire. Par malheur, nous devons le dire, les bons restaurants sont une exception à Venise.

Dans la recherche de cette exception, nous avons fait plus d'une épreuve, plus d'une école, plus d'une regrettable tentative... Nous voulons éviter pareil sort à nos lecteurs, et les faire jouir, dès le premier jour, du résultat de plusieurs mois de recherches, de comparaisons, d'investigations et d'analyse... ensemble d'expérience auquel nous devons encore ajouter en masse toute celle acquise en détail par nos amis!

Donc le célibataire ou la petite famille, condamnés à satisfaire ce besoin si commun à tous les êtres : infirmité pour ceux-ci, jouissance pour ceux-là, se rendront sur la place Saint-Marc, du côté des vieilles Procuratives, et demanderont qu'on leur enseigne le *Campo Gallo*. C'est à deux pas de la place. Arrivés sur cette petite place, où se dresse l'habitation de Canova, recommandée au regard par son inscription lapidaire, ils trouveront à droite une maisonnette, ayant pour enseigne CAFFE HOUSE, qui renferme l'établissement gastronomique que nous leur recommandons. On y mange à la carte ; la cuisine est excellente, les articles de premier choix, les vins bons, le service bien fait et les prix fort modérés. — On parle plusieurs langues dans la maison. Au premier étage sont des salles pour les familles.

CAFÉS.

Au chapitre sur la place Saint-Marc, nous avons parlé de l'immense consommation de café qui se fait à Venise, et nous avons dit quelque chose de la physiologie des lieux où se fait cette consommation. Nous renverrons le lecteur à ces détails pour former son expérience morale : ici nous nous bornerons à rappeler les lieux.

Les cafés *Florian* et *Quadri* sont les deux principaux de la place Saint-Marc, ce centre des cafés vénitiens. *Florian*, situé au milieu des *Procuratives neuves*, est particulièrement fréquenté par les voyageurs français et anglais. — Il a aussi sa société d'habitués vénitiens, qui occupe presque exclusivement une des salles. On trouve à *Florian* bon nombre de journaux italiens, français anglais et allemands. Les objets en consommation sont d'excellente qualité ; on y peut déjeuner ou souper à la fourchette, si l'on n'est pas trop gastronome. — Les garçons sont prévenants et polis — on y parle plusieurs langues — les dames y vont sans la moindre inconvenance — on ne fume pas à l'intérieur.

Le café *Quadri*, ou café *Militaire*, situé en face, sous les vieilles Procuratives, est plus particulièrement fréquenté par les corps d'officiers et les Allemands. L'hiver, particulièrement, cette société se centralise dans les salles, où l'on fume comme en pleine Hollande. La consommation y est fort bonne, et l'on y trouve un assortiment de journaux en diverses langues.

L'été, ces deux établissements rivalisent pour le nombre de tables et de chaises qu'ils éparpillent sur la place, en avant de leurs arcades. — La foule s'y arrête pour prendre des sorbets. Mais à l'intérieur comme sur la place, le café Florian conserve une physionomie plus aristocratique et plus exotique qu'aucun autre.

GONDOLES.

On les prend, principalement dans la journée, à la rive de la Piazzetta. Voici le tarif :

Une gondole à une rame, première heure, une livre autrichienne ou *zwanziger* — les heures suivantes, une demi-zwanz par chacune. — Pour deux rames, le double, à moins de convention préalable, ce qui permet presque toujours d'obtenir une réduction sur ce taux. — La journée, 4 zwanz. — depuis six heures du matin jusqu'à minuit. — Pour deux rames, le double, à moins aussi d'accord préalable. — Pour une course, on doit faire prix en proportion de ce tarif — bonne-main ou *pour-boire* en sus, dans tous les cas. — Pour traverser le canal aux points où stationnent les gondoles, six centimes, fût-on plusieurs personnes — la nuit, le double. — Tous les cas qui ne sont pas spécifiés ici, tels que, excursions aux îles éloignées, mauvais temps, course forcée, etc., devront être débattus *à l'avance*, pour éviter l'ennui de contestations, le gondolier étant généralement peu scrupuleux dans ses prétentions, lorsqu'il croit avoir affaire à des étrangers capables de se laisser rançonner.

THÉATRES.

Il est rare, deux ou trois mois d'été exceptés, que Venise soit sans théâtre lyrique. *La Fenice*, la plus importante de ses salles, ouvre pendant toute la saison d'hiver, dite de *carnaval*. Au printemps et en automne, des compagnies exploitent les scènes de *San-Benedetto* et de l'*Apollo*.

Les loges, à *la Fenice*, coûtent assez cher les jours de bon spectacle, attendu qu'elles sont toutes propriétés ou locations particulières de gens qui veulent en jouir. Cependant, on peut s'en procurer, à cause des absences ou deuils de familles titulaires. Une loge aux rangs inférieurs, pour la saison d'hiver, coûte environ 1,000 zwanzigers; l'abonnement personnel environ 60 zwanzigers pour la saison d'hiver. — Le prix d'entrée, hors abonnement, 5 zwanzigers. Dans les théâtres secondaires, on trouve toujours des loges et à bon marché. Les prix d'entrée, pour ces derniers, sont généralement d'une livre autrichienne. Pour renseignements ou location de loges ou de stalles, il faut s'adresser, dans la journée, à un petit bureau spécial, qui se trouve vers le milieu des vieilles Procuraties. Les affiches de théâtre, qui sont à sa porte, le désignent.

Durant tout séjour à Venise, il convient de s'abonner au théâtre lyrique ouvert, où se transporte ordinairement le centre social.

CLIMAT, HYGIÈNE ET NOURRITURE A VENISE.

C'est ici le lieu de parler de ces différents textes, liés l'un à l'autre par le besoin de bien-être matériel, après lequel courent les gens en santé, et particulièrement les malades voyageurs.

Du climat d'abord :

On pourrait être tenté de croire que, située comme l'est cette ville, au sein des lagunes, son air fût empreint de vapeurs et d'humidité pernicieuses : il n'en est rien pourtant, et les études les plus sérieuses, faites par des hommes éminents dans la science, prouvent que l'air de Venise est excellent. Il est continuellement renouvelé par les vents d'*est* et de *sud-est*, qui le dépouillent de tout gaz nuisible. Le célèbre docteur vénitien Brera, et le médecin français Thouvenel, qui ont beaucoup étudié le climat de Venise, attestent qu'il est doux, égal, léger, et, au total, infiniment moins humide que celui de Milan et même que celui de Padoue. Les malades atteints de phthisie pulmonaire, les scrofuleux, les rachitiques trouvent, dans les émanations salines de son atmosphère, une respiration très favorable à leur guérison. Les vases et les algues des lagunes donnent aux bains de mer une qualité extrêmement efficace pour la disparition d'une foule d'affections, et ils sont, pour les gens en santé, un fortifiant éprouvé.

A l'époque où les pestes, venues d'Orient, ravagèrent en grande partie l'Italie, sévissant avec un acharnement particulier sur Milan et Florence, Venise fut des moins maltraitées parmi les villes soumises au fléau. Plus récemment, le choléra-morbus l'épargna aussi plus que les autres cités d'outre-Alpes.

En somme, le climat de Venise est *conservateur*, et la santé générale y est remarquable. — On y parvient communément à un âge avancé, et on y cite quelques centenaires.

Au reste, nous ne nous étendrons pas trop sur cette matière intéressante pour les nombreux étrangers qui choisissent Venise à cause des avantages de son climat, pour y faire des séjours et y suivre des cures, sachant que très prochainement il doit être publié un savant ouvrage sur les influences du climat de Venise, avec des considérations spéciales sur les maladies de poitrine, ouvrage dû aux laborieuses et ingénieuses recherches de M. le docteur Taussig, l'un des médecins réputés de Venise.

Passons maintenant à ce qui intéresse particulièrement les voyageurs en parfaite santé.

La nourriture est excellente à Venise, et le régime ichthyologique justement renommé. Les huîtres et les moules très saines et d'une saveur parfaite, excepté pendant l'été, comme dans les autres pays. On n'en pêche plus à l'arsenal pour la vente.

Les bœufs viennent de Styrie. Comme ils sont uniquement élevés pour l'alimentation, leur chair acquiert une qualité supérieure. — Les veaux sont fournis par Chioggia, pour une petite partie de la consommation, et par les provinces vénètes de la terre ferme pour le reste ; la chair en est réputée. — Les provinces de Padoue et de Citadella fournissent des moutons excellents. — La volaille provient des environs de la côte ; les vallées qui s'étendent de la côte de Chioggia à Rovigo sont peuplées de canards sauvages, d'une chair fort estimée, et qui s'expédient dans toute la Lombardie. — La proximité des marais rend le gibier abondant, et l'hiver apporte beaucoup de bécassines. Le lièvre est estimé, le lapin dédaigné même par le peuple.

Le poisson de l'Adriatique jouit d'une réputation européenne. Venise le pêche en abondance : ni Naples ni Gênes ne peuvent lutter avec cette ville pour la variété de ces produits marins. Le rouget (*triglia*) et la *lissa* (gros poisson qui atteint quelquefois jusqu'à 40 livres) sont des plus estimés. L'esturgeon (*storione*) est abondant et exquis, le turbot (*rombo*), les sardines fraîches (*sardelle*), qu'on a surnommées les ortolans de l'Adriatique, les soles (*sfoglie*), le thon*, parfois d'une grandeur démesurée, sont tous poissons communs sur les tables vénitiennes, et de qualités supérieures.

Les fruits abondent. Une partie est récoltée sur les îles des lagunes ; Vérone fournit le reste. Les légumes sont en si grande quantité dans ces mêmes îles battues des eaux, que Venise en peut vendre à la terre ferme, et que les bateaux à vapeur de Trieste en emportent à chaque voyage des monceaux, de même que des volailles par centaines et des œufs par milliers.

Les vins du pays ne sont bons que pour ordinaire. Les meilleurs sont ceux des côtes de Conegliano et de Vicence ; le premier est clair-limpide, le second plus épais. Quoiqu'on dise du port franc, ils payent un petit droit *de consommation* plus fort, *à proportion*, que celui dont sont taxés, au même titre de consommation, les vins étrangers, qu'on trouve, du reste, en abondance et dans les plus grandes variétés de crus, dans les bons hôtels de Venise.

Le vin de Chypre, renommé à Venise comme le *Lacryma-Christi* l'est à Naples, coûte depuis 1 franc 50 centimes, jusqu'à 5 francs la bouteille, suivant l'âge, la qualité, l'authenticité, etc.

La chasse offre de grandes ressources dans le pays. Elle commence vers le premier octobre et se prolonge jusqu'en février, pour la légalité. On paie le permis, pour toute la saison, 25 francs. Les chasses réservées des grands

---

* Il est bon de s'assurer que ce poisson est parfaitement frais, pour éviter des accidents qui, bien qu'ils n'offrent nul danger, n'en sont pas moins souvent désagréables.

seigneurs vénitiens sont des fêtes auxquelles on est admis par invitation. Dans les paludes, en mer basse, près de Fusine et de Mestre, on trouve en abondance le canard, et, en général, tout le gibier sauvage.

MÉDECINS [*].

Nous les citerons par ordre alphabétique.

J. NAMIAS, — rédacteur d'un journal de médecine, praticien exercé, qui écrit beaucoup sur son art.

G. TAUSSIG, — docteur fort recherché des étrangers, à cause de ses sérieuses études sur le climat de Venise, de son influence sur les voyageurs malades ou en santé, sur les affections de poitrine, etc. — Il parle plusieurs langues.

TROIS (le chevalier), — directeur de l'hôpital, — médecin consultant.

P. ZANINI, — praticien distingué par ses productions scientifiques et littéraires, — médecin en chef de l'hôpital.

PHARMACIE.

Non loin de la poste aux lettres, sur la place Saint-Luc (*campo San-Lucca*), au milieu de laquelle s'élève un mât à pavillon et une base en pierre, qui rappellent la défaite du conspirateur Dajamante Tiepolo, en 1310, se trouve, au n° 3801, un établissement qu'on peut avec raison appeler la *pharmacie centrale* (English dispensary). En effet, cet établissement qui jouit d'une vieille et solide réputation dans le Lombard-Vénitien, est en rapport continuel avec les principaux chimistes et pharmaciens de Paris et de Londres, de sorte qu'on y trouve tous les médicaments en vogue dans ces villes, les nouvelles inventions, etc. Les préparations ordonnées y sont faites avec la plus scrupuleuse exactitude, et d'après les plus récentes pharmacopées de France, d'Allemagne, de Russie et d'Angleterre. Cet établissement, tout en restant au besoin fidèle aux vieux *us et coutumes* de la science, s'attache à marcher de front, tant pour la vente des médicaments nouveaux que pour les préparations, avec les pharmacies des capitales sus-nommées.

Les étrangers y trouveront tous ces médicaments français et anglais créés et perfectionnés par notre époque, et qu'on pourrait désespérer de trouver si loin de Paris et de Londres. — Fabrique de *chocolat à l'Osmazone*, très réputé dans le pays.

NATATION [**].

Durant la belle saison, deux établissements de bains froids d'eau de mer se forment sur la Lagune : le premier, dit *école de natation militaire*, en face de l'*Albergo-Reale* ou Hôtel-Royal, rive des Esclavons, appartient à la marine ; — l'autre à la pointe de la douane de mer, vis à vis le jardin du gouvernement, est propriété de M. le docteur Rima.

Dans l'établissement de l'*école*, il faut nager, car le réservoir général

---

[*] Il a été parlé plus longuement de ces divers praticiens au chapitre intitulé : *Société et Biographie vénitiennes*. Ici on s'est borné à des indications.

[**] Chaque année voit augmenter le nombre d'établissements de bains à Venise, et de cal-

n'offre point pied à hauteur d'homme ; il est donc principalement fréquenté par les amateurs de natation, les plongeurs, etc.

Le second, de dimensions moindres, offre pied aux baigneurs prudents ou moins tritons que les autres.

Il y a aussi des *gondoles de bain* et des cabinets pour les dames.

Une livre autrichienne par bain. — On peut s'abonner à diverses conditions.

Pour ce qui est des bains de baignoire, nous avons déjà parlé de ceux du nouvel *hôtel d'Italie*, à *San-Mosè*, qui viennent d'être installés avec tout le confortable désirable. — Un autre établissement, aussi nouveau, existe à *San-Samuele*; son propriétaire est M. de Antoni. Il y a un grand nombre de chambres, et il est fort élégamment distribué.

NOUVEAUTÉS. — ÉTOFFES. — LINGERIE.

TROPEANI, à *San-Mosè*. Grand magasin de soieries, étoffes, lingerie, draps, nouveautés, etc. — Succursale à Trieste. — Dépôt de vins de France.

GUIDETTI, derrière la place Saint-Marc. — Grand assortiment de nouveautés françaises et anglaises. — Soieries, châles, draps, lingerie, etc.

CARON, à l'angle des Vieilles-Procuratives et de la *Merceria*, sous la tour de l'Horloge. — Mêmes articles que les précédents, assortiment complet et souvent renouvelé de nouveautés de Paris et de Lyon.

Ces trois magasins tiennent aussi tous les articles pour hommes, cravates, gilets, etc.

TAILLEURS.

Une chose généralement reconnue, c'est que les étrangers ont tout avantage à acheter à Venise ces utiles produits qu'offrent à si bon marché les avantages du *port franc*. Ainsi les étoffes de toute espèce servant à l'habillement qui y sont en abondance, et à des prix peu élevés, devront décider le voyageur à garnir ici amplement sa malle. Mais un bon tailleur devient le complément indispensable de ces acquisitions, sans quoi, le fisc qui n'a pu grever nos achats dans ce port privilégié, happerait à la sortie la marchandise non confectionnée.

Nous rendrons donc service à nos lecteurs en leur désignant une excellente maison de tailleur : *Decio Antonioli* et fils (*Calle lunga*; près *San-Mosè*, n° 2028, non loin de la place Saint-Marc. Antonioli est un vieux soldat des campagnes d'Italie et d'Égypte; prisonnier des Anglais à Portsmouth, et des Allemands à Vienne, il a servi avec la France pendant vingt-deux ans. — Ces

cet fait, le nombre d'étrangers que ce remède ou ce plaisir ont attiré dans cette ville depuis trois ans, a plus que doublé. Milan et toutes les places du royaume contribuent de plus en plus, à chaque saison nouvelle, à augmenter cet élément de prospérité que Venise ajoute à divers autres, qui contribuent à ce qu'on pourrait appeler sa *renaissance*. Au paragraphe sur le *climat*, il a été parlé de l'excellence des eaux des lagunes pour l'usage des bains de mer ; nous n'y reviendrons donc pas.

trois nations lui doivent donc sympathie, comme son mérite dans son art lui a valu la réputation que lui ont faite les Italiens. Antonioli a étudié son état à Paris, à Londres, et son ancien titre de maître tailleur des régiments, le rend sans rival dans le pays pour la coupe des uniformes.

Aujourd'hui associé avec son fils, dont la sollicitude est de veiller et d'étudier les modes les plus nouvelles, Antonioli est fort en vogue à Venise, et des plus consciencieux dans ses travaux, nous ne saurions trop rendre à nos lecteurs un meilleur service que de le leur recommander, ayant acquis la double expérience de son talent et de son honnêteté.

Antonioli possède une très nombreuse collection ou galerie de tableaux des écoles ancienne et moderne, dont quelques-uns datent de 1400. C'est peut-être la seule maison de tailleur, en Europe, où se rencontre pareille singularité. Le vieux soldat est amateur, il fait de cette branche d'art un commerce intelligent. Un de ses fils est peintre, et annonce devoir devenir un bon artiste.

— Les personnes qui pourraient avoir besoin de réparer, remettre en ordre leur garde-robe de voyage, pourront s'adresser à Antonio VALLE, à *S. Giuliano*, dans la *Merceria*.

COUTURIÈRE.

Madame Adèle BRÉANT — au palais *Capello*, derrière l'église Saint-Marc, tient un magasin d'articles pour dames ; nouveautés tirées de Paris ; fournitures élégantes.

MARCHANDE DE MODES.

Madame Angélique BRÉANT (de Paris) — au même palais — soieries, dentelles, coiffures, chapeaux, rubans, etc. — articles tirés de Paris.

Madame LAGACHE — derrière la place Saint-Marc, à l'Ascension — mêmes articles. — (Toutes ces dames sont Françaises.)

CHAPELIER.

Pietro INDRI — sous les *vieilles Procuratives*, aux numéros 76 et 77. — Ce magasin est bien assorti en coiffures de tous genres et de toutes qualités; le voyageur peut s'y procurer les chapeaux *gibus*, si commodes en voyage, et qui coûtent ici meilleur marché qu'à Paris.

CHAUSSURE

POUR HOMME ET POUR FEMME.

POLI — habitant dans la maison du doge *Marino-Faliero*, aux *SS.-Apostoli*, est le plus réputé de Venise pour les chaussures d'homme.

DROG — bottier dans la *Merceria*.

Les dames ne sauraient mieux s'adresser que chez le fournisseur de la belle société vénitienne, GALIMBERTI, dans la *Frezzeria*.

GANTS.

A Venise, l'étranger doit faire sa provision de gants. Ils y sont de bonne qualité, bien faits lorsqu'on les commande, et par-dessus tout à très bon marché, ne coûtant pas la moitié de ceux de Paris.

Il y a, à Venise, plusieurs fabriques de gants plus ou moins réputées. Les magasins principaux sont ceux de Francesco MILANI, fabricant *privilégié*, c'est-à-dire ayant le droit d'expédier dans toute la monarchie, ce qui évite à l'acquéreur tout souci de douane en quittant Venise. Ce magasin central, que nous indiquons au voyageur comme celui qui mérite son choix, est dans la *Merceria*, à San-Antonio, n. 776, c'est-à-dire au bout de la première rue, en passant sous la Tour de l'horloge.

En allant commander ses gants à l'avance, on les peut avoir par douzaines en quelques jours.

PARFUMERIE. — COIFFEUR.

A cet égard, on peut dire que Venise vaut Paris, puisqu'il s'y trouve un magasin qui tire tout son assortiment du parfumeur le plus en vogue de l'époque : nous avons nommé LUBIN !

A la Belle Venise, sous les vieilles Procuratives, non loin de la Tour de l'horloge, MERLINI, le coiffeur à la mode, tient un magasin des meilleurs parfums, extraits, eaux de toilette, etc., produits des fabricants les plus renommés de Paris et de Londres — gants *de Paris*, etc.

La Belle Venise, qui est ornée de charmantes peintures, d'un artiste vénitien réputé, M. Caffi, est, sans comparaison possible, le premier magasin de Venise dans son odorante spécialité.

Parfumeur sous les vieilles Procuratives, Merlini est coiffeur sous les Procuratives neuves. Son magasin, le plus à la mode, le mieux fréquenté des élégants et des voyageurs de distinction, est voisin du *Café Florian*.

ANTIQUITÉS. — TABLEAUX. — OBJETS D'ART.

Venise est assurément une des villes d'Italie les plus riches en collections, galeries et magasins de cette sorte. Une foule d'amateurs étrangers, de négociants spéciaux et d'artistes, y viennent expressément pour profiter des ressources qu'offre le riche approvisionnement de ces établissements particuliers, ouverts à l'achat, à la vente, à l'échange.

Nous avons plus loin signalé au lecteur, avec quelques détails, les collections qui se présentent en parcourant le grand canal ; il nous suffira donc de les indiquer ici.

Palais Rezzonica [*]. — Galerie *Querci della Rovere*. — Tableaux des maî-

---

[*] Voir, pour les adresses de ces divers établissements, l'ordre dans lequel ils se présentent dans la description du *Grand-Canal*.

tres des écoles vénitienne et florentine. — Quelques œuvres remarquables des Flamands (tableaux de chevalet.)

Palazzino CAMERAZZA. — Collection *Antonio Zen*. — Tableaux. — Bois sculptés. — Meubles. — Verroterie antique. — Curiosités.

Palais GIUSTINIANI. — Galerie *N. Schiavoni*. — Tableaux de choix des meilleurs maîtres des diverses écoles italiennes. — Une grande collection de tableaux de cabinet.

Palais MARTINENGO. — Ancienne collection DE SIVRY. — Tableaux des écoles italienne et flamande. — Meubles de boule. — Porcelaine ancienne et chinoise. — Vases japonnais. — Meubles. — Tapisseries. — Étoffes. — Bronzes, etc.

Palais MANIN. — Galerie *Barbini*. — Collection de tableaux des plus grands maîtres de diverses écoles italiennes.

Chacune de ces galeries ou de ces collections est décrite en son lieu ; il nous reste donc seulement, pour clore cette utile nomenclature, à parler d'un établissement qui échappait à cette classification générale *, celui-là seul étant dans l'intérieur de la ville lorsque tous les autres se présentent sur le grand canal. — Nous voulons parler d'un établissement que par ses proportions on peut appeler le

MUSÉE SANQUIRICO.

Pour cette immense collection, un palais n'eût pas suffi : son propriétaire s'est établi dans un bâtiment pareil à une église, *Confrérie de saint Théodore*, un des patrons de la cité de Venise.

Cet édifice, dont l'élégante architecture est de B. Longhena, auteur de la façade de l'église voisine de *San-Salvatore* (dont il est parlé ailleurs, est le plus beau qui soit voué à une industrie particulière.

M. Sanquirico, frère du célèbre peintre-décorateur de ce nom, dont la réputation est européenne, a depuis de longues années amassé dans ce vaste bâtiment diverses collections d'objets d'art et d'antiquité qu'on visitera avec intérêt, surtout si la connaissance de l'histoire vénitienne permet de goûter une foule de choses présentées comme se liant au passé de la République, particulièrement parmi les tableaux.

En outre de la peinture historique ou curieuse, cette collection possède diverses toiles portant les noms de *Pordenone*, de *Tintoret*, du *Dominiquin*, du *Guide*, du *Guerchin*, de *l'Albane*, etc.

Une grande quantité de portraits de doges et autres personnages célèbres de la République.

Des sculptures dont les noms rappellent les plus belles époques de l'art grec, antique et du moyen-Âge, que M. Sanquirico déclare avoir eu le bonheur de recueillir dans la dispersion d'une foule de collections des grandes familles vénitiennes, dont il tait les noms, pour plus d'une considération de

---

* Il est parlé de cette collection dans les notes du *Chapitre sur les Églises*, mais ce qu'on en dit se rattache au pittoresque qu'elle présente à l'œil, et n'offre nulle désignation assez sérieuse pour guider le voyageur.

poids. Parmi ces sculptures sont des statues ou bustes qui portent les noms chers aux arts, de : *Hélène*, *Agrippine*, *Alexandre*, *Marius*, *Bacchus*, *Socrate*, *Alcibiade*, *Ulysse*, etc. Divers fragments auxquels se rattache le nom fameux de *Phidias*, etc., etc.

Des armures, des mosaïques, des camées, des chinoiseries, des émaux, des ivoires, des meubles incrustés, sculptés ou de boule, des étoffes de soie, de la bijouterie ancienne, des porcelaines, des armes, des glaces et miroirs de Venise, des verroteries anciennes et nouvelles de Murano, des curiosités enfin de tous les temps et de tous les pays sont entassées dans ce vaste Musée que nous signalons littéralement comme une des plus réelles curiosités de Venise, et que nous invitons très particulièrement notre lecteur à visiter.

M. Sanquirico se charge de l'emballage, de l'expédition dans n'importe quel pays de tous les articles qu'on lui achète ; son établissement est journellement fréquenté par de nombreux amateurs, et tous les grands personnages qui passent à Venise s'empressent d'aller visiter cet immense *Capharnaüm*, qui n'a pas son pareil en Italie.

LIBRAIRIE ANCIENNE ET MODERNE.

Depuis quelque temps déjà, la librairie est en décadence à Venise. La société du *Gondolier* avait entrepris de rendre la vie à ce commerce, en créant une imprimerie et des magasins de livres, dans des proportions véritablement supérieures ; mais cette entreprise, peut-être trop vaste pour les ressources qu'offre ce pays, n'a pas réussi, et les ateliers et magasins ont été fermés en 1841. Dans la même année, un typographe renommé de Venise, M. *Antonio Bazzarini*, a fondé dans la *Merceria* un nouvel établissement sous le titre de : *Libreria Giustiniana**, et ses magasins, dirigés avec une prudente expérience, sont aujourd'hui les premiers qui soient à Venise. Cet établissement est abondamment assorti et approvisionné de toutes les nouveautés italiennes et étrangères. On y trouvera donc les ouvrages qui peuvent intéresser le voyageur, livres d'histoire et romans nouveaux en français, dictionnaires, gammaires pour les études italiennes, ouvrages de science, guides divers pour l'Italie et autres pays, et un grand assortiment de livres italiens scientifiques, historiques et littéraires. — Gérant, G.-B. Bazzarini fils. — Directeur, G. Ponzoni, habile traducteur latiniste du *Commento de Voët* et de *Scelta di leggi de Domat*, et collaborateur fondateur de l'*Encyclopédie italienne*, publiée à Venise. — Prix raisonnables. — Correspondances avec Paris et Londres.

Pour les livres anciens, les curiosités bibliographiques, le magasin principal, à Venise, est celui de *Canciani*, au fond de la *Merceria*. — Il est bon de marchander.

M. A. SANTINI *et fils*, dans la *Merceria*, tient aussi les nouveautés dans les langues italienne, allemande et française. On y trouve des romans français en lecture.

---

* Ainsi appelée, parce que son fondateur s'occupa longtemps d'éditions et traductions d'œuvres relatives à la jurisprudence romaine.

CABINET DE LECTURE.

A l'angle du fond de la place Saint-Marc, aux *vieilles Procuratives*. — Journaux français, anglais, allemands et italiens. — Abonnement au mois ou lecture à la séance.

BIJOUTERIE. — ARTICLES DIVERS.

Le magasin de M. Fanna, sous les *vieilles Procuratives*, est des mieux assortis qu'il soit possible d'être, en marchandises connues dans le commerce sous la dénomination *d'articles de Paris*, et qui comprend toutes les fantaisies de la mode et de l'art : horlogerie, verroterie, cristaux, porcelaines, cannes, bronzes, dorures, quincaillerie, bimbeloterie, etc., etc., Ce magasin offre toujours ce qu'il y a de plus nouveau dans les fabriques de Paris, de Londres et de Vienne. Les plus gracieuses fantaisies de la joaillerie y sont aussi vite exposées que dans les magasins de ces capitales. — Bijoux de prix ; etc., etc.

On se charge des commissions, — des expéditions. —

On y trouvera en outre des *pianos* de Vienne, soit en vente, soit en loyer. — Il est parlé ailleurs * de M. Fanna, lequel, négociant sous les *Procuratives*, est dans son intérieur un artiste et un compositeur très distingué.

VERROTERIES. — PERLES. — OBJETS D'ART.

Alla città di Nizza (à la ville de Nice), sous les *vieilles Procuratives*, le dernier magasin au fond de la place ; chez *Rizzi*.

Ce négociant est des mieux fournis et assortis qui soient, ayant une fabrique pour la confection de la plupart des objets qu'on y trouve, ce qui facilite les commandes.

Perles de toute espèce. — Colliers. — Bracelets. — Chapelets. — Rosaires. — Épingles à tête dans les goûts les plus nouveaux et les plus variés.

Travaux en perles de toute sorte. — Bourses. — Sacs. — Ceintures. — Cordons. — Écharpes. — Ombrelles. — Bonnets. — Portefeuilles. — Boîtes, etc.

Verroteries et cristaux de Murano en tout genre : bouteilles. — Carafes. — Flacons. — Gobelets. — Cuvettes. — Plateaux, — etc., etc., soit en filigrane, soit en verre coloré, etc.

Prix modéré. On reçoit des commandes, on fait des expéditions pour l'étranger. — On parle plusieurs langues dans le magasin.

---

* Au chapitre sur la *Société et Biographie vénitiennes*.

PAPETERIE. — VUES DE VENISE.

Magasin d'articles de dessin et de peinture, assortiment de couleurs, fournitures de bureaux, collections de *Vues de Venise* en gouaches, en aquarelle et en lithographie Chez HABNIT, sous les *vieilles Procuratives*.

— Autre magasin sous les mêmes *Procuratives*, au n° 117, chez *Joseph Kier*, lithographe, éditeur de plusieurs collections de *Vues de Venise*, par *Pividor*, — et autres artistes renommés. — Gouaches, aquarelles. — Fournitures de bureau et de correspondance, et en général tous les articles que recherchent les voyageurs.

Ces deux magasins sont les mieux fournis, et les plus en vogue qui soient à Venise.

ARTISTES. — ATELIERS.

Ces renseignements réunis pour la plus grande commodité du voyageur, ne seraient pas complets si nous négligions d'y faire aussi figurer les peintres, dessinateurs, sculpteurs, etc., dont il arrive si souvent que le voyageur désire visiter les ateliers, soit par un motif de simple curiosité, soit dans un but d'acquisition ou de commande.

Mais d'un autre côté, comme il nous a semblé qu'il ne convenait guère de mêler ces habiles producteurs de l'art avec les marchands, — de confondre les ateliers avec les boutiques, — nous nous sommes contenté de constater ici que la matière a été traitée, renvoyant le lecteur aux pages où la marche de cet ouvrage nous a amené à parler des artistes avec des détails littéraires qui ne seraient pas à leur place ici, au milieu des adresses de restaurants et de marchandes de modes [*].

Pour quitter Venise, les dispositions à prendre dépendent du lieu où l'on va et de la manière dont on doit voyager.

Parlons d'abord des voyages maritimes.

Venise est, par sa position reculée au fond de l'Adriatique, le premier anneau d'une chaîne de navigation à vapeur, qui s'étend jusqu'à Constantinople d'une part, et de l'autre à Beyrouth, la Turquie et la Syrie.

Trieste est le centre de cette société connue sous le nom de *Lloyd autrichien*, faisant un service régulier pour tous les points que nous allons mentionner, à l'aide de douze bateaux à vapeur munis de machines anglaises à *basse pression*, de la force de 60 à 140 chevaux.

Il y a, de Venise pour Trieste, trois départs par semaine, les lundi, mercredi et vendredi à 9 heures du soir. — Les retours ont lieu par les jours intermédiaires. Les *secondes* places paient généralement un quart en moins que les *premières*, dont nous donnerons le coût approximatif, convertissant les *florins* du tarif en *francs*. Ainsi donc :

De *Venise à Trieste*. . . . . Fr. 19

---

[*] Voir le chapitre intitulé : *Société et Biographie vénitiennes*.

De *Trieste à Ancône*, les 1er, 8, 16 et 24 de chaque mois. Fr. 53
De *Trieste* pour les divers ports de la *Dalmatie* (Lussino — Zara —Sebenico — Spalatro — Lesina—Curzola — Raguse — Cattaro, les 5 et 20 de chaque mois. — Les prix varient proportionnellement, suivant les distances.)
De *Trieste* pour *Corfou*, 1er et 16 de chaque mois. Fr. 150
— Patras. — — Fr. 190
— Athènes. — — Fr. 230
— Sira — — Fr. 230
— Smyrne — — Fr. 285
— Constantinople. — — Fr. 320
Pour les distances intermédiaires, prix relatifs.
De *Constantinople* à *Smyrne*. . . . . Fr. 75
— à *Rhodes*. . . . . Fr. 155
— à *Chypre*. . . . . Fr. 210
— à *Beyrouth*. . . . . Fr. 240

Ainsi, trois départs par semaine entre *Venise* et *Trieste* — et vice versâ — quatre départs par mois entre *Trieste* et *Ancône* — deux départs par mois entre *Trieste* et la *Dalmatie* — deux départs par mois entre *Trieste* et *Constantinople* — et un départ par mois entre *Constantinople* et la *Syrie*.

Pour les autres renseignements, on peut s'adresser au bureau du *Lloyd Autrichien*, sous les *Procuratives neuves*, où il sera délivré une carte des destinations des bateaux à vapeur de la compagnie.

Maintenant, parlons des voyages terrestres.

Ils peuvent s'effectuer de quatre façons :

1° EN VOITURIN. — 2° EN DILIGENCE. — 3° EN COURRIER. — 4° EN POSTE.

Nous examinerons les ressources qu'offre chacun de ces modes à Venise.

LE VOITURIN. Manière lente et économique de voyager. On trouve des voitures pour tout pays — même pour Paris. On se sert toujours de la même voiture, des mêmes chevaux. Presque généralement l'accord, qui se débat de gré à gré, comprend la nourriture et le logement de route, dont le conducteur reste chargé. L'avantage est de mieux voir le pays, de se reposer la nuit, et un peu d'économie. — Le désavantage est : d'avoir d'assez mauvaises voitures, de perdre du temps, et de courir plus de chances d'être dévalisé, sur les routes suspectes. On jugera entre le bien et le mal, que nous indiquons sans développement.

Une personne seule peut quelquefois trouver une place, à très bas prix, dans une voiture déjà formée ; ce qui sous-entend qu'on doit bien stipuler ses conditions, si l'on loue une voiture, dans laquelle le conducteur pourrait ensuite prétendre à fourrer des étrangers pour la compléter.

Il y a des personnes qui, ayant leur voiture de voyage, et voulant marcher à petites journées, s'entendent avec un voiturin pour les chevaux au lieu de prendre la poste.

S'adresser, pour toute affaire de ce genre, au petit café du *Leone Coronato* (le Lion Couronné), sous les *vieilles Procuratives*. C'est le quartier-général des voiturins à Venise.

Second mode de transport : LA DILIGENCE.

Il n'y a, à Venise, qu'une seule entreprise de ce genre, appelée *Diligence Franchetti*. En voici le service :

De *Venise* à *Milan*, les lundi et vendredi soir, en trente-six heures environ. — Voici les points intermédiaires et les prix en livres autrichiennes :

Padoue	5 liv.	Desenzano	25 liv.
Vicence	11 —	Brescia	28 —
Vérone	18 —	Et enfin Milan	42 —

Une autre expédition a lieu le lundi seulement, et n'arrive à Milan que le jeudi, faisant la tournée suivante :

Mantoue	22 liv.	Codogno	39 liv.
Bozzolo	26 —	Lodi	42 —
Cremone	33 —	Et enfin Milan	

Autre direction : de *Venise* à *Udine*, les lundi et jeudi, en seize heures.

Trévise	3 50	Pordenone	13 liv.
Conegliano	8 —	Casarsa	14 —
Sacile	11 —	Et enfin Udine	20 —

On part du bureau le soir, étant transporté aux frais de l'administration, personnes et bagages, jusqu'à Mestre où l'on prend la diligence.

Pour autres renseignements, correspondance des diligences avec la Toscane, les États pontificaux, etc., s'adresser au bureau, derrière la place Saint-Marc, près l'*Albergo della Luna*.

Le COURRIER, porteur de lettres et paquets. Il part les mardi et samedi, à 8 heures du soir et ne va qu'à Milan, d'une part, et à Vienne de l'autre. — Le prix de la place pour Milan, 52 livres autrichiennes — pour Vienne, 110. — Il ne prend que trois voyageurs, ce qui sous-entend qu'il est bon de retenir ses places d'avance.

Les mêmes bureaux ont un service de diligences pour tout l'État. Correspondance avec celles des États pontificaux, qu'on prend à Ferrare. — Les premiers inscrits sont privilégiés pour les places des correspondances. Pour Ferrare, les mercredi et samedi, à trois heures après midi. — Prix : 23 livres autrichiennes.

Pour plus amples informations, s'adresser aux bureaux, au palais *Grimani*, direction des postes.

EN POSTE. A cet égard il y a peu de chose à dire, puisque le voyageur qui repart en poste de Venise a l'expérience du passé. Seulement, nous conseillerons toujours de se faire transporter à *Mestre* ou *Fusine*, à l'aide des bateaux de l'administration des postes, afin d'être sûr d'obtenir la préférence sur les autres voyageurs qui peuvent se présenter pour demander des chevaux.

Nous croyons devoir terminer cette série d'avis et de renseignements, en rappelant au lecteur de bien se mettre en règle relativement aux *visas* de son passeport, suivant les lieux où il veut aller, dans le cas où toutes les mesures nécessaires n'auraient pas été prises à son lieu de départ.

Enfin pour terminer, un mot, sur le *chemin de fer*.

Sans doute les prochaines éditions de ce livre auront à enregistrer ce moyen parmi ceux qui permettront de parcourir toute la Lombardie. Mais, au moment où nous écrivons ces lignes, le seul embranchement établi et livré au public est celui de *Mestre* à *Padoue*; le voyage s'en effectue trois fois par jour.

COUP-D'OEIL GÉNÉRAL

SUR L'HISTOIRE DE VENISE.

Vénise naît de la Vénétie, province italienne située au bord de la mer Adriatique entre le cours du Pô et les Alpes juliennes. Cette contrée offrait un riche territoire, dont la première occupation était sans date connue, même dans l'ère romaine. Au V° siècle, cet effrayant passage des hommes du Nord vers la région du Midi, qui semble se renouveler fatalement, à certaines époques climatériques de l'âge des nations, et qu'on appelle l'invasion des Barbares, vient labourer l'Italie, quand fût arrivé l'instant où l'Italie devait se transformer. La barrière granitique des Alpes est franchie par ce débordement qui, croulant en avalanches humaines, jette dans les plaines Ausoniennes les Huns d'Attila, saccageant, renversant, détruisant tout ce qui se trouve sur leur cours, ou ce qui semble vouloir s'y opposer; bientôt la Lombardie n'est plus qu'un vaste champ de ruines, et ces ruines sont comme les monuments funèbres de toutes ces populations massacrées. Pourtant le chef des barbares avance toujours, s'escortant de la mort et de la destruction : Il arrive à Padoue, et les Vénètes éprouvent le sort des Lombards!

Ceux qui échappent à ces massacres insensés n'y parviennent que par la fuite; en cherchant un refuge hors même de la terre où passe cet ouragan humain. Une multitude de courants descendus des montagnes pendant de longs siècles, et serpentant au hasard parmi les amas de sable et de vase, de même qu'au milieu des convulsions rocheuses du sol, ont lentement formé, au fond du golfe Adriatique, un archipel d'îlots, les uns granitiques, les autres à peine assez solides pour que s'y puisse abattre l'oiseau marin fatigué. C'est là que les malheureux Vénètes, désormais sans asile, vont tenter de se réfugier, essayant de mettre entre eux et le barbare furieux qui les poursuit, ce rempart de lagunes. Ils s'emparent ainsi de ce sol nouveau, que jusques là les seuls rayons du soleil ont chaque jour visité, sans que ni arbres ni broussailles verdoyantes y aient dessiné une ombre. Contraints par une impérieuse nécessité, leur courage, leur génie viendront en aide à leur malheur. Bientôt ils accompliront des prodiges; et c'est ainsi que, par un étrange concours de circonstances, Venise sera fondée par Attila!

Solides, rocheuses, granitiques dans quelques parties, ces îles, sur une foule d'autres points, n'offrent aux pas de l'émigré qu'une surface mobile, formée de sables mouvants et de vase sans consistance. Mais qu'importe au courage en lutte avec la plus impérieuse des nécessités! Ils vont créer là, au milieu de ces marécages, un autre *Champ d'asile*. Le rocher, l'alluvion, d'une élévation inutile, sont taillés pour combler l'abîme voisin; les sables sur lesquels chancelait la hutte du réfugié, sont solidifiés, raffermis par des poutres et des troncs d'arbre; la vase dans laquelle s'enfonçait son bâton d'aventurier reçoit mille pilotis qui la consolident. Les trous se comblent, les plans se nivellent, des digues croissent comme des haies autour de ces champs nouveaux, des myriades de pierres sont immergées, des assises de marbre s'élèvent du sein de l'onde, et la mer étonnée, chaque fois que la ramène son flux, trouve une pierre solide ou un bloc enchâssé, au lieu où la veille elle baignait une mousse marine, ou lutinait une algue!

Ils ont un sol! Les courageux Vénètes se sont presque créé un élément solide au sein de l'élément liquide. Déjà sur une foule de points des cabanes, des huttes s'élèvent et se pressent les unes contre les autres; et peu à peu ces demeures primitives augmentent en nombre, car les réfugiés de la terre-ferme augmentent aussi. Ce n'est bientôt plus la simple cabane de troncs d'arbres et de planches qui s'ajoute aux premières constructions, mais bien la maison de pierre, la muraille de granit. Les matériaux, devenus inutiles pour la consolidation du terrain, font sortir du néant cette cité future, dont une église ne tarde pas à être le centre. Saint Jacques est son titulaire; *Rivoalto,* dont plus tard on fera *Rialto,* devient comme la primitive capitale des autres îles.

Et le progrès matériel de cette colonie ne s'arrête pas. Padoue, prise par les Lombards en 593, est presque totalement abandonnée de ses habitants, qui viennent se joindre à leurs frères émigrés du temps d'Attila. Les constructions se multiplient, les ponts qui réunissent entre elles les diverses îles, ne sont déjà plus de chancelants troncs d'arbres recouverts de quelques planches : la pierre s'arrondit en arche pour franchir maint canal creusé ou ménagé entre les murailles qui servent de bases aux maisons. Partout l'eau des lagunes a reçu un cours régulier, afin de rendre plus salubre cet air d'un lieu conquis sur des marécages et chauffé par un soleil brûlant. Les rues s'alignent, les constructions s'appuient les unes contre les autres, comme pour ne pas perdre l'équilibre, lorsque parfois le sol artificiel cède un peu sous leur poids; tout enfin s'organise, se constitue, se combine, choses matérielles et choses morales et, en résumant les causes et les effets, le principe et le résultat, il se trouve que la persécution des barbares du Nord et l'infatigable courage de cette poignée d'émigrés ont accompli le plus étrange prodige : Un sol est conquis sur les eaux, des demeures sont bâties sur cette atlantide adriatique, et un siècle à peine a passé sur ces lagunes, depuis le jour où le premier Vénète planta sa bêche dans le sable mouvant des marécages... et Venise est fondée !

Et, chose inouïe, prodige imprévu, devant lequel ne saurait trop s'arrêter la méditation du philosophe : cette ville, si singulièrement fondée, deviendra la reine du monde commercial ! Conquérante et superbe, patricienne et galante, cette cité sera un jour l'envie, le modèle et la terreur d'une foule de peuples; ses lois feront courber les fronts que le Croissant couronne ou que ceint le casque de fer, depuis Constantinople jusqu'au pied des Alpes. La pourpre léonienne de son orgueilleuse bannière flottera haut par les airs, partout où se sera abaissé maint étendard vaincu ; et en peu de siècles, cette humble fille adriatique, devenue reine de l'Archipel grec, et vice-reine Orientale, ajoutera à la couronne marine que, sirène née des eaux, elle s'est d'abord faite avec les brunes algues de son golfe, les plus verdoyants lauriers qui croissent sur les monts dorés du Bosphore ou sur les collines bleues de Lépante !

Après le progrès matériel, le progrès moral. Voilà une ville, une population. Il faut des lois; c'est le premier besoin de toute civilisation. Le civilisateur est le complément du conquérant; et souvent le nom de celui-là survit au nom de celui-ci. Amérique Vespuce a nommé les contrées qu'avait découvertes Colomb, parce que le premier il sut écrire sur les sables de ces rives sauvages les belles lois européennes. Venise, conquise sur les eaux, née de leur sein, comme Vénus la grecque, dont un jour elle aura la beauté, Venise a un corps; il lui faut une âme. Après le maçon, l'ouvrier, vient le légiste. Il lui faut des institutions, une forme de gouvernement, un pouvoir supérieur qui fasse circuler la vie dans ses entrailles de marbre. Chaque îlot a donc d'abord son tribun, nommé par élection annuelle. Mais comme la ville augmente toujours, comme les émigrations réitérées de la terre-ferme rendent déjà sa population imposante, une pareille division de pouvoir sur plusieurs points ne saurait plus suffire au besoin d'unité qu'exige la conduite des affaires; il faut une concentration à ces pouvoirs. Les tribuns sont rassemblés, et un chef suprême est élu parmi eux : c'est le premier doge. Paul-Luc Anafeste. Il commence en l'an 697 un pouvoir qui, année par année, s'éteindra onze siècles plus tard [*].

Bien que ce chef fût nommé à vie, les Vénitiens ne crurent pas, en l'élisant, se créer une

---

[*] 1797, date de la chute de la république vénitienne.

monarchie, mais bien un gouvernement démocratique. Si à ce propos l'on voulait faire la définition d'une République comme on devait l'entendre alors, il faudrait dire que c'est un état dans lequel le pouvoir, en théorie et en pratique, dérive du peuple, dont les agents sont constamment responsables envers le peuple; responsabilité qui ne peut être ni niée, ni éludée. Si par la facilité avec laquelle Venise renversa, déposa, massacra même ses premiers doges, elle sembla rigoureusement appartenir à la classification gouvernementale ci-dessus désignée, il faut dire que plus tard, toute jalouse qu'elle se montrât toujours de son titre de République, elle ne devint guère qu'une oligarchie étroite, car elle n'eut vraiment de titre au nom qu'elle se donnait que parce qu'elle persista à repousser la doctrine absolue du droit divin. En effet, de siècle en siècle, cette République de nom, écarta de plus en plus le peuple de tout crédit dans la conduite des affaires, et la hiérarchie des rangs, considérée comme entièrement indépendante de la volonté de la nation, forma bientôt la base de toute sa politique. L'autorité, bien qu'elle ne fût pas résumée sur une seule tête, comme dans les gouvernements absolus, tout en se divisant sur plusieurs, n'en devint pas moins un droit de naissance, comme dans les états dont elle affectait de séparer ses principes politiques. La noblesse acquit à Venise ses priviléges exclusifs, qui furent conservés et maintenus avec autant d'égoïsme que d'ambition. Celui qui n'était pas né pour gouverner avait peu d'espoir d'entrer dans l'exercice des droits naturels que lui eût conférés une véritable république, tandis que celui que le hasard avait créé pour commander était revêtu du pouvoir le plus absolu. Pour en finir avec ce rapide examen de ce qu'offrait de matériellement contestable le titre que prenait l'état vénitien, rappelons qu'à un certain âge tous les *sénateurs* étaient admis dans le conseil de la nation. Et remarquons par quelle spécieuse tromperie de mots on changeait ainsi les titres habituels de la noblesse, toute-puissante à Venise, comme dans les états les moins pourvus de prétentions au nom de République! Au reste, en insistant davantage sur la véritable définition des états Vénitiens on dépasserait les proportions qu'il est permis de donner à chaque spécialité dans ce rapide résumé historique, placé ici comme un portique, pour pénétrer dans l'œuvre qui va suivre. Sans revenir donc sur ce qu'un examen sérieux pourrait faire trouver de contestable dans l'acception rigoureuse du titre dont se glorifia pendant quatorze siècles le gouvernement de Venise, nous pensons que les nombreux documents historiques qu'offre ce livre, suffiront pour guider le lecteur vers une juste appréciation des choses; et, sans insister davantage sur cette fausse application des mots, laquelle doit frapper tous les esprits qui ont pénétré par l'étude dans l'examen de l'histoire vénitienne, nous en reviendrons aux phases de développement matériel de cette cité merveilleuse, dont nous essayons de tracer rapidement ici la marche historique, depuis sa fondation jusqu'à sa chute comme état indépendant.

Donc, si les Vénitiens se créèrent tout d'abord une espèce de gouvernement démocratique, bien que son chef fut nommé à vie (mais avec les réserves dont on va trouver l'exemple), ce fut sans doute afin que celui qui était appelé à diriger leur cité naissante eût le temps d'en étudier les besoins par un long exercice de ses fonctions. Mais voici en quoi ce gouvernement, presque monarchique de fait, touche formellement à la République combinée avec la barbarie des temps. En 737 le doge régnant déplait aux chefs secondaires, au peuple peut-être; on tue Orso Ipato, et l'on abolit la dignité dogale, qu'on remplace par une magistrature annuelle. Mais bientôt pourtant on en revient au mode gouvernemental si brutalement supprimé, et, par une sorte d'influence aristocratique, subie sans être avouée, c'est le frère du doge précédemment massacré qui est choisi pour faire revivre la dignité souveraine. En 754, celui-ci pourtant a les yeux crevés et est envoyé en exil. Gaulo Galla, son successeur, éprouve le même sort un an plus tard. Monegario, qui a le dangereux honneur d'être choisi ensuite, finit brusquement, comme ses deux prédécesseurs... D'autres encore, à travers quelques règnes plus heureux, sont mis à mort après avoir été *nommés à vie*, comme les autres doges...

Enfin, après divers essais dans ses formes supérieures de gouvernement, Venise s'en tient définitivement au dogat. A partir de l'époque où elle se fut créé un pouvoir stable, dont la durée individuelle permit au chef de nourrir de grandes et fécondes pensées renforcées des leçons de l'expérience, cette ville, cet état plutôt, ne cessa de faire les plus constants progrès dans les voies de prospérité où l'avait vu entrer le premier siècle qui avait passé sur sa fondation étrange. Si d'abord, au sein de ces lagunes navigables pendant les hautes eaux, mais dont le reflux laissait une partie à sec, les réfugiés trouvèrent parmi les rochers et les îlots quelques terrains susceptibles de culture, bientôt l'augmentation de leur population impliqua la nécessité de se créer une agriculture, comme ils s'étaient d'abord créé une ville. Malamocco, Le Grado, Aquilée et d'autres îles de l'archipel vénète devinrent les champs de cette mer. La pêche, si féconde dans ces lagunes, ne fut plus seulement pour les insulaires une ressource alimentaire, mais devint aussi un élément commercial. Peu à peu, à l'aide de ces barques qu'ils construisaient eux-mêmes, les Vénitiens se familiarisèrent avec cette mer qui devait plus tard devenir le grand chemin de leur gloire et de leur étonnante prospérité. Les premières mésintelligences qui éclatèrent entre eux et les habitants de la terre-ferme, nécessitèrent l'emploi d'une sorte de marine primitive et demi-guerrière, qui fut la première initiation de ce qui devait plus tard enfanter des flottes redoutables. Le commerce de Venise commença à s'étendre, et, à mesure que ses constructions maritimes se perfectionnèrent, son pavillon gagna de nouveaux horizons. C'est ainsi qu'après avoir côtoyé les rives Dalmates et sillonné toute l'Adriatique, les navigateurs vénitiens pénétrèrent dans l'Archipel Grec et y jetèrent les bases d'un commerce qui, se faisant guerrier à mesure qu'il élargissait ses proportions, finit par asservir les mers où s'étaient d'abord timidement montrées les proues vénètes, et, quelques siècles plus tard, fit de ces colonies poétiques, ravies aux empereurs d'Orient, des provinces républicaines.

Bientôt Venise commença de devenir l'entrepôt naturel du commerce entre l'Italie septentrionale et les ports de la Méditerranée. Placée à l'embouchure du Pô et de l'Adige, elle sut, au milieu de ses luttes avec les provinces de la terre-ferme, s'assurer la libre navigation sur ces fleuves, et put ainsi communiquer rapidement avec le reste de l'Italie, la Hongrie et une grande partie de l'Allemagne. Libres au milieu de leurs lagunes, tandis que le reste de l'Italie était en feu, les Vénitiens eurent le temps d'amasser les forces nécessaires pour se défendre un jour... et pour attaquer surtout. Bientôt ils purent ainsi prendre l'avance sur le reste de l'Europe, retenue dans l'ignorance par d'effroyables guerres. La cupidité devint leur passion, la richesse leur but, et leurs lois ne furent longtemps qu'un ensemble de règlements favorables à leur négoce et à leur marine, de même que leur société était un état mû par un seul intérêt. Ayant l'œil sur tout procédé qui valait la peine d'être imité, ils ne tardèrent pas à reconnaître que les navires bayonnais l'emportaient sur les autres par certaines qualités jusques là ignorées; ils construisirent aussitôt leurs bâtiments sur ce modèle. Bientôt la réputation de leur supériorité dans l'institution navale, à laquelle ils surent aussi appliquer quelques leçons laissées par les Grecs, leur donna ces puissants avantages qui les aidèrent à triompher des Génois et des Turcs, avantages si longtemps maintenus, que vers la fin du XVIIe siècle, ce fut leur école que Pierre-le-Grand choisit pour l'éducation de ses jeunes officiers.

Les travaux des Vénitiens pour dégager leurs canaux et leurs baies des sables qu'y roulaient les fleuves et qu'y apportaient les marées, ne le cèdent guère aux hardis ouvrages des Romains. Venise tout entière était comme un immense navire, sans cesse menacé d'avarie par la mer et ses tempêtes. Tantôt il fallait détourner les rivières de leur lit, tantôt revêtir de pierres et de pilotis les passes des lagunes, afin de prévenir les éboulements; tantôt, enfin, combler certains passages, pour réserver aux autres un plus grand tirant d'eau. Tant de soins rendirent l'industrie vénitienne inventive, prévinrent l'oisiveté et rendirent ces hommes tour à tour marins, soldats, maçons, fabricants, et bientôt artistes, c'est à dire, littéralement propres à tout. Des premiers, enfin, ils utilisèrent l'emploi de la poudre à canon et se créèrent une artillerie navale. Ce fut contre les Turcs qu'ils firent leur apprentissage de ces puissants moyens de destruction.

Vers ces époques, tous les trônes de l'Europe relevaient des empereurs d'Orient et d'Occident; plusieurs rendaient en même temps foi et hommage aux deux monarques. Venise, au contraire, les aidant de sa marine dans leurs expéditions commerciales et maritimes, non-seulement ne se soumit jamais à leur suzeraineté, mais en obtint même de grandes concessions. Tous recherchèrent son alliance politique; et on voit, au Xe siècle, la nièce d'un empereur d'Orient épouser un citoyen de Venise. En vain Charlemagne essaya-t-il de traiter les Vénitiens en vassaux; toujours débouté dans ses prétentions sur eux, il fallut bien qu'il reconnut leur indépendance. Pépin, le vainqueur des rois Lombards, avait aussi dû, quelques années auparavant, abdiquer toutes sortes de prétentions semblables. On verra dans ce livre comment, ayant espéré de les réduire par la famine, durant son blocus de Malamocco, les Vénitiens répondirent à l'ennemi en chargeant avec des pains leurs machines de guerre.

Chose étrange! dans des temps où toute l'Europe fléchissait sous les prétentions les plus absolues des papes, Venise sans crainte pour l'excommunication, resta fermement décidée à exclure le souverain pontife de toute influence temporelle chez elle, et cette rébellion l'a plusieurs fois placée dans les crises les plus inquiétantes. Cette cité orgueilleuse repoussa souvent l'intervention spirituelle du ministre de J.-C., se chargeant elle-même d'infliger les peines ecclésiastiques, donnant l'investiture à ses évêques et se chargeant de les introniser. Au XIIe siècle, elle imposa le pape Alexandre III à la chrétienté, malgré les armées coalisées que commandait Barberousse!

A dater de ces époques, Venise, progressant toujours, agrandissait à la fois, dans son infatigable activité, son influence politique, ses prospérités commerciales, et conséquemment son bonheur matériel et sa gloire. Pendant un siècle et demi que durèrent les croisades, elle eut le monopole presque exclusif du transport en Terre-Sainte des populations armées qui se précipitaient vers l'Asie. Elle augmentait ainsi, et à la fois, ses richesses et son influence sur les grands empires, et Louis IX lui dut d'avoir donné à la France cette précieuse couronne d'épines du Christ, pour laquelle le saint roi fit bâtir la Sainte-Chapelle. Partout où l'étendard empourpré de saint Marc mêlait ses plis aux bannières alliées, Venise récoltait à la fois de la gloire et des trésors. Sa prépondérance en Orient devint telle que, se voyant trompée dans l'accomplissement de quelque traité de commerce, elle ne recula pas, en 1204, à porter le siége devant l'antique Byzance. Son quarante-unième doge, Henri Dandolo, un vieillard presque aveugle, prit le commandement personnel de cette expédition hardie, bientôt devenue si glorieuse, qu'elle est peut-être la plus belle date de toute l'histoire de la République. Cinq cents voiles, portant plus de quarante mille combattants, s'élancent de l'arsenal pour cette croisade républicaine! Deux fois la ville des empereurs tombe au pouvoir des alliés Franco-Vénitiens, et si c'est un chevalier du Nord qui ceint son front du bandeau impérial, c'est que le vieux doge a décliné pour lui-même cet honneur, qui n'allait ni à son âge ni aux règles prudentes de sa politique.—Les Français ont conquis un sceptre... mais Venise s'adjuge toutes les possessions constantinopolitaines dans l'Archipel, et du mémorable pillage de l'antique cité, elle prélève les mille trésors qui vont fonder son art, qui enrichiront sa basilique et ses temples, en laissant Sainte-Sophie dévastée. Et, à dater de ce moment, Venise, toujours active, toujours ambitieuse, étonne par des conquêtes, par des prospérités nouvelles. Bientôt elle peut ajouter à la couronne murale dont toute conquérante ceint son front, les tours de Négrepont, de Modone, de Coron et de Candie. Chypre elle-même, cette île antique où la religion payenne fit habiter Vénus, Chypre devint bientôt aussi tributaire de la jeune cité comme elle née des eaux! Partout, depuis le fond de l'Adriatique, jusqu'aux crêtes rocheuses qui encadrent la mer Noire, flotte l'étendard léonien de saint Marc. Cette longue suite d'îles embaumées, qui semblent des bouquets de fleurs tombées de quelque main céleste sur les eaux bleues de l'archipel grec, sont des colonies vénètes ! C'est pour Venise désormais que Chypre et Lesbos épanchent leurs vins exquis. Les mosquées, les temples orientaux se laissent ravir pour elle leurs précieux ornements. Au seul nom de Venise, et comme pour saluer cette conquérante irrésistible, les colonnes de serpentine et de porphyre se décoiffent de leurs chapiteaux merveilleux, les statues descendent humblement de leurs piédestaux, les portes de bronze se soulèvent de leurs gonds pour ne se plus fermer... Les marbres se détachent des murailles, les balustres quittent les cintres, les vases tombent des niches, les colonnes se couchent à terre et des pans entiers de mosaïque se livrent sans presque déranger leur antique symétrie. Tout cela est pour Venise ! La mer qui lèche ses pieds de marbre, lui apporte tous ces trésors de l'art, pour exalter l'imagination de ses artistes. Car maintenant qu'elle est riche, puissante, glorieuse par les armes, il faut qu'elle songe aussi à fonder son art. Elle a déjà ses architectes et ses mosaïstes, bientôt elle aura ses statuaires et ses fondeurs. — Plus tard viendront ses peintres, glorieux parmi les plus glorieux ! Et au milieu de tout cela, elle a enfin fondé son patriciat, cette républicaine !... Venise aura toutes les aristocraties !

Et ne croyez pas que cette cité heureuse s'oublie à jouir de tous ces triomphes ! Elle ne s'enivre point de pareils succès, et elle sait quels nouveaux devoirs lui impose cette prospérité inouïe. Elle comprend que si l'ardeur héroïque de ses fils a suffi pour leur faire accomplir leurs conquêtes, c'est à une politique prudente et habile qu'il appartient de conserver ce qui est acquis. La tête doit désormais froidement diriger la valeur du bras. Jusque-là, la forme encore à peu près démocratique du gouvernement a pu répondre aux besoins de l'État. Mais en face de cette influence toujours grandissante que Venise prend en Europe, il est peut-être devenu nécessaire que rois et empereurs, princes et pontifes qui traitent avec elle, aient affaire à une représentation de pouvoir moins humble... et que le rang des chefs réponde à l'importance acquise de l'État. Ces raisons furent celles que les grands sans titres trouvèrent, pour détruire ce qui pouvait rester à cette ville de sa première organisation constitutive... et cinq siècles, jour pour jour, avant la date où toute indépendance devait cesser pour Venise (rapprochement étrange et comme providentiel)! ce gouvernement, jusqu'alors démocratique, prit nettement la forme aristocratique héréditaire. — Il fut décrété qu'à l'avenir les membres du pouvoir ne seraient plus choisis dans la masse des habitants, mais seulement parmi les conseillers qui depuis quatre ans avaient pris part aux affaires; ce qui fit bien réellement succéder une aristocratie de priviléges et d'hérédité à la démocratie primitive...

Ce changement si grave, si hardi, put cependant se faire sans éveiller le courroux de ce peuple alors trop occupé de ses affaires et de ses intérêts commerciaux, pour songer à examiner sérieusement si ce que décidaient les chefs en matière politique ne méritait pas parfois protestation. Mais ces chefs avaient si souvent pris de glorieuses et fécondes initiatives, qu'ils pouvaient désormais agir presque sans contrôle. Dès ce moment, l'existence politique de Venise fut confiée à cette nouvelle aristocratie de pouvoir, à vie pour le chef suprême de l'État, et privilégiée, héréditaire pour les patriciens. Et, disons-le, l'union gouvernementale fut bientôt telle, sous cette modification nouvelle, que vainement une partie de l'Italie, des nations du Nord et aussi de l'Orient, se liguèrent-elles contre la République vénitienne; elle soutint vaillamment tous ces chocs. Si les Turs parvinrent à lui reprendre quelques-unes de ses conquêtes orientales, ils payèrent si cher ces succès par les flots de sang versé, que les Vénitiens gagnèrent en gloire aux yeux de l'Europe étonnée, plus qu'ils ne perdirent en possessions. Il faut d'ailleurs ajouter que la sagesse du gouvernement vénitien lui acquit dès ces époques de telles sympathies sur tout le continent italien, qu'il ne tarda pas à se voir amplement dédommagé par là de ce que les forces combinées des Turs lui avaient fait perdre dans les mers orientales. Machiavel a dit que les peuples se soumettent d'eux-mêmes aux États qui traitent les vaincus avec humanité: Ce fut précisément là ce qui arriva pour Venise au commencement du XIV° siècle.

Séduites par cette sagesse d'institution, par l'ordre, l'équité qui présidaient au gouvernement de cette quasi-république, plusieurs villes, plusieurs provinces de la haute Italie, se rangèrent d'elles-mêmes sous ses lois, heureuses de s'associer aux prospérités d'un état glorieux, qu'avaient dans les siècles passés fondé leurs ancêtres, en abandonnant aux barbares le continent ravagé. Ils augmentèrent ainsi le territoire et les forces matérielles de cet état, de cette cité singulière, qu'un jour peut-être, si la mer la reprend dans quelque effroyable cataclysme, l'avenir croira fabuleuse ! Ce fut à l'aide de ces nouveaux renforts que Venise, toujours agissante, toujours active, put bientôt agrandir encore sa puissance, en entreprenant la conquête d'une partie du littoral italien de l'Adriatique, et par ailleurs, en déployant la bannière des combats jusqu'au pied des Alpes rhétiennes, d'où étaient autrefois descendus ces Huns, dont la fureur barbare devait, par un étrange concours de circonstances, donner naissance à Venise.

Mais de semblables empiétements, de pareils succès ne s'accomplirent pas sans motiver souvent de vigoureuses résistances chez les princes menacés de dépossession. De là ces longues guerres, ces collisions renaissantes qui, pendant le cours d'environ cinq siècles, ensanglantèrent les mers orientales, aussi bien que les champs de la Lombardie, de la Romagne et les fleuves dont ils sont sillonnés. Souvent l'état vénitien, agrandi de ses provinces soumises de la Terre-ferme, eut à lutter contre des déploiements de forces véritablement écrasantes. Outre ses guerres si actives avec la république de Gênes, sa rivale jalouse et acharnée, Venise vit la France, jadis son alliée guerrière, l'Allemagne, l'Espagne même, prendre parti pour la restauration des princes qu'elle avait dépossédés. Le pape lui-même lança contre la cité républicaine d'autres foudres que celles du Vatican; et sans empiéter autrement sur la marche du développement de cet état, développement que nous essayons de décrire à grands traits, on peut rappeler ici cette coalition célèbre, connue dans l'histoire sous le nom de *Ligue de Cambrai,* et qui réunit au commencement du XVI° siècle, contre la seule Venise, les forces combinées de cinq grandes nations; lutte formidable au début, de laquelle le pape lança sur la République, comme premier projectile d'hostilité, l'interdit et l'excommunication !

Les guerres de Gênes contre Venise sont à jamais célèbres. Des rivalités commerciales les firent naître. Venise avait ravi à la république méditerranéenne le monopole du transport des marchandises entre l'Asie et l'Europe. Ce fut vers le milieu du XIII° siècle que commencèrent leurs luttes maritimes, dont les premières fureurs étonnèrent les infidèles eux-mêmes en Terre-Sainte. Les Génois perdirent coup sur coup cinq batailles navales, tant les galères vénitiennes avaient de supériorité sur la marine du temps. Ces deux peuples se battaient en vrais corsaires. Plus politiques que leurs rivaux, les Vénitiens s'étaient alliés les Pisans, ce qui n'empêcha pas toutefois qu'advint un moment où Gênes faillit anéantir sa valeureuse rivale. Venise fut bloquée, presque occupée... et, sans le courage et le génie de Charles Zeno, peut-être en était-ce fait d'elle! Mais encore une fois l'admirable esprit d'unité qui unissait tous les Vénitiens dans ces grandes circonstances, triompha de cette crise menaçante, et un dernier combat, qui eut lieu bientôt après sur les côtes de la Morée, ayant été complètement favorable à Venise, Gênes, d'ailleurs déchirée par des agitations intestines, dut définitivement céder à sa rivale ce trident de Neptune, qu'un poète a appelé le sceptre du monde.

Puissante, redoutée, gorgée d'or, ivre de gloire, Venise, après n'avoir eu longtemps d'autre prétention que celle de se faire forte et puissante, songea enfin à se faire belle. Déjà son art n'en était plus à ses tâtonnements; et tandis que leurs frères employaient au loin l'épée pour sa gloire guerrière, d'autres fils de la puissante cité lui préparaient, à l'aide du ciseau, de l'équerre et du pinceau, un autre genre d'illustration non moins précieuse. Les mosaïstes vénitiens achevaient la décoration de ce temple fameux, paré des dépouilles de Sainte-Sophie, et les chevaux grecs enlevés à l'hippodrôme bizantin firent rêver les premiers adeptes de l'art du fondeur. A la mosaïque, cette peinture primitive, dont chaque touche est une parcelle de verre, succédèrent bientôt les premiers essais d'un art nouveau dérobé aux Flamands. Tandis qu'Antonello de Messine préludait aux gloires futures de l'éclatante école vénitienne, les architectes employaient les richesses des patriciens à leur élever des palais. L'arsenal, ce nid célèbre de la puissance de Venise en Orient, s'achève, se complète par les soins d'André de Pise, au commencement du XIV° siècle. — Calendario relève le palais ducal, déjà deux fois incendié, ne prévoyant pas que quelques années plus tard, cette haute et splendide fenêtre qu'il dessine prêtera son balcon aux juges pour assister à son supplice entre les deux colonnes de la Piazzetta, comme complice de ce doge jaloux et insensé, que la littérature a fait plus célèbre que l'histoire [*]. Les églises de *Saint-Zacharie*, de *Saint-Michel* de Murano et de *Sainte-Marie-des-Miracles* s'élèvent durant le XV° siècle, époque signalée de la puissance vénitienne.—Pierre Lombardo élève sur le canal ce splendide palais des *Vendramini*, qu'on admire encore.—La *Tour de l'Horloge*, les *Vieilles procuraties* datent du même siècle. Ensuite, à mesure que l'art devient plus habile, c'est la *Confrérie de Saint-Roch*, les *Procuraties neuves*, le château fort du *Lido*, les palais *Cornaro*, *Grimani*, et bien d'autres, qui portent haut les noms des Sanmichili, des Scarpagnino, des Sansovino et de ce glorieux Palladio, auquel Venise va devoir bientôt sa célèbre église du *Rédempteur*, celle de *Saint-George-majeur*, et une foule de palais splendides. Antoine da Ponte édifie en marbre le célèbre pont de *Rialto*, bâti en bois depuis l'an 1264 jusqu'à 1591... Puis, comme nous aurons occasion de l'observer bientôt, à propos de sa prospérité gouvernementale, Venise tout à l'heure si brillante, tomba de Palladio à Longhena ce baroque architecte de *Sainte-Marie della Salute*, de l'église des *Scalzi* et d'une foule d'autres monuments de la décadence artistique. Déjà en toutes choses, art, commerce et politique, Venise avait franchi le zénith de sa gloire!

Et au beau temps de cette remarquable floraison artistique, la peinture, la sculpture même, marchèrent de pair avec l'architecture, qui, de nos jours, fait encore de cette ville singulière, une des plus remarquables qui soient au monde. Tandis que ceux-ci bâtissaient des temples et des palais pour orner la ville, ceux-là peignaient, sculptaient, fondaient pour orner temples et palais. Aux peintres primitifs qui furent les premiers exploitants des procédés apportés du Nord par Antonello de Messine, ont bientôt succédé les deux Bellini, artistes consciencieux et naïfs, puis le passionné Giorgion, l'austère Sébastien del Piombo, les deux Palma, le doux Marconi, le fécond Tintoret, le puissant Titien et le théâtral Paul Véronèse... qui fut, comme le Palladio de la peinture, aussi suivi de son Longhena.

Mais l'astre de cette cité illustre, comme le soleil à son zénith, faute de pouvoir monter encore, dut descendre. Le milieu de l'éclatant XVI° siècle marqué dans l'ordre politique et guerrier par la victoire de Lépante, et dans le domaine de l'art par l'éclatant génie de tant d'artistes fameux, sembla devoir entraîner avec lui toutes ces magiques prospérités. Déjà les événements, plus forts que la prudence de la République, avaient changé les routes du commerce général; sa politique sembla dès lors juger les choses d'un œil moins assuré. Une corruption intérieure, née sans doute de l'abondance de l'or, mina peu à peu les ressorts de son gouvernement. Le sceptre des mers va échapper de ses mains... Mais pourtant Venise ne décroîtra pas sans majesté, et il lui faudra encore plus de deux siècles avant de marquer les dernières phases de son agonie....

Le rétablissement des Turcs à Constantinople fit perdre à la République tous les avantages dont elle jouissait sur les marchés du Levant. Bientôt aussi la découverte de l'Amérique, en versant sur l'Europe les productions du nouveau monde, enleva aux Vénitiens

---

[*] Marino Faliero, exécuté en 1355.

le monopole de la fourniture d'une foule de denrées. Une seconde découverte, celle du Cap-de Bonne-Espérance, lui fut peut-être plus fatale encore, en transportant aux mains des Portugais le privilége d'approvisionner l'Europe de tous les produits Asiatiques. Bientôt cette heureuse cité, qui avait vu toutes les grandes nations se disputer ses étoffes précieuses, ses cristaux, ses dentelles et maint autre produit de l'industrie de ses lagunes, se trouva réduite à sa propre consommation, et, chose bizarre, plus le malaise commercial de la République empirait, et plus son gouvernement redoublait d'efforts pour maintenir au dedans l'inviolabilité de ses lois. Il semblait qu'à mesure que son crédit s'affaiblissait, cette cité voulût faire réagir sur ses fils même son inquiète autorité; et de là cette politique presque toute de police, qui semblait accuser chaque citoyen du dépérissement qui frappait au dehors l'état en alarmes. Et alors commença ce long suicide, qui ne put originairement être impliqué qu'à la force des circonstances, à la politique extérieure, et aux progrès de l'industrie européenne. Sans pouvoir désormais au dehors, les chefs cherchèrent à utiliser leur activité fiévreuse en persécutant au dedans. Telle loi excellente lorsque l'État jouissait d'une pleine prospérité commerciale et politique, devint fatale du jour où elle eut à s'appliquer sur une décadence générale. Il en fut de cela comme de ces remèdes souverains pour le corps en pleine vigueur, et qui deviennent mortels s'il languit. Il eût dès lors fallu opérer des modifications dans la constitution de l'État, afin de proportionner la puissance à la résistance comme on dit en algèbre. Mais il n'en fut pas ainsi, et ce fut, au contraire le temps, où les persécutions, les jugements étranges, l'abus d'une justice en quelque façon prévôtale, donnèrent au célèbre *Conseil des Dix* et aux *Inquisiteurs d'état* cette réputation mélodramatique, qui a offert le texte de toutes les exagérations..... à côté de réalités bien suffisamment terribles!

Après avoir longtemps servi de lien entre l'Orient et l'Occident, Venise eut à soutenir le poids de ces deux grands empires. Sa situation géographique, d'abord source de toutes ses éclatantes prospérités, finit par la mettre en butte aux exigences des Turcs et des Allemands. Dès que les Vénitiens furent contraints de faire la guerre sur le continent, leur coutume de n'employer que des mercenaires pour soldats et des étrangers pour généraux, devait leur devenir fatale. Ils perdirent donc tour à tour presque toutes leurs possessions et n'eurent guère plus que leur île capitale pour état. La guerre de Candie les força d'abandonner, au profit des Français, les restes de leur commerce du Levant. Le jour où Charles VI d'Autriche fit de Trieste un établissement maritime, l'anneau nuptial du doge en tombant dans le sein de l'Adriatique, cette épouse allégorique, désormais infidèle, ne fut plus que le prétexte d'une vaine cérémonie. Venise cessa de compter dans la politique du monde; elle sembla même dédaigner les dernières occasions qui s'offraient encore à elle de tirer l'épée des batailles à l'ombre de sa bannière de pourpre. Ainsi, elle préféra payer un tribut aux pirates barbaresques, plutôt que de se mettre en peine de châtier leur insolence.

C'est ainsi que pour n'avoir pas plus énergiquement conjuré les désastres causés à son commerce par les découvertes géographiques des autres nations, Venise déclina de jour en jour. On sait combien fut grand l'essor qu'à dater du XVI° siècle prit la civilisation dans toute l'Europe. Les progrès des connaissances militaires et maritimes, le développement de l'industrie, l'émancipation des esprits, tout contribua dès lors à faire sensiblement progresser les nations dans les voies d'une perfectibilité heureuse. Les formes gouvernementales furent aussi modifiées suivant les nouveaux besoins des peuples; et c'est au milieu de cette féconde agitation des esprits, de cette active et générale recherche d'un mieux soupçonné, que Venise eut l'imprudence de rester seule stationnaire. Son aristocratie égoïste craignit-elle d'encourager les esprits novateurs, ou ne voulut-elle pas troubler la somnolente tranquillité dont elle croyait pouvoir jouir au sein de son opulence acquise? Cette ville dédaigna-t-elle, enfin, dans son orgueil, de s'assimiler au mouvement général qui commençait déjà à travailler l'Europe? Toujours est-il qu'elle ne tenta nulle modification à sa routine. Arrêtée dans ses développements à une époque où elle était supérieure à toutes les autres, sa marine ne tarda pas à être dépassée par les nations novatrices, sans que cette cité songeât à profiter des progrès que l'art de l'architecture navale offrait de toutes parts. Les Vénitiens abandonnèrent même l'entretien des travaux nécessaires pour rendre leurs lagunes accessibles aux vaisseaux, et leurs eaux se comblèrent de sable. Par ailleurs, les tactiques militaires nouvellement en usage, les nouveaux systèmes d'attaque et de défense pour les places fortes, restèrent complètement étrangers à ses soldats. Elle n'osa pas non plus mettre en vigueur les nouveaux plans de finances, qui lui eussent servi à soutenir sur certains points la concurrence des nations rivales, et cela dans la crainte de mécontenter, en augmentant les impôts, un peuple qu'il ne fallait pas réveiller de sa langueur. Enfin, depuis longtemps déjà privée de ces guerres qui entretenaient l'élan belliqueux de ses fils, Venise changea bientôt sa cuirasse des batailles contre la tunique de soie, et le casque contre le berret emplumé. Insouciante désormais et riche du passé, elle se fit artiste et galante. Ses chefs, autrefois occupés des grands destins des combats et des conquêtes, rapetissèrent, faute de mieux, leurs attributions à la surveillance des petites passions de la rue, à l'espionnage des intrigues de boudoir et aux lectures des dénonciations mesquines de la gueule de bronze.

Alors c'en fut fait de Venise! Celle qui saccagea l'Orient, armée de la hache et de la lourde épée des Morosini et des Dandolo, rejeta ces nobles armes, trop lourdes pour son bras énervé... et bon seulement désormais à soulever le miroir d'Aspasie! L'intrigue amoureuse prit la place et l'importance de l'intrigue politique. Galante et duchesse, Venise ne songe plus qu'à bien jouir des immenses richesses qu'elle a acquises, et peu lui importe à l'avenir, la gloire des armes! Ses XI° et XII° siècles semblent l'âge des passions voluptueuses de cette fille des eaux ; notre XVII° est la date de toutes ses effervescences. Elle se bâtit de nouveaux palais de marbre, dans lesquels les artistes de son école en décadence peignent des fresques mythologiques; elle pose, vêtue de velours et couverte de bijoux, devant les successeurs de Véronèse et de Titien; elle fait retentir du programme de ses fêtes cette Europe, qui était autrefois l'écho de ses exploits. Ces fêtes, merveilleuses comme des contes de fées, font accourir à elle tous les hommes de plaisir qui veulent leur part des caresses de cette amazone devenue bacchante, et qui aspirent à se mêler aux intrigues de ses boudoirs, aux mystères de ses gondoles discrètes... C'en est fait, hélas! de gloire guerrière et de conquêtes! Le lion de saint Marc a replié ses fortes ailes. C'est vainement que quelques esprits courageux, rochers qui résistent au courant général, murmurent contre cet abâtardissement, contre cette déplorable mutilation de la gloire passée... Les chefs, dont de tels regrets censurent l'inaction, considèrent ces bons citoyens comme leurs ennemis et tentent d'étouffer leurs voix. Les *Puits* du palais ducal deviennent les complices des vengeances particulières. Des citoyens disparaissent des familles... le canal Orfano seul reçoit la confidence de leur destin.

Et pourtant si elle l'eût voulu, comme elle eût pu, sous plus d'un rapport, être puissante encore, cette ville endormie dans sa gloire! Plus de trois millions de sujets obéissaient à ses lois, sa double armée de terre et de mer existait encore, bien que refroidie de ce sublime élan qui lui avait fait accomplir tant de merveilles; son étendard flottait sur plusieurs villes et forteresses, et ses revenus enfin étaient toujours considérables. Il n'eût peut-être fallu alors qu'un homme d'une grande et inébranlable énergie, un *héros d'État*, pour retenir Venise dans sa chute. Par lui, tout ce qui restait encore d'éléments de puissance à cette grande cité, eût peut-être pu être glorieusement employé... Mais peut-être aussi était-il déjà trop tard. L'épée rentrée au fourreau toute humide de sang, s'y était rouillée et n'en devait plus sortir!

Le XVIII° siècle arrive, et Venise, qui depuis longtemps déjà a déchargé son front du noble morion des batailles, y laisse même peu à peu flétrir la couronne florale des plaisirs. Lasse de tout, cette cité sembla vraiment s'endormir. Désespoir ou résignation, elle ne donna plus signe de vie au dehors; seulement, de même qu'aux approches de la mort tous les organes du corps humain semblent se rebeller et marquer une dissolution prochaine, de même la dernière phase de ce vieil état s'annonça par les luttes intestines de tous les pouvoirs, qui n'ayant plus d'affaires à traiter, se mirent à disputer sur le règlement de leurs attributions. Fidèle à son système de somnolence politique au milieu du choc européen qui signala la fin du siècle dernier, elle voulut garder la neutralité, protégée, en ceci par le dédain universel. La révolution française livra bientôt ce timide gouvernement aux plus terribles perplexités. Malgré son désir de se maintenir en marge de toute action politique, Venise s'était vue contrainte de livrer passage sur son territoire aux troupes autrichiennes qui marchaient sur Milan. Après avoir refusé d'abord de reconnaître la République française, elle fût bientôt contrainte de recevoir de celle-ci un envoyé diplomatique, et elle consentit à expulser de Vérone le frère aîné de Louis XVI, qui s'y était réfugié, et qui partit en laissant à ce gouvernement pusillanime le célèbre adieu qu'a enregistré l'histoire....

Dans la guerre qui suivit, Venise épiait la fortune des batailles, pour se livrer au vainqueur. Mille alternatives signalèrent cette étrange phase de son histoire. Elle finit par se donner sans coup férir au général en chef Bonaparte, pour lequel s'était déclaré le sort des armes. En 1797, c'est à dire, quatorze siècles, année pour année, après la fondation de cette ville déchue, les trois couleurs de la République française flottèrent sur les piliers de la place Saint-Marc, autrefois dressés pour porter par les airs les étendards orientaux de ses colonies de Candie, de Chypre et de Morée. Tous les chefs-d'œuvre de l'art vénitien, et même jusqu'à ces quatre chevaux de bronze, fondus il y a deux mille ans pour l'arc Néronien du Tibre, franchirent les Alpes et enrichirent les édifices parisiens jusqu'en 1815, époque où Canova, choisi comme commissaire des Beaux-Arts au nom des traités nouveaux, vint redemander tous ces trésors à la capitale qui, disons-le, en garda bien quelque chose. A dater de ce jour, le traité de Campo-Formio fit de cette République quatorze fois séculaire, et un moment devenue préfecture française, une simple province Autrichienne.

Aujourd'hui Venise peut étonner ceux qui, y arrivant pour la première fois, ne savaient d'elle que ce qui a cours dans la littérature, laquelle exagère tout. A en croire les pessimistes qui cherchent des comparaisons navrantes pour leurs élégies, Venise serait une ville en ruines, « où l'on n'entend, dit un écrivain célèbre, *d'autre bruit que celui des pierres croulant des palais.* » Disons-le vite : il n'en est pas ainsi que le pourrait même faire supposer l'exagération de cette image, et le livre que nous offrons ici est autre chose qu'un recueil d'épitaphes écrites sur des tombeaux. Si nous parlons d'abord de la physionomie matérielle de cette cité, nous dirons qu'elle est encore l'une des plus curieuses du monde, comme si ses Doges la dominaient toujours. Elle possède de grandioses et ineffables beautés, qui passionneront toujours quiconque vit un peu par le sentiment et l'intelligence. C'est toujours un vaste musée de rares monuments, et ces monuments eux-mêmes sont d'autres musées, où l'art et la matière ont toutes leurs somptuosités. Venise n'a pas cessé d'être la ville la plus curieuse de l'Italie, et peut-être même la plus étrange du monde, car les plus belles villes orientales n'offrent pas l'originalité matérielle de celle-ci, sans parler de l'intérêt puissant qu'excite sa merveilleuse histoire. Ses monuments sont toujours debout; pas un n'a péri : pierre et marbre, peinture et sculpture, ciel et eau; c'est toujours Venise. A certains jours même, vous pourriez encore vous faire illusion sur les temps, à la voir presque ressuscitée dans sa splendeur d'autrefois. C'est à propos de certaines cérémonies, la *Regata* particulièrement, cette fête des *Nicolotti* et des *Castellani*, qui, durant l'été, la galvanise aux yeux de l'étranger surpris et charmé. Quiconque, par exemple, s'est trouvé assister aux fêtes qu'elle offrit en 1838 à S. M. Ferdinand d'Autriche, à l'époque où cet empereur revint du dôme de Milan, où il avait posé sur son front la vieille couronne de fer des rois lombards; quiconque, disons-nous, eût vu alors la vieille cité des Contarini et des Mocenigo, eût pu se croire assistant, du balcon de quelque palais du grand canal, aux fêtes brillantes de l'arrivée de Henri III de France ou du couronnement de la dogaresse Grimani. Chaque année, depuis ce temps, a vu ressusciter la *Regata*, cette course originale, dont le grand canal est l'arène; et l'on ne saurait trop conseiller aux poètes qui parlent de cette ville en ruines, d'y assister.

Oui, sans doute, Venise a aussi ses ruines. Quelle ville florissante n'a pas son temple abandonné, sa nef transformée en caserne, son abside devenue grenier à fourrage? Sans doute quelques palais vénitiens ont le néant pour locataire... mais à côté de ces palais dédaignés, les besoins nouveaux du siècle bâtissent des maisons habitables pour les fortunes actuelles. Appropriez les palais à notre époque, et demain ils auront leurs hôtes. Venise, cette ville en ruines dans la littérature, bâtit, c'est un fait, et sa population augmente : elle semble avoir des destinées nouvelles qui l'attendent. — La consolidation de l'immense digue qui rendra son abord sans péril pour les navires étrangers, la féconde initiative de son port-franc, la création de ses sociétés de commerce, sont des éléments certains pour une prospérité nouvelle. L'importance que, depuis quelques années, a repris l'Orient dans les affaires européennes, permettra aussi à cette cité célèbre de jouir de nouveau des rares faveurs de sa situation géographique. Si nous ajoutons maintenant à l'énumération précédente des divers avantages dont le cabinet de Vienne l'a dotée, la mention de son chemin de fer, tout esprit indépendant, tout voyageur sans passion, pourra apprécier sur quels éléments reposent toutes les probabilités de renaissance commerciale pour une ville dont le siècle nouveau a, par la force des choses, retourné la dernière page historique. Venise, liée par de rapides communications à toutes les autres villes lombardes, verra décupler ses visiteurs, gens d'affaires ou de plaisirs, qui laisseront leur or. En même temps que son commerce, sa société y gagnera, et cette grande et féconde pensée, de réunir la Méditerranée et l'Adriatique par des rails de fer qui s'étendront de Gênes à Venise, c'est-à-dire de l'une à l'autre de ces furieuses rivales d'autrefois, devra rendre à cette dernière et admirable cité une partie de l'importance que, sous tous les rapports, elle est digne de ressaisir.

Mais la poésie! la touchante poésie! s'écrieront les funèbres amants des villes en ruines... Que va devenir la poétique fille des ondes, avec sa place Saint-Marc éclairée au gaz et son chemin de fer enjambant prosaïquement la lagune, et liant matériellement l'île au continent?—A ces Jérémies littéraires, nous avouerons qu'en effet la poésie va perdre quelque chose dans le contact de ces locomotives. Mais à minuit le gaz s'éteint, le vagon s'est arrêté... et la nuit, au clair de lune, ciel et eau, temples et palais, gondoles et amour, ce sera toujours Venise !

Maintenant qu'en quelques traits nous avons esquissé le passé de cette ville prestigieuse, nous allons dire ce qu'elle est matériellement aujourd'hui, en la voyant telle qu'elle s'offre au touriste, au poète, à l'artiste, au rêveur, au philosophe, à l'homme du monde ; et dans notre laborieuse carrière d'écrivain, de romancier malgré nous, peut-être... nul travail ne nous aura jamais été plus *sympathique*, dirons-nous, pour employer la locution favorite des Italiens, que celui qui va avoir pour texte la description pittoresque, artistique et historique de cette Palmyre de la mer.

I.

LA PLACE SAINT-MARC.

SOMMAIRE.

Une pensée de Napoléon. — Aspect fashionable et poétique de cette place le soir. — La nuit. — L'ombre mystérieuse. — Examen matériel. — La façade de la Basilique. — Prolégomènes archéologiques et historiques. — Sur les dimensions, les agrandissements de la place. — Les anciennes constructions. — L'ancienne église Saint-Géminien. — Les Procuratives neuves. — La nuova fabbrica. — Les vieilles Procuratives. — Par qui elles sont habitées aujourd'hui. — La tour de l'Horloge. — Le Campanille. — La Loggietta. — Les Porte-Enseignes ou Piliers. — Le Parapluie des Arméniens. — Histoire de cette place. — Les grands Événements, les fêtes qui s'y sont passés. — L'arbre de la liberté. — La course des Doges. — Tournoi en l'honneur du mariage de Jacques Foscari. — Le taureau et les douze porcs du patriarche d'Aquilée. — Pétrarque. — Une réprobation populaire, le premier charivari. — Ce qu'est cette place aujourd'hui. — Les pigeons. — Rapprochement avec le Palais-Royal de Paris. — Les cafés. — Florian. — Le club nocturne — Abus du café. — Suttil. — Les magasins des vieilles Procuratives. — Le café Quadri. — Fêtes modernes. — La tombola. — Souvenir d'une loterie de deux siècles. — La procession du *Corpus-Domini*. — Les illuminations. — Coup-d'œil matériel et moral. — Conclusion.

Nous voulons essayer de représenter au lecteur les diverses physionomies de la place Saint-Marc, ce cœur de Venise. Nous tenterons d'y introduire tour à tour l'homme du monde élégant et observateur, l'artiste et le poète, l'archéologue et l'antiquaire, le philosophe et l'historien. Notre intention serait donc de la peindre et de l'expliquer sous ses divers aspects présents et rétrospectifs, c'est-à-dire suivant ce qu'elle a été sous diverses phases de la République, et ce qu'elle est encore aujourd'hui, à certains jours, à certaines heures.

Si c'est l'homme du monde que nous y conduisons le premier, nous choisirons un des soirs de l'époque actuelle, où cette place, l'une des plus belles et des plus célèbres du monde, est en quelque sorte le prospectus de la Venise actuelle.

Napoléon a dit . « La place Saint-Marc est un salon auquel le ciel seul est digne de servir de voûte ! »

C'est qu'en effet, cette place est souvent comme un immense et délicieux salon ; et l'étranger qui la verra par certains soirs de la belle saison, restera convaincu de la vérité de cette comparaison napoléonienne.

La lune, semblable à une douce lumière enveloppée dans un globe d'albâtre, plane sur la voûte bleue pailletée d'étoiles : C'est le lustre de ce salon. L'excellente musique d'un des régiments de la garnison a dressé ses pupitres au milieu de la place ; elle fait retentir les morceaux choisis des opéras en vogue du fécond Donizetti, du dramatique Mercadante, ou quelques fragments des derniers actes composés pour le grand théâtre de la *Fenice*, par le jeune maëstro vénitien Ferrari. Cet orchestre, c'est le concert de ce salon. Souvent il entame quelque valse aux notes sautillantes, quelque galop provocateur, et il semble que tout le monde va s'élancer sur les dalles polies qui sont le parquet de ce salon gigantesque, et que le rhythme retentissant et marqué va râfler tous ces couples, et les faire tourbillonner dans l'arène, électrisés par le vertige de la danse et le dieu de l'harmonie.

Autour de la place, de même qu'autour d'un salon bien rempli, se trouve la galerie, c'est-à-dire les spectateurs assis. On y écoute la musique, on y regarde les promeneurs, on y prend des sorbets. C'est aussi là que souvent on cherche à placer son siége de façon à pouvoir, à l'aide du gaz, ce rival de l'illumination céleste, contempler un doux visage qui charme et a su plaire... là enfin on lit les nouvelles qu'apportent les journaux italiens, allemands, français et anglais. — De nos jours où la société italienne est presque dissoute dans chacune des villes autrefois réputées pour leurs *conversazioni*, cette place est bien le salon principal de Venise. Et pour rester dans l'image nous ne pouvons manquer de dire que, sur cette place, presque tout le monde se connaît, de nom au moins, de même que dans un salon. Sans doute, là aussi la société est un peu mêlée... comme dans certains salons. Mais qu'importe cela, dans une ville qui, pendant quatorze siècles, fut une république ! Tous les Vénitiens sont égaux devant le plaisir, et c'en est un si délicieux que la promenade et le repos sur la place Saint-Marc, le soir, quand les dernières ardeurs du jour se sont noyées dans les lagunes! Le bourgeois, le marchand arrive, femme et filles au bras, par les rues multiples de la *Merceria*, tandis que l'élégant, *Il nobile Veneto*, descend à la Piazzetta de sa gondole moelleuse. Madame la comtesse accapare trois chaises et prend un sorbet chez *Suttil* ou à *Florian*, tandis que sa tailleuse prend l'air le plus près possible des trompettes, à côté de son mari qui fume un long cigarre noir... Voilà toute la différence, la place Saint-Marc, sa poétique illumination céleste, sont également belles pour tous : nom que le blason couronne, ou nom plébéien!

Mais quelles sont ces nouvelles figures que nous ne connaissons pas même de vue, qui flânent d'un air curieux au milieu de cette foule de promeneurs, et autour de ces groupes de causeurs assis le long des galeries? Nous comprenons... ce sont des étrangers que Venise a pris par la main, et qu'elle a présentés dans ce salon sans étiquette, se contentant, pour toute formalité, d'inscrire leur nom dans certaine colonne réservée de sa *Gazetta Privileggiata!* Entrez, Messieurs! voyons vos toilettes, Mesdames!

Mais les heures sonores tombent du haut Campanille de Saint-Marc, et la foule s'éclaircit peu à peu... L'orchestre nocturne a fait retentir la valse finale de son programme. Ces gens de commerce, que le soin de leurs affaires appellera demain en même temps que le soleil surgira du Lido, disparaissent par ces cent petites rues de l'inextricable ville. Bien qu'on se couche tard à Venise, à quelques exceptions près, la classe occupée rentre de bonne heure; et les voyageurs qui ont dit que toute la population passait la nuit dehors, ont outré ses mœurs. Bientôt donc, sur cette place naguère encombrée de promeneurs, de causeurs, de fumeurs, il ne reste plus que quelques groupes, tels qu'on voit dans un salon les intimes de la maison partir les derniers, après s'être rapprochés de la maîtresse du logis. A présent nous ne trouvons plus ici que les intimes de Venise... ceux qui l'ont connue étant tout enfant, que ses lagunes ont bercés, qui apprécient ses plus intimes qualités, et qui veulent en jouir. Aussi comme Venise se fait séduisante et belle pour leur plaire! Ceux-là ne sont pas venus à elle pour spéculer sur son port franc ou sur ses fabriques; — ce sont des cœurs qui l'aiment pour elle-même, qui sont épris de la beauté merveilleuse que cette Ninon de marbre a conservée jusque dans un âge aussi avancé! ce sont ses enfants les plus chéris, ses fils les plus enthousiastes, les filles dont elle est le plus fière. Aussi, voyez comme, à cette heure solitaire et discrète, elle s'efforce de les bien remercier de leur amour, en déployant pour eux seuls toutes ses plus intimes séductions! Elle fait glisser sur leur front tiède de fraîches brises, elle répand dans l'air ses transparences les plus argentées et les plus bleues. Écoutez... quel silence elle fait pour entendre jusqu'aux moindres de leurs paroles! L'aimable ville! comme elle fait à ceux qu'elle aime, parce qu'ils l'aiment, les honneurs de sa magnifique nuit! comme tous les amants de cette beauté jouissent d'elle sans jalousie! Prêtez l'oreille, et vous entendrez les confidences qu'elle leur murmure : les petites anecdotes d'hier, la nouvelle qui doit éclater demain qu'elle escompte à ses favoris... tout ce qu'elle peut imaginer pour leur faire trouver charmante cette heure de la nuit qu'ils lui accordent, elle le fait, comme une femme affectueuse qui essaie de retenir ses hôtes le plus tard possible. — Eh bien! voyez la discrétion aimable et prudente de cette grande dame déchue! elle ne leur demande pas un mot sur son passé, pas un regret, qui pourtant la ferait tressaillir d'aise, sur ce qu'elle fut. Vous savez combien l'aïeule aime à ce qu'on lui rappelle les succès qui ont signalé son jeune âge, combien, privée de présent, elle est heureuse de voir se réveiller ses magnifiques souvenirs... combien le passé est un miroir dans lequel elle aime à se regarder...

Eh bien! Venise ne demande pas même cette complaisance à ses fils, pour prix de toutes les bontés qu'elle a pour eux. Dans sa jeunesse, tous les rois lui ont fait la cour : chacun eût voulu l'épouser, devenir son maître... elle les a refusés. Charles-Quint, Louis XII, deux Visconti, des empereurs d'Occident et d'Orient, et aussi quelques papes, ont vu leurs prétentions repoussées par cette fière célibataire. Dans son âge mûr, alors qu'elle était éclatante de beauté et de force, sachant qu'elle n'avait pas voulu de maître, on lui fit une cour assidue; chacun rechercha ses faveurs... Elle les fit payer cher aux grands et aux puissants, et les offrit généreusement aux opprimés. C'est ainsi que, née faible et à peine viable, elle grandit, se fortifia, prit de l'audace et de la fierté, et symbolisa sa puissance naissante dans une allégorie léonienne. Ce lion fut comme l'épée de cette Palmyre de la mer. Elle lui confia la mise en œuvre de toutes les ambitions qu'elle osa rêver. Trop à l'étroit sur son île adriatique, ce lion ne respira bientôt plus à l'aise que la croupe entière sur la moitié de la Lombardie, jetant sa queue sur les Alpes, comme un chemin tracé pour aller conquérir d'autres contrées. La crinière du puissant symbole plongeant dans les lagunes, avait Venise sous le cœur. D'une patte, ce lion hyperboléen incrustait ses griffes sur la Dalmatie, tandis que l'autre trempait dans les eaux bleues de l'Adriatique où, d'un revers, elle submergeait toute voile qui n'était pas vénète. La tête relevée du superbe animal contemplait l'Orient. Son œil terrible dardait sur ses îles et ses possessions de Chypre et de Candie, et sur tout cet archipel poétique que la Grèce antique a baptisé des plus doux noms. Au moindre signe d'agression ou de rébellion, cet œil lumineux devenait sanglant de menace, et le souffle de sa large gueule poussait les flottes de l'arsenal jusque dans les mers constantinopolitaines !

Et quand la Tour de l'Horloge et le Campanille ont épuisé une partie des heures de la nuit, les derniers fils de la cité léonienne lui jettent un dernier et tendre regard, et disparaissent un à un sous les sombres vestibules des palais. Venise recueille dans son silence quelques soupirs qui font tressaillir ses échos... C'est assez ! c'est tout ce qu'elle demande de ses fils ; elle est heureuse de se savoir aimée, et n'exige pas qu'on la plaigne tout haut : c'est une mère prudente et sage désormais. Mais, parce que ses derniers adorateurs, ses confidents les plus intimes, se sont retirés, ne croyez pas pour cela que la nuit soit vide..... non ! une ombre blanche, qu'on dirait teinte dans les vaporeuses projections de la lune, erre encore sous les arcades de cette place maintenant solitaire. Cette ombre glisse sur les dalles sonores, sans que ses pas y réveillent le moindre écho. Malgré le vague qui l'enveloppe, on sait que ses formes sont élégantes et majestueuses... Elle s'arrête devant la basilique et lève enfin son front tristement penché, où brille une étoile !... Puis elle disparait, on la cherche... et là-haut, sur le sommet du Campanille, entre deux colonnes de vert antique, une forme blanche étend les bras sur la ville endormie, comme une mère qui bénit la couche de ses enfants auprès desquels sa sollicitude veille..... Puis l'ombre vaporeuse disparait encore; on croit la voir glisser sous la sombre colonnade du palais ducal... Une gondole se détache des degrés de marbre de la Piazzetta, et fuit sous l'arche sombre du pont des Soupirs, rapide comme si elle avait aux flancs les ailes du lion de Saint-Marc.....
Elle a disparu ! Bientôt le jour naît de l'Orient sur le Lido, et

éclaire peu à peu les édifices de la rive... vous la chercheriez désormais vainement ! Cette femme nocturne, qui n'apparaît plus que pendant quelques heures silencieuses, discrètes et rares de la nuit, elle s'appelle Venise !

Mais voici le jour lumineux, éclatant, tout plein de soleil et de bruits populaires. Les gondoliers sont réveillés, les artisans vont et viennent, le tableau a changé. Maintenant que nous avons pu, profitant d'une belle nuit printannière, donner un rapide coup-d'œil moral à sa place Saint-Marc, arrêtons-nous y encore pour en examiner l'aspect matériel.

Nous y arriverons par le Nord, afin de jouir du plus ample point de vue que puisse offrir son ensemble.

La place Saint-Marc est un quadrilatère de cinq cent vingt pieds de long, sur une largeur de cent quatre-vingt-deux, vers la Basilique, et de cent soixante-cinq vers sa partie fermée. En face de nous, nous avons la célèbre église qui lui a donné son nom, et dont les dômes, les aiguilles, les sculptures multiples et les arceaux rappellent une mosquée de Constantinople ou du Caire. A gauche sont les Vieilles-Procuratives (*Procuratie Vecchie*) ; — à droite, l'édifice plus moderne qu'on appelle Procuratives-Neuves (*Nuove*) ; — à l'extrémité de la place, aussi sur la droite, est le Campanille ou clocher de la Basilique ; l'usage, presque général en Italie, étant d'isoler le clocher du temple dont il est la voix. A gauche, sur le prolongement des Vieilles-Procuratives, nous voyons la *Tour de l'Horloge ;* — plus loin, derrière l'angle de la Basilique, le bâtiment neuf qui a été élevé pour servir de demeure au patriarche de Venise. Du côté opposé enfin, la base du Campanille nous masque une des extrémités du palais ducal, qui se prolonge sur une seconde place voisine, la *Piazzetta*, dont on parlera en son lieu.

Maintenant que nous avons rapidement donné son nom à chaque chose, suivons dans ses détails cette place célèbre, celle dont Pétrarque disait déjà au XIVe siècle :

« *Cui nescio an terrarum orbis parem habeat.* »

nous prendrons un à un ces divers bâtiments dont nous venons de faire la rapide énumération, et nous nous arrêterons sur les particularités archéologiques, historiques et artistiques qui s'attachent à chacun d'eux, — sans oublier la tradition, l'anecdote, si l'une ou l'autre de ces fleurs du champ descriptif se présentent sous notre investigation.

La façade de l'église Saint-Marc appartient à cet examen de la place, puisqu'elle en forme le côté le plus majestueux. Sans franchir pour le moment les portes de ce célèbre temple, dont bientôt nous nous occuperons avec détail, disons ce que le passé dicte au présent, pour en expliquer l'originalité singulière et la richesse merveilleuse.

C'est un étrange coup-d'œil, n'est-ce pas? Voyez! l'Égypte et la Grèce, Rome et Byzance s'y confondent : l'ogive hardie du Sarrazin est flanquée du saint de pierre du moyen âge chrétien ; les clochetons qui séparent les cintres servent de dais à des personnages en oraison, et les frises qui courent sur les arcs ressemblent, tant elles sont légères et fleuries, à ces plantes à larges feuilles acanthées qui poussent souvent dans les fissures des monuments. En dessous, diverses époques servent de date à ces mosaïques, que l'étranger serait d'abord tenté de prendre pour des fresques récemment exécutées. Voyez, au bord de l'étage de gauche, la plus ancienne de toutes : elle représente la Basilique elle-même devant laquelle s'arrête notre contemplation. Celles du second rang, presque aussi vieilles et aussi polies, sont aujourd'hui pour la troisième fois réparées, depuis leur origine, par les héritiers de l'art et des secrets de ce Louis Gaëtano, qui les refit dans le XVIIe siècle. Comment, avant d'avoir vu ces tableaux d'un coloris si vif, d'un dessin si expressif, s'imaginer que l'adjonction, le mélange, les combinaisons savantes de petits morceaux de verre colorié, puissent amener un résultat pareil, beau, éclatant comme la plus éclatante peinture vénitienne, dix fois plus durable qu'elle (A)!

Précisons davantage cette description de la façade devant laquelle s'est arrêté le lecteur.

Tous les hommes de l'art sont d'accord sur ce point, que l'extérieur de cette Basilique ne répond pas au corps intérieur du temple pour le style. Tous les genres y sont confondus. Cette façade est partagée en deux rangs de cinq voûtes chacun, formant au rang inférieur cinq niches qui reçoivent cinq portes. Le faîte est couronné de cinq arceaux ornés de cartouches, de festons, de feuillages, de clochetons et de statues. Celles des statues qu'abritent les clochetons représentent les *Évangélistes* et l'*Annonciation de N. D.* Une galerie en surplomb à l'étage inférieur, bordée d'un parapet qui forment 336 petites colonnes, prolonge le tour de la façade, sur une largeur que ménage le reculement de l'étage. Au centre de cette galerie, et faisant face au large cintre vitré du milieu, en surmontant la porte principale, sont les quatre fameux chevaux de bronze, dont il sera parlé plus loin.

Des vantaux de bronze à jour, forment les cinq portes inférieures. Le second à droite porte à la fois sa date et le nom de son auteur : « MCCC (1300) *Magister Bretucius Aurifex Venetus me fecit.* »

Un curieux examen, pour l'étranger antiquaire, c'est celui des nombreux bas-reliefs sacrés et profanes d'époques diverses qui sont appliqués à la décoration extérieure de cet édifice bizarre. Plusieurs sont des œuvres de la première sculpture vénitienne au XIe siècle. Nous citerons les deux figures qui tiennent une inscription; lesquelles semblent des prophètes, et qu'on voit dans les angles du cintre au-dessus de la première porte du côté gauche de la Basilique. Elles ont 800 ans d'âge! Les travaux en haut relief disposés dans l'architrave de cette même porte, les sculptures de la première du portail et les bas-reliefs de la seconde sont pleins d'élégance et n'en remontent pas moins à une époque très reculée. En donnant un coup-d'œil à la façade de gauche de cette Basilique, sur la petite place dite des *Lionceaux*, on verra des bas-reliefs Égyptiens et un groupe de Cérès, tenant en main des pins ardents, et bien étonnée sans doute que les dragons qui traînaient son char, l'aient amenée là en fourrière sur ce temple chrétien. Cette divinité payenne fut vraisemblablement une œuvre persanne. Les quatre Évangélistes sont vénitiens.

Plusieurs centaines de colonnes ornent et supportent l'extérieur, la façade de ce temple singulier. Ravies aux monuments les plus célèbres de l'Orient, elles prouvent au premier coup-d'œil, par leur irrégularité et leurs dissemblances qu'elles ne furent point originairement destinées à ce monument qu'elles décorent. Leurs matières sont, pour la plupart, des plus précieuses. L'hymète, les granits les plus rares y donnent une idée de cette magnificence orientale au milieu de laquelle les conquêtes des Vénitiens ont jeté la dévastation.

Lorsque le doge Pietro Orseolo, qui ceignit la corne ducale au Xe siècle, voulut jeter les bases de ce riche temple, que devait continuer son successeur et qu'acheva, en 1071, le doge Dominique

Silvio ou Selvo*, il appela de l'Orient et de l'Occident les artistes les plus célèbres de cette époque, pour tracer le plan de cette Basilique, qu'il voulait sans rivale dans le monde chrétien. On doit évidemment attribuer au choix qui fut le plus particulièrement fait d'architectes orientaux, le style dominant de cette construction, que plusieurs siècles successifs s'attachèrent ensuite à enrichir suivant les matériaux que les hasards des conquêtes faisaient déposer sur les plages vénitiennes.

L'évêque de la cité posa donc la première pierre de ce monument, en présence du doge et de tout un peuple, heureux de songer que l'époque où il vit, servira de date à la fondation du magnifique édifice qui va surgir vers l'avenir. Un siècle entier fut employé pour élever les murs, arrondir les voûtes, ménager les fenêtres, suspendre à travers le tout les arcs et les cintres de l'architecture arabe. L'édifice est debout! Il a deux cent vingt pieds de long, près de mille de circonférence. L'élévation extérieure du dôme principal est de cent vingt pieds. La façade est divisée en dix voûtes sur deux rangs que sépare cette galerie trilatère de marbre. Puis cinq coupoles de plomb, coiffures orientales dont l'aigrette est une croix latine, sont posées sur les crânes de pierre de ces voûtes, et ainsi se trouve complétée la ressemblance qui assimile la Basilique vénitienne, à la Sainte-Sophie de Constantinople.

En résumé, telle qu'elle est; cette façade est comme ces symphonies qui indiquent tous les motifs de l'opéra qui va suivre. C'est la préface de l'œuvre, toutes les intentions des architectes y sont expliquées. La tradition grecque y paraît au milieu de l'imitation arabe; le bysantin y est altéré par l'art germain; le plein-cintre roman, le caprice ogival, y sont confondus comme les détails fantasques d'un ensemble, exempt de toute pureté, sans doute, mais d'une originalité et d'une richesse surprenantes. Il n'est pas jusqu'à la présence imprévue de l'art profane des siècles grecs ou romains, représentés ici par ces quatre chevaux de bronze âgés de deux mille ans, qui n'ajoute à l'inanalysable impression qu'éprouve le spectateur à la première vue de cet étrange et magnifique édifice (B)! Mais comme le plan qui préside à

---

* Ainsi que l'indiquait un distique latin, perdu aujourd'hui, mais que recueillit à temps l'historien Sansovino, sous le vestibule du temple :

« *Anno millens transacto, bisque trigeno*
« *Desuper undecimo fuit factu primo.* »

la rédaction de cet ouvrage nous l'impose, évitons soigneusement de nous laisser aller à des détails que le moment ne comporte pas, et pour ne pas être entraîné à dire ici, à propos de cette bizarre et riche Basilique, ce qui est destiné à d'autres pages, nous détournerons nos yeux de ses arcs en mosaïque et de ses coupoles d'étain, pour continuer l'examen entrepris, et pour tracer à grands traits ce qu'offre à dire l'aspect de la célèbre place au milieu de laquelle nous avons établi notre pantographe littéraire.

La place Saint-Marc n'avait pas dans l'origine les proportions qu'elle présente aujourd'hui. Elle ne s'étendait, vers l'an 1500, que jusqu'à la marque en marbre rouge qui se trouve dans les dalles, vers la seizième arcade des *Procuratives-Neuves*, près du Campanille. Les tableaux du temps nous représentent ce Campanille comme la ligne d'où partaient les maisons qui rétrécissaient la place, et qu'a remplacée, dans le courant du XVIe siècle, la belle ligne de bâtiments désignée sous le nom de *Nouvelles-Procuratives*. Parmi les bâtiments détruits pour l'agrandissement de la place, se trouvait une église située à peu près où sont aujourd'hui les tables d'été du *café Florian*, laquelle, bâtie vers le milieu du VIe siècle par ordre de Narsès, le successeur de Bélisaire, était dédiée à *Saint-Géminien* (San Geminiano). Un canal appelé le canal *Batario*, s'étendait derrière ces maisons et cette église, de façon que les Procuratives sont à peu près bâties sur l'emplacement qu'il occupait. Ce fut au XIIe siècle que l'on combla ce canal, et que l'on abattit cette église, pour agrandir la place Saint-Marc (c).

Mais plusieurs siècles plus tard, une nouvelle église, également vouée à Saint-Géminien, fut élevée en face de la Basilique Saint-Marc, et vers la fin du XVIe siècle, on y voyait une assez belle façade de marbre, de Sansovino, célèbre architecte dont le nom se retrouve à tout moment à Venise, à propos de belle architecture et sculpture. Cette nouvelle église subsista jusqu'en 1809. Sansovino y était enterré[*]. Mais Napoléon voulant compléter la décoration régulière de la place Saint-Marc, abattit cette église, qui fit place au bâtiment neuf servant aujourd'hui de vestibule au *palais Royal*, appartements princiers, qui, avec ceux du gouvernement, occupent le premier étage des Procuratives-Neuves, sur tout le développement droit de la place,

---

[*] Aujourd'hui les cendres de ce grand artiste reposent, provisoirement dit-on, au séminaire patriarcal, bâtiment contigü à l'église dite *della Salute*. Avant d'être déposés là, ces restes errants avaient été quelque temps à l'église *San-Maurizio*.

lorsqu'on fait face à la Basilique. Le vice-roi et sa famille, qui, l'hiver, séjournent à Venise, comme dans l'une des deux capitales du royaume Lombard-Vénitien, et le gouverneur de la ville, sont les hôtes de cet édifice.

Ce magnifique bâtiment, avec ses arcades à jour, contribuant à donner à l'ensemble de cette place quelque ressemblance avec l'enceinte du Palais-Royal de Paris, fut commencé en 1536, par Sansovino, et terminé après la mort de ce dernier, par Scamozzi, architecte aussi fort habile. Les dessins de Sansovino ne furent pas suivis avec une rigoureuse exactitude, car, pour augmenter les logements de ce palais, Scamozzi remplaça la frise qu'on verra sur le prolongement de l'édifice vers la *Piazzetta*, par un second étage qui n'est pas d'un effet aussi heureux qu'on le pourrait désirer. Ajoutons que les sculptures qui devaient orner tout le développement architectural, sont restées inachevées à partir de la treizième arcade de l'angle du Campanille, ce qui contribue singulièrement à altérer la première et magnifique pensée de Sansovino, qui ne reste pure que sur la *Piazzetta*.

Quant à la partie du fond de la place, qui se replie pour faire face à l'église Saint-Marc, et qui a remplacé cette nouvelle église de Saint-Géminien, abattue par ordre de Napoléon, elle est de l'architecture du chevalier Joseph Soli, de Modène, qui tenta de se rapprocher du premier plan de Sansovino. On appelle cet édifice la *Fabbrica-Nuova*, elle date de 1810, c'est-à-dire, de l'époque où les Français occupaient Venise. Les deux ordres dorique et ionique, l'architrave ionique surmontée d'un attique hérissé de statues, donnent à ce bâtiment neuf un assez grand rapport avec celui de la *Piazzetta*, qui se fut régulièrement développé sur soixante-quatorze arcades, et trois façades repliées, si le plan de Sansovino n'avait pas été altéré dans le grand prolongement de la place, par la substitution d'un étage à *l'attique* qui devait seul couronner le tout.

A l'époque où la petite église Saint-Géminien s'élevait encore en face de la Basilique, les Vieilles-Procuratives de gauche tournaient à l'angle du fond de la place, et s'avançaient jusqu'à cette église, qui ne prenait guère que l'emplacement de trois arcades de l'édifice actuel. Le côté opposé était comblé par le prolongement des Procuratives-Neuves de Scamozzi, de sorte que cette face de la place offrait trois genres d'édifices : les deux constructions, de style différent, des Procuratives, et l'église encadrée par elles, et qui se trouvait un peu sur la droite de l'observateur qui tourne le dos à la Basilique. On trouve la reproduction de ces divers bâtiments sur quelques tableaux ou gravures du siècle dernier.

Le côté gauche de la place (face à Saint-Marc) est encore formé des mêmes bâtiments qui furent élevés par l'architecte de Bergame, ou *Bergamasque*, comme on dit, nommé maître Bartolommeo Buono, vers la fin du XVe siècle. Cet édifice était autrefois habité par les *procurateurs de Saint-Marc*, seconds dignitaires de la République, qui étaient les administrateurs légaux de l'Eglise, des hôpitaux civils, tuteurs d'hospices des orphelins, etc. Aujourd'hui ces bâtiments sont devenus propriétés particulières, et fort recherchées, vu les avantages de leur position. Plusieurs des salons les plus aristocratiques de Venise y ont leurs fenêtres. La comtesse Cicognara, veuve du célèbre auteur de *l'Histoire de l'architecture* et d'une foule de travaux précieux pour l'art, a là ses appartements. Elle y conserve parmi de curieux ou précieux objets de beaux-arts, le fameux buste de la *Béatrice* de Dante par Canova, qui en fit présent au comte Léopold Cicognara son ami ; et aussi le buste gigantesque de ce Mécène, dont le nom se retrouvera souvent sous notre plume, dans le cours de cet ouvrage ; ce buste qui est du plus beau travail, est également de Canova.

Ces mêmes *Vieilles-Procuratives* recouvrent aussi la collection de médailles anciennes, grecques et romaines de M. le comte Gradenigo. — Vers le milieu du premier étage, sont les salons des casino des négociants, et des nobles, dans un desquels on voit un bas-relief estimé de Canova représentant *Socrate recevant les derniers adieux de sa famille*. — Plus loin vers la *tour de l'horloge*, l'un des présidents actuels du théâtre de la *Fenice*, M. C. Pigazzi a récemment meublé dans un goût somptueux et artistique un des appartements qu'occupaient autrefois ces sombres dignitaires de la République, dont Titien et Tintoret nous ont laissé quelques portraits. Dans ces mêmes bâtiments habitent enfin la princesse de Gonzague ; — le comte Gaspard Cantarani, d'une famille des plus illustres du patriciat vénitien ; — la comtesse Soranzo, dont le nom rappelle qu'en 1312 un Soranzo fut couronné Doge ; — la comtesse Polcastro à demi Parisienne par sa naissance, puisque son père, le patricien Quirini, fut le dernier ambassadeur de la République auprès du gouvernement français.

L'on a compris que le nom de Procuratives donné à cet édifice.

vient du titre des fonctionnaires de l'État qui l'ont habité, et pour lesquels il fut bâti : par extension, le même nom a été donné aux bâtiments nouveaux qui font face. L'idée de leur date a seule servi à les distinguer.

La *Tour de l'horloge* qui termine la ligne des *Procuratie Vecchie*, est une construction qui date de 1496, et qui est due à l'architecte Pierre Lombardo, dont le nom se retrouve aussi fort souvent dans l'examen des édifices de Venise. Primitivement cet emplacement était occupé par une construction à peu près semblable, mais en bois, ce qui fit qu'elle brûla au milieu d'une illumination publique en 1406. Vers le commencement du XVIe siècle, on construisit dans le même goût architectural les deux ailes qui complètent la construction de la tour relevée.

L'immense cadran qui en décore la façade, marque d'abord l'heure italienne, c'est-à-dire par vingt quatre heures continues, —puis les signes du zodiaque et les phases de la lune. A certaines fêtes religieuses de l'année, et particulièrement pendant les six semaines de l'Epiphanie et de l'Ascension, on voit sortir d'une des portes qui avoisinent la Vierge dorée, les trois rois maures en grand costume, statues garnies d'un mécanisme, qui font lentement le tour du petit balcon en demi-lune, et saluent respectueusement la Vierge au moment où ils passent devant elle, en soulevant de leur front la couronne, puis disparaissent par la seconde porte, pour recommencer leur promenade et leur salut, à l'heure suivante.

Au sommet de la tour, on voit sur une petite plate-forme deux statues de bronze, espèces de jacquemarts que le peuple appelle *les Maures*, et qui frappent les heures avec un marteau sur des cloches en plein vent. C'est un mécanisme inventé en 1499 par les frères Jean-Paul et Charles de Reggio. Brisé par la foudre en 1750, ce mécanisme fut refait ou réparé en 1755, par un ouvrier de Bassano nommé Ferracina, qui reçut comme récompense 8,500 ducats octroyés par la République. Les *Huret* et les *Fichet* du XIXe siècle devront trouver que l'époque était bonne pour un art qui en arrive même à faire parler aujourd'hui, ce qui est plus que sonner. *

L'ensemble de cette Tour est élégant, des marbres et des do-

---

* On sait que le mécanicien irlandais Powell, a inventé, il y a quelques années, un coffre-fort qui, lorsqu'une main autre que celle de son maître l'ouvrait, criait trois fois : *au voleur!*

rures la décorent. Le lion de Saint-Marc sur fond d'azur étoilé, tient sous sa griffe un évangile qui, ayant eu son immuable devise (*Pax tibi Marce, evangelista meus*) changée en 1797, dans un moment d'enthousiasme républicain, fit dire aux gondoliers, qui lisaient désormais cette étrange formule : *Droits de l'homme et du citoyen* ; que le lion avait tourné la page !

Mais bientôt on rendit à ce lion son évangile, auquel on avait bizarrement essayé un moment de substituer une charte.

A côté de la Tour de l'horloge, sur la petite place dite des *Lionceaux* (animaux de forme fantasque dont on ne connait pas trop l'origine, et dont les enfants du peuple se font des montures stationnaires dans cette ville sans chevaux), on voit une petite église d'architecte inconnu, mais évidemment du XVIIe siècle, qui fut autrefois vouée à san Basso. Etrangère aujourd'hui au culte, elle ne sert plus qu'à montrer, par sa lourde décoration, la décadence que subissait le bon goût architectural à l'époque où elle fut bâtie.

Maintenant disons quelques mots du majestueux Campanille qui contient les cloches de Saint-Marc, et dont la pointe quadrangulaire domine de beaucoup toutes les tours, clochers et autres édifices des lagunes.

On aura déjà eu mainte occasion de remarquer, qu'en Italie, les clochers sont presque généralement séparés des églises. Ajoutons que chaque église n'a qu'un campanille, tandis que les cathédrales du nord en ont presque toujours deux, dressés en avant de l'édifice, comme pour rappeler que le chrétien doit lever souvent ses bras au ciel pour implorer Dieu.

Commencé en 1080 sous le dogat de Dominique Silvio, par l'architecte Vilipardi, le clocher de Saint-Marc fût interrompu avant d'être arivé au tiers de sa hauteur, le terrain qui lui servait de base, ayant cédé. On sait que Venise est une ville bâtie sur des îlots que l'art a presque partout dû consolider, pour pouvoir asseoir une ville sur ce sol incertain. Aussi le lieu ayant été reconnu mal choisi pour élever la masse formidable qu'on voit aujourd'hui, la tour fût-elle abattue dans son commencement d'élévation, et réédifiée sans encombre à quelques toises plus loin, c'est-à-dire sur l'emplacement actuel. La première tentative de construction avait eu lieu vers le point où sont aujourd'hui les deux piliers cophtes, en face de la porte gothique du palais ducal.

D'abord ce campanille ne s'éleva que jusqu'à l'enceinte des

clochers, c'est-à-dire à une hauteur d'environ 200 pieds du sol. En 1178, la flèche qui le surmonte fût bâtie sur un modèle antique qui couronnait mal l'édifice, de sorte qu'en 1510, le doge Loredan la fit refaire telle qu'on la voit aujourd'hui, avec son revêtement de lames de bronze et ses colonnes de verd antique et de marbres orientaux.

On parvient jusqu'à la galerie des cloches de ce majesteux Campanille, non par un escalier, mais bien par un véritable chemin, qui permettrait, à la rigueur, d'en faire l'ascension équestre. Il faut dix minutes pour un Titan raisonnable qui veut escalader sans trop de hâte ce Chim-Boraçao vénitien qui s'élève à 290 pieds au-dessus du sol.

La vue dont on jouit du haut du Campanille de Saint-Marc est féerique. La bizarre configuration de Venise au milieu de ses lagunes, et entourée de ses îles, tous les pittoresques accidents du golfe adriatique, à l'orient la pleine mer; partout ailleurs les Alpes bronzées, les monts Vicentins aux teintes bleuâtres, tout contribue à faire de ce spectacle un coup-d'œil magique, que bien peu de sites peuvent balancer en majesté, en poésie, en originalité surtout.

Nous devons aussi considérer comme faisant partie de la place Saint-Marc, bien qu'il regarde la Piazzetta, le délicieux petit monument dans le goût florentin, qui s'appuie à la base du campanille du côté du palais ducal. Ce charmant édifice, qui pourra rappeler aux Parisiens l'arc de triomphe de la place du Carrousel, est l'œuvre du célèbre Sansovino, qui le bâtit vers 1540. On l'appelle la *Loggietta* : d'ordre composite, revêtu de marbres brillants, orné de belles sculptures et de bronzes excellents; c'est sans contredit une des œuvres les plus pures dans ce style, qu'offre Venise. Bien qu'un peu maniérées, peut-être, les statues de bronze qui garnissent les niches, sont spirituellement atournées, et les chapiteaux, les corniches d'un travail très fini.

On sait que Vénus était le symbole de l'île de Chypre, d'abord oasis grecque, puis province romaine *par* décret du peuple sous Pompée, elle est une possession ottomane au moyen-âge, et devient une colonie vénète, tantôt perdue, tantôt reconquise, soit par le croissant infidèle, soit par le pieux lion de Saint-Marc. Au milieu de tant de vicissitudes, et de maîtres divers, Chypre garde sa tradition poétique, et nul n'oublie que la fable la fait choisir pour séjour, à la plus suprême des beautés grecques, après sa naissance de l'écume des eaux. Jupiter était le symbole de Candie. C'est par ces allégories poétiques que l'architecte a fait entrer dans la décoration de ce monument, ces deux possessions de la République de Venise. Vénus *Chypre* et Jupiter *Candie*, figurent dans les deux jolis bas-relief de l'attique, les autres sculptures allégoriques et mythologiques sont très gracieuses, et la grille de la balustrade est véritablement remarquable par son dessin et sa belle exécution. C'est une œuvre digne de Quentin Metsys, le Flamand !

Ce délicieux petit édifice, d'une conservation si parfaite, fût longtemps occupé sous la République, à certaines heures du jour, par le procurateur de Saint-Marc, qui présidait à la garde à laquelle était confiée la surveillance extérieure du palais, pendant les séances du grand conseil. Aujourd'hui il sert pour des encans de vente par autorité de justice, et on en a fait en même temps, comme par opposition corrective, le temple de la loterie vénitienne..... C'est là qu'une fois par mois la roue magique tourne aux yeux du peuple assemblé, pour proclamer la bonne fortune de quelques-uns..... la déception de presque tous (v).

Maintenant, pour en finir avec l'aspect matériel de la place Saint-Marc, il ne nous reste qu'à donner un coup-d'œil aux magnifiques piedestaux de bronze, ciselés par Alexandre Leopardo en 1505, qui supportent les trois mâts de pavillons sur lesquels la République arborait jadis les bannières qui rappelaient ses trois conquêtes de Chypre, de Candie, puis de Négrepont d'abord et de la Morée ensuite. Dans les tableaux antérieurs au XVIe siècle [*] on remarque que ces piliers existaient là avant même que Leopardo ne ciselât les magnifiques bases de tritons et de syrènes qu'on y admire aujourd'hui, comme des œuvres du plus beau goût grec. Aux jours de fête, ces piliers font flotter par les airs les étendarts rouges et blancs armoriés de l'occupation autrichienne.

Dans le dernier temps de la République, on voyait encore aux pieds de ces piliers, les étalages de quelques marchands arméniens, négociants en plein air, qui, protégés contre le soleil et la pluie eux et leur marchandise, par un vaste parasol ou parapluie (l'objet unique était à deux fins, et par conséquent à deux noms) vendaient là, sans payer loyer, des soieries, des étoffes d'Orient, etc. Mais il arriva un jour où le sénat incommodé de la présence sur

---

[*] Entr'autres celui de Gentile Bellini, à l'Académie des Beaux-Arts.

ce point de ces honnêtes barbares, leur intima l'ordre de transporter ailleurs le centre de leur industrie. Alors, l'un d'eux, le plus vieux de tous, exhiba un privilége octroyé quelques cents ans auparavant par la République à l'un de ses ancêtres, qui avait obtenu ce privilége par service rendu à l'État à Constantinople, dans une affaire de reliques; le sénat dût laisser le vieil Arménien maître des lieux jusqu'à sa mort, mais les héritiers perdirent les bénéfices de la survivance (E).

Maintenant que nous avons envisagé l'ensemble matériel de cette célèbre place, et qu'il nous restera à décrire chacun à leur tour, et à leur lieu d'ordre, l'intérieur des édifices sur la façade desquels nous avons jeté un coup-d'œil d'archéologue, asseyons-nous au *café Florian*, et pendant qu'on nous apprête le sorbet ou le café glacé, examinons sommairement les destinées passées de cette enceinte, dont nous aurons aussi, pour finir, à esquisser la physionomie pittoresque à diverses heures du jour, et dans certaines fêtes, au temps actuel.

La statue de marbre qui domine la grande fenêtre de la Basilique a vu bien des choses, depuis l'époque où Orio Malipieri fit le tour de cette place à pied, accompagné de quarante électeurs qui l'avaient nommé par un audacieux changement dans la constitution de la République, jusqu'au jour, bien imprévu sans doute, où l'on planta au milieu de cette noble arène, l'arbre de la liberté, si fort à la mode en France à la fin du dernier siècle, et au pied duquel fut brûlé le *livre d'or* ! (F)

Mais bientôt les doges promus au pouvoir, parcoururent cette place avec plus de pompe, et leur couronnement devint une fête, une solennité publique, en même temps qu'un grand acte politique. Laurent Tiepolo, ayant servi la République sur mer, et vaincu les Génois dans les eaux de la Syrie, les marins réclamèrent, en 1268, l'honneur de le porter en triomphe de son palais à l'église où avait lieu la messe du patriarche, avant l'acte du couronnement; de là naquit l'usage que les marins de l'arsenal portassent sur leurs épaules la chaise ducale, tandis que le doge faisait le tour de la place, pour se soumettre, en apparence du moins, à la sanction populaire. Mais en tous temps, la politique eut ses ruses. En 1414, Thomas Mocenigo fut promu au dogat. Il arrivait alors d'une ambassade auprès de l'empereur Sigismond, où il avait essayé de mettre un terme aux querelles de ce monarque avec le roi de Naples et le pape. Le sénat l'avait aussi chargé d'obtenir de Sigismond l'investiture des principautés de Padoue, Vicence et Vérone, pour le compte de la République, négociations dans lesquelles le diplomate avait échoué. Cette affaire, pour laquelle les Vénitiens s'étaient passionnés, dépopularisa par son échec le nom de Thomas Mocenigo, lequel, promu doge à son retour, en remplacement de Michel Zeno qui venait de mourir, craignit l'épreuve de la place Saint-Marc, car c'était là que la foule avait coutume d'applaudir ou de huer le prince que venait de lui donner le sénat, suivant que la nomination avait ou n'avait pas les sympathies populaires.

Pour conjurer toute démonstration blessante à sa dignité, en même temps qu'hostile à son élévation, Mocenigo conçut l'idée de jeter de l'argent au peuple, pendant la promenade que l'usage l'obligeait à faire autour de la place, porté par les *Arsenalotti*. Cette ruse politique lui réussit complètement, car tous occupés, les uns de se jeter sur les pièces de monnaie que répandait une main libérale, les autres de contempler la nouveauté du spectacle, le doge subit sans encombre la scabreuse épreuve, et rentra au palais ducal sans qu'une seule voix se fût élevée pour proclamer son impopularité.

Depuis cette époque, l'usage de jeter de l'argent au peuple durant cette cérémonie, fût constamment maintenu. Seulement il arriva, dans les derniers temps de la République, qu'un des doges en élection ayant déclaré que l'argent qui restait dans le bassin après la cérémonie, serait distribué aux marins qui l'auraient porté, la cupidité des Arsenalotti amena bientôt le spectacle le plus risible. Afin que la somme restée au bassin fût plus forte, les porteurs, au lieu de promener majestueusement le doge pendant qu'il effectuait sa distribution, le firent aller si rapidement que durant le siècle dernier, la chaise ducale ne mettait pas quatre minutes à faire le tour de la place : c'était une véritable course au clocher ! (G)

La fameuse *fiera franca*, la foire par excellence des temps passés, se tenait sur la place Saint-Marc. Son origine date du XIV° siècle. Elle attirait à Venise une foule d'étrangers, et durait huit jours. Une ville de bois recouvrait alors la place; cette ville volante avait ses rues dont les boutiques regorgeaient de tous les trésors que les navires étrangers apportaient alors dans cette cité, de tous les pays du monde. C'étaient des marchandises orientales et occidentales faites pour être acquises, les premières de l'Occident, les dernières de l'Orient. Venise plaçait entre ces produits d'origines diverses, ses cristaux, ses glaces, ses perles, ses verroteries, ses ouvrages d'orfèvrerie réputés de toute l'Europe ; ses étoffes de soie, si célèbres que, pendant toute sa vie, Charlemagne ne voulut porter que des robes de fabrique vénitienne, luttaient avec les produits indiens. Cette ville mobile, disent les chroniques, coûta 57,000 sequins à construire. — Maccaruzzi en fut l'architecte.

C'est aussi sur cette place, alors érigée en arène ; de même que dans les villes chevaleresques du nord, qu'en 1441 eurent lieu des tournois et des fêtes splendides, pour célébrer le mariage du fils du doge d'alors, François Foscari, lequel fils épousait une jeune et belle Vénitienne. Les patriciens les plus élégants parurent sur cette place, recouverts d'armures imitées de celles des principaux héros des croisades, dont ils prirent aussi les noms pour le tournoi. On y vit pour la première fois le comte de Milan, François Sforza, et toutes les grandes dames vénitiennes y apparurent vêtues de drap d'or, ce qui était d'un luxe inouï pour le temps. Un marquis d'Este vint exprès de Ferrare pour combattre dans le tournoi, et fut vaincu par le jeune Foscari, revêtu de l'armure de Godefroi de Bouillon, sur le casque de laquelle sa jeune épouse posa la couronne du triomphateur et de l'amant heureux. Une estrade avait été élevée au fond de la place, en face de l'emplacement où est aujourd'hui la *Fabbrica Nuova*, et le vieux doge François Foscari assista de là à ces réjouissances, qui pendant dix jours, au dire des historiens, réunirent sur la place Saint-Marc plus de trente mille personnes. On rapporte aussi, qu'afin que les fêtes n'eussent pas d'interruption, la place fut éclairée la nuit avec des milliers de flambeaux de cire blanche... (H).

Moins d'un siècle auparavant, Pétrarque, le divin poète qui aimait Venise et y faisait des excursions fréquentes, assista, du haut d'une estrade élevée devant le portique de l'église Saint-Marc, aux fêtes que la ville donna sur cette même place, pour célébrer la prise de Candie (I).

Car Venise, amoureuse de fêtes comme elle l'était, ne laissait guère échapper l'occasion d'en donner, et heureusement pour sa gloire, les occasions ou les prétextes ne manquaient pas. Fête pour célébrer sa fondation, — fête pour commémorer l'arrivée du corps de Saint-Marc, — fête pour telle victoire, — fête pour telle conquête, — pour telle reddition, — pour tel traité, —

pour telle commémoration ou tel anniversaire, c'étaient des fêtes éternelles et dont la place Saint-Marc était le champ, le théâtre, l'arène ordinaire.

Quelquefois aussi cette place célèbre vit s'accomplir des scènes moins grandioses, moins théâtrales, et il en fût qui participaient tellement du burlesque, que la dignité républicaine n'y avait que faire, bien que les choses se passassent sous les yeux des chefs de l'État. Ainsi par exemple, durant plusieurs siècles, la place Saint-Marc fut l'arène où étaient lâchés, puis poursuivis, hués, conspués et enfin mis à mort... les douzes porcs et le taureau que le patriarche d'Aquilée devait annuellement remettre à la ville de Venise, pour sa rançon, lorsque les Vénitiens le firent prisonnier, dans une expédition qu'il tenta contre une île rivale de la sienne (J).

Nous ne saurions omettre de mentionner qu'une fois aussi cette place fut le théâtre d'une tentative révolutionnaire. La chose est si rare à Venise, que le fait mérite mention. En effet, la conjuration, connue dans l'histoire sous le nom de son principal auteur, *Boemondo* ou *Bajamonte Tiepolo*, et celle du doge Marino Faliero, qui eut lieu quarante-cinq ans après (1355), sont les seuls faits de cette sorte qui aient une date notable dans l'histoire des huit derniers siècles de la république. On se battit entre Vénitiens sur la place Saint-Marc... C'est la seule fois qu'un fait pareil se présente dans cette histoire, sans guerre civile (K).

En franchissant de quelques pas la porte de la Tour de l'Horloge, on remarquera sur une des premières maisons de la gauche, un bas-relief tout neuf, représentant une vieille femme qui renverse un mortier. Ceci est l'objet d'une tradition bizarre, et non moins bizarrement conservée jusqu'à nos jours, soigneusement entretenue, comme on voit, par la nouveauté du bas-relief. Il s'agit d'une vieille femme qui manqua de... mais on ne saurait faire entrer ce récit dans le texte, qu'il ralentirait outre mesure, et nous préférons en faire l'objet d'une note que le lecteur cherchera, lorsqu'il le trouvera à sa convenance (L).

Passons à des faits d'une date plus voisine de nous.

Vers le milieu du XVIe siècle, il se passa entre les fenêtres des Vieilles-Procuratives et le sol de la place Saint-Marc, une scène assez bizarre et qu'il n'est pas inopportun de rapporter, d'autant plus que jusqu'à ce jour elle semblait être enfouie dans le manuscrit de Jean de Lugo, à l'Ambroisienne. Voici le fait :

Le gouvernement avait besoin d'argent pour renforcer les garnisons de ses colonies menacées par les Ottomans. Déjà on avait imposé les villes, le clergé, les corporations... et l'argent manquait encore. Si la République ne mettait pas ostensiblement en vente certaines charges, comme on l'a dit, du moins avait-elle recours à un moyen qui rendait le résultat tout à fait semblable. On faisait savoir en secret à des gens riches et ambitieux que le trésor avait besoin d'aide, et ceux-ci écrivaient au sénat pour *offrir* des sommes qui ne pouvaient être moindres de 12,000 ducats. Le Sénat comptait le *don* offert... et en échange il conférait au donateur un titre, une charge, le patriciat, suivant les circonstances. On voit que c'était une sorte de politique à la façon de Loyola. Enfin, à l'époque dont nous parlons, trois riches bourgeois furent ainsi créés procurateurs de Saint-Marc.

Or, parmi ces trois bourgeois, il s'en trouva un complètement sans considération, dont l'élévation basée sur une fortune équivoquement acquise, sembla un scandale public. Le jour de son installation aux Procuratives, le peuple s'amassa sous ses fenêtres, et murmura assez hautement pour attirer l'attention de celui qui était l'objet de cette manifestation populaire. Le nouveau procurateur voulut payer d'audace, et paraître à son balcon, comme cela réussissait quelquefois aux Césars de l'ancienne Rome. Mais ce furent alors des cris, des huées, des moqueries d'une turbulence toujours croissante, qui d'injures isolées en apostrophes collectives, finirent par se réunir en un superbe *tutti*, dont certains députés ou fonctionnaires de notre France constitutionnelle peuvent seuls avoir l'idée ou plutôt l'expérience. On ne saurait dire où ce peuple trouva subitement les éléments d'un formidable orchestre, qui fit bientôt résonner dans les échos de marbre des Procuratives, la plus assourdissante symphonie de meubles de cuisine, d'outils bruyants, de sifflets et de vociférations, qu'oreille humaine put entendre... Ce fut incontestablement là l'origine des charivaris, et le premier dont l'histoire enregistre le programme!...

Abrégeons! Le peuple exaspéré ne quitta la place que lorsque *l'indigne dignitaire* eût jeté par la fenêtre la commission de procurateur toute fraîche signée, et que cette démission violente eût été suivie de la retraite prudente du personnage, quittant le palais destiné au logement des seconds fonctionnaires de l'État. Le lendemain, le peuple désigna lui-même le nouveau procurateur qu'il trouvait digne d'entrer au conseil, et qui bénéficia ainsi de la charge achetée et payée par celui que la voix populaire avait flétri. Le procurateur de Saint-Marc, si étrangement et si glorieusement nommé, était un simple maître fondeur de l'arsenal, qui s'appelait Andrea Cursi, et, circonstance curieuse, il mourut d'émotion et de joie, le jour où pour la première fois il se vit appelé à siéger au palais Ducal au milieu des hauts fonctionnaires de l'État, lui qui, cinq ou six ans auparavant, avait porté le doge dans son tour de la place Saint-Marc !

Mais où nous arrêterions-nous, si nous nous laissions emporter davantage par les souvenirs de toutes sortes qu'évoque cette place unique ! passons donc au présent qui a aussi son intérêt et ses fêtes.

Aujourd'hui, l'étranger qui se promène sur la place Saint-Marc, lui trouvera des physionomies différentes avec chaque heure du jour. Le matin presque déserte, n'ayant d'animation que sous ses arcades, le long de ses cafés ou de ses magasins, elle ne compte guère parmi ses plus fidèles et ses plus obstinés, que les innombrables pigeons qui comme elle ont leur passé dans l'histoire. Les pigeons de Saint-Marc, ont une réputation européenne, et tout œil nouveau les cherche sur cette place dont ils sont les hôtes respectés. Il n'y a point unanimité dans l'opinion qu'on a sur l'origine de ces petits Vénitiens emplumés; et, bien qu'on ait cherché durant ces derniers temps de faire prévaloir dans quelques ouvrages une opinion qui indiquerait presque la date de leur généalogie, elle reste matière à controverse (M).

Dans tous les cas, la présence des pigeons sur la place Saint-Marc et sur diverses autres places de Venise remonte fort loin. Ces pigeons, contre l'attente de la poésie qui les désirerait blancs, sont presque généralement gris, comme ceux qu'on voit dans la grande cour du palais impérial de Vienne. Ils passent leur temps à voleter, à flâner des dômes de la Basilique aux plombs du palais ducal et des Procuratives à la *Zecca*. Mais lorsque l'horloge de la tour vient à sonner deux heures, on les voit accourir par nuées, par chaînes à travers les airs, et se précipiter dans l'angle de la *Fabbrica-Nuova* et des Vieilles-Procuratives [*], où une main généreuse songe à leur repas quotidien. L'instinct des pigeons leur suffit pour reconnaître, parmi les autres, l'heure où le pavé de la place Saint-Marc reçoit le grain nourricier qui forme la base d'une subsistance qu'ils complètent, sans doute, par la maraude aven-

---

[*] A la demeure de madame la comtesse Polcastro.

tueuse dans leurs pérégrinations sur les toits et dans les cours des environs.

Du temps de la république, les pigeons de Saint-Marc étaient nourris *aux frais de l'État*. Un employé des greniers de la ville, leur jetait tous les jours leur ration sur la *Piazzetta*. Après la chute de la république, ce fut un legs spécial d'une vieille patricienne, laquelle les comprit dans son testament, qui assura la subsistance des mythologiques oiseaux du char de Vénus.

Comme le Palais-Royal de Paris, la place Saint-Marc recouvre de ses longues arcades une foule de magasins et de cafés, qui y déterminent une animation presque continuelle, vu la quantité de gens qui y sont attirés par des besoins de consommation et d'emplettes, et par les flâneurs par-dessus tout. Si nous avons nommé ici le Palais-Royal parisien, ce n'est pas, Dieu nous en garde! que nous songions à établir un parallèle entre le forum Vénitien de dix siècles, et le palais tout moderne que la capitale de la France doit au cardinal de Richelieu. Mais c'est que, toute différence gardée, entre la majestueuse antiquité de la place Saint-Marc et le mérite ou l'originalité des monuments qui l'entourent, et le Palais-Royal parisien, il y a plus d'un rapport dans l'ensemble de ces deux places. Ainsi, à Paris comme à Venise, ce sont de longues lignes de monuments réguliers, découpés en galeries ouvertes où se pressent une foule de magasins d'objets d'art, de modes, de fantaisies, des limonadiers, des provocations de toute espèce, enfin, conspirant contre la bourse des passants... Mais là peut-être se borne le rapprochement qui n'est admissible que pour l'ensemble. Au lieu des dalles de la place Saint-Marc, Paris a un jardin, des plates-bandes de fleurs, des jets d'eau, des allées ombreuses — en place de la galerie vitrée parisienne, Venise a... la Basilique! Quant à l'histoire, n'en parlons pas. Le Palais-Royal ne se souvient guère des discours de Camille Desmoulins, provoquant la révolution. La place Saint-Marc a servi d'arène au moyen-âge le plus pompeux, le plus dramatique et l'un des plus glorieux qu'ait enregistré l'histoire des républiques italiennes!

Les Procuratives-Neuves ne recouvrent guère que des cafés, et les comptoirs de quelques courtiers ou agents de navigation à vapeur. Les arcades les plus voisines du Campanille sont le point favori où se réunissent les gens d'affaire. C'est, à certaines heures du jour, une Bourse, un rendez-vous de négociants, de banquiers, de commis de courtiers et de marchands. Là, comme dans l'architecture bizarre de Saint-Marc, sont en quelque façon en présence l'Orient et l'Occident. C'est un contraste d'hommes, comme sur le monument c'est un contraste de styles artistiques. Des Turcs, des Arméniens, des Grecs avec leurs costumes souvent brillants, toujours originaux, se croisent majestueusement avec les habitants du nord en voyage et les agioteurs indigènes. L'activité inquiète des uns contraste avec la gravité lente de ces Orientaux, fumant dans de longues pipes de bois et d'ambre, prenant posément trentes tasses de café par jour, et ne répondant le plus souvent aux pressantes propositions d'affaire de leurs commettants que par l'impassible argument d'une bouffée de tabac en plein visage!

Mais l'abus que font les Orientaux du café, de ce *poison lent* comme l'appelait Antomarchi *, n'est pas une chose qui puisse étonner le Vénitien, comme elle frappe le voyageur du nord. A Venise, de même qu'à Smyrne, on boit le café, comme en France l'eau sucrée ou la limonade. Avant le repas, après le repas, entre le repas, à toute heure enfin, le Vénitien boit du café. Dans les salons on en offre aux visiteurs qui se succèdent, et de même que le créole, aussitôt que le fils des lagunes ouvre les yeux le matin, son café fume sous son nez; s'il n'avait pas son café au saut du lit, il s'endormirait..... pour rêver qu'il le boit!

A *Florian*, qui est le café le plus considérable des Procuratives-Neuves, il s'en sert plus de 300 tasses par vingt-quatre heures, parce que, comme plusieurs autres établissements de ce genre à Venise, le café Florian ne ferme jamais. Il est perpétuellement ouvert du premier janvier à la saint Sylvestre, et ne se clôt pas durant la nuit qui sépare ces deux jours extrêmes, et pourtant si rapprochés, que ce sont sans doute eux qui ont fait dire que *les extrêmes se touchent*. Le café Florian est donc littéralement *ouvert* depuis le jour de sa fondation.

Le soir, vers minuit, sur les limites de la veille et du lendemain, c'est le point de réunion favori des vieux Vénitiens qui ont des souvenirs, et des jeunes qui ont des espérances. On trouve là plus d'un nom célèbre dans l'histoire, plus d'un débris du glorieux patriciat. On y soupe sur le pouce, on y lit les gazettes, on y débite les nouvelles passées..... et futures ; tout ce qui se

---

* Le docteur Antomarchi dénonça à l'empereur Napoléon le café, comme un poison lent. — Bien lent en effet! — répondit Napoléon, — car voilà quarante ans et plus que j'en bois tous les jours...

fait à Venise se sait là ; — on y sait même parfois ce qui ne se fait pas. On y boit nécessairement beaucoup de café. Alfieri prétendait que l'usage exagéré de cette liqueur rend l'esprit singulièrement caustique... l'eau sucrée, au contraire, porterait l'homme à l'indulgence : nous demandons que les sources du moka soient taries à Florian lorsque paraîtra ce livre......

A la place Saint-Marc, ce centre des cafés vénitiens, chaque nationalité comme chaque société a son lieu de prédilection, son rendez-vous favori. Le *café Florian* et le *café Militaire* ou Quadri, sont les deux principaux. Ils sont face à face, un de chaque côté de la place, comme deux rivaux qui se défient de l'œil à travers l'arène. *Florian* est calme et posé. — *Quadri* est turbulent et tapageur. *Florian* est galant comme le dragon capitaine de poésie dont il est l'homonyme ; il reçoit les dames, leur cherche le journal des modes, leur glisse un petit tabouret sous les pieds, pousse la porte du courant d'air, et appelle la bouquetière ambulante. — *Quadri*, au contraire, n'admet les dames qu'à sa porte, devant ses arcades en plein air. Chez lui on peut fumer.... et Dieu sait si l'on use de la permission ! les salles d'hiver nous transportent dans l'atmosphère des tabagies hollandaises..... à peine prise-t-on chez *Florian*.

Quadri est Veneto-Germain — *Florian* est Franco-Vénitien, voilà toute la différence.

L'étranger qui passe à Venise, l'Anglais, le Français surtout, adopte *Florian*. C'est un nom qui est arrivé jusqu'au-delà des Alpes. On sait que c'est une espèce de centre où, à l'heure de l'arrivée des journaux, on pourra rencontrer ses compatriotes, ses amis en voyage. (N)

A côté de *Florian*, est le café *Suttil*, qui semble plus intimement choisi par une portion de la haute aristocratie. Si une noble Vénitienne se hasarde à paraître le soir sur la place Saint-Marc, c'est presque immanquablement chez *Suttil* qu'elle prend son sorbet.

Si nous franchissons la largeur de la place, pour jeter un coup d'œil sur les *Procuratie Vecchie*, nous trouvons un assemblage de magasins répondant à tous les besoins ou à tous les caprices du voyageur ou du promeneur ; bijouteries, linge, soierie, chaussure, chapellerie, papeterie, objets d'arts, produits des manufactures de Murano : tout est là ; les marchands d'estampes vous font faire un cours architecto-artistico-historico-pittoresque, par la seule exhibition de leurs lithographies volumineuses, de leur gouaches et de tous leurs portraits des monuments vénitiens. Les produits du port franc invitent le voyageur à remplir sa malle, et l'artiste, la femme du monde se laissent séduire par les diverses industries locales qui devront, au retour, parer le dressoir ou la cheminée d'un cabinet élégant..... Si la douane de Venise, comme jalouse de toutes ces belles choses qu'on emporte, n'y met pas quelque léger obstacle !

De nos jours, une des fêtes les plus animées dont la place Saint-Marc est le théâtre est la grande *Tombola* populaire, qui s'y accomplit au printemps. En Italie le *lotto*, la loterie, sont la passion du peuple. Dans le pays où l'argent ne circule pas proportionnellement dans toutes les classes, il en doit être ainsi ; le pauvre s'empare avec enthousiasme de l'espérance de gagner beaucoup en risquant peu.

La *tombola* pourtant n'est pas seulement fêtée par le bas peuple, mais aussi par les artisans, les bourgeois, et même par les nobles. C'est au fond un acte de bienfaisance, puisque le gain que l'administration municipale tire de cette journée, est destiné à de pieuses institutions. C'est ainsi qu'une fois au moins dans l'année, la cupidité peut rendre bien des gens charitables, puisqu'ils achètent au profit des pauvres l'espérance du gain. Il y a ainsi dans les grandes villes, à Pavie par exemple, une foule de gens qui n'ont pas d'autre manière de faire la charité que d'assister aux fêtes qui sont données au profit des malheureux : on danse pour les orphelins ; on écoute un concert pour des réfugiés nécessiteux ; on assiste à un spectacle pour que le pauvre se chauffe durant l'hiver. C'est ainsi que l'égoïsme et l'amour du plaisir ont su s'arranger pour pratiquer la vertu. Le pauvre est bien consolé lorsque de sa borne où il a froid, où il mendie, il est éclaboussé par l'équipage d'un souscripteur de bal charitable : ces messieurs et ces dames vont valser pour moi ! — se dit-il.

C'est ainsi que le jour de la tombola, bien des gens, dans l'espoir de gagner un des prix annoncés et qui diminueront sensiblement la part des hospices ou des asiles, donnent leur argent, et se croient charitables. Ce jour-là tout Venise est sur la place Saint-Marc, le peuple sur les dalles en plein soleil, la bourgeoisie, les commerçants sous les arcades, devant les cafés, l'aristocratie aux fenêtres des Procuratives, à droite et à gauche ; chacun a pris à des petits bureaux en plein vent, ou des mains des agioteurs un ou plusieurs billets semblables à un carton de lotto. Cette acquisition, c'est l'espérance. Le riche en rit, le bourgeois s'y intéresse, le peuple s'y passionne.

Une estrade en bois peint à fresque, orné de draperies, a été élevée devant la *Fabbrica Nuova*: c'est le temple du Plutus vénitien. Plusieurs magistrats en costume, sont là pour assister au tirage public que fait dans une roue de verre un enfant trouvé; les gagnants sont ceux qui font par ordre ce que nous appelons *quine* au lotto, les numéros sortants sont exposés dans des proportions colossales au sommet de l'estrade, chacun s'efforce de les deviner lorsqu'ils ne font qu'apparaître... Aussi toute cette foule qui recouvre entièrement la place au point d'empêcher toute circulation, tous ces gens amassés sous les galeries, aux fenêtres des édifices, et presque sur les toits, tiennent-ils en mains le papier qu'ils consultent à chaque numéro sorti de la roue de fortune. Une fanfare retentissante, proclame la sortie de chacun, et les gagnants, se frayant à grand-peine un chemin jusqu'à l'estrade, y montent aux acclamations de toute la foule, aux accords retentissants de la musique de cuivre, pour faire vérifier les numéros qui leur ont obtenu un des prix, formés de quelques mille livres autrichiennes.

A la dernière de ces fêtes originales à laquelle nous avons assisté, le premier prix fut gagné par un pauvre soldat de marine, auquel un jeune patricien avait donné les billets, qu'il avait achetés par acquit de conscience, pour faire acte de charité et non de spéculation.

A cette même place où était élevée l'estrade qui portait la roue de fortune, il y a deux siècles environ, une sorte d'échafaudage aussi garni de banderolles et de draperies, avait été élevé. Le capitaine-général de l'arsenal s'y tenait devant une table chargée de monceaux d'or, s'élevant à plusieurs millions. Cette table était en outre entourée d'une barrière formée par des chaînes d'or massif, que disait-on, cinquante hommes avaient peine à porter. Enfin le bruit courait dans la foule que les salles de la *Zecca* contenaient encore plus de vingt millions de sequins, sans compter les caisses particulières de chacune des administrations de la république ! Ce jour là aussi, il était question d'une loterie.... mais d'une loterie où l'enjeu du peuple était sa liberté individuelle : il s'agissait d'enrôlement. La République avait prélevé sur les masses tous les sujets que lui accordaient les lois qu'elle s'était faites, et ayant encore besoin d'hommes afin d'armer les trente galères qui attendaient des équipages dans l'arsenal, pour combattre la flotte napolitaine, elle avait recours à ce moyen, d'une éloquence plus persuasive que les plus belles harangues sur les devoirs du patriotisme ; les trente galères furent armées, peut-être le soldat de marine vainqueur à la tombola moderne est-il un descendant de l'un de ceux qui, il y a deux siècles, à cette même place, acquirent à la loterie du sénat le droit de s'aller faire tuer pour Venise !

La procession du *Corpus Domini*, solennité pour laquelle il se fait de grands préparatifs sur la place Saint-Marc, ne nous a pas semblé offrir le caractère religieux et imposant que nous avions cru y trouver. On y remarque une prodigieuse quantité de grandes lanternes sculptées et dorées, dont un grand nombre sont assurément les mêmes qui servirent aux processions des reliques de la *Santa Croce*, à l'époque où fût peint le tableau de Gentile Bellini, déjà cité, c'est-à-dire en 1496. Le dessin de ces lanternes est identique. On remarque aussi à cette procession plusieurs dais fabriqués en perles ou verreries de Murano, ce qui est fort beau et d'une conservation qui brave le ravage des temps. Cette procession est innombrable. L'étranger y remarque avec curiosité diverses confréries de moines en costume, dont quelques-unes offrent cet idéal que cherchent les artistes, et qui n'est pas toujours le beau vulgaire, on dirait des Acètes descendus de quelques toiles de Zurbaran ou de Murillo.

Une galerie en bois à frêles colonnettes est montée tout autour de la place, le long des Procuratives, et la procession passe dessous, tandis que le peuple encombre la place. Elle se borne à faire le tour de cette place, sortant par une des portes latérales de la Basilique, et rentrant par l'autre. Le canon tonne et les musiques retentissent. Celui qui voudra avoir quelque idée de la variété des uniformes des autorités locales, devra examiner les groupes qui suivent le dais de l'archevêque (o).

On nous a parlé d'illuminations générales de la place Saint-Marc, et des édifices qui l'avoisinent, pour certaines grandes solennités. On place des torches, des verres de couleurs sur toutes les lignes des frises, balcons, impostes, entablements et corniches des Procuratives. La Basilique voit tous les caprices de son architecture dessinés par des lignes de feu, ses coupoles, ses clochetons sont profilés par la lumière, toutes ses sculptures se bordent de cette magique irisation. C'est alors une sorte de gigantesque squelette flamboyant. Nous ne saurions décrire *de visu* ce merveilleux spectacle, puisque nous ne nous sommes pas trouvé sur les lieux aux rares occasions où il se présente; tant qu'à tracer un tableau d'imagination..... autant en laisser le soin au lecteur. — Pourtant, une demi-illumination à laquelle nous avons assisté, à propos de la visite à Venise de grands personnages, nous a donné une idée de ce que peut être son entier en pareille fête de lumière..... pour le meilleur effet de laquelle une nuit sombre serait la meilleure mise en scène. Mais par esprit de contradiction peut-être, ou en souvenir des féeriques illuminations du passé, il sembla que, le soir dont nous parlons, le ciel fût jaloux de tout cet éclat artificiel. Dès qu'on commença à allumer les premières lignes de torches, la voûte céleste alluma aussi toutes ses étoiles, et la splendeur de l'illumination céleste fut telle, que Venise humiliée emprunta une brise à sa lagune pour souffler sur ses torches..... En effet! que pouvaient faire cette huile et ce suif avec leur mèche fumeuse, pour lutter contre des planètes radieuses?

Résumons-nous : La place Saint-Marc, c'est le cœur de Venise, tout y va, tout en vient, comme fait le sang pour le cœur. C'est le Forum, le Longchamp, l'arène, le jardin, le cirque, et aussi le salon de la ville dogale. Il n'est guère un habitant de Venise qui n'y apparaisse au moins une fois dans le jour. C'est le lieu général des rendez-vous : affaire ou plaisir. C'est là qu'on veille ceux qu'on cherche; qu'on espère voir passer qui on aime. C'est sur cette place, a dit Shakspeare, que pour la première fois *Otello* aperçut *Desdemone*. Bianca Capello y fit à Bonaventuri l'aventurier, ce signe qui devait la faire un jour grande duchesse de Toscane... femme d'un Médicis ! — De nos jours, les Bianca et les Desdemone n'ont pas, pour une œillade, à redouter la fin si terrible de l'une, si elles n'ont pas à espérer la fortune inespérée de l'autre. Nul, parmi ces hommes basanés qui fument si paisiblement leur pipe au pied du Campanille, ne songe à cet amour du lion de l'Atlas, qui étrangle les femmes sur un soupçon. Par ailleurs aussi, la tradition des poignards est passée, les *bravi* ne vivent plus que dans les romans et les drames, et la seule blessure qu'ait ici à redouter l'étranger, c'est celle que lui fera l'œil noir des Vénitiennes!

SOMMAIRE DES NOTES

DU CHAPITRE SUR LA PLACE SAINT-MARC.

(A) Description des mosaïques. — Récit curieux de la translation à Venise du corps de saint Marc, trouvé à Alexandrie. — (B) Détails historiques et artistiques sur les quatre chevaux de bronze du portail de la Basilique. — (C) Anecdote sur la démolition de l'église de Saint-Géminien. — (D) Anecdote moderne relative à la *Lloggietta*. — (E) Les piliers mâts de Cocagne. — Dénouement dramatique. — (F) L'arbre de la liberté sur la place Saint-Marc. (G) Ruse des Arsenalotti. (H) Sur la réaction subie par les Foscari. (I) Fêtes pour la prise de Candie. — (J) Impôt burlesque du patriarche d'Aquilée. — (K) Conjuration de Bajamonte Tiepolo. — (L) Sur un grand événement qui n'a pas eu lieu. — (M) De diverses opinions sur l'origine des pigeons de la place Saint-Marc. — (N) Canova et le limonadier Florian. — (O) Sur la récolte du suif, aux processions du *Corpus Domini*.

(A) Les sujets des diverses mosaïques qui ornent la façade de l'église Saint-Marc, sont : rang inférieur — Les deux premières à droite, l'enlèvement du corps de saint Marc du tombeau d'Alexandrie, exécutées d'après les dessins de Pierre Vecchia, vers l'an 1650. Nous parlerons plus bas de ce sujet qui se rattache à une anecdote bizarre.

La mosaïque du milieu : le Jugement dernier, par Pierre Spagna, sur les cartons d'Antoine Zanchi, vers l'an 1680. Ce travail a été réparé il y a peu d'années, mais d'une façon qui laisse à désirer dans quelques parties, celle des nuages particulièrement.

La voûte suivante offre les magistrats Vénitiens qui rendent hommage au corps de saint Marc, à son arrivée à Venise. C'est une œuvre fort soignée d'un artiste allemand nommé Léopold del Pozzo, qui avait fait ses études à Rome, vers le commencement du siècle dernier. Les cartons de cette mosaïque sont au palais ducal.

La dernière mosaïque de ce premier rang est la plus ancienne de toutes celles qui décorent la façade, elle représente l'église elle-même, le nom de son auteur a été perdu. C'est, du reste, la seule qui soit représentée dans le célèbre tableau de Gentile Bellini, peint en 1496 et qui est au musée de Venise.

Les mosaïques de l'ordre supérieur, qu'on est en train de réparer au moment où ces lignes s'écrivent, représentent, en commençant par la gauche pour revenir à droite. — La descente des cieux ; — L'apparition de J.-C. aux Limbes ; — La résurrection ; — L'ascension.

Ces mosaïques ne datent que de 1617, époque où elles furent refaites sur les dessins des précédentes, par Louis Gaëtano.

Parlons du sujet des premières citées ici, sujet qui se rattache essentiellement au patronage sous lequel l'église et la ville de Venise ont été placées. C'est à coup sûr une des pages les plus curieuses de l'histoire vénitienne.

Sous le dogat de Justinien Participatio, qui vers l'an 827 succéda à son père, eut lieu la translation à Venise des restes de saint Marc, seul événement notable qui se soit accompli sous ce doge obscur qui, d'une santé débile, avait fait admettre son frère Jean au partage de l'autorité.

Voici les faits, tels que les raconte naïvement un historien du XIVe siècle, nous traduisons :

L'empereur Jean l'Arménien qui régnait à Alexandrie d'Égypte, l'an 835 de J.-C., voulant se faire bâtir un palais splendide, fit rassembler les marbres les plus précieux qu'il put trouver, dépouillant même à cet effet les églises, sans le moindre scrupule. L'église de Saint-Marc, la plus riche de la contrée, ne fut pas exceptée de ce pillage sacrilège, ce qui donna beaucoup à gémir (*diede a iamentar*, dit le chroniqueur que nous suivons) aux saints prêtres préposés à la garde de l'église, qui s'appelaient Théodore et Stauratius. Comme il se trouvait alors dans le port quelques vaisseaux vénitiens, deux patrons, nommés l'un Juano et l'autre Rustico, vinrent à l'église pour faire leurs dévotions, ils furent surpris de l'abattement des deux prêtres, auxquels ils demandèrent la cause de ce chagrin ; ils surent la conduite du roi impie, et essayèrent de consoler les deux desservants. Mais comme ceux-ci déclaraient que désormais, le temple dépouillé ne serait plus digne de contenir les restes précieux qui y étaient déposés, les deux Vénitiens essayèrent de se faire livrer le corps du Saint en faisant aux gardiens les promesses les plus capables d'ébranler leur fidélité, et en promettant à l'un d'eux, au nom de la république, d'être nommé patriarche d'Aquilée. La seule objection sérieuse que firent les deux prêtres, fut la peur de commettre un sacrilège en touchant les restes du saint patron. Il arriva que pendant que les visiteurs redoublaient d'instances, et que les deux prêtres refusaient encore, les gens du roi arrivèrent dans l'église, et le marteau et la hache à la main, s'emparèrent librement et sans respect pour la sainteté du lieu, des marbres précieux, des colonnes, des sculptures qui leur parurent dignes de figurer dans la construction du palais de leur maître. Ce fut alors que les desservants, indignés de ce pillage impie, consentirent à se rendre aux pressantes demandes des deux Vénitiens.

Une chose importante, toutefois, c'était que le peuple qui obtenait chaque jour des miracles des reliques du saint, ne s'aperçut pas de leur disparition. Aussi les deux prêtres s'y prirent-ils si adroitement, qu'ils parvinrent à substituer au corps de saint Marc celui de saint Claudien qui n'avait pas un crédit égal dans la superstition populaire.

Mais ce n'était là qu'une partie de cette opération difficile, il fallait encore réussir à transporter sur un des vaisseaux vénitiens ces restes précieux, sans que le peuple, les infidèles, s'aperçussent du larcin. C'est ici que l'historien consciencieux que nous traduisons éprouve le besoin d'attester au lecteur qu'il n'invente rien, et de lui rappeler qu'un tableau, exposé dans l'église Saint-Marc (de son temps), offre la scène qu'il va rapporter avec la vérité d'un chroniqueur religieux.

Comme tout ce qui sortait de la ville était soigneusement visité, il fallait avoir recours à quelque subterfuge, qui fit échapper la découverte des saintes reliques à l'investigation des Musulmans du port. Les deux prêtres et les deux Vénitiens ne trouvèrent rien de mieux que de placer le corps du saint dans un grand panier, en l'entourant d'herbes vertes, et de déposer au-dessus une certaine quantité de tranches de porc, viande prohibée par la religion des Musulmans, et dont la vue seule leur fait horreur. Les deux Vénitiens ordonnèrent donc aux marins chargés de porter ce précieux panier, de crier par les rues qu'il fallait traverser : *Khanzir! Khanzir!* mot qui signifie porc dans la langue de ces barbares, dit notre historien. Lorsqu'on arriva au moment de monter sur le vaisseau, les agents du roi s'avancèrent pour exercer les formalités voulues.... Mais à la vue de la chair maudite des immondes animaux, ils reculèrent avec horreur, et ordonnèrent que le panier fût bien vite retiré de leurs regards.... C'est cette scène singulière que, sans doute d'après le tableau disparu dont parle le chroniqueur, représente encore aujourd'hui la première mosaïque à la droite du rang inférieur, sur laquelle nous avons particulièrement appelé l'attention du voyageur.

Les Vénitiens purent donc embarquer le corps du saint, et l'ayant débarrassé du contact immonde que leur avait imposé la nécessité, ils firent voile pour leur pays, mais à peine en mer, ils furent assaillis d'une grande tempête, pendant laquelle saint Marc apparut dans un nuage au patron Buono, et lui dit de carguer sur-le-champ toutes les voiles, sans quoi le navire allait se briser sur des écueils cachés. Ce miracle sauva la dépouille mortelle du saint.

Il y avait depuis plusieurs siècles à Venise une tradition relative à saint Marc. On disait que le saint ayant navigué sur la mer d'Aquilée, et ayant touché ces îles, avait eu une vision qui lui avait prédit que ses os reposeraient un jour sur une de ces terres encore inhabitées.... On juge quelle fut l'allégresse des Vénitiens, lorsqu'ils apprirent qu'une prédiction d'un si heureux augure s'accomplissait sous leurs yeux.

Tout le peuple s'écria que c'était une protection divine qui arrivait à la république; ce ne furent que fêtes, chants, prières, invocations au saint apparu au patron du navire, pour qu'il daignât prendre la ville sous sa protection. Il y eût sur le port une cérémonie pompeuse pour recevoir les saintes reliques, (cérémonie que représente la mosaïque voisine.) Tous les dignitaires de l'État se rendirent *pieds nus* sur le môle pour recevoir le corps, qu'on déposa en grande pompe dans la chapelle ducale. Les deux patrons qui avaient fait cette précieuse conquête pour la République et qui étaient l'un de Malamour et l'autre de Torcello, furent comblés de présents et portés en triomphe. Le doge Justinien Participatio en mourant peu de temps après, laissa pour testament une forte somme pour commencer à bâtir un temple digne de recevoir le corps du saint, dont la translation à Venise avait illustré son dogat.

Ce temple, commencé deux ans après, c'est-à-dire en 829, suivant un auteur, et seulement en 976, selon plusieurs autres, n'arriva à toute sa splendeur que longtemps après la prise de Constantinople, et celle des divers pays, que les Vénitiens pillèrent et mirent à contribution pour orner leur église métropolitaine et patronale.

(B) Les quatre chevaux de bronze antique sont revenus, en 1815, à la place inopportune qu'ils occupaient sur le portail de la Basilique, avant qu'ils ne fissent, en compagnie du lion de Saint-Marc, d'une foule de tableaux des églises et du palais ducal, ainsi que de beaucoup de volumes et de manuscrits, le voyage de Paris, en 1797. On sait que ce fut pour servir de piédestal à ce quadrige antique que M. Fontaine construisit le petit arc-de-triomphe de la grille du Carrousel. Lorsque pour se conformer aux traités, Paris rendit ces chevaux à Venise, on en monta d'autres, aussi en airain, qui prirent la place des coursiers romains ou grecs, et on y ajouta le char et la renommée qui complètent le groupe. — Revenons aux chevaux de Venise. Bien qu'en disent les écrivains et les savants, il peut paraître encore douteux que l'origine de ces antiquités soit déterminée. Les décisons d'Érizzo, de Zanetti et du comte Cicognard, tendraient à leur attribuer une origine romaine, en les faisant remonter au temps de Néron, qui les aurait enlevés à Corinthe, l'an 65 de notre ère, pour en décorer son arc triomphal, du sommet duquel ils auraient passé sur ceux de Trajan et de Constantin. Suétone parle à la vérité du char d'airain, que Néron fit fondre pour l'arc du Tibre, mais que ces chevaux soient ceux de ce char, c'est ce que l'on ne saurait dire. Quoiqu'il en soit, leur mission en ces mondes, qu'ils ont traversés, fut bien diverse. Le sort semble les avoir attachés aux chars de tous les triomphateurs les plus contradictoires. Ainsi ils eussent d'abord précédé la statue colossale de Néron, sur l'arc triomphal du Tibre ; les empereurs d'Orient les eussent possédés comme symbole, dans leurs hippodromes de Byzance ; la République vénitienne les eût détachés pour ses doges ; Napoléon les eût mis au char de bronze du Carrousel, et François Ier d'Autriche s'en fut fait traîner pour apporter dans Venise son sceptre impérial et royal.

Le chevalier Mustodoxie, Grec de naissance et Vénitien par adoption, vint revendiquer pour sa nation l'origine de ces nobles productions de l'art, M. Mustodoxie a été chaudement réfuté à son tour. Mais, quoiqu'il en soit, il paraît établi que ces chevaux proviennent de l'île de Chio, qu'ils sont conséquemment Grecs, et qu'ils furent transportés au milieu des courses et des jeux de l'hyppodrôme de Constantinople, vers le Ve siècle, par ordre de l'empereur Théodose. En 1205, Marino Zeno, potudat Vénitien dans l'ancienne Byzance, les envoya à sa patrie, où il fallut l'invasion française pour que ces nobles coursiers franchissent les Alpes et vissent le nord!

Ces chevaux ne sont pas remarquables sous le rapport de l'art. Leur véritable valeur consiste dans leur profonde antiquité. Pendant le séjour de dix-huit ans qu'ils firent à Paris, il fut reconnu que leur matière n'est pas de l'airain de Corinthe, mais bien du cuivre pur. Le poids de chacun d'eux est de 1730 livres. Il est prouvé qu'ils furent primitivement dorés. Aujourd'hui, ils n'offrent plus que les vestiges du métal précieux dont ils furent recouverts.

Il paraîtrait, si l'on en croit le *specimen* de typographie de Bodoni, que plusieurs inscriptions lapidaires avaient été préparées pour le retour de ces chevaux de Paris à Venise. Nous pensons que ce ne fut pas la meilleure qui fut choisie et que voici :

> *Quatuor. equorum. signa. a. Venitis. Byzantis. Capta. ad.*
> *Temp. D. mar. a. r. s. MDCCIV. posita. quæ hostilis.*
> *Cupiditas. a. MDCCCIII. abstulerat. Franc. I. imp.*
> *Pacis. orbi. data, trophæum. a. MDCCCXV. Victor reduxit.*

Faisons grâce à ce latin ! Mais qu'il nous soit permis d'en reprocher la pensée à son auteur. Les Français furent-ils plus spoliateurs en 1797 à Venise que les Vénitiens le furent eux-mêmes à Constantinople en 1204, lorsque le roi de France leur prêta un Montmorency, et les aida de ses soldats dans cette croisade, dont ils eurent tout le profit moral, et presque tout le butin matériel?

Cette inscription a disparu de la façade de Saint-Marc. C'est une preuve de bon goût et de convenance en même temps, car eût-elle même été juste, qu'elle n'était pas à sa place sur ce temple.

Pas plus, du reste, que les chevaux eux-mêmes, l'inopportunité de cet emplacement est l'avis général Nous avons vu à Venise un dessin charmant, qui les ferait entrer dans la composition d'une sorte de château d'eau à élever au milieu de la place Saint-Marc, si l'aqueduc qu'un ingénieur français va entreprendre sur la lagune, pour apporter à Venise les eaux de la Brenta, permet jamais de prendre en considération le projet d'un artiste qui a songé à faire entrer les fontaines à l'eau murmurante dans la décoration de cette cité, née des vagues adriatiques!

Au reste, si le lecteur Vénitien trouvait un peu sévère notre condamnation au sujet de l'inscription lapidaire que nous venons de citer, il verra bientôt lorsque nous aurons à parler du lion de Saint-Marc, qui a aussi, et fort mal à propos, accompli le voyage de Paris, que nous écrivons avec une impartialité qui ne nous fait pas hésiter à jeter le blâme sur nos propres compatriotes et sur nos plus grands hommes, lorsque leurs actes choquent la justice et le respect dûs aux grandes et magnifiques infortunes!

(c) Les écrivains du temps citaient une bizarre anecdote sur la démolition de cette église. La voici :

Le gouvernement n'ayant osé abattre ce vieux temple sans l'autorisation du pape, il chargea son ambassadeur à Rome de cette négociation. La réponse de la chambre apostolique fut celle-ci : Si la sainte Église n'autorise jamais le mal qu'on veut faire, elle le pardonne quand il est fait.

L'église de Saint-Germinien fut donc démolie. La pénitence imposée par le pape fut chaque année l'occasion d'une de ces cérémonies publiques, que les Vénitiens, amoureux de pompe et d'éclat, recherchaient, comme on sait, avec empressement. Le doge en grand cortège se rendait sur la place Saint-Marc jusqu'en face de l'emplacement qu'avait occupé l'église démolie, là il trouvait le curé de la paroisse qui lui adressait cette question :

— Quand plaira-t-il à Votre Sérénité de faire rebâtir mon église ?

Le doge répondait : — L'année qui vient !

Cette promesse a été renouvelée pendant six siècles. De pareils jeux de mots faits en grande pompe, à propos d'une chose sainte et sérieuse, en disent plus sur les mœurs de ces époques que tous les commentaires de la philosophie.

(D). Vers les derniers temps de la République, un parti d'*Arsenalotti* se tenait toujours dans la *Loggietta*, l'arme prête au premier commandement, chaque fois que le palais ducal voyait quelques réunions des dignitaires de l'État, alors il était défendu de passer sur la *Piazzetta* portant une arme quelconque. De cette Loggietta les factionnaires veillaient à ce que cette consigne fut respectée.

Un jour, deux sbires, le sabre au côté, s'avancèrent du pied du Campanille, pour traverser la Piazzetta et se rendre à la Riva. Un des arsenalotti leur cria de rétrograder, sans qu'ils tinssent compte de l'avertissement. Un second avis n'ayant pas réussi à rappeler les sbires à l'obéissance d'une consigne connue, le procurateur qui siégeait comme chef au poste de la Loggietta, donna ordre qu'on les arrêtât..... Il dressa sur-le-champ son rapport, les formes ne traînèrent pas en longueur, car les deux sbires ne sortirent de la Loggietta où ils avaient été provisoirement déposés, que pour être pendus....

C'est ainsi que jusqu'aux derniers temps la République de Venise veillait à l'obéissance des lois qu'elle s'était faites. Nous tenons ce récit d'un homme qui en fut témoin, et il expliqua la sévérité de ce jugement par le danger qu'il y aurait eu parfois, dans les circonstances où fermentait l'esprit du peuple, à laisser les abords du palais livrés à des gens armés qui, arrivant isolément, auraient pu finir par former un nombre assez élevé, pour entreprendre quelque violence contre les hauts personnages assemblés en conseil dans les salles du palais.

(E) Il est resté du temps de l'occupation française une bizarre anecdote concernant ces piliers. Nous la tenons d'un Vénitien qui fut témoin oculaire du fait; et nous avons tout lieu d'en croire le récit complètement inédit.

En 1811, l'amiral comte de Villaret-Joyeuse commandait à Venise comme gouverneur-général pour la France. Le jour de l'anniversaire du couronnement de l'empereur Napoléon, il voulut donner une fête au peuple, et fit faire toutes sortes de préparatifs. Au nombre de ces préparatifs se trouvaient deux des piliers ou porte-enseigne, qu'on avait garnis de suif, pour en faire des mâts de cocagne, genre de divertissement dans le goût du peuple français du temps. Au haut de chacun des deux mâts, ceux de droite et de gauche, étaient accrochées des couronnes de feuillage desquelles pendaient des bourses, contenant différentes sommes, destinées à ceux qui auraient l'adresse de grimper jusqu'à l'élévation nécessaire pour les atteindre. Le pilier du milieu portait, développé au vent, le pavillon tricolore.

A l'heure de la fête, les concurrents se présentèrent en foule pour se disputer les prix des mâts graissés et chargés de butin. Mais les premiers qui tentèrent l'assaut furent les derniers; un marin de l'arsenal ayant réussi à se hisser jusqu'à toucher les prix de l'un, le mât se brisa tout-à-coup à sa base, et tomba lourdement sur la foule où il blessa plusieurs personnes. L'autre jouteur, au moment où il élevait la main pour saisir une des bourses qui lui semblait la mieux remplie, perdit l'équilibre, et se détachant du pilier, se fracassa le crâne sur les dalles de la place.... L'autre marin, brisé dans la chute du mât, ne survécut que peu d'heures à la complication singulière de cette catastrophe.

Le peuple prétendit que l'avidité de ces marins avait été punie, pour s'être associés à un ignoble jeu de saucissons (*guoco di salame*) qui déshonorait ces nobles piliers, longtemps voués à faire flotter par les airs la pourpre de l'étendard et de leur vieille République!

L'amiral français fit une pension aux familles des victimes, et depuis cet événement, le jeu du mât de cocagne ne se renouvela plus sur la place St-Marc.

(F) Il y eut en 1797, au moment où les armées françaises occupaient une partie importante du Lombard-Vénitien, un tel mouvement d'effervescence dans le peuple, qu'il amena la présentation au sénat réuni au palais actuel, de votes énergiques proposant diverses mesures de circonstance, parmi lesquelles, dans le but de se rendre la France favorable, le peuple proposait de planter, sur le milieu de la place Saint-Marc l'arbre de la liberté, et de brûler au pied les insignes de l'ancien gouvernement......

Cet étrange écrit, lu dans le conseil assemblé et présidé par le doge, fut adopté par des raisons qui se rattachent à une politique de terreur dont l'appréciation ne serait pas à sa place ici, et le 4 juin, *le Livre d'or* fut brûlé en cérémonie, au pied de l'arbre de la liberté, seule ombre de feuillage qu'aient jamais reçues les dalles de la place Saint-Marc.

(G) Ce détail très authentique, bien que peu connu, fait l'objet d'un tableau très intéressant du musée Correr, on y voit le doge qui n'a point encore ceint la *corne*, symbole de sa dignité, qui est porté à la course par une vingtaine de marins coiffés du bonnet rouge des *Castellani* et en avant du cortège, une bande d'*arsenalotti* armés de bâtons, qui frappe à tort et à travers sur la foule qui entrave la rapidité de cette bizarre cérémonie. Il paraît que grâce à ce système violent, mais toléré on ne saurait trop dire pourquoi, les porteurs du doge parvenaient à le rapporter dans la cour du palais pour son couronnement ducal, avant qu'il n'eût jeté la moitié de la somme fixée par l'État pour les munificences de cette cérémonie, de sorte, qu'en fin de compte, les *arsenalotti* empochaient une forte somme d'argent.

(H) L'extrême facilité avec laquelle la faveur dont jouissaient momentanément quelques hommes, trouvait bientôt sa réaction, soit dans le peuple, soit dans le gouvernement, se présente en exemple frappant dans ce qui arriva au jeune Foscari. Ce même peuple qui fêta si splendidement ce fils de doge à l'occasion de son mariage, moins de quatre ans plus tard se réunit, encore à son intention et en foule immense, sur cette même place Saint-Marc...... mais pour couvrir son nom de malédictions, en écoutant sa sentence qui le bannissait d'abord, et devait, quelques années plus tard, causer sa mort. Les détails dramatiques de cette curieuse page historique, trouveront leur place naturelle dans l'examen que nous ferons des principaux palais vénitiens, parmi lesquels celui des Foscari est aussi remarquable par ses souvenirs que par sa beauté architecturale. (*Voir la note* (D) *du chapitre sur le grand canal*.)

(I) La conquête de l'île de Candie qui n'avait duré que trois jours, fut en 1365 l'occasion de grandes fêtes à Venise. Le peuple était dans la plus grande allégresse. On invita tout personnage marquant de la terre ferme, et jusqu'à des gentilshommes étrangers, à prendre part aux tournois, aux joûtes d'eau, aux réjouissances publiques qui furent décrétées par le gouvernement. Par une exception fort rare aux lois de la République sur la tenue des femmes, un grand nombre de patriciennes purent, comme les étrangères, se produire en public vêtues de brocart d'or. Une estrade fut élevée sur le portique de l'église Saint-Marc, pour le doge et les plus hauts dignitaires de l'État, réunis pour assister à un tournoi dans lequel on vit figurer *des chevaux*, circonstance fort rare à Venise. Le pavage fort irrégulier de la place, qui était alors en briques, permettait aux coursiers de galoper, de piaffer sous l'éperon du cavalier de terre ferme, ce qui eût été impossible sur les dalles qui recouvrent aujourd'hui la place, et qui y ont été placées en 1406, en même temps qu'on rebâtit la tour de l'horloge, détruite, comme il a été dit, par un incendie, pendant une illumination publique.

Une circonstance intéressante de cette fête, c'est que Pétrarque y assista, assis à la droite du doge Marc Cornaro, sur l'estrade qui recouvrait le portique de la Basilique.

(J) En 1156, sous le dogat de Vital Michieli, l'Église comptait deux papes. Frédéric Barberousse, empereur d'Occident, s'était déclaré pour Victor IV, tandis que les Vénitiens tenaient, pour deux raisons, à Alexandre III : la première de ces raisons, c'est que les droits de ce pontife étaient plus légitimes que ceux de son compétiteur ; la seconde, c'est que Venise se souciait peu de favoriser les prétentions de Barberousse. C'est au milieu de cette division des idées que Ulric, patriarche d'Aquilée, qui en héritant du titre de ses prédécesseurs semblait avoir aussi recueilli leur haine contre l'église de l'île du Grado, peu distante de sa propre île, voulut témoigner son opposition envers le pontife favorisé des Vénitiens, en faisant une démarche hostile contre l'île, qu'il pilla jusque dans sa métropole, à la tête de ses douze chanoines érigés en *uscoques* pour cette expédition. Mais comme Ulric s'en retournait avec son butin, il fut surpris par quelques bâtiments de l'arsenal qui rôdaient dans l'archipel des îles Vénètes, et fait prisonnier avec ses chanoines. Il se vit contraint, pour reconquérir sa liberté, de se soumettre à une rançon, et les Vénitiens, plus haineux que cupides, se contentèrent de lui imposer un tribut annuel, qui devint un éternel objet de dérision, de façon à ce que le peuple conservât toute son animadversion et son mépris pour les patriarches d'Aquilée. Ce tribut, le voici :

Tous les ans, le jour du jeudi gras, c'est-à-dire lorsque les Vénitiens étaient le mieux disposés à rire et à s'amuser, le patriarche dût envoyer à la capitale un *taureau et douze porcs* représentant, dans les idées populaires, *le patriarche et ses douze chanoines*. Ces animaux reçus, on les ornait de bandelettes et de parures comiques, et on les promenait en grande pompe, et aux cris, aux rires de la multitude, depuis l'extrémité de la Riva, jusqu'à la place Saint-Marc, et chacun avait le droit, droit dont on usait largement, d'adresser aux passifs animaux toutes sortes de quolibets allégoriques à l'adresse des personnages qu'ils étaient censés représenter. La promenade terminée, on s'arrêtait au milieu de la place Saint-Marc, et le doge présent, avec quelques dignitaires de l'État, on coupait la tête au pauvre bœuf bafoué et aux infortunés porcs turlupinés, et le peuple se disputait les morceaux de leurs cadavres qui passaient dans les marmites béantes des plus pauvres gens. Mais il fallait, dit-on, que le doge fit servir ce jour-là sur sa table, une des oreilles de l'immonde animal dont saint Antoine fit son compagnon favori, ce qui lui a donné une célébrité d'enseigne. Heureusement que le doge n'était pas Musulman.

(**a**) En 1310, le doge Gradenigo avait excité la haine des nobles qu'il avait exclus de toute participation à la souveraine autorité ; il était aussi devenu suspect à la multitude, toujours disposée à regarder les dépositaires du pouvoir comme les auteurs de ses souffrances. Le peuple de Venise lui reprochait les revers essuyés par les armes de la République, l'interdit lancé par le pape, et toutes les calamités publiques qui en avaient été la suite, la disette, la suspension du commerce, et la privation des secours de la religion, si nécessaires aux malheureux. Trois patriciens, Marc Querini, Badouer et Boémont Tiepolo, qui avaient subi plusieurs mortifications de la part du doge, profitèrent de cette fermentation des esprits pour essayer de satisfaire leur vengeance. Bientôt tous ceux qui désiraient un nouvel ordre de choses se groupèrent autour de ces chefs. Les conjurés, dans une assemblée secrète, firent l'énumération de leurs forces : il fut reconnu qu'avec l'appui des prolétaires que chacun comptait parmi ses clients, et le secours que Padoue, cette cité toujours jalouse de la prospérité de Venise, promettait d'envoyer, il serait facile d'attaquer le gouvernement à main armée. L'exécution du complot fut fixée au 15 juin 1310. La veille, Badouer se rendit à Padoue pour en amener le renfort promis ; tous ceux qui devaient coopérer à cette grande entreprise se glissèrent en silence par divers chemins dans les maisons où avaient été déposées les armes dont il devaient se servir. Querini et Tiepolo, après avoir parcouru les rangs des conjurés, en exaltant leur imagination par l'image de tout ce qui exerce le plus d'empire sur les hommes, la gloire, la vengeance, la patrie et la liberté, se mirent en marche avant la fin du jour. Arrivés près du Rialto, les conjurés furent assaillis par un orage épouvantable, accompagné de pluie et de tonnerre, qui jeta pour un moment le désordre et la confusion parmi eux. Mais bientôt ils se mirent en marche. Querini déboucha le premier sur la place Saint-Marc; mais son étonnement fut extrême, lorsqu'en arrivant sur cette place il la vit couverte d'hommes armés : ce n'était ni la troupe de Tiepolo, ni celle de Badouer : c'étaient les soldats du doge Gradenigo, dont la vigilance avait deviné la conspiration et qui était prêt à lui faire face. Aussitôt on en vint aux mains avec toute la fureur qui caractérise les guerres civiles. Après un combat opiniâtre, les conjurés furent défaits, malgré l'arrivée de Badouer à la tête des Padouans. Le premier soin du doge, après sa victoire, fut de s'occuper de la punition des conspirateurs. Querini avait été trouvé parmi les morts. — Tiepolo parvint à s'échapper hors du territoire de la République. — Badouer, moins heureux, fut saisi et condamné à avoir la tête tranchée.—La corde fit justice de tous les autres conjurés surpris les armes à la main.

C'est sous l'impulsion d'épouvante que causa ce danger aux chefs de l'État, que le grand conseil résolut de fortifier sa nouvelle puissance, en créant une autorité dictatoriale, armée de tous les moyens de force et de rigueur nécessaires pour prévenir et étouffer toute nouvelle tentative insurrectionnelle. Dix patriciens furent choisis pour former ce puissant tribunal qui n'est autre que le fameux *conseil des dix*, dont il sera longuement parlé ailleurs.

(L) Les traditions populaires sont le plus souvent bizarres, et remontent parfois à l'origine la plus étrange, ou la plus insignifiante.

Celle qui se rattache à la conjuration de Bajamonte Tiepolo, nous semble de cette espèce, expliquons-nous.

Une maison est restée célèbre à Venise. Celle qu'il a occupée il y a *cinq siècles* a été l'objet des faveurs de la République, non-seulement elle, mais aussi sa postérité, sa race; un monument, un bas-relief a été scellé à la façade de cette maison, pour la désigner perpétuellement aux générations, aux étrangers qui recherchent les curiosités principales de Venise.

Une foule d'écrivains ont commenté, annoté, expliqué le fait auquel se rattachent la sollicitude et l'importance données à cette maison. On en a fait des tableaux, des gravures; tout récemment encore, une brochure minutieusement détaillée, a paru pour revenir de nouveau sur la chose. — Après cinq cent trente-deux ans... les écrivains vénitiens, le public, la presse se préoccupèrent de ce fait. — Il faut, dira-t-on, que la chose soit grave, qu'elle se rattache à quelque grand point d'histoire qu'il importe d'éclaircir, que la science, la civilisation, la politique peut-être! aient quelque grand intérêt à connaître avec précision comment les faits se sont passés.

Vous allez en juger :

Cette maison était en 1310, la demeure d'une vieille femme nommée *Giustina* ou *Lucia Rossi*... On n'est pas bien sûr des prénoms, et c'est sans doute un grand chagrin pour quelques antiquaires antiques : nous aurons quelques nouvelles brochures là-dessus. Bref, le lundi 15 juin; — la date est minutieusement conservée; par malheur on n'a pu préciser l'heure; — le 15 juin 1310, donc, une bande de conspirateurs passait dans la *Merceria* devant la

---

* *Histoire de Venise.*

maison de la vieille. Elle entend dans la rue un bruit inusité, elle s'élance à la fenêtre pour voir de quoi il s'agit, et dans son impétuosité (c'était une vieille encore très verte) elle heurte un pot de fleurs, d'autres disent un mortier (c'est l'avis du bas-relief placé sur cette célèbre maison).

Or le mortier — ou le pot de fleurs — on n'est pas irrévocablement d'accord sur la nature de ce projectile — tombe.... — sur la tête du chef de la conspiration? — direz-vous — il le tue... Le doge qui allait être égorgé, en réchappe!... La République qui allait infailliblement être perdue, se trouve au contraire sauvée. Les plus grands malheurs, la gloire du pape, le sang des citoyens tout est épargné par ce coup du ciel..?

— On comprendrait l'importance donnée à ce pot de fleurs ou à ce mortier (quand l'alternative sera-t-elle enfin bien établie?) et aussi à cette vieille, si la chose était comme on vient de la supposer; on comprendrait surtout les bienfaits octroyés à cette vieille, si par amour pour son pays, elle l'avait volontairement sauvé, en lançant d'elle-même le mortier sur la tête de celui qui allait tout mettre à feu et à sang... Pot de fleurs et vieille femme seraient alors devenus justement célèbres, et il importerait réellement de savoir si le pot était mortier, et si la Rossi s'appelait *Lucia* ou *Giustina*.

Mais le mortier à fleurs (pour réunir les deux opinions) ne fut pas lancé par la vieille — il ne tua pas le chef de la conspiration; il ne sauva pas la République en péril : il blessa seulement *un page* qui précédait Bajamonte Tiepolo, et ni vieille femme ni pot n'influèrent sur les événements qui suivirent en place Saint-Marc!

— Mais alors pourquoi toute cette importance donnée à cet incident d'une insignifiance si complète? Pourquoi cette pierre blanche posée de nos jours sur les dalles de la rue, pour marquer le lieu où un grand événement n'a pas eu lieu? Pourquoi le bas-relief représentant vieille femme et projectile qui n'ont ni prémédité, ni accompli cet événement; pourquoi toutes ces discussions, ces polémiques, ces recherches sur le nom de la vieille qui n'a rien fait et sur l'espèce du projectile qui n'a rien causé? Pourquoi ces écrits, ces brochures, jusqu'aujourd'hui? en 1843!

C'est là ce que nous ne saurions expliquer — pas plus que ne s'explique la curiosité de ces voyageurs qui vont voir avec sollicitude la chambre où *aurait* logé Napoléon au palais *Rezzonico*, s'il n'eût préféré de s'installer aux *Procuraties*. Pourtant l'histoire de Venise est assez riche, assez féconde, assez dramatique, pour qu'on ne puisse être embarrassé de sujets à traiter, célébrer, discuter et analyser. Le marbre et le ciseau, la plume et la presse, s'y peuvent mieux employer qu'à immortaliser un mortier problématique, une vieille femme presque apocryphe, et un petit fait sans résultat, tout au plus bon à citer comme augure?

(m) L'opinion la plus généralement répandue relativement à l'origine des *pigeons de Saint-Marc*, serait que dans les anciens temps de Venise il était d'usage, au jour des Rameaux, de lâcher de la galerie qui domine la basilique de Saint-Marc (d'autres prétendent du campanille) des pigeons portant une entrave qui ralentissait leur vol, et les forçait à se débattre terre à terre; alors malgré les efforts que faisaient ces petits animaux pour se soutenir en l'air, le peuple se les disputait avec violence, jouissant de cette distribution en nature qui les forçait à un exercice dont s'amusaient les patriciens.

Or il serait advenu que plusieurs de ces pigeons ayant réussi à s'affranchir e l'entrave qui les contraignait à tomber à terre, se seraient réfugiés sur les toits des édifices voisins de la place, y auraient multiplié et seraient devenus intéressants aux yeux du peuple, qui les aurait pris sous sa protection et nourris, jusqu'au moment où la République greva son budget du soin de l'entretien des estomacs de ces sujets aériens et emplumés. Cette version peut être vraisemblable, et nous ne songeons pas à la rejeter : seulement nous en avons trouvé une autre que nous rapporterons : le lecteur examinera et jugera.

On sait que les Orientaux ont de tout temps été dans l'usage d'élever des pigeons, pour porter des messages au loin dans les lieux que la guerre ou la nature des terrains rendaient inaccessibles. Un peu avant la prise de Candie, les troupes vénitiennes, sous le commandement de Reinier Dandolo et de Roger Premareni, bloquaient la ville qui, soutenue par les soldats du comte de Malte, que les Génois avaient mis en avant, semblait devoir résister aux efforts des assiégeants. Sans doute ce siège devait être long et fatigant, car les Candiotes étaient parfaitement approvisionnés ; mais l'incident le plus futile vint livrer la ville aux Vénitiens en peu de jours. Plusieurs fois les officiers de Dandolo avaient remarqué des pigeons qui traversaient le camp, en se dirigeant de Candie vers la flotte génoise qui était mouillée près le mont Ida, à l'entrée de l'Archipel. Connaissant l'usage où étaient les Orientaux d'utiliser ce moyen de correspondance, et se défiant de toute ruse de guerre des Génois, que les Vénitiens avaient appris à reconnaître comme peu sincères, le général ordonna qu'on fit tout pour s'emparer de quelques-uns de ces animaux, qui lui parurent des messagers mystérieux. Une grêle de flèches en fit choir sept ou huit à leur passage, tout étourdis, ou plus ou moins grièvement blessés. Ce que Dandolo avait prévu se réalisa : tous avaient sous l'aile un billet qui témoignait de l'accord des Génois avec les Candiotes et ce billet avait été multiplié à l'infini, pour assurer la sécurité du message transmis. Sans perdre de temps, Dandolo donna l'assaut le soir même à l'île qui se rendit dans la nuit, avant que le comte de Malte, eût eu le temps de se renforcer. On trouva dans le palais du gouvernement une quantité de ces pigeons d'espèce orientale, que le chef de l'armée ordonna de transporter à Venise, en mémoire du service qu'ils avaient rendu, à l'État, en livrant le secret de la faiblesse de l'île et de la perfidie des Génois appelés à les secourir.

Que devinrent ces pigeons? La grave histoire n'en dit rien, n'est-il pas naturel de croire que dans les mœurs superstitieuses du temps, dans l'enthousiasme particulier aux Vénitiens, ils devinrent l'objet de quelque mesure, de quelque sollicitude populaire? serons-nous trop exigeant en réclamant la moitié de ceux qu'on voit aujourd'hui comme ayant leur origine dans le fait que nous avons rapporté?

Au reste, quoiqu'il en soit, ces pigeons sont restés en vénération dans les mœurs des Vénitiens, et presque un objet de superstition pour le peuple. Personne n'ose y toucher, et il n'y a pas d'exemple que la misère ait tenté de reconnaître si leur chair est aussi dure qu'on le prétend. Il y a quelques années, un étranger qui partait, parvint à corrompre un barcarole pour qu'il lui en procurât deux, destinés sans doute à fonder, dans une de ses terres une dynastie de pigeons de Saint-Marc. Mais l'imprudent marin ayant été surpris dans sa tentative presque sacrilège, faillit être assommé par les gens de la Riva des Esclavons. L'histoire du XVIII⁰ siècle enregistre une anecdote touchante qui eut pour héros un des pigeons de Saint-Marc et un prisonnier des plombs du palais Ducal. Mais cette note est déjà trop longue, et nous ne pouvons que renvoyer les lecteurs curieux à la *Revue musicale* qui l'a publiée en un petit roman, durant l'année 1842, sous ce titre : *le Joueur de vielle et le pigeon de la place Saint-Marc*.

(**n**) Dans un des derniers ouvrages écrits sur l'Italie, il est dit que l'avant-dernier propriétaire de ce café, mort en 1815, était anciennement l'homme de confiance, l'agent, le factotum de la noblesse vénitienne. Au retour d'un voyage, dit le livre auquel nous empruntons ce détail, le Vénitien passait d'abord chez Florian, pour avoir des nouvelles de ses amis, de ses connaissances ; car Florian savait l'époque de leur retour, et ce qu'en son absence ils avaient fait ou étaient devenus. L'arrivant trouvait là ses lettres, ses cartes de visites et peut-être aussi les mémoires de ses créanciers, s'il en avait. Florian mettait dans ce soin des affaires de ses divers habitués toute la discrétion et l'intelligence possibles. Canova n'oublia jamais les services plus essentiels qu'il en avait reçus au commencement de sa carrière, lorsqu'il avait besoin de se produire, de révéler son talent ; aussi resta-t-il toujours son ami. Florian était à la fin de sa vie tourmenté de la goutte qui se portait souvent aux pieds ; Canova fit le modèle de sa jambe, afin qu'on lui fabriquât un appareil qui l'aidât à marcher, et aussi pour que le cordonnier pût lui faire des chaussures qui ne le fissent pas souffrir. Cette jambe de limonadier, ajoute l'auteur que nous citons, ne fait pas moins d'honneur à Canova que son Thésée... Il est doux d'estimer l'homme après avoir admiré l'artiste.

(**o**) Nous avons dit que malgré la majesté qu'offre le lieu où s'accomplit la procession du *Corpus domini*, malgré le nombre des personnes, prêtres, corporations, communautés et fonctionnaires qui la composent, malgré la richesse enfin, de beaucoup des objets de son matériel, cette cérémonie n'avait pas tout le caractère religieux et important qui devrait résulter des éléments qui la composent. Consignons donc en passant ici une petite observation qui nous a paru choquante, car en fait de choses saintes il ne saurait y avoir de remarques futiles à faire, lorsque leur majesté est compromise. Ainsi, cette procession présente une innombrable quantité de cierges de toute longueur, de toutes grosseurs (quelques-uns ont la circonférence d'un mât de galère). Cire jaune, cire blanche, cire grise, qui brûle en l'honneur du ciel. Jusqu'à présent, rien de mieux ! Les cierges sont en nombre exorbitant et il faut vraiment que Dieu ait là-haut son radieux soleil pour ne pas voir la terre toute constellée de tant de suif et de cire. Mais ce qui retire toute dignité à cette cérémonie, c'est de voir les polissons, les gamins du peuple armés de cornets de papier, et attrapant au vol toutes les gouttes de cire, les petits ruisseaux en fusion que l'ardeur de leur mèche fait répandre aux cierges majestueusement portés par des hommes-chandeliers. J'ignore si la spéculation est bonne, mais je la déclare ignoble. Chaque cierge a donc ainsi, dans tout le développement de la procession, son mendiant auquel il fait l'aumône de quelques stalactites de cire, sans compter les taches que les guenilles hideuses du spéculateur ne redoutent guère. Un abus aussi choquant et aussi profane n'échappera pas, doit on espérer, à l'autorité. Chez nous les industriels sont allés bien loin dans la spéculation, mais ils n'ont pas encore trouvé l'idée d'attraper au vol les gouttes du suif qui brûle pour Dieu.

II

L'ÉGLISE SAINT-MARC.

SOMMAIRE.

Exposition. — Vestibule ou *Atrium*. — Les dalles de marbre rouge, le pape *Alexandre III* et l'empereur *Frédéric Barberousse*. — Sujets des mosaïques. — Note sur les romans de *G. Sand*, relatifs à Venise. — Tombeaux curieux des doges *Vital-Faliero*, *B. Gradenigo* et *M. Morosini*. — Celui de la dogaresse *Michieli*. — Chapiteaux. — Portes de bronze. — Intérieur de la Basilique. — Ensemble des mosaïques. — Conseil au lecteur. — Impression que cause ce temple. — Description architecturale. — Le parvis. — Ses ondulations. — Chapelle du baptistaire. — Mosaïques. — L'autel. — La pierre de la décolation de saint Jean-Baptiste. — Le baptistaire. — Une chaise antique. — Tombeau du doge André Dandolo l'historien. — La chapelle Zeno. — Tombeau du cardinal. — La Vierge *alla Scarpa*. — L'oratoire de la croix. — Les colonnes les plus précieuses du temple. — La plus grosse agathe connue. — Chapelle de N.-D. de Mascoli. — Ses mosaïques. — Causes de son nom. — L'arbre généalogique de la Vierge. Note de M. Victor Hugo. — Chapelle Saint-Isidore. — La sacristie. — Ses merveilleuses mosaïques. — Les marqueteries de bois. — Une mosaïque peinte. — La chapelle souterraine. — Examen architectural. — Mystère relatif au corps de saint Marc. — Sa découverte en 1811. — La porte de bronze du chœur. — Sur le temps employé à la fabrication de cette porte. — *Sansovino* et l'*Arétin*. — L'autel du Saint-Sacrement. — Les colonnes transparentes. — Mosaïques très anciennes. — Le maître-autel. — Le corps de saint Marc. — Les *Icones*. — La pala d'oro. — Son histoire. — Sa description. — Pierreries extraordinaires. — Restauration. — Les stalles du chœur. — La balustre du chœur. — Souvenir historique. — Un *Montmorency* à Saint-Marc. — Les chaires latérales. — Henri Dandolo. — Les chapelles latérales. — Deux candélabres peu religieux. — Trésor de Saint-Marc. — Ses deux sections. — Un bas-relief de la chapelle souterraine. — Anecdotes sur ce trésor. — Expédients de la république. — Orfèvreries et candélabres d'or. — Le couteau de la Cène. — Couronne et sceptre de l'empereur *Ferdinand I*[er]. — L'épée de *Morosini*, dit le *Péloponésiaque*. — Reliquaires. — Clou et morceau de la vraie croix. — Du sang de N.-S. — Orfèvrerie byzantine. — Parallèle. — Sur l'explication des mosaïques. — Indication. — Conseils au lecteur. — Des marbres et matières précieuses répandus à Saint-Marc. — De son éclairage. — Examen d'ensemble. — Acoustique. — Sur une vanité posthume. — Rapprochement de l'histoire des faits et de celle de l'art. — Différentes sortes de méditations. — L'érection du temple et les conquêtes des Vénitiens. — Ce que la Sicile fait pour ce temple. — Pillage de Constantinople profitant à Saint-Marc. — Les quatre chevaux de bronze. — Les faisceaux de colonnes. — Nécessité d'agrandir le temple pour y loger tout ce qu'on lui apporte. — Confusion. — L'art vénitien. — Les grands artistes qui achèvent Saint-Marc. — La *Chiesa Aurea*. — On veut dorer le dessus des coupoles. — Examen relatif des siècles artistiques. — Rapprochement entre *Saint-Pierre* de Rome et Saint-Marc. — Conclusion.

Dans le précédent chapitre sur la *place Saint-Marc*, et à propos de la façade de la Basilique, que nous avons examinée avec quelques détails, ce qui concerne la fondation et l'édification de ce temple célèbre a été suffisamment indiqué, pour que nous puissions désormais franchir le seuil de sa porte principale et commencer notre examen intérieur.

Cet examen sera à la fois artistique, pour le présent, et historique pour le passé, suivant le plan que nous nous sommes tracé, pour la visite des grands édifices de Venise : L'œil voit ce qui est aujourd'hui, — la pensée rétrograde vers ce qui fut autrefois, et le présent augmente d'intérêt, par le prestige des souvenirs !

Le vestibule ou *atrium* annonce, comme sa façade, toutes les splendeurs qu'offrira l'intérieur de cette riche et bizarre basilique. La décoration de ce vestibule est déjà d'une somptuosité, qu'altèrent peut-être, mais que n'ont pas détruite les outrages du temps. Des marbres et des mosaïques recouvrent tous les murs, toutes les voûtes, comme aussi le pavé. C'est sur ce grand carré de dalles rouges que vous foulez, ayant à peine franchi les marches du portail, qu'eût lieu en 1177, un des événements les plus graves de l'histoire diplomatique et guerrière de Venise. Là, sur cette place, l'empereur Frédéric Barberousse se prosterna humblement devant le pape Alexandre III, qu'il avait longtemps poursuivi de sa haine, et qui, recueilli, protégé par les Vénitiens, reçut sur cette dalle l'hommage du repentir du farouche empereur, qui consentit enfin à ce que le vicaire de J.-C., remontât sur son trône pontifical, au préjudice de l'anti-pape, que l'intrigue et l'injustice y avaient jusque-là maintenu, aux dépens du légitime titulaire des clefs de Saint-Pierre (A).

Maintenant, si nous donnons un coup-d'œil aux principales mosaïques du XIIe au XVe siècle, qui décorent ce vestibule, nous trouvons au-dessus de la principale entrée de l'église :

Un saint Marc en habits pontificaux, dessiné par Titien, et exécuté sur fond d'or, comme toutes les mosaïques de ce temple, en 1545, par les frères Francesco et Valerio Zuccato, dont les noms se reproduisent souvent au milieu des innombrables travaux de ce genre que présente l'église. Ce saint Marc est d'un excellent travail. Au-dessus se trouvent sept petites mosaïques du XIe siècle, qui sont remarquables par leur antiquité : Huit siècles !

Les mêmes frères Zuccato ont aussi fait, en 1549, les deux divisions du cintre faisant face à ce qui vient d'être cité, ces deux divisions représentent : Le *crucifiement*, — la *sépulture* de J.-C.

Les deux cintres à droite et à gauche, dans la partie supérieure de la grande porte d'entrée, retracent :

La *résurrection de Lazare*, — *l'inhumation de la Vierge* ; — ouvrages des Zuccato, sur les dessins de Pordenone.

Aux angles latéraux inférieurs on voit :

Les *quatre Évangélistes*, — au-dessus : les *huit Prophètes*, — sur la frise : des *docteurs de l'Église* et des *anges*, aussi des mêmes artistes, sur les dessins de Salviati.

En se dirigeant vers la gauche, on verra au fond, dans la voûte d'une rotonde, au-dessus d'un tombeau suspendu... une grande mosaïque fort réputée, représentant le *jugement de Salomon*, mosaïque qui, médiocre de dessin, est par ailleurs d'une vivacité de coloris qui ferait croire à une superposition de peinture sur les anciennes teintes de verre. Les frères Zuccato (leur père fut le premier maître de dessin du Titien), dans les immenses travaux qu'ils accomplirent à la basilique Saint-Marc, furent accusés par d'autres mosaïstes, leurs rivaux, de mêler ainsi la peinture au travail des parcelles colorées, tant leurs compositions avaient d'éclat, et tant leur exécution était rapide. Mais il paraît que ces accusations furent reconnues de pures inventions de la jalousie, et que le mérite des frères Zuccato, ne ressortit qu'avec plus d'éclat de ces tentatives que des haines rivales avaient essayé de produire pour les écraser [*].

En avançant sous la voûte qui se replie à gauche du vestibule, on verra une continuation de mosaïques, dont le goût et la pureté d'exécution diffèrent, suivant qu'elles sont primitives, ou que les réparations des voûtes leur ont donné une date plus récente. Là sont quelques tombeaux curieux par leur antiquité ; ce sont ceux du doge *Vital Faliero* ancêtre de Marino Faliero : mort en 1096, et sur lequel on lit une pompeuse inscription gothique du doge *Barthélemi Gradenigo*, mort en 1343, et dont le monument n'est pas sans mérite, si l'on se reporte au temps où il fut érigé. — Celui de la dogaresse dame *Felice*, femme du doge Vital Michieli, ancêtre de l'auteur des *Feste veneziane*,

---

[*] Les frères Zuccato et leurs luttes contre la méchanceté de leurs rivaux, sont comme on sait, l'objet d'un poétique roman de George Sand, intitulé *les Maîtres Mosaïstes*. Il est bon de relire à Venise, en face du monument qui l'a motivée, cette œuvre artistique. Nous ferons la même recommandation au sujet de divers autres romans inspirés au célèbre écrivain par le séjour qu'il fit à Venise en 1834. — Ainsi *Leone-Leoni, la dernière ...dini, l'Uscoque*, le premier volume des *Lettres d'un Voyageur*, etc., œuvres délicieuses qu'on aimera à relire sur les lieux où s'est passée l'action.

Madame Justine-Renier-Michiel. Ce tombeau date de 111. — Enfin plus loin est l'urne sépulchrale de *Marino Morosini*, mort en 1252, second doge d'une illustre famille qui en a fourni quatre à la République.

On remarquera la variété élégante des chapiteaux qui couronnent ou coiffent les nombreuses colonnes de ce vestibule. — Parmi les colonnes, toutes de marbres orientaux, on doit signaler celles qui avoisinent les portes latérales conduisant du vestibule au temple, lesquelles, adossées au mur sans rien supporter, sans destination apparente, proviennent d'un temple de Jérusalem. Leur matière blanche et noire est fort précieuse.

Les trois portes principales qui s'ouvrent sur l'intérieur du temple, sont formées de vantaux de bronze, portant des figures de saints et de patriarches, aux mains et aux pieds marquetés en argent. Ceux de la grande porte, sur lesquels on lit des inscriptions latines, sont constatées comme des travaux de l'art vénitien de 1100 à 1130. Ils portent cette inscription : *Leo de Molino hoc opus fieri jussit*. La porte de droite, qui est aussi de bronze, comme elles le sont toutes dans cette église, offre des inscriptions grecques qui dénotent parfaitement son origine : elle a été enlevée en 1203, avec bien d'autres choses, dont s'est enrichi ce temple, à la fameuse église de Sainte-Sophie, à Constantinople.

Il y aurait la matière de tout un long volume, à vouloir suivre une à une les innombrables compositions mosaïstes qui recouvrent toutes les voûtes, les cintres, les coupoles de la Basilique, partout, en tout sens, jusque dans les angles les plus reculés et les plus obscurs, et qui font de ce temple ce qu'on peut appeler un véritable musée de mosaïques. Nous ne saurions à cet égard songer à en vouloir faire plus que les derniers auteurs qui nous ont devancé dans la matière, et nous nous contenterons de citer ceux de ces travaux qui méritent le plus particulièrement une mention spéciale. Le voyageur, pourtant, ne devra pas manquer d'examiner le plus souvent possible ces voûtes si splendidement historiées par ces peintures de pierre et de verre, et, revenant souvent dans ce temple, que sa position centrale permet de visiter un moment chaque jour, il trouvera sans cesse quelque chose qu'il n'aura pas vu la veille, — il devinera, comprendra des sujets nouveaux, il complètera ainsi aisément par lui-même, avec son sentiment des choses et son instruction particulière, ce que les bornes nécessairement imposées à ce livre, qui a tant à dire, ne permettaient pas d'y énumérer.

Un effet que ne manque guère de produire l'intérieur de la basilique de Saint-Marc, sur celui qui y pénètre, c'est le sentiment de vénération et de respect qu'il faut attribuer à cette imposante réputation du lieu, non moins qu'à son aspect sombre et empreint d'une noble vétusté. Cette impression que ne sauraient produire les églises bâties dans le goût grec (celles de *la Salute* et du *Rédempteur* par exemple), est ici puissante et immaîtrisable. Ce temple se présente aux regards sous un aspect solide, formant la croix grecque. De hauts massifs de pilastres, et six grandes colonnes de marbre d'Orient à chapiteaux dorés, partagent la nef principale en trois coursives dont la plus large est celle du milieu. Les pilastres sont surmontés d'arceaux, sur lesquels court une galerie à l'aide de laquelle on peut faire le tour intérieur de l'église, bordée d'un côté par une balustre à colonnettes évidées, cette galerie offre de l'autre un parapet formé de tables de marbre grec, apportées d'Orient, et offrant le bizarre assemblage de bas-reliefs moins sacrés que profanes : animaux réalisés et apocryphes, ornements payens et hiéroglyphiques, etc. Si l'on montait dans ces galeries, on verrait que sculptées aussi en dedans, ces tables ont été placées par l'architecte de façon à ce que le parti qu'on en voulait tirer fût le moins en désaccord possible avec le saint caractère du lieu où on les exposait...

Les murs et parois de ce temple riche et bizarre, sont partout revêtus de plaques de marbres curieux, dont les veines et les taches combinées, forment parfois de singuliers accords. Le parvis est d'une rare élégance. Il fut exécuté dans le goût grec, appelé depuis *marqueterie* de marbre, ou en italien *vermiculato*. C'est un genre de mosaïques dont il ne faut pas moins louer le magnifique travail que la riche composition. On devra surtout admirer les parties de ce parvis qui s'étendent dans les deux ailes de la croix que forme la figure de l'édifice, aux côtés du transeps où la variété des dessins est véritablement merveilleuse. Plusieurs fois on a entrepris de lever le plan de ces ornementations lapidaires, non-seulement pour propager la connaissance de si beaux ouvrages, mais aussi pour rechercher l'explication de beaucoup de symboles et d'allégories qu'on a tout lieu de supposer que ce parvis contient. On verra en visitant le trésor de Saint-Marc, un de ces dessins qui, bien que le meilleur parmi ceux entrepris, n'a pas semblé encore assez exact pour être livré à la gravure.

Tout ce parvis est soutenu par des arceaux et des colonnes souterraines, qui ayant cédé en quelques endroits sur leurs bases de terrain à peu près artificiel, ont formé ces concavités, ces inégalités qu'on remarque sur ce sol marmoréen. Les parties fondamentales qui supportent les grandes piles de l'édifice, ayant été l'objet de précautions plus grandes, la construction générale a conservé un aplomb qui ne manque qu'à quelques parties extérieures de la Basilique.

Après avoir ainsi donné un premier coup-d'œil général sur l'ensemble de l'intérieur, on reviendra vers l'entrée du temple, et franchissant la porte du mur de droite, on se trouvera dans *la chapelle des fonds-baptismaux*.

Là, toutes les mosaïques sont curieuses, bizarres ou naïves. C'est presque partout l'enfance de cet art et de tout art. Celle qu'on voit en face de la porte de sortie extérieure, et qui représente *le baptême de J.-C.* est d'une ancienneté fort reculée, et d'un naïf adorable : huit siècles ont passé sur elle!

Au fond, vers l'autel, on voit à droite les *actions de saint Jean-Baptiste*, et à gauche, en face, celles de *saint Zacharie*, au-dessus de l'autel : *J.-C. crucifié* avec *N.-D.* et *saint Marc*, à droite, *saint Jean l'évangéliste*, à gauche, *saint Jean-Baptiste*. Toutes ces mosaïques sont du XIVe siècle.

L'autel est consacré à *saint Jean-Baptiste*, qu'on y aperçoit sculpté sur l'arrière muraille, dans un large bas-relief, avec quatre figures aux angles. Les deux bas-reliefs des côtés offrent *saint Théodore* et *saint Georges*. Ce sont des œuvres des premiers sculpteurs vénitiens.

A gauche, face à l'autel, on verra scellé dans le mur, au-dessous d'une tête de saint Jean-Baptiste, tout récemment placée là, la pierre sur laquelle cet illustre saint fut décapité. Cette pierre provient de la prison où eut lieu la décollation, et l'historien Sansovino affirme que de son temps on y voyait encore les traces du sang qui s'y était imbibé... Le linge qui servit à ce martyre, et dans lequel fut enveloppée la tête du saint, est encore en ce moment visible parmi ce qu'on appelle les *grandes reliques*, dans l'église d'Aix-la-Chapelle, trésors sacrés qui renferment aussi la robe que portait la Vierge lors de la naissance de *J.-C.*, et les langes qui enveloppèrent le Sauveur dans la crèche.

Une fenêtre grillée, percée sur le mur de gauche de l'autel, donne dans le *Trésor*, que nous visiterons plus tard en détail.

Le bassin de marbre placé au milieu de la chapelle et son couvert de bronze, rehaussé de bas-reliefs, sont des élèves de Sansovino, en 1545. La petite statue de Saint-Jean-Baptiste placée au-dessus, est de E. Segala de Padoue, en 1565.

Auprès de ce baptistaire, on voit une informe chaise de marbre sur laquelle les opinions sont en désaccord. La majorité des savants la considèrent cependant, comme étant celle que l'empereur Héraclius donna au patriarche de l'île de Grado, près Venise, et qu'il déclara avoir servi de chaire à Saint-Marc, à Alexandrie. — Elle ne peut posséder d'autre valeur qu'un aussi imposant souvenir historique. Sa naïve simplicité rappelle la chaise de granit des premiers papes qu'on conserve à *Notre-Dame des Dons*, à Avignon.

Le tombeau adossé au mur, est celui du célèbre *André Dandolo*, mort en 1354. Ce fut le dernier doge enterré à Saint-Marc, le sénat ayant décidé qu'à l'avenir les princes de Venise, choisiraient en famille le lieu de leurs sépultures, ce qui ne tarda pas à faire de l'église *Saint-Giovani et Paolo*, le rendez-vous général de presque tous les cadavres dogaux. André Dandolo, était un guerrier intrépide et un politique rusé. Ami de Pétrarque, il fut le premier historien qu'ait eu Venise, de même que son illustre ancêtre, l'aveugle Henri, en avait été le premier héros. Il est resté un recueil de lois composé par André Dandolo, lequel fut le quatrième et le dernier doge de son nom.

La chapelle Zeno, qui donne à la fois dans le baptistaire, et dans le vestibule du temple, pourrait aussi être appelée *la chapelle de bronze*, car cette matière sévère en forme la principale décoration. C'est un monument de religion et de reconnaissance érigé à la mémoire du cardinal *Jean-Baptiste Zeno*, en 1515, par ordre du sénat. Le sarcophage sur lequel est étendue la figure de l'illustre patriarche, les six grandes figures qui l'entourent représentant la *Foi*, l'*Espérance*, la *Charité*, la *Prudence*, la *Piété*, et la *Munificence*, vertus particulières au défunt, sont de remarquables fontes de bronze, considérées comme des chefs-d'œuvre, et qu'on doit aux frères Antoine et Pierre Lombardo, pour la sculpture, et pour la fonte, à Alberghetti et à P.-J. *Dalle Campane*, ainsi surnommé à cause de la spécialité de ses travaux, consistant à donner une voix aux clochers et campanilles. Tout élégants que soient les reliefs de la base de ce monument, on les trouvera peut-être d'un goût un peu profane pour un tombeau. Mais on ne saurait se refuser d'admirer la délicatesse de ces divers travaux, la beauté des formes de tous les profils des corniches, et enfin la noble ordonnance de l'ensemble.

Les quatre colonnes de l'autel, sans être d'un travail très délicat, ont de la majesté. La statue du milieu, nommée Vierge *alla scarpa*, parce qu'elle chausse un soulier d'or, est des mêmes auteurs que le cénotaphe du cardinal, dont on voit les armes en mosaïque, sur la gauche de l'autel. — La majorité des autres mosaïques de cette chapelle, qui sont des ouvrages du XVIe siècle, représentent des faits de la vie de saint Marc, depuis l'époque qu'il écrivit son évangile, jusqu'à sa mort.

En retournant dans l'église, on ira droit à une petite chapelle ou tribune, adossée à un des grands piliers du temple, sur la gauche, et qui s'appelle *l'Oratoire de la Croix*. Sur les six colonnes qui la décorent, celle qui est la plus voisine de l'autel du côté de la nef centrale est la plus précieuse qui soit dans toute l'église. Elle est en *porphyre noir et blanc*, matière d'une excessive rareté, bien qu'elle puisse ne pas sembler des plus belles. — On remarquera au-dessus du dôme qui couronne cette petite chapelle, une boule d'environ un pied de diamètre, c'est une *agathe orientale*... la plus grosse qu'on connaisse.

En continuant l'examen de ce même côté gauche du temple, et en s'avançant au fond de l'aile de la croix, on trouve la *chapele de N.-D. de Mascoli* (des mâles), laquelle contient les plus belles mosaïques qui soient dans ce temple. Elles offrent quelques traits de la vie de la Vierge, et sont de Michel Giambano, en 1490. Cet artiste ayant cherché une autre voie dans son art, abandonna la manière dure et sèche des anciens mosaïstes pour essayer de se rapprocher davantage de la vraie reproduction de la peinture. On voit qu'il a obtenu des effets de perspective très remarquables, et que son architecture est très élégante. Le dessin, l'agencement des couleurs, leur brillant, tout enfin contribue à faire de cette voûte une des plus charmantes choses que cet art puisse offrir.

Cette chapelle offre du reste plus d'un genre de mérite. L'autel en marbre, attribué à l'école de Pise, est évidemment du XIIIe siècle. Les statues de la Vierge et des Évangélistes, *saint Marc et saint Jean*, sont en effet exécutées d'après le style de Nicolas

Pisano, vers l'époque citée ; mais les sculptures du devant d'autel, qui représentent *deux anges encensant la croix*, appartiennent formellement à une époque plus avancée de l'art. La muraille derrière l'autel est revêtue de jaspe oriental, de marbre grec et de marbre roux de Vérone. — Cette chapelle fut érigée en 1430, sous le dogat de François Foscari. Il ne reste aucune tradition exacte sur l'origine du nom qu'elle a reçu. On suppose que ce nom lui est venu de ce qu'elle fût fondée par une pieuse congrégation d'hommes, dont la chapelle souterraine de Saint-Marc, était le point ordinaire de réunion. Peut-être cette dénomination provient-elle aussi de ce qu'à cette époque, les femmes enceintes étaient dans l'usage de faire des vœux pour obtenir des enfants *mâles*... dont la République avait besoin.

Au-dessus du grand mur qui est à la droite de cette chapelle, on verra, en reculant vers le milieu de l'église, afin de se placer au point de vue nécessaire, une grande mosaïque connue sous le titre d'*Arbre généalogique de la Vierge*. C'est un ouvrage exécuté en 1542, par Bianchini, d'après les cartons ou dessins de Salviati. Ce fut une singulière idée que de percher ainsi sur un marbre tous ces personnages sacrés, et d'appliquer à une idée religieuse la science profane et quelque peu mythologique des d'Hozier.

La chapelle Saint-Isidore, dont la porte est au-dessous de l'arbre généalogique de la Vierge, n'est pas toujours accessible au visiteur. Elle fut fondée en 1350, par le doge André Dandolo, pour y placer le corps de ce saint martyr, rapporté de l'île de Scio, depuis l'an 1125. L'autel est fort chargé en sculptures du temps. Sur la mosaïque de la voûte supérieure on voit le *Sauveur* et les *saints, Marc et Isidore*. Une autre mosaïque représente la vie, le martyre et la translation du saint à Venise. En face de l'autel, la voûte offre *N.-S., saint Jean-Baptiste* et un évêque. Toutes les murailles sont revêtues de tables de marbre grec, de porphyre et de vert antique.

---

* « Une des verrières reproduit aussi la *généalogie de la Vierge*. Au bas du tableau, le
« géant Adam, en costume d'empereur, est couché sur le dos. De son ventre sort un grand
« arbre qui remplit le vitrail entier, et sur les branches duquel apparaissent tous les an-
« cêtres couronnés de Marie : David jouant de la harpe, — Salomon pensif. Au haut de
« l'arbre, dans un compartiment gros-bleu, la dernière fleur s'ouvre, et laisse voir la Vierge
« portant l'enfant. » (*Le Rhin*, par Victor Hugo.)
On voit par ces lignes, empruntées au dernier ouvrage de M. Victor Hugo, que la cathédrale de Cologne et la basilique de Saint-Marc offrent cette identité de sujet.

En rentrant dans l'église, nous trouvons à gauche, après la chapelle de l'angle, un couloir qui prolonge la gauche du chœur, et par lequel on arrive à *la sacristie*, remarquable par les magnifiques mosaïques de sa voûte, et ses lambris en marqueterie de bois de diverses couleurs.

Ces mosaïques sont peut-être les plus admirables qui soient dans toute l'Italie, en fait d'ornementation. Elles datent de 1520 à 1535. Il est inutile d'insister sur la grâce ravissante et la pureté de leur dessin, non plus que sur l'éclat harmonieux de leurs couleurs ou le rare fini de leur exécution. L'ensemble de la voûte offre une croix en arabesques, avec l'image du *Rédempteur*, les *Évangélistes* dans les angles, et à l'entour, quatorze *prophètes*, en autant de petits cintres. Au-dessus de la porte, la *Vierge*, bel ouvrage de Rizzo, dans le style de Titien, en 1530. A droite, *saint Théodore*, l'ancien patron de Venise, détrôné par *saint Marc*. — A gauche, *saint Georges*, par François Zuccato. Les apôtres remplissent les côtés principaux.

Les marqueteries de bois, au fond de la sacristie, représentant plusieurs faits religieux dans lesquels interviennent des doges en costume, sont de charmants ouvrages des frères Antoine et Paul, de Mantoue, du frère Vincent, de Vérone, de Canozzi, de Bernardin Ferranté, et enfin, de Sébastien Schiavoni (B). La mosaïque qui comble la petite voûte, au-dessus de la porte d'entrée, et qui représente le Père Éternel, au milieu des anges, a reçu, on ne saurait dire pourquoi, la superposition d'un travail de peinture.

Par une porte à gauche, faisant face à cette dernière mosaïque, on passe dans une cour de déblais, qui donne accès à ce qu'on appelle la *chapelle souterraine*. C'est un souterrain de la grandeur du chœur de la Basilique, qui, suivant les antiques usages de l'église, contenait un autel desservi, et qu'on a été obligé d'abandonner en 1569, à cause de l'eau des lagunes qui empêchait tout-à-fait d'y pénétrer. Cette chapelle, construite dans le plus simple style greco-romain, est une construction massive, dont les piliers supportent le chœur supérieur. Elle recevait autrefois la lumière par trois jours de souffrance, et par quatorze petites fenêtres percées le long du parapet du chœur de la Basilique. Vers le milieu de cette chapelle, dans laquelle il est devenu impossible d'entrer, mais qu'on peut encore examiner des degrés qui y descendent, et qu'une simple grille sépare de la cour, vers le centre, disons-nous, on voit un autel sur lequel est encore un grand cercueil de marbre blanc, qui renfermait autrefois le corps de saint Marc, lequel, découvert le 7 mai 1811, a été déposé dans le maître autel de l'église supérieure. On peut conclure de cette remarquable découverte, que cette sainte relique a toujours reposé en ce lieu, et que le doge Vital Faliero, n'a pu le trouver en 1094, que dans le lieu même où il l'a laissé. Par la forme de cette chapelle souterraine, on doit la croire de la même époque que la fondation générale du temple, et il est très probable qu'on lui confia tout d'abord ces précieux ossements. Henri Dandolo, dont les premiers écrits datent du milieu du XIV° siècle, en parlant du mystérieux asile donné à ces reliques, se servit de ces significatives expressions : « *Paucis consciis secrete deposuit.* »

Sagornico, le plus ancien peut-être et l'un des plus réputés des écrivains vénitiens, ne dit rien de ces faits. Les autres chroniqueurs, postérieurs à Dandolo, ont persisté, suivant l'opinion du doge-historiographe, à affirmer la version du secret et mystérieux dépôt, jusqu'à ce que ce souterrain ayant été clos, abandonné par suite de l'invasion de l'eau, on ne sut plus à quoi s'en tenir sur la présence de ces saintes reliques. — En 1811 seulement, on entreprit de minutieuses recherches dans l'endroit où la tradition indiquait que le corps de saint Marc avait été déposé par le doge Faliero, et on finit par le retrouver. — On montre à la sacristie un plan minutieux et en plusieurs feuilles, de cette chapelle souterraine, et de ses anciennes destinations (c).

Dans la cour sur laquelle donne la grille de la chapelle souterraine, aboutissent aussi quelques escaliers et passages secrets qui lient le palais ducal à la Basilique...

Rentré dans la sacristie, on franchira la porte de gauche sous la petite voûte en mosaïque peinte, et avant de pénétrer dans le chœur de l'église, on s'arrêtera pour examiner cette magnifique porte de bronze, un des chefs-d'œuvre de Sansovino.

On assure que l'artiste s'occupa *trente ans* de ce travail. Quels qu'en soient la complication et le fini, on doit supposer que sur ces trente ans, vingt-cinq au moins furent employés à y songer... tout en faisant autre chose. Bien que ce grand artiste ait vécu 93 ans, on ne peut supposer qu'il ait passé le tiers de sa vie totale à une seule œuvre, car, si l'on considère proportionnellement les immenses travaux qu'il a laissés, il faudrait que comme Mathusalem, Sansovino eût été plusieurs fois séculaire!

Enfin, comme dit le philosophe de Stagire : « Le temps ne fait rien à la chose » la porte est magnifique, c'est le point capital. Elle fut terminée en 1556, Sansovino avait alors 77 ans. Les deux principaux vantaux représentent la *mort et la résurrection de J.-C.*, les portraits de Titien, de l'auteur et de leur ami commun, Pierre Arétin, surgissent des côtés de la fonte. La tête de l'Arétin offre bien toute l'effronterie du talent et du caractère de cet écrivain, qui fut le représentant le plus complet des vieilles mœurs dissolues de Venise. C'est un étrange rapprochement, disons-nous, que celui de cet homme, avec les sujets religieux qui s'offrent sur cette œuvre pieuse, où l'amitié aveugle de Sansovino, a fixé son image effrontée!

Au reste, la liaison de ces trois hommes : Titien, Sansovino, Arétin, dût être très profitable pour cette cité, que les deux premiers ont enrichie d'œuvres si magnifiques. S'aidant mutuellement de leurs conseils, ils ne purent que profiter individuellement du goût et de l'expérience qu'ils avaient chacun, et, qu'à part la mauvaise destination le plus souvent donnée à ses facultés, l'artiste, dit-on, portait à un degré très élevé.

Cette porte franchie, on examinera la richesse d'excellent goût, du portail de marbre blanc qui sert de cadre aux panneaux de bronze.

En pénétrant dans le chœur, nous trouvons, à gauche, un petit arrière-autel revêtu de marbres et de bronzes dorés, qui est aussi de Sansovino. On l'appelle *l'ancien autel du Saint-Sacrement*. Jusqu'en 1810, le Saint-Sacrement y resta exposé. Le tabernacle, de marbre très précieux, est orné de deux petites colonnes de *roux-ancien*. La rampe de l'autel est de *jaspe-occidental*. Des quatre colonnes qui supportent le fronton, deux sont d'un *albâtre oriental transparent*, réputées uniques, la lithologie ne citant de cette matière que des morceaux de minime proportion. A certaines heures où le soleil entre dans l'église, par la grande fenêtre cintrée du portail principal, on peut juger de la parfaite transparence de ces précieuses colonnes. Les deux autres, bien qu'également d'albâtre et veinées de rouge, toutes rares qu'elles soient, sont moins curieuses.

Les anciennes mosaïques du haut de l'autel, représentent *saint Hermacore, saint Marc, saint Pierre et saint Nicolas.* Dans la demi-voûte supérieure, on aperçoit une grande image de *N.-S.* sur son trône; dans la bordure de cette mosaïque on lit : *Petrus fecit*, 1506.

Le *maître-autel* est placé sous une tribune de vert-antique *très brouillé*, ce qui en rend la qualité plus précieuse. Les quatre colonnes de marbre grec, brunies de vieillesse et sculptées en haut-relief, représentant des scènes de l'histoire sacrée, sont dans le style byzantin, du XIe siècle. On voit à la partie postérieure de l'autel, une plaque de marbre blanc, dans laquelle est scellée une inscription de métal, indiquant que c'est là qu'on a placé le corps de saint Marc, lorsqu'en 1811, il fut trouvé dans la chapelle souterraine. Ainsi, la Basilique reste pour ces saintes reliques comme un magnifique tombeau, plus riche et plus colossal sans doute, que ne le fut la dernière demeure de ce roi de l'antiquité nommé *Mausole*, qui donna son nom aux monuments funéraires. Celui de l'époux d'Arthémise, passait dans les anciens temps, pour une de ces *sept merveilles du monde* dont il ne reste plus que les pyramides d'Égypte; Erostrate, et les tremblements de terre ayant détruit tous les autres. La Basilique Saint-Marc, ne peut-elle pas être rangée parmi les merveilles de l'ère chrétienne, avec Saint-Pierre, de Rome, Saint-Paul, de Londres, la future cathédrale de Cologne, etc?

Le maître-autel de Saint-Marc possède deux tableaux, l'un nommé *Ferial*, qui recouvre le second, la fameuse *Pala d'Oro*. Le premier, qui reste continuellement exposé, est dans le goût grec, peint à l'huile sur bois, et divisé en quatorze compartiments. C'est l'œuvre de Maître Paul, et de ses fils Luc et Jean, artistes vénitiens, en 1344 *.

Le second tableau, (ou *l'icone*, suivant l'expression orientale), que cette peinture est destinée à recouvrir, bien qu'absent depuis quelque temps déjà de sa vraie place, et pour le moment déposé au trésor de Saint-Marc, n'en doit pas moins être décrit ici, puisque c'est là qu'il fût et qu'il doit revenir. Le lecteur en sera quitte, lorsqu'il le verra, pour reprendre les lignes qui en étaient l'explication sommaire.

La *Pala d'Oro*, est un curieux et splendide monument de l'art des Grecs du bas-empire, commandé à Constantinople, vers l'an 976, par *Pierre Orseolo*, à l'époque où ce doge entreprit de relever la basilique Saint-Marc, primitivement incendiée. Depuis

---

* Ce tableau a momentanément disparu, jusqu'à la complète restauration de la célèbre *Pala d'Oro*, dont il va être parlé.

sa translation à Venise, cette *Icone* fut ensuite enrichie par les artistes vénitiens, en 1105, 1209 et 1345, sous les doges *Ordelafe-Faliero*, *Pierre Ziani* et *André Dandolo*. 1840-41-42 et 43 la réparent. De même que toute colonne, tout bas-relief, tout marbre précieux que fournissait la conquête était ajouté à la Basilique, de même toute pierrerie, tout bijou précieux enrichissait la *Pala d'Oro*. On a peine à s'expliquer comment la République, souvent nécessiteuse vers les XV° et XVI° siècles, ne lui ait pas emprunté quelque chose...

Cette *Icone*, l'unique de cette richesse, démontre comment on travaillait l'or, l'argent, les émaux, les niels et les pierreries dès le X° siècle. Elle offre, peintes en émail, au milieu des plus riches encadrements, des pierreries naïvement montées sur fond d'or, des sujets de l'ancien et du nouveau Testament, et de la vie de saint Marc; des inscriptions grecques, latines et presque barbares sont mêlées aux figures, qui ont une raideur et une laideur curieuses, mais qui pourtant, forment un ensemble plein de grandeur.

La *Pala d'Oro*, est un travail de fusion, et non d'applicage, ce qui explique la longue résistance qu'ont faite ces émaux aux ravages du temps. Cette œuvre peut être considérée comme un anneau qui unit les belles productions de l'antiquité (bien qu'elle sorte du centre même de la barbarie du bas-empire), avec ce que le XV° siècle offrit plus tard, lorsque les arts du peintre, du ciseleur et de l'architecte, touchèrent à leur apogée. La valeur de cette *Icone*, est inestimable, si les innombrables pierreries qui la constellent sont toutes dignes de leur nom. Il y en a qui, pour de tels noms, sont d'une proportion véritablement fabuleuse. Ce sont des perles, des améthystes, des onix, des topazes, des saphirs, des émeraudes, des adamantoïdes, des rubis, des aiguemarines, des chrisophases, des opales, des turquoises, des pierres de la lune, des cornalines et des coques ou coquilles de formes et de grosseurs, qu'un incrédule appellerait improbables, impossibles, inadmissibles et négatives.

Disons, pour en finir sur la *Pala d'Oro*, qu'ayant été endommagée par le temps, qui ne respecte rien des choses matérielles, elle fut retirée il y a quelques années de la place qu'elle occupait devant le maître-autel, pour être réparée. La restauration en a été confiée à un artiste vénitien fort habile, qui s'est acquitté de cette tâche avec beaucoup de bonheur. A l'heure où l'on écrit ces lignes, ce qui est réparé de la *Pala d'Oro*, est visible dans une salle fermée qui tient à la Basilique, et qui contient le reste du trésor de Saint-Marc, un peu appauvri dans les XVIe et XVIIe siècles, par les besoins de la République. Il sera parlé plus loin de ce trésor, dont l'entrée fait face à la chapelle de *N.-D. de Mascoli*, de l'autre côté du transeps de l'église *.

Les stalles qui entourent le chœur, sont des travaux de boiserie délicatement exécutés par Sébastien Schiavoni, l'un des auteurs des marqueteries de la sacristie. Ces stalles datent de 1536. Il paraît que Sansovino, en aurait fourni les dessins. — Sur la gauche du chœur est le trône du patriarche de Venise.

En quittant le chœur, et en se plaçant au milieu du transeps, c'est-à-dire au centre de la croix, sous la grande coupole, on examinera la haute balustrade qui sépare le chœur de la nef du temple. Cette balustrade est formée d'un soubassement en pierre, dite *pierre-d'ardoise*, et en vert antique, qui supporte huit colonnes à chapiteaux dorés, surmontées d'un épistyle de marbre rouge de Vérone, (*brocatelle*) enchâssé de pierres de couleurs, dont certaines imitent le lapis. Les quatorze statues qui surmontent cette balustrade, sont la *Vierge*, *saint Marc*, et les *apôtres*. Ce sont d'estimables œuvres des frères Jacobello et Pietro-Paolo Massagne de Venise, élèves de l'école de Pise, en 1393 et 94. Une grande croix d'argent se dresse au milieu.

Il y a de nos jours, 750 ans environ, que six chevaliers, portant les plus beaux noms de France, et parmi lesquels étaient un *Montfort* et un *Montmorency*, se tinrent debout sur le plus élevé de ses degrés qui montent au chœur, et là, en face d'une grande foule rassemblée à l'église, en présence du doge et des hauts dignitaires de l'État, l'un d'eux prit la parole, et demanda de la part du roi Louis IX, son maître, le concours de la République, pour une croisade que les barons chrétiens voulaient entreprendre pour la délivrance du tombeau du Christ... croisade qui valut plus tard aux Vénitiens, leur ample part dans la conquête de Constantinople! (D)

C'est dans la chaire supérieure de gauche, et que supportent

---

* Les personnes qu'un goût spécial attacherait à un examen plus complet de la *Pala d'Oro*, pourront consulter le grand ouvrage du feu chev. Cicognara, intitulé : *les Édifices de Venise*, lequel se trouve à la bibliothèque Saint-Marc. Bien qu'une telle œuvre n'appartienne pas à l'architecture, M. Cicognara en a fait une description pleine de soin et d'exactitude.

les colonnes de marbre précieux qui y furent placées depuis, que la croisade ayant été décidée, le vieux doge Henri Dandolo, harangua quelques jours après ce même peuple, pour en obtenir le commandement de la flotte qui devait s'adjoindre aux Français dans l'expédition entreprise par Saint-Louis. (E)

A droite et à gauche des deux chaires latérales, sont deux petits autels voués à *saint Paul* et à *saint Jacques*. Ils furent érigés depuis l'an 1462, jusqu'en 1471, et leur perfection ornementale prouve combien l'art était avancé à Venise, au XVe siècle. Ils sont attribués à Pierre Lombardo, bien que leur style puisse sembler un peu sec pour ce maître.

L'autel de l'extrême droite, auprès de la porte qui communique au palais ducal, fut érigé en 1618, sur l'emplacement d'un précédent, dédié à *saint Léonard*. Deux colonnes de porphyre soutiennent la tribune; le devant d'autel est d'agate-sardonique; le tabernacle qui cache en partie un tableau de bronze, est fort élégant.

On remarquera, devant les degrés de cet autel, deux candélabres de bronze qui sont d'une richesse et d'une complication ornementale, dont les détails n'offrent pas tous un caractère religieux bien prononcé...

Avant de revenir sur les mosaïques et sur l'ensemble de ce temple si riche et si curieux, nous pénétrerons dans le trésor, dont l'entrée, comme on l'a dit, se trouve dans l'angle de la branche droite de la croix formée par le vaisseau général de l'église [*].

Ce trésor est partagé en deux sections.

L'une, celle de gauche, renferme de magnifiques reliquaires, contenant des restes saints. — L'autre, à droite, offre plus particulièrement des objets d'art.

Cet emplacement fut construit, ou appliqué à sa destination en 1530. Dans le petit vestibule qui sépare les deux sections, on voit sur la muraille, un bas-relief en marbre, représentant *N.-D*, *l'Enfant Jésus* et divers saints, avec cette inscription: 1494, *die prima marcii ex elemosinis*. Ce bas-relief provient de la chapelle souterraine, d'où il fut retiré en 1603.

Commençant par la gauche, on trouve exposé, à l'époque où l'on écrit ces lignes, la fameuse *Pala d'Oro*, dont nous avons

---

[*] A moins de permission spéciale, le trésor de Saint-Marc ne s'ouvre que le *vendredi* vers midi.

plus haut offert la description, en parlant du maître-autel du chœur auquel elle appartient.

Cette section est composée de 42 vases et patères en pierre dure de la plus grande beauté. — De 32 coupes ou gobelets de cristal, ornés de pierreries et d'émaux enchâssés d'or et d'argent, — de 22 petits tableaux d'un curieux travail, — d'un remarquable couteau de toute antiquité, dont le manche est travaillé à l'*agemine*, recouvert de caractères hébreux et qui passe pour avoir servi à J.-C. lors de la *Cène*, — de deux merveilleux candélabres d'or, du travail le plus exquis, véritables chefs-d'œuvre de l'orfèvrerie byzantine, — de l'ancien devant-d'autel à figures en ronde-bosse, — de diverses croix, crosses, chandeliers, etc., tous travaux curieux ou excellents, dont l'étude donnerait de grands éclaircissements sur l'histoire de l'art aux époques qui les ont accomplis.

L'histoire cite diverses époques où ce trésor fut extrêmement opulent, plusieurs fois on contraignit des citoyens qui semblaient s'être enrichis par des moyens peu honorables, à lui faire des cadeaux d'un prix immense, qu'on considérait comme une restitution imposée à leur avidité. Aussi, ce trésor put-il plusieurs fois, dans des crises financières, aider aux embarras de l'État. Ses pierreries, ses vases, mis en dépôt, fournissaient des sommes considérables, et on lit dans nos chroniqueurs que notamment lors du tribut à payer au roi de Hongrie, en 1632, ce fut le trésor de Saint-Marc qui tira d'affaire la République menacée dans son honneur. En 1797 l'État se vit contraint de faire argent de ces matières précieuses, et il ne fut guère conservé que certains objets d'art, ou des orfèvreries d'un travail plus précieux que la matière, et les reliques.... qu'il était impossible de convertir en lingots !

On comprend donc que le *trésor de Saint-Marc* n'est plus qu'un mot, en comparaison de ce qu'il fut autrefois. On y voit de nos jours la couronne et le sceptre que portait l'empereur d'Autriche pour son couronnement de Milan, lorsque ce souverain posa sur son front cette fameuse *couronne de fer* qu'a portée Charlemagne, comme roi des Lombards, et Napoléon, comme roi d'Italie. Ferdinand Ier a fait don de son manteau royal au dôme de Monza, resté le gardien fidèle de la couronne formée d'un clou de la vraie croix, depuis Agilulphe qui la ceignit le premier jusqu'à nos jours.

La splendide épée qu'on remarque dans l'angle du vitrail, qui suffit pour contenir ce qui reste de ce trésor dispersé, c'est un don du pape *Alexandre* VIII *Ottobani*, au doge Morosini, le *Péloponésiaque*. Comme tout cadeau fait par des étrangers aux dignitaires de l'État, cette splendide épée fut déposée au trésor. Le palais Morosini conserve les pièces qui constatent l'authenticité de ce don fait par la religion à un des plus vaillants bras qui aient servi la République de Venise.

On remarquera dans un cadre un des essais qui ont été faits pour lever le dessin général du parvis de la Basilique, essai dans lequel manque évidemment la proportion diminutive des ornements de ces sortes de mosaïques.

On passe ensuite à la visite de la section des reliques, que semble protéger une vieille grille dorée assez curieuse, et qui rappelle l'art flamand des Brugeois.

On vous ouvre une armoire du fond, qui surmonte une sorte de petit autel, et l'intérieur vous cause une sorte d'éblouissement, tant cette armoire est pleine d'orfèvreries.

On y voit au milieu un splendide reliquaire en argent et or, représentant ce modèle de la fameuse église constantinopolitaine de *Sainte-Sophie*, ciselée de la façon la plus brillante, à la faire croire construite en diamants. Autour sont des calices, des coupes, des ciboires contenant les plus saintes reliques qui soient au monde : un morceau de la *colonne de la flagellation*. (La corde qui servit à lier *J.-C.* à cette colonne est à Aix-la-Chapelle, un des plus riches dépôts de reliques qu'il y ait). — Un morceau du *crâne de saint Jean-Baptiste* — *un clou du crucifiement* — un morceau *du vêtement de J.-C.* que les ouvriers byzantins ont étrangement enchâssé dans un *croissant* — et parmi beaucoup d'autres saintes choses, un peu de *terre imbibée du sang de N.-S*, et enfin plusieurs *morceaux de la vraie croix*....

Toutes ces reliques touchantes et sacrées, ces trésors religieux sur lesquels l'œil du chrétien agenouillé pieusement devrait seul avoir accès, sont bien plus faciles à voir pour le curieux, le voyageur, que celles d'Aix-la-Chapelle, qui ne sont exposées que tous les sept ans, ou à la demande expresse des têtes couronnées. Le roi de Prusse actuel, en ayant demandé l'ouverture alors qu'il n'était que prince royal, elle lui fut refusée.

Dans une autre armoire, aussi pleine de saints ossements, se trouve la jambe de saint Pietro Orseolo, qui est un don de Louis XV à la république de Venise. (F)

Revenons dans l'église.

Maintenant que l'attention a été appelée sur la majeure partie des détails, et sur tous les objets qui méritent un examen particulier dans ce temple, nous passerons à quelques remarques d'ensemble.

On comprend, comme il a déjà été dit, que l'explication générale de toutes les mosaïques toucherait presque à l'impossible. La plupart sont accompagnées de légendes, d'inscriptions devant lesquelles plus d'un antiquaire même est resté embarrassé. Un catalogue des simples titres des sujets, sans explication, sans l'histoire de ces mosaïques, serait chose oiseuse et sans utilité, et ne voulant dresser l'un, ne pouvant offrir l'autre, nous nous contenterons de dire quelques mots sur plusieurs des compositions principales.

Une des mosaïques les plus anciennes de ce temple, puisqu'elle appartient au XIe siècle, est celle qui se trouve au-dessus du portail, et qui représente *Jésus-Christ, la Vierge* et *saint Marc*. — Le grand arc de la nef offrant dans ses cinq compartiments *quelques traits de l'Apocalypse*, et au centre *Notre Seigneur entre sept candelabres*, est un ouvrage des Zuccato, en 1576. — Sur la grande muraille de la gauche en entrant, on trouve le *Paradis*, le *Crucifiement de saint Pierre*, la *Décapitation de saint Paul*, et la *Chute de saint Simon, magicien*, œuvres de L. Gaëtano, d'après les dessins de Pilloti, de Palma et de Padovanino*.

Pour le reste, nous conseillons au lecteur de s'asseoir çà et là sur les nombreux bancs de marbre qu'offre le pourtour du temple et des piles, et de suivre du regard toutes ces voûtes, ces arceaux, ces cintres, ces corniches où partout l'or sert de fond à des dessins, à des sujets d'une interprétation souvent si difficile, qu'elle a lassé les savants spéciaux.

La richesse des marbres qui, sous toutes les formes possibles, colonnes, pilastres, plaques, tables, assises, corniches, balustres, escaliers, autels, etc., etc..., ornent cette basilique, est immense. Ce sont pour la plupart les plus beaux produits des carrières orientales : le jaspe, l'athus, le porphyre, l'albâtre roux, le portor, la machelle, le vert antique, la serpentine, le granit veiné, le granit mosaïcain, la ciphyse et autres matières de cou-

---

* On peut voir dans l'ouvrage de Zanetti, intitulé *della pittura veneziana*, quelques détails curieux sur l'ensemble de ces mosaïques.

leurs et de dessins variés. Ces trésors proviennent de la Grèce, de Byzance, de la Palestine, de l'Asie-Mineure, de la Syrie, et avaient, pour la plupart, servi à donner une forme, une réalisation aux essors de l'art sarrasin. Un grand nombre de ces marbres sont des plus précieux; parmi ceux-ci, on doit désigner, après celles dont il a déjà été fait des mentions spéciales, les colonnes qui soutiennent les deux larges chaires latérales de l'escalier du chœur, lesquelles sont d'une variété et d'une beauté qui méritent toute attention.

Le marbre rouge qui se reproduit à l'infini dans l'ensemble de cet édifice, est le *Brocatelle* de Vérone. Il sert partout à réunir, consolider, encadrer toutes les autres matières venues de loin.

La basilique de Saint-Marc est arbitrairement éclairée de partout dans les sens les plus contradictoires, comme les églises orientales, sur les plans desquelles elle a été bâtie. Cette lumière y tombant sans règle, sans mesure, et suivant que le soleil ou ses reflets frappent telle ou telle partie de l'édifice, ne serait guère propre à faire valoir la peinture à l'huile; aussi Saint-Marc n'en possède-t-il pas. Ses peintures de pierres et de verres, et ses fonds d'or n'ont au contraire rien à redouter, pour leur effet, de ces chocs de lumière qui rendraient l'examen des tableaux presque impossible.

Par ailleurs, la bizarrerie splendide de cet intérieur *où il y a de tout,* comme dit Femenza, et qui n'est pas même une rigoureuse reproduction des temples orientaux dont il a le premier aspect, provient des initiations successives qui en marquèrent la décoration. Aussi trouve-t-on sur une foule de points des colonnes inutiles, des balustrades sans objet, des statues déplacées, des bas-reliefs inexplicables, des animaux sans nom, des légendes intraduisibles ou des inscriptions incomprises et incompréhensibles. On voit que mille choses ont été partout arrachées à une destination première, pour être placées, sans autre but que de l'enrichir, dans ce *Capharnaüm* religieux. Une statue était de taille à combler ce cintre?... on l'y plaçait, la baptisant du nom du saint voulu; — un bas-relief pouvait combler un vide, masquer un fragment de mur resté nu?... on l'y appliquait, malgré sa profane origine! De cette réunion sans pareille de choses précieuses, il est résulté un monument, bizarre sans doute, mais pourtant unique, original à l'excès, et par-dessus tout d'une splendeur incomparable, dans lequel la sainte religion possède mille trésors admirables ou vénérés, et qui, musée ou basilique, temple ou palais, suffirait à lui seul pour l'illustration artistique d'une ville, si Venise, cette Rome adriatique, n'était pas déjà, par ses autres monuments autant que par son histoire éclatante, une des villes les plus célèbres qui soient au monde, et la plus originale de toutes.

Telle qu'elle a été conçue et divisée depuis, pour le placement des trésors que lui rapportaient ses fidèles dans leurs voyages, l'église de Saint-Marc ne possède pas les avantages d'acoustique nécessaires à la bonne répercussion de la musique. C'est un fait dont nous avons eu occasion de nous convaincre pendant plusieurs jours de suite, à l'occasion des services funèbres qui s'y célèbrent tous les ans, durant le mois de juillet, en l'honneur d'un Vénitien mort en léguant à l'église une très forte somme, sur le revenu annuel de laquelle doivent être prélevés les frais de ces messes commémoratives. Alors sont expressément composées trois partitions dont l'exécution musicale doit être confiée aux meilleurs artistes. Un catafalque en bois peint est élevé au centre de la nef, abritant un simulacre de cercueil, tout entouré d'inscriptions proclamant les mérites du mort, et le chapitre, pompeusement assemblé, dit ses prières mortuaires au bruit de la messe en musique qui proclame la générosité de celui qui a imaginé ce retentissant moyen de faire parler de lui pendant trois jours, chaque année, dans une ville où, sans son or, il n'eût laissé qu'une trace obscure..... Ne peut-on pas appeler cela de la vanité posthume?

Maintenant prenons d'une main l'histoire des faits, et de l'autre l'histoire de l'art, et traçons à grands traits l'origine, les progrès, les développements et jusqu'à l'achèvement de ce temple célèbre, en recherchant de notre mieux la source où ont été puisés les trésors qu'y ont enfouis les siècles, et les pèlerinages entrepris pour la gloire de Dieu ou du saint patron de la cité vénète.

Avant tout, il faut constater une chose, c'est que, dans son magnifique et curieux ensemble, la basilique de Saint-Marc offre un égal sujet de méditation, non pas seulement à celui qui croit et prie, mais aussi à ceux qui étudient et analysent, c'est-à-dire à l'architecte, au sculpteur, à l'archéologue, au peintre, au modeleur, au fondeur, au lithologue, et par-dessus tout peut-être, à l'historien, qui, plus que tout autre, trouvera sous ces voûtes constellées d'or le texte le plus fécond pour les investigations érudites de sa plume ou de sa méditation.....

Car, en effet, la basilique de Saint-Marc, c'est toute l'histoire des beaux temps de Venise, traduite en marbre. Tous les événements de la République sont mnémonisés là, soit par une colonne, un bas-relief, une relique ou une statue. Et pour lier tout cela ensemble, comme le fil lie les perles du collier, s'offre la filiation des choses que cette basilique a entendues et vues dans son enceinte..... Essayons de suivre ce qui découle de cette image ou de cette idée.

L'érection du temple qu'on éleva sur les ruines de la primitive chapelle de Saint-Théodose, date du Xe siècle. Nous sommes alors en pleine barbarie européenne. Les architectes les plus fameux sont appelés de tous les pays pour tracer les places de la basilique qui doivent servir de tombeau au saint que la ville vient d'adopter pour patron. Il faut deux siècles pour élever les murs, pour poser les coupoles sur le front des voûtes, et pour diviser l'édifice encore nu, auquel il a été bizarrement donné les proportions exactes du temple du Jupiter-Capitolin de Rome !

C'est arrivée à cette première phase qui clot le développement architectural du vaisseau, que la Basilique va décidément mêler les progrès de son ornementation à l'histoire : ce sera conquête par conquête qu'elle comptera les trésors qui vont parer son enceinte. Chaque guerre lui vaudra un faisceau de colonnes, — chaque signature de traités, des bas-reliefs ; chaque siége, chaque assaut, des balustres, des statues....

Toute flotte qui arrive au port est accueillie par cette question : — Qu'apportez-vous pour Saint-Marc ?

A chaque rançon demandée, on répond : — Que donnerez-vous pour Saint-Marc ?

Venise couvre de ses vaisseaux les mers orientales. Tout ce que l'art possède d'objets égarés aux mains des barbares, passe dans ses marchés commerciaux, sans être compté. Ce sont des bonifications qu'on offre au saint patron, pour le rendre propice à des spéculations nouvelles.

Au XIIe siècle, Venise est à la fois marchande et guerrière. D'une main elle tient la bourse... de l'autre elle porte l'épée. Elle coopère aux sièges de Caïpha et d'Ascalon, où le sang des Sarrasins est versé à flots..... Parti pour Jérusalem, le lion ailé de Saint-Marc s'est abattu en chemin sur Jaffa, et il aide les croisés du nord à réduire Saint-Jean d'Acre et Tyr, qui fournira la pourpre nouvelle de ses étendards !

Toutes ces conquêtes valent à la Basilique cent colonnes de jaspe, de porphyre, de vert antique et de bleutine, qu'on entasse sur sa façade !

Et pendant que les uns, soldats et marins, vont au loin chercher tous ces trésors dont on fait les arrhes de tout traité, comme le but de tout pillage, — les autres, ceux qui restent au port, s'efforcent d'enrichir le temple, avec les premiers essais encore informes de leurs mosaïques.

Ce fut le XIIIe siècle qui fit le plus pour enrichir cette métropolitaine. La prise de Constantinople est la date la plus éclatante des développements de sa splendeur. Cinq cents voiles partent des lagunes : l'armée est commandée par un de ces gentilshommes de France qui ont imploré l'aide des Vénitiens sous les voûtes mêmes de ce temple ; la flotte obéit au vieux doge nonogénaire.

Ce sont eux, ces deux chefs, qui, à la tête de quarante mille hommes, plantent les premiers, l'un le gonfanon de Saint-Marc, l'autre la bannière blanche fleurdelisée, sur les remparts de l'antique Byzance, la Constantinople nouvelle ! Les soldats saccagent la ville, pillent les palais, forcent les temples, en arrachent les tabernacles, en enlèvent les vases, en massacrent les statues, en dérobent les reliques, et fondent tout ce qu'ils peuvent en lingots. Parmi les reliques, il est un trésor inestimable, une fiole du *sang de Jésus-Christ ;* deux soldats se battent à qui pourra l'offrir à Saint-Marc... Le vainqueur porte la suprême relique au vieux doge : ce sang est doublement le prix du sang !

La Grèce antique avait entassé à Byzance mille trésors, sous le rapport de la matière et de la forme. Corinthe, pillée par l'édile Scaurus, pour embellir Rome, avait vu la ville orientale hériter de ses dépouilles... Dieu sait combien, dans leur ivresse et dans le délire de leur victoire, ces soldats détruisirent d'objets d'un inestimable prix pour l'art ! Ainsi furent mutilées, brisées, les statues du *Jupiter-Olympien* de Phidias, dont on ne connaît plus que la tête majestueuse ; la *Junon* de Lysippe, ainsi que sa figure de l'*Occasion*. Des vases, des mosaïques, d'admirables ciselures furent anéanties, avec une foule d'autres trésors incompris des vainqueurs. Mais pourtant la part de Saint-Marc resta belle encore ! Son vestibule s'en enrichit, sa façade se compléta des marbres arrachés à *Sainte-Sophie*, et les portes de bronze dont la Basilique Venète se ferma pour protéger tout ce butin de quatre siècles, furent celles qui étaient désormais inutiles au temple oriental dévasté[1].

Une des galères républicaines débarqua sur le môle les quatre chevaux de l'hippodrome constantinopolitain, qui escaladèrent le portail de la basilique, soutenus par cent colonnes à peine équilibrées. En effet, le terrain sembla fléchir sous le poids de toutes ces richesses, et pourtant l'on ne cessa pas d'en charger toutes ses ondulations, à chaque retour de flotte conquérante... et les conquêtes ne s'arrêtaient pas. Smyrne est pillée, et l'or qu'on en retire sert à recouvrir les verreries des mosaïques ; — Saint-Jean d'Acre se voit contraint de livrer les piliers de son temple de Saint-Saba, et, par rancune, refuse d'expliquer ce qu'on ne peut y lire !

Ainsi, pendant de longs siècles, toutes les courses dans l'Archipel, les victoires des Michieli, des Morosini, des Dandalo, des Pisani, ajoutent à tous ces trésors, qui sont en même temps une histoire lapidaire. Le XIVe siècle se voit contraint d'agrandir l'église, pour que tout ce qu'on apporte y puisse trouver place. C'est la chapelle de *Saint-Isidore*, qui s'élève pour recevoir les tables de marbre entassées devant le temple, comme les pages de l'histoire de ces conquêtes nouvelles. Et c'est ainsi, que tout n'ayant pas encore trouvé destination dans cette église et dans ses chapelles, on place çà et là au hasard ce qui reste : ainsi des colonnes qui ne soutiennent rien, — des bas-reliefs appliqués au mur, on ne sait pourquoi, — des chapiteaux de trop qui servent de base à des fûts déjà couronnés, — des balustrades qui ne gardent nulle chose.

Mais enfin, elle aussi, Venise a un art ! Si, le XVe siècle venu, ses flottes ne prélèvent plus sur les Turcs infidèles les mêmes dîmes qu'elle avait puisées dans l'empire grec, elle sait désormais elle-même imiter d'abord, puis créer ensuite, pour achever les embellissements de son temple. Le génie des artistes nationaux pourra suffire à combler les lacunes qui restent entre tous ces trésors exotiques et dépareillés. C'est d'abord Pierre Lombardo qui paraît et qui se charge de décorer la chapelle *Zeno*. Alexandre Leopardo, son rival, va distribuer partout les œuvres de son infatigable marteau ; et bientôt Sansovino, qui tient d'une main

---

[1] Voir pour le complément de la matière, la note (a), au chapitre sur le *Palais ducal*.

l'équerre, de l'autre le ciseau, bâtit et sculpte, aligne et orne, ciselle et fond, tandis que les mosaïstes nouveaux dressent leurs échafaudages ! Et quel siècle artistique fut plus brillant que le XVIe, pour Venise, et même pour l'Europe entière ! Venise l'ardente, Venise la passionnée, la riche, la vaniteuse, la forte enfin, se plaça sur-le-champ à la tête des nations qui eurent un art nouveau. Titien, Tintoret, Véronèse, qui peignaient pour les palais des toiles immortelles, tracent avec un soin religieux les cartons des mosaïques que les voûtes réclament encore. L'art du mosaïste, emprunté aux Grecs du Bas-Empire, va bientôt être poussé à son plus haut point de perfection par Michel Gianbuono, Rizzo, les frères Zuccato, et Pierre Alberti, l'un des habiles décorateurs de la sacristie. Partout enfin, l'intérieur du temple est recouvert, drapé de ces tentures lapidaires, de ces peintures marmoréennes, qui s'étendent sur tous les murs, se courbent dans les voûtes, s'élancent dans les cintres, se plient dans les angles, tombent dans les entrecolonnements, et ruissellent jusque sur le parvis en dessins multiples comme le caprice, et symboliques comme tout ce qu'a créé l'Orient ! — Figures ou paysages, architecture ou blason, la mosaïque est partout, traçant avec ses milliers de petites parcelles coloriées, dont chacune semble une pierre précieuse; ici un saint d'après Titien; là une scène d'après Palma; plus loin, l'Enfer; à côté, une gloire, un symbole, un animal étrange, une légende.... tous travaux aux mille couleurs, imposants ou naïfs, ingénieux ou ingénus, et toujours brodés en points de verre sur ce champ d'or qui a longtemps valu à ce temple sans rival le nom imagé de *Chiesa aurea*... — l'église d'or !

Mais il semble que, comme un homme fatigué d'un grand labeur, le temps ait voulu se reposer après avoir enfanté ce merveilleux XVIe siècle qui fit éclater sur toute l'Europe tant de génies et de grandes œuvres. Les époques qui suivent se traînent dans l'imitation altérée, et dans la recherche d'un art sans nerf et sans puissance. Si nous en exceptons les quatre mosaïques du premier rang de la façade et la restauration des autres, Saint-Marc ne reçut rien des XVIIe et XVIIIe siècles. Alors Venise qui ne pouvait plus faire d'art, essaya de faire de la richesse. Elle étendit ses sequins en feuilles légères sur tout ce qu'elle put en recouvrir. Un édit du sénat ordonna de dorer les cinq coupoles d'étain, et tous les ornements sculpturaux des arceaux de la façade..... Gentile Bellini, qui peignait alors son tableau de la place Saint-Marc, plein de confiance dans l'édit, répand l'or sur cette Basilique, au moment où le doge Léonard Lorédan trouva plus utile d'employer tout l'argent que coûtera cet or, à reprendre au roi d'Aragon Otrante, Frani et Monopoli. — C'est ainsi qu'à Rome, à l'époque de la décadence, Néron osa faire recouvrir d'or la fameuse statue de Lysippe, représentant Alexandre.

Lorsque naquit le XVIIe siècle, il n'y avait donc pas un coin de Saint-Marc qui ne fut revêtu d'un marbre ou d'une mosaïque. Assez heureuse, au milieu de quelques crises de l'histoire moderne, pour ne pas subir à son tour les spoliations qui lui valurent autrefois sa richesse, cette Basilique nous est venue telle qu'elle est sortie des mains des artistes qui l'ont terminée. La main de l'étranger profanateur s'est arrêtée à son portique, en saisissant la bride de ses chevaux de bronze, auxquels elle fit franchir les Alpes! Cette main discrète n'a pas porté le marteau ou le lévier sur ces marbres, ces jaspes, ces statues, ces bas-reliefs et ces trésors. — La *Pala d'oro*, les précieuses reliques ont été respectées : Venise a échappé à la peine du talion!

Mais cette Basilique, comme toute chose grande et belle, glorieuse et noble, a pourtant son ennemi, profanateur unique qui s'est attaché à elle comme l'ombre s'attache au corps. Cet ennemi insaisissable, c'est..... le temps. Chaque jour il détache une parcelle des mosaïques et fait chanceler une colonne. Chaque jour aussi le temps fait rouler un débris nouveau du parvis, sous le pas du fidèle qui prie, du voyageur qui admire...

Les XIIe, XIIIe et XIVe siècles ont cherché, tâtonné. Le XVe a commencé à trouver l'art que le XVIIe a poussé aux plus éclatantes limites de la perfection moyen-âge. Les XVIIe et XVIIIe ont gâté bien des choses en voulant les embellir!... que le XIXe siècle, qui ne produit pas, reste après le glorieux XVIe, le plus intelligent de tous : qu'il soit simplement conservateur!

Finissons ces diverses sortes d'examens de la Basilique Saint-Marc, par une pensée qui, nous l'espérons, ne sera pas contredite, sur la nature complètement religieuse de l'impression qu'imprime ce temple à celui qui y pénètre : Deux églises sont remarquables entre toutes en italie : *Saint-Pierre* de Rome et *Saint-Marc*. *Saint-Pierre*, c'est la majesté, la grandeur, la force matérielle de l'Église; *Saint-Marc*, c'est la religion elle-même, la méditation pour l'âme pieuse. Rome est le symbole, — Venise le sentiment. — Là-bas on reconnaît Dieu; — Ici on le prie.

SOMMAIRE DES NOTES.

DU CHAPITRE SUR L'ÉGLISE SAINT-MARC.

(A) **Récit de la célèbre entrevue du pape Alexandre III et de l'empereur Frédéric Barberousse. — Causes. — Conséquences. — (B) Sur la marqueterie. — (C) Une curieuse complainte sur les superstitions relatives au corps de saint Marc. — (D) Saint-Louis demande le concours des Vénitiens pour une croisade en Terre-Sainte. — (E) Sur le doge Henri Dandolo. — (F) De la ferveur des Vénitiens du Moyen-Age pour les reliques. — Exemples. — Faits. — Anecdotes relatives. — Une note de M. Victor Hugo.**

(A) Voici le résumé de ce que rapportent plusieurs historiens sur cet événement célèbre.

A la mort du pape Adrien IV, il y eût division dans les conciles réunis pour lui donner un successeur. Les uns, la majorité, proclamèrent le cardinal Roland Bandinelli de Sienne ; les autres, soutenus par une faction populaire, élirent un des leurs qui s'appelait Octavien, de la maison de Frescati.

Le scandale de cette double élection augmenta encore lorsqu'il fallut revêtir le nouveau pape de la chape écarlate, qui était le signe de sa nouvelle dignité. Au moment où l'on allait la poser sur les épaules de Roland, son compétiteur Octavien l'arracha et s'en revêtit avec tant de précipitation même qu'il la mit à l'envers.. Effrayés, Roland et les siens quittèrent brusquement la cérémonie, et craignant d'autres violences, ils se retirèrent dans le château Saint-Ange. Pendant cette retraite, les partisans d'Octavien l'intronisèrent dans la chaire de Saint-Pierre, et l'installèrent au palais pontifical.

Mais aidé de ses amis, Roland quitta bientôt le château Saint-Ange, et s'en fut se faire sacrer à quelque distance de Rome, sous le nom d'Alexandre III. Son compétiteur avait pris le nom de Victor IV.

Dans cet état de choses, les deux papes, ou plutôt le pape et l'antipape, cherchèrent à obtenir la protection de l'empereur d'Occident, dont les prédécesseurs étaient tous venus malgré les droits qu'ils prétendaient avoir sur Rome, se faire sacrer par le chef de l'Église. Or, Frédéric Barberousse élevé à l'empire par les seigneurs d'Allemagne et de Lombardie, avait aussi cédé à l'usage, et était allé recevoir sa couronne des mains d'Adrien, le pape mort, auquel avaient succédé les deux compétiteurs qui recherchaient, chacun de son côté, l'alliance de l'empereur. Celui-ci se rangea pour Victor IV; aussitôt, Alexandre III excommunia Frédéric Barberousse, comme il l'avait déjà fait pour l'antipape...

Ces différents entre les deux chefs de l'église, dont un était certainement de trop, causèrent de longues agitations et de sanglantes guerres. Soutenu par l'empereur, le pape Victor IV parvint à chasser Alexandre de Rome, où il était fixé, et celui-ci, d'abord reçu par la France, en fut ensuite repoussé par des raisons politiques. Dans ces entrefaites Victor mourut, et ses partisans lui donnèrent sur-le-champ pour successeur Paschal III, dont l'empereur Frédéric approuva l'élection.

Repoussé dans le nord, Alexandre, le pape proscrit, parvint à rentrer en Italie. Il y erra longtemps d'état en état, d'asile en asile, voyant un nouveau successeur, Calixte III, succéder à Paschal, mort dans la dignité disputée. Enfin il arriva à Venise, où il s'introduisit sous un habit de pèlerin. Mais bientôt, ayant sondé les dispositions des Vénitiens au sujet de l'empereur, il crut pouvoir trahir son incognito, ce qui lui réussit parfaitement. La République expédia sur-le-champ des ambassadeurs à Frédéric Barberousse, qui se trouvait alors à Pavie, pour le prier de rendre la paix à l'Église, en reconnaissant enfin son vieux chef, si longtemps persécuté et si courageux dans le malheur. Il y avait dix-huit ans qu'Alexandre luttait. L'empereur, loin de se rendre à ces sollicitations, exigea que la République lui livrât le pape réfugié. Les Vénitiens ne trahirent pas l'hospitalité, et se mirent en mesure de résister aux violences dont les menaçait Frédéric. Malgré l'inégalité des forces, les Vénitiens, favorisés par le vent, défirent la flotte que l'empereur avait empruntée à Pise, Gênes et Ancône, et firent prisonnier son fils Othon, qui la commandait. Magnanime autant que glorieuse en ce cas, la République renvoya librement le jeune prince à son père, lui réitérant les premières demandes au sujet d'Alexandre III, leur hôte.

Frédéric Barberousse comprenant que les intérêts de toutes les puissances étaient engagés dans les guerres d'Italie, et le seraient surtout dans une scission avec Venise, accepta un congrès. Alexandre III y fut reconnu comme pape légitime, le 25 juillet 1177. L'empereur consentit à ce que la cérémonie fût publique, et à se ranger pour sa part sous la puissance spirituelle de l'Église. Six cardinaux reçurent son serment, et une grande procession formée du doge Ziani et de tous les dignitaires de l'État, l'accompagna; arrivé en face de la Basilique, l'empereur y trouva le pape qui l'attendait, revêtu de ses habits pontificaux, et entouré de prélats.

Dès que Frédéric Barberousse aperçut le pape, il se dépouilla de son manteau et s'avança vers lui pour lui baiser le pied en signe de réconciliation et de soumission à l'Église. Alexandre III voyant devant lui le prince qui depuis vingt ans l'avait tant persécuté, le traquant d'asile en asile, et qui avait toujours protégé ses ennemis, s'oublia jusqu'à poser le pied même sur la tête de l'empereur,.. en prononçant ces paroles d'un psaume!

« Je marcherai sur l'aspic et le basilic, et je foulerai le lion et le dragon! »

— C'est devant le représentant de Dieu, devant Pierre que je m'agenouille! s'écria Barberousse, — et non pas devant vous...

— Devant moi! comme devant Pierre! répondit le pape en appuyant davantage son pied sur la tête de l'empereur...

La victoire du pape fut complète. Rappelé à Rome, il eut la satisfaction d'y voir son compétiteur abjurer le schisme à ses pieds. Le doge Ziani, dont le courage avait si puissamment contribué à la défaite de la flotte impériale, l'accompagnait et reçut de grands honneurs dans la ville pontificale.

Maintenant, nous dirons que cette version sur l'incident de l'entrevue du pape et de l'empereur, a trouvé des contradictions parmi plus d'un historien, et même plus, que l'on a été jusqu'à nier totalement l'intervention de Venise dans cette importante pacification. Ainsi, par exemple, Byron, dans une des notes de son *Childe Harold*, prétend que l'archevêque de Salerne, qui était présent, et qui a écrit des chroniques sur quelques grands événements politiques du XII⁰ siècle, ne parle pas du dialogue entre le pape et Barberousse ; d'autres nient même la bataille que les Vénitiens gagnèrent contre la flotte de l'empereur, pour soutenir leur hôte, bien que cette bataille fasse l'objet d'un des tableaux du palais ducal...

Pour ce qui est de cette bataille, il est vraiment difficile d'aller jusqu'à nier qu'elle ait eu lieu, puisque mille témoignages sont là qui l'attestent. La date, le lieu, les circonstances, les noms des principaux officiers qui commandaient de part et d'autres, ceux qui furent tués ou faits prisonniers, sont des témoignages qu'il est impossible de supposer que les historiens aient inventés. Les peintures du palais ducal sont aussi des pages de l'histoire.

Un chroniqueur du XIII⁰ siècle cite une pierre où étaient rapportées les paroles du pape et de l'empereur.

Il est d'autres monuments encore, des inscriptions faites à Rome lorsque Alexandre III rentra dans sa capitale, — des écrits concluants dont l'un relate tout le fait avec détails, en louant et remerciant les Vénitiens d'avoir protégé et réintégré dans ses droits le vicaire légitime de J.-C.

Enfin les immenses honneurs que le doge reçut à Rome, prouvent bien quelle fut la part de Venise dans cette restauration religieuse. On lit que le doge acquit le privilége de faire porter devant lui un cierge allumé, une épée, un parasol, des trompettes et des drapeaux ; c'étaient là apparemment de très grands priviléges ; enfin quoiqu'il en soit, nier l'intervention de Venise, sa victoire, le congrès qu'elle accueillit, c'est essayer de détruire par des mots des monuments très respectables. Quant à l'épisode de la prosternation de l'empereur, il est tout à fait admissible, eu égard aux passions mises en jeu. D'ailleurs il y a une inscription ancienne qui la consacre, et des chroniqueurs estimés la citent comme ayant été vue par eux.

Nous nous sommes un peu arrêtés sur ce fait, parce qu'il est de ceux qui dominent l'histoire anecdotique de Venise, et que souvent il y est fait allusion.

C'est de cette victoire que date la reproduction en tous lieux, comme symbole, comme emblème, du lion favori du saint. Tous les monuments s'en ornèrent, et il parut frappé sur les monnaies, comme il fut peint, sculpté, gravé, partout où il sembla possible de le mettre.

(n) L'art de la *marqueterie* vint des allemands, le moine Théophile, dans son livre intitulé : *de omni scientia artis pingendi*, le témoigne. Dans tous les cas c'est un art évidemment inspiré par la Mosaïque et les ouvrages en pierre dure. Les Français y furent très habiles au XVII⁰ siècle. L'on n'y employa d'abord que des bois blancs et noirs, et l'on n'y figura que des maisons, des temples, des colonnes, en un mot des ornements d'architecture ou des édifices entiers. Brunelleschi ayant enseigné la perspective aux artistes de Florence, on suivit bientôt une meilleure méthode pour reproduire, par l'imitation, des monuments de toute espèce, et parmi ceux qui profitèrent le plus des instructions de Brunelleschi, *Benedetto* de Majano ne tarda pas à se signaler dans la marqueterie. Ce genre fut particulièrement appliqué à l'ornement des chœurs et à déguiser le charpentage des églises. On voit encore à Florence particulièrement d'anciens chœurs qui datent de l'invention de cet art, mais qui ont été négligés depuis qu'on eût trouvé le moyen de nuancer les bois avec des couleurs bouillies ou des huiles pénétrantes. Enfin, après avoir figuré des édifices, travail qui présente peu de difficultés, puisqu'il se compose presque exclusivement de lignes droites, on en vint à l'imitation de toutes sortes de figures régulièrement dessinées ;—les artistes qui s'illustrèrent le plus dans cet art dont par malheur les incendies ont laissé peu d'œuvres capitales, sont dans l'école vénitienne : *Lorenzo Canozzio*, l'un des auteurs des marqueteries de cette sacristie, qui mourut en 1477 et auquel ses contemporains firent une réputation qui n'alla rien moins qu'à le comparer à *Phidias* et *Apelles*;— *Fra Giovanni* de Vérone, auquel le pape Jules II fit accomplir de grands travaux à Rome; *Vicenzio Dalle Vacche*, dont les belles œuvres ornent encore l'église de *San Benedetto-Novello*, à Padoue;— *Fra Raffaello* de Brescia, *Fra Damiano* de Bergame qui décorèrent les églises de leur ordre : ce dernier est cité par Vasari comme le plus habile qui fût, attendu qu'il composait même des copies de tableaux à l'huile. — La *Chartreuse de Pavie* contient les plus belles marqueteries qui soient; elles offrent jusqu'à des figures d'apôtres, dans le style de Léonard de Vinci : elles sont de *Bartolomeo de Pola*.

(c) Il paraît qu'autrefois il était accrédité dans le peuple que le corps de saint Marc était caché dans un souterrain mystérieux, dont quelques hauts dignitaires de l'État avaient seuls le secret. C'est du moins ce qui résulte d'une espèce de complainte extrêmement curieuse, composée en dialecte vénitien au moment de la chute de la République, et qui attribue ce grand événement au vol qui aurait été fait des os de saint Marc par un émissaire français. Cette légende, ballade, complainte, comme on voudra l'appeler, a été tirée à un si petit nombre d'exemplaires, qu'elle est de toute rareté malgré sa date moderne. Nous l'avons sous les yeux, et nous croyons amuser nos lecteurs en leur présentant une traduction des passages qui nous ont semblé les plus curieux.

Il paraîtrait, suivant l'auteur des vers vénitiens, que Napoléon, sachant que les reliques du saint étaient le talisman de la force de la République, il les fit dérober pour réduire Venise : Ainsi Samson perdit autrefois avec sa chevelure coupée par surprise, et son courage et sa force prodigieuse!

COMPLAINTE SUR LE VOL DES OS DE SAINT MARC EN 1797.

« On les mit dans les caveaux de l'église, et pour faire perdre leur trace, on enferma les ouvriers maçons dans un couvent où il était défendu de parler, bienheureux du saint motif qui fit qu'on ne les pendit pas, pour plus de sécurité.

« Le doge, les quatre plus vieux procurateurs et le patriarche, savaient seuls où étaient ces précieux restes... les *dix*, les *trois* eux-mêmes l'ignoraient : c'était leur désespoir !

« Le doge, les quatre procurateurs et le patriarche seuls allaient, deux fois par siècle seulement, vérifier la présence des saintes reliques.

« Qui aurait dit pourtant qu'un jour les quatre chevaux de bronze partiraient au galop, emportant ces reliques !

« Et voilà comment fit le voleur :

« Il entra dans le clocher de Saint-Marc ; il monta jusqu'à la hauteur du lion doré, qui est sur la façade de l'église ;

« Il poussa une grosse pierre qui tourna sur elle-même, et vit une petite niche ;

« Là était couché un lion de bronze, il en dévissa la patte de devant ;

« Dans le corps de l'animal il trouva cinq clefs d'or, il revissa la patte, remit la pierre, et emporta les clefs ;

« Il s'en alla droit à la Basilique, et ayant compté les piliers, il arriva devant la chapelle qu'il savait ;

« Il y avait un lourd confessionnal en bois sculpté. Il sut le prendre, et le fit tourner sur un pivot ;

« Derrière était une niche de pierre, la dalle du fond se levait ;

« Il la leva, passa, et se vit dans un couloir creusé dans l'épaisseur des murs

« Il avait un phosphore de Sicile, une de ces pierres qui gardent dans leur transparence la clarté du soleil ;

« Il s'en servit pour s'éclairer et il descendit un escalier étroit ;

« Alors étant certainement au-dessous du niveau de la mer, il entra dans une grande salle ;

« On n'en sortait que par une grosse porte de chêne, toute rembardée de lames de fer ;

« Avec une clef d'argent il l'ouvrit et passa ;

« Il entra dans une salle dont la voûte était supportée au milieu par une grosse colonne, sur laquelle était sculptée toute l'histoire du corps de saint Marc, depuis Alexandrie, jusqu'au caveau secret ;

« On y voyait les marchands vénitiens, achetant le corps du révéré saint ; — à côté ils le couvraient de lard ; — à côté les musulmans s'enfuyaient effrayés ; — à côté il venait sur le vaisseau ; — à côté il était assailli d'une tempête ;

« Plus bas il débarquait à Venise, — à côté il entrait dans l'église ; — à côté il descendait dans le souterrain ; — à côté le doge le visitait en secret ;

« Alors le voleur dévissa la colonne, et trouva dans la base un escalier tournant ;

« Il descendit.. et il vit un grand espace effrayant ....

« Mais il y a un bouton de fer dans le mur voisin, il le pousse et voilà un pont de fer qui s'abaisse pour franchir ;

« Sans ce pont, on tombait dans un trou où tournaient toujours des roues garnies de lames tranchantes et de pointes de fer, qui hachaient et perçaient le sacrilége ;

« Il franchit le pont et trouva trois grilles de fer qu'il sut ouvrir par les secrets symboliques.....

« Et puis ce fût la dernière porte, toute en bronze, qu'ouvrit une clef d'or.

« Et il fut ébloui de l'aspect de la chapelle où il entra.

« Ce n'étaient que vases, urnes, chandeliers, encensoirs, torchères d'or, d'argent, de pierreries, où brûlaient cent cierges qui parfumaient l'air;

« Au milieu était un autel en matière dont on fait l'anneau par lequel le Doge épouse la mer, la statue de saint Marc était dessus, avec le lion à ses pieds.

« Le lion avait la gueule ouverte... et des diamants en guise d'yeux;

« La clef du tombeau était dans la gueule du lion;

« Si vous ou moi l'aviez prise, il serait parti une effroyable détonnation, qui par des secrets magiques, aurait mis en branle les cloches de Saint-Marc... le doge et le patriarche seraient accourus;

» Mais lui sut s'y prendre. Il tourna l'oreille du lion quatre fois, et la clef sortit d'elle-même de la gueule menaçante et s'offrit à lui;

« Alors il porte cette clef sur le tombeau, il ouvre... les os du saint vénéré sont devant lui.

« Anathème! excommunication! sacrilége! éternelle damnation! il prend ces saints ossements;

« Il les enveloppe dans son manteau, et profitant d'un passage que livre le fond du tombeau, il s'avance dans un couloir;

« Le couloir tourne, s'élève, rampe, il y a un escalier, il le monte;

« Longtemps après, il ouvre une porte avec sa dernière clef d'or et il est dans la Basilique, sur une balustrade de la nef, où jamais ne vont les regards.

« Par là on sort..... mais entrer serait impossible;

« Il attend la nuit pour s'enfuir, Il s'enfuit, la nuit s'écoule et il est auprès du général ennemi :

« Les reliques de saint Marc sont à lui,..... demain il aura aussi Venise.

« . . . .
. . . .

Voici quelle était l'épigraphe de cette complainte singulière :

« Quan' della grotta sua san Marco partirà,
« E quando di sua man al carro attacherà,
« Gli quattro bei cavalli che vie porterà,
« Il Bucintoro morirà...
« Ed' il leon potensa più n'aorà.

Ce qui signifie :

« Quand saint Marc de sa grotte partira;
« Et qu'à son char sa main attellera
« Les quatre chevaux qu'il emmènera
« Le Bucentaure périra,
« Et le pouvoir du lion finira. »

(D) Vers le commencement du XIII° siècle, Saint-Louis songeait à une nouvelle croisade en Terre-Sainte. Pour parvenir plus sûrement et avec toutes les forces nécessaires jusqu'au lieu de destination, il jugea devoir demander aux Vénitiens leur concours, afin que leur flotte abrégeât les dangers et les longueurs du chemin. Il s'agissait du transport de plus de trente mille hommes, et de trois ou quatre mille chevaux.

La République demanda à être, non pas seulement l'auxiliaire, mais l'alliée des croisés. Les français acceptèrent ce concours, mais il fallait que le traité proposé par le Sénat fut soumis à la sanction du peuple. On sonna les cloches, on appela les habitants sur la place Saint-Marc, et bientôt la foule se rendit dans l'église où, l'office divin ayant été célébré, les seigneurs et députés des croisés français se présentèrent pour exposer ce qui avait été convenu entre eux et les chefs de l'État.

Le petit discours suivant fut prononcé par Geoffroy de Villehardouin, maréchal de Champagne et, plus tard, historien de cette expédition :

« Seigneurs ! les barons de France les plus hauts et les plus puissants, nous ont envoyés vers vous : ils vous crient merci, qu'il vous prenne pitié de Jérusalem qui est en servage des Turcs ! Que pour Dieu, vous veuillez les accompagner, afin de venger la honte de Jésus-Christ. Ils ont fait choix de vous, parce qu'ils savent que nul n'est aussi puissant que vous sur la mer. Ils nous ont commandé de nous jeter à vos pieds, de ne nous relever que lorsque vous aurez octroyé notre demande, et que vous aurez pris pitié de la Terre-Sainte d'outre-mer ! »

Alors le peuple transporté, s'écria : « Nous l'octroyons ! »

Les Vénitiens demandèrent un an pour construire, armer, équiper les vaisseaux. Parmi les conditions du transport des troupes de saint Louis, le Sénat exigea le partage du butin, ce qui fut accordé.

Ce traité, approuvé par le pape Innocent III, juré sur les saints évangiles, fût enfin revêtu de toutes les formes légales.

Les seigneurs français s'étaient engagés à payer à la République 85,000 marcs d'argent pour les frais maritimes. Mais ils avaient plus consulté leur zèle que leurs moyens, car il arriva qu'au moment de partir, les pélerins, ayant perdu quelques-uns de leurs alliés les plus riches, ne purent réunir que la moitié de la somme stipulée, et qui devait être payée d'avance. Lorsque les barons eurent engagé leur vaisselle, leurs effets les plus précieux, ils eurent encore le tiers de la somme à verser dans la caisse de la République.

Les vaisseaux étaient prêts, les Vénitiens ne voulaient pas faire crédit. Pour aider les Français à sortir d'embarras, le Doge leur offrit de s'acquitter du solde de la somme convenue, en aidant la République à reprendre Zara, qui était passée sous la protection du roi de Hongrie. Ce marché fut accepté. C'était le sang des croisés versé pour de l'or.

Le marquis de Monferrat fut élu par les barons français pour commander l'armée. — Il n'y avait plus qu'à nommer le chef de la flotte. (*Voir la note suivante.*)

(E) Quelque temps avant le départ de l'expédition Franco-Vénitienne, on se réunit à l'église Saint-Marc, pour appeler les bénédictions du ciel sur une croisade que l'expérience du passé rendait dangereuse. La messe finie, le vieux doge Henri Dandolo, monta dans une des tribunes et supplia le peuple de le laisser se mettre à la tête de la flotte, non seulement pour reprendre Zara, mais pour toute l'expédition qui avait pour but la délivrance du saint tombeau du Seigneur.

Le peuple accueillit, avec une admiration mêlée d'attendrissement, cette demande d'un vieillard de quatre-vingt-quatorze ans, et ce qu'il demandait lui fût accordé. Descendu de la tribune que ses conquêtes devaient orner de marbres précieux qui la supportent aujourd'hui, Henri Dandolo alla s'agenouiller devant l'autel, et le patriarche lui attacha la croix sur son bonnet ducal. Peu de jours après, Renier, le fils d'Henri ayant été choisi pour suppléer au dogat, pendant l'absence du chef de l'État, celui-ci s'embarqua sur une flotte de près de cinq cents voiles, emportant quarante mille hommes, dont les trois quarts sujets du roi Louis de France.

Les suites de cette expédition n'appartiennent pas à la spécialité du chapitre auquel cette note a été ajoutée. On trouvera le complément de ce récit historique à la description des tableaux de la salle du *Grand-Conseil*, au palais ducal, tableaux qui représentent toutes les phases de cette glorieuse expédition, depuis la supplique du doge Dandolo, dans la chaire de Saint-Marc, jusqu'au couronnement du comte Baudouin de Flandre, comme empereur de Constantinople.

(F) Les Vénitiens eurent toujours un grand goût pour les reliques, et ils ont sans cesse fait tous leurs efforts pour s'en procurer dans leurs voyages. Il y a, à cet égard, plusieurs épisodes qui touchent presque au plaisant, malgré la sainteté du sujet. Citons :

En 1093, n'ayant pu réussir à se faire vendre le corps de saint Taraise, ancien patriarche de Constantinople, dont des moines grecs incorruptibles, avaient la garde, ils le volèrent..... C'est pousser loin la piété, vraiment, que de dérober ce qu'on veut adorer !

En 1098, les Vénitiens se rendaient en Terre Sainte, en compagnie des Pisans. Les deux Républiques étaient en paix, leurs flottes naviguaient de conserve. Arrivés en vue de Rhodes, quelques Vénitiens descendirent à terre dans la partie de Saint-Nicolas, pour en adorer les reliques. Ayant trouvé ces reliques sans garde, ils voulurent les emporter, sans doute afin d'être à même de les adorer plus à leur aise plus tard. Mais les Pisans en voulurent leur part..... et le combat s'engagea entre ces alliés de tout-à-l'heure. Les Pisans furent rossés, et ne purent attraper le plus petit morceau du saint. Alors les Vénitiens se séparèrent de ceux avec lesquels ils s'étaient d'abord unis dans l'idée d'une sainte croisade au tombeau du Christ, et changeant brusquement leur office de pèlerins en mission guerrière, ils s'en furent assiéger et piller Smyrne, Jaffa, puis revinrent à Venise. Le corps disputé de saint Nicolas, fut déposé dans une chapelle du Lido, à l'entrée du port ; et les malheureux gardiens de l'île, qui se l'étaient laissé enlever par leur manque de vigilance, furent étranglés sur l'autel profané.....

Enfin en 1428, une flotte revenait de l'Archipel sans avoir réussi dans l'objet de sa mission. L'amiral qui la commandait crût se rendre le peuple indulgent, en lui offrant quelque relique estimable. Il acheta à Naxos la tête de saint Onufle. De retour à Venise il dût en effet à la tête du saint d'être épargné dans une destitution..... et peut-être même quelque chose de plus rigoureux encore.

Mais il arriva que deux ans après, le corps de saint Onufle ayant été désiré au complet par le peuple, on expédia une grande galère remplie de marchandises précieuses, pour opérer la négociation, l'échange avec les desservants du temple de Naxos. Le marché fut conclu, le corps apporté à Venise, et une grande cérémonie préparée à l'église Saint-Marc pour fêter l'arrivée du trésor, et pour la réunion de la tête avec le reste du saint personnage. Mais il arriva que, le sépulcre ouvert et le corps mis à nu, on trouva qu'il possédait toujours sa tête....... On avait deux têtes pour un saint !

Si l'amiral qui avait offert la première relique à l'adoration du peuple, deux ans auparavant, ne s'était pas subitement enfui de l'église, nul doute qu'on ne lui eût fait un très mauvais parti. Il s'échappa heureusement, et la prudence le tint longtemps éloigné de Venise, où il ne pût reparaître avec quelque sécurité, que plus de dix ans après la scène dont l'ouverture du cercueil de saint Onulle avait été la cause.

Lors de la prise de Constantinople, la fameuse couronne d'épines de N. S., qui avait été mise en gage par l'empereur d'Orient, faillit échoir aux Vénitiens. Mais ce fut Saint-Louis qui la racheta, et qui fit bâtir la Sainte-Chapelle à Paris, pour l'y déposer.

Vers l'an 1434, durant un semblant de paix qui eût lieu entre l'empire turc et la République, les procurateurs de Saint-Marc désirèrent ajouter aux autres reliques que Venise possédait déjà, la fameuse robe *sans couture* de Jésus-Christ, qui faisait partie d'un trésor caché sur lequel les précédents vainqueurs n'avaient pas réussi à mettre la main. On en offrit dix mille ducats ; les Turcs refusèrent ce prix plutôt que le marché. Ces dix mille ducats avaient été l'objet d'un impôt sur les rentes que payait l'État, la précieuse relique ne put être achetée... Mais l'impôt resta.

Disons à ce propos pour finir, qu'en 1166, Frédéric Barberousse, dont le nom se mêle en plusieurs occasions à l'histoire de Venise, se trouvant à Aix-la-Chapelle, fit déterrer l'empereur Charlemagne. Il prit le squelette impérial, le fit dépécer comme un saint, pour faire une relique de chaque ossement. Venise désira un morceau de Charlemagne, et vu ses bonnes relations du moment avec Barberousse, elle l'obtint. Mais le patriarche de Saint-Marc se refusa à admettre ce fragment de guerrier comme chose religieuse et sainte, et le débris du grand empereur ne put franchir le seuil du reliquaire. Il resta enfermé dans une boîte d'argent dans une petite pièce attenante à la chapelle, où les reliques reconnues étaient déposées.

Charlemagne, *Sanctus* et *Magnus*, saint et grand, qui mérita ces épithètes d'une double immortalité, les plus augustes dont le ciel et la terre puissent couronner une tête humaine ! Charlemagne, ce grand nom carlovingien, ce fils de Pépin-le-Bref, ce géant de taille et de gloire, ce conquérant de toute l'Europe enfin, condamné à faire le portier à toutes sortes d'ossements problématiques, de reliques apocryphes ou incertaines ! *Carolus Magnus* faisant antichambre sous le bon plaisir d'un prêtre, c'est une étrange leçon donnée, sans le vouloir sans doute, aux grandeurs de la terre ! *

---

* Dans son remarquable ouvrage intitulé *le Rhin*, M. Victor Hugo parle des reliques de Charlemagne, restées à Aix-la-Chapelle. Voici ce qu'il en dit :
« Dans la sacristie, un vicaire montre aux passants, et j'ai vu pour 3 fr. 75 c., prix fixe,
« le bras de Charlemagne, ce bras qui a tenu la boule du monde, vénérable ossement qui
« porte sur ses téguments desséchés cette inscription écrite pour quelques liards par un
« scribe du XIIe siècle : *Brachium sancti Caroli Magni*. Après le bras, j'ai vu le crâne, ce
« crâne qui a été le moule de toute une Europe nouvelle, et sur lequel un bedeau frappe
« avec l'ongle ! »

III

LA PIAZZETTA.

SOMMAIRE.

Conseils sur la manière d'arriver à Venise. — Topographie de la Piazzetta. — Examen général. — Les deux colonnes de granit. — D'où elles proviennent. — Comment elles furent érigées. — Singulière récompense demandée par l'architecte. — Plus singulier expédient du sénat pour anéantir un privilége. — Saint Théodore et son crocodile. — Le lion de bronze. — Son voyage à Paris. — Boutade contre les spoliateurs. — L'évangile remplacé. — Extérieur grillé de la *Zecca*. — Médaille rare. — L'extérieur du Palais-Royal. — Un mot de l'Arétin. — La face droite de la Basilique. — Amalgame de trésors et de singularités. — Les piliers cophtes. — La pierre de bannissement. — La tête de Carmagnola. — Les quatre assassins de porphyre. — La porta della carta. — Extérieur du palais ducal. — Rapprochements historiques. — Dates de construction et de réparations. — Incendies. — Examen architectural. — Un chapiteau curieux et scabreux. — Disparition dans le sol d'une fraction des colonnes. — L'angle du palais. — Les colonnes des édits. — Détails artistiques. — Rapprochement du pouvoir temporel et du pouvoir criminel. — Les anciens habitants du palais ducal. — Réflexions sur son luxe intérieur. — Sur une opinion hasardée. — Tentative de réfutation. — Aspect pittoresque de la Piazzetta. — Le pont *della Paglia*. — Le pont *des Soupirs*. — Contemplation nocturne. — Erreurs des poètes. — Conclusion.

La plus pompeuse et la plus poétique manière qui soit, pour inaugurer de premières impressions sur Venise, telle qu'elle est aujourd'hui, ce serait de suivre le programme itinératif que nous allons tracer. Celui qui ne sentirait rien en lui, ni émotion ni plaisir, en suivant le petit plan que nous indiquons, aurait sûrement un caillou pour cœur, le néant pour cervelle, et en fait d'histoire il faudrait qu'il fût de force à demander en quel temps régnait le *roi de Pique* !

Un voyageur libre de voyager comme il l'entend, désireux de tout faire pour ajouter à la somme de ses sensations, de ses jouissances intelligentes, calculera ses pérégrinations de façon à n'arriver à Venise que vers les cinq ou six jours qui avoisinent la pleine lune. Il s'arrêtera dans les autres villes, il échelonnera ses étapes enfin, de façon à n'arriver à Mestre, ou à Fusine que vers le soir. A huit heures il prendra la gondole, et fera ramer vers Venise.

Il entrera dans la ville par l'extrémité du grand canal, ou par l'embranchement de *Cannaregio*, franchira lentement dans toute son étendue ce *Corso* liquide, et se fera débarquer à la Piazzetta, au pied de la colonne du Lion. Puis il s'avancera jusque vers le milieu des dalles; arrivé là, il se retournera... Alors ayant derrière lui la place Saint-Marc et la Basilique, à droite la colonnade de Sansovino, à gauche le palais Ducal, en face la lagune, les îles, et pardessus tout l'astre nocturne escaladant le ciel, il sera maître d'une des plus belles merveilles qui puissent naître des concours de l'art, de la nature, et de la magie des souvenirs... Il aura devant lui le plus majestueux, le plus touchant, le plus poétique spectacle! Si ce voyageur ne sent rien alors... c'est qu'il ne sera pas venu à Venise pour Venise, et qu'il accomplira un voyage d'affaires au lieu d'un pèlerinage!

Mais on se trompe! L'homme qui prendra les soins qu'on indique pour faire son entrée dans Venise, aura une intelligence et un cœur capables de comprendre le prestigieux spectacle dont on a parlé, qu'on n'a pas décrit. Un peu de noir griffonné sur du papier, ne saurait obtenir pareil résultat, fût-ce Chateaubriand ou George Sand qui tinssent la plume! Le pinceau même, le mieux doué de tous les arts pour la reproduction de pareil tableau, n'a que des lignes et des couleurs; ici ce serait presqu'aussi insuffisant que des mots: les peintres n'ont pas encore trouvé le moyen de broyer sur leur palette les rayons de la Lune!

Ne croyez donc pas que nous allons, Titan littéraire, essayer d'escalader les difficultés de cette description. Quand vous aurez vu, vous comprendrez notre réserve. Pardonnez à la pauvreté de la parole! — et à la notre en particulier.

Mais le jour s'est levé! Décrivons terre-à-terre, comme nous pouvons. A nous d'expliquer; à vous de sentir!

Prolongement de la place Saint-Marc tournant vers la Riva et vers la lagune, la Piazzetta, est à certaines heures du soir, et surtout de la nuit, le lieu le plus délicieux de Venise. C'est le boulevard de Gand, moins la poussière; c'est le Pyrée plus ses gondoles.

La Piazzetta commence au pied du Campanille, et s'étend jusqu'à la Riva qu'elle occupe des deux côtés, depuis la grille du jardin gouvernemental, jusqu'au pont de la *Paglia*, que domine le pont des Soupirs. (A)

Le coup d'œil qu'elle embrasse est le plus splendide qu'offre Venise. Le palais ducal y replie en coude sa colonnade mauresque, pour en border deux côtés. Elle se retourne, et elle voit l'heure d'or et d'azur au grand cadran de la tour de l'horloge. Le haut campanille lui montre, par les reflets roses qui le teignent en grimpant toujours, où en est le soleil qui se couche derrière les monts Vicentins. Les cafés de l'élégante galerie du Palais Royal, lui avancent des siéges, et des sorbets, ces aimables contradictions de l'été! Elle jouit à elle seule de presque toute la verdure que voit poindre Venise, où quelques esprits chagrins et pastoureaux reprochent qu'elle soit rare. Les mille rosiers et les naphirs du jardin que Napoléon mit là, comme un bouquet au sein de cette ville de marbre, lui secouent par les airs leurs parfums pleins de fraîcheur; pour égayer sa vue des losanges de fer qui, comme un masque d'arme, voilent la façade de la *Zecca* : elle a partout les plus riantes perspectives, les points de vue les plus splendides qu'aient pu combiner la nature et l'art. C'est l'entrée du grand canal, chemin ouvert au cœur de la ville, qui s'y tord comme un serpent dont la vieille mâchoire est dentelée de palais, enracinés là sur pilotis, comme des dents artificielles et mal entretenues....

La Piazzetta verrait l'horizon de l'adriatique, sans toutes ces îles charmantes qui brisent au loin les flots, et ne laissent arriver qu'en caresses et en soupirs les petites lames qui lèchent ses degrés de marbre.

D'une main la Piazzetta cueille une fleur dans les plates-bandes napoléoniennes, de l'autre elle pousse une gondole qui emporte vers le Lido un couple mystérieux....

Sous un autre aspect, la Piazzetta est un musée : dressons-le en catalogue.

D'abord ses deux colonnes de granit, entre lesquelles il semble qu'on doive passer quand on arrive, comme entre les gonds gigantesques de quelque porte fantastique. Nous avons parlé d'un catalogue c'est un inventaire plutôt qu'il fallait dire : expliquons ces colonnes. (n)

Trouvées toutes taillées, mais sans chapitaux ni bases, dans une des îles de l'Archipel grec (à Naxos, croit-on) le doge Dominique Michieli, en revenant de la Terre-Sainte, où après avoir remporté la victoire de Jaffa, il avait conquis Jérusalem et Tyr, les prit, comme les navigateurs vénitiens prenaient, tant qu'ils pouvaient et les apporta à Venise en 1125. Elle fûrent débarquées sur le rivage, et laissées là pendant longtemps, sans qu'on sût quoi en faire. A cette époque Venise ne songeait qu'à parer son église de Saint-Marc, et chagrinée de ne pouvoir faire entrer ces immenses colonnes dans la décoration du temple, elle les avait presque oubliées, lorsqu'un architecte du nom de Nicolas Barattieri, offrit de les élever sur le lieu même où elles avaient été débarquées plus de cinquante ans auparavant. L'offre fût acceptée, et les deux énormes colonnes granitiques se dressèrent enfin sur le sol où elles étaient si longtemps restées couchées. Le moyen qu'employa l'architecte, dit un vieux manuscrit du temps, fut très admiré, l'art de la mécanique n'étant pas fort puissant alors. Il les exhaussa, peu à peu, dit notre manuscrit, en mouillant les cables qui les tenaient suspendues, et qu'il prenait soin de raccourcir après avoir soutenu, étayé le fardeau.... Il faut avouer que la statistique actuelle ne verrait guère clair dans cette explication... le résultat vaut mieux qu'elle. Non seulement les colonnes fûrent élevées, mais l'ingénieur parvint à les coiffer chacune d'un chapiteau à grands bords, propre à les préserver du soleil au Zénith et de la pluie perpendiculaire. Comme on avait laissé le dit ingénieur libre de formuler la récompense qui lui conviendrait d'obtenir en cas de réussite dans son opération, il fit la demande la plus bizarre, ce fût l'obtention d'un privilége de jeux (les jeux étaient très sévèrement prohibés alors) dans l'intervalle qui séparait les deux colonnes qu'il avait réussi à élever. Le doge, plutôt que de rétracter une promesse faite à la légère, préféra tolérer un abus, et l'ingénieur eût son privilége.

Il en usa tant qu'il pût, au grand déplaisir du sénat qui se voyait ainsi contraint de souffrir, en face du palais du gouvernement, une contravention scandaleuse aux lois de la République. Transmis de générations en générations, vendu des uns aux autres, ce privilége dura tout près de quatre cents ans, tant ce gouvernement respectait la parole ou la foi donnée. Mais, enfin, un membre du sénat imagina un moyen original de faire abandonner la place aux privilégiés et à leurs pratiques... Ce fût de consacrer ces deux colonnes à l'exécution des criminels. Lorsque les joueurs se virent des pendus sur la tête, et les pendus ne manquaient pas alors!.... ils désertèrent la place, et le privilége qui affligeait la République mourût de lui-même... On ne dit pas si le cessionnaire, ruiné, se pendit de désespoir!

Plus tard, lorsque le Conseil des dix, spécialement chargé de la poursuite et de la condamnation des criminels d'Etat, avait été trop long-temps sans trouver qui accuser et pendre, afin que le peuple ne se refroidît pas dans la terreur que devait lui inspirer le supplice réservé aux traîtres, il faisait enlever des lits de l'hôpital quelques cadavres qu'on accrochait par les pieds à ces colonnes. Ce genre de pendaison étant celui qui était particulièrement réservé à ceux qui avaient trahi l'Etat, qui avaient seulement tenté de le faire, ou même qui n'en étaient qu'accusés.

Le peuple de Venise regarda toujours l'espace compris entre ces deux colonnes comme néfaste, et il était presque admis en proverbe de menacer ceux qu'on n'aimait pas, et qu'une dénonciation pouvait perdre, en leur disant : *Guardati d'all' inter colonne!* (Prends garde à l'entre-colonne!)

En 1329 on plaça sur une de ces colonnes, celle de granit rose, la statue en marbre de Saint-Théodore, ayant pour piédestal son crocodile. Saint-Théodore était le premier patron que s'était donné la République jusqu'au moment où la translation d'Alexandrie à Venise du corps de saint Marc, amena ce qu'on pourrait, sans irrévérence, appeler la *destitution* du premier. Au fait, ce lion est un symbole bien plus noble et bien plus majestueux pour les armes de Venise, que ne l'eût été le crocodile, bon à faire prosterner des Egyptiens, des adorateurs d'ibis, et tous ces peuples du Nil qui choisissent leurs dieux jusque dans le potager. Le lion, il faut en convenir, est pour beaucoup dans la poésie de l'histoire guerrière et artistique de Venise, et cette poésie eût à coup sûr été fort compromise, si au lieu du corps de saint Marc, dont un lion fut l'ami, les marchands vénitiens eussent trouvé à Alexandrie celui de saint Antoine....

L'autre colonne, celle dont le granit est gris, sert de piédestal à l'emblème de cette vieille République de quatorze siècles, au lion ailé, dont la prunelle de bronze a vu rentrer dans les lagunes, tant de flottes victorieuses. Et ainsi de ces deux colonnes granitiques, l'une supporte l'ancien, l'autre le nouveau patron de la République, seulement, disons-le, pour mieux veiller en haute mer ce qui s'y passe, le lion a pris une position bien dédaigneuse pour le saint!

Ce lion a fait de 1797 à 1815 un séjour à Paris, indépendant dans nos opinions, même lorsqu'elles nous obligent à retourner contre notre propre nationalité la pointe de notre plume, nous ne reculerons pas à dire, comme nous l'avons du reste déjà fait ailleurs avec toute franchise, (¹) que l'enlèvement hors de Venise par nos armées du lion de saint Marc, fut un acte condamnable et indigne d'une grande nation. Ce fût plus qu'une maladresse de la part de cette République naissante que de ravir ainsi son symbole, son emblème national à cette glorieuse République quatorze fois séculaire! Nulle excuse ne s'offre à cette spoliation, car ce lion est tout-à-fait insignifiant sous le rapport de l'art, et sa matière n'a pas pu tenter l'avidité des pillards. Passe encore à la rigueur qu'on eût pris à Venise les chevaux grecs qu'elle avait pris elle-même! La cité conquérante subissait la peine du talion. Mais l'emblème de saint Marc n'eût jamais dû descendre de la colonne, d'où, depuis plus de cinq cents ans, il contemplait les flots bleus de l'Adriatique, et cela, pour aller se perdre dans l'esplanade des Invalides, où sa vieille crinière républicaine dût se hérisser souvent, quand retentirent autour de lui les fêtes consulaires et les clameurs impériales! Il semble, du reste, que rien ne puisse tenir sur cette vaste arène; on y vit successivement, un bonnet de liberté et l'arbre son piédestal ordinaire; puis le lion de saint Marc; puis une quadruple fleur de lys, puis enfin le buste de Lafayette. Qu'y a-t-il à présent? nous ne le savons plus!

Pendant ce malencontreux et humiliant séjour à Paris, le noble animal perdit l'Évangile ouvert sur lequel s'appuyait une de ses griffes. Quelque chaudronnier des faubourgs en aura fondu quelqu'ustensile sacrilége! Deux ans après son retour sur le haut piédestal qu'il n'eût jamais du quitter, un nouvel Évangile aux feuillets de bronze lui fut rendu, et il reposa de nouveau sur le *pax tibi*, la patte longtemps restée en l'air. On a répété que ce lion n'était pas le même que celui que des mains profanatrices apportèrent à Paris, et que celui là brisé par accident à l'époque où il devait revenir, avait été remplacé par un bronze nouveau. Cette version acceptée trop légèrement sans doute, est tout à fait dénuée de fondement. Elle doit du reste sembler d'autant plus absurde qu'un monstre de bronze massif ne se brise pas comme un chien de faïence.

* *Lettres sur la littérature et sur l'art en Espagne et en Italie*. — Paris, 1839. — Nous conseillons à ceux qui ont sous la main la *Vie de Napoléon*, par Walter-Scott, d'y lire ce qu'il dit sur la spoliation des Musées et des objets d'art. Ce sont les pages les plus raisonnables de ce *factum*. Voir aussi les *Lettres de Paul*, du même.

Le titre, *Piazzetta*, inscrit en tête de ce chapitre, indique que l'on n'y parlera que de l'aspect extérieur des monuments qui la décorent. La visite extérieure a son lieu, que la table des matières signale. Fidèle à ce plan qui fut aussi celui à l'aide duquel nous avons parlé de la place Saint-Marc, d'abord, avant d'entrer dans la Basilique, nous jetterons aussi un coup-d'œil explicatif sur les édifices de la *Piazzetta*, avant de pénétrer dans aucun.

Ne franchissons donc pas ces colonnes, que nous avons pu contempler du bord même de la Riva, et avançant vers la gauche, examinons ce sombre édifice grillé comme une prison, fort comme une bastille, et pourtant élégant comme un palais.

C'est encore une œuvre de Sansovino, ce grand nom attaché à tant de grandes œuvres. La façade, divisée en trois ordres, rustiques, dorique et ionien, est sévère et noble. — Les grilles épaisses qui en masquent chaque fenêtre, peuvent sembler une singularité, vu leur destination. Ordinairement, les barreaux placés aux ouvertures d'un solide édifice, ont pour objet d'empêcher les voleurs d'en sortir, surtout lorsque comme dans celui-ci, leur solidité massive donne à l'ensemble l'aspect d'une prison. Eh bien! ici au contraire, ces grilles étaient placées là, pour empêcher les voleurs d'entrer... Ce palais, c'est la *Zecca*, l'hôtel des monnaies de la République !

Ce fut longtemps un atelier fameux, où l'or des conquêtes vénitiennes se convertissait en ducats, en médailles, en monnaies de toute sorte. De bonne heure la République battit monnaie, et la numismatique a conservé la preuve que dès le VIIe siècle, elle imprimait sur l'or et l'argent l'effigie de ses doges. En 938, l'établissement monétaire fut fixé sur le lieu où plus tard Sansovino devait élever l'édifice que nous voyons aujourd'hui. Il y aurait de longues pages à écrire sur les monnaies vénitiennes; nous placerons dans les notes de ce chapitre quelques faits qui ne nous semblent pas de nature à être passés sous silence. Il nous suffira de dire ici, afin de ne pas arrêter par une trop longue digression la marche de l'examen général que nous faisons, que la médaille la plus ancienne qui ait été conservée parmi celles frappées dans cet établissement, offre l'effigie de *Galba*, avec cette légende : *Marcus Sexto me fecit* .V. Au revers sont représentées une femme symbolisant Venise, avec un lion ailé, et cette devise : *Venetia, pax tibi* .1363. Cette curieuse médaille est chez M. le comte Silvio Martinengo (c).

On pénètre dans la *Zecca* (édifice quadrangulaire de 152 pieds français de long, et 83 sur sa façade de la Riva), par un vestibule orné de deux géants, qui se trouve vers le milieu de la galerie sur la *Piazzetta*. Celle des deux statues qui est à droite, et qu'on doit à Campagna, vaut infiniment mieux que celle de gauche, dont Titien Aspetti est l'auteur. Un coup-d'œil dans la cour prouvera que ce bâtiment n'est pas moins solide à l'intérieur que bien gardé à sa façade. Construit depuis trois siècles déjà, il semble devoir en traverser bien d'autres. Mais revenons vite sur nos pas, car nous nous sommes promis de ne franchir aucune porte, pour cette fois.

Maintenant passons à l'édifice charmant qui fait angle à la Riva et à la *Piazzetta*, puis forme toute une façade, de celle-ci, en s'allant replier plus loin sur la place Saint-Marc. Sansovino et Scamozzi, en furent les habiles architectes. Le premier conduisit l'œuvre jusqu'à la 16e arcade, mais étant mort avant d'avoir pu l'achever, Scamozzi le termina. Sansovino l'avait commencé en 1536. La façade de 21 arcades doriques et ioniques, surmontée d'une architrave ionienne et d'une frise élégante, en font un monument fort riche et d'un goût parfait. Les jours de la frise y ont été ménagés avec beaucoup d'art. La balustrade qui surmonte toute la ligne de la façade est garnie de statues des élèves de Sansovino. On a souvent imprimé un mot de Pierre Arétin, comme un grand éloge de ce monument, c'est-à-dire *qu'il était au-dessus de l'envie...* Ce mot ne nous a jamais semblé fort clair. En tout cas, au-dessus de l'envie... par fois c'est bien haut ! quelquefois aussi c'est bien bas.

Cet édifice, qui est des plus élégants et des moins attaquables, quoi qu'on ait dit ou bien qu'en ait dit Arétin, fut élevé par décret du Sénat, pour loger en face même du palais ducal les livres auxquels Venise voulait offrir une splendide hospitalité. On raconte que tandis que Sansovino travaillait à cet édifice, une des voûtes s'écroula. Alors l'artiste fut mis en prison, et déchu de son emploi d'architecte de la République. De plus, condamné à relever la voûte à *ses frais*. Titien et l'Arétin s'employèrent si bien pour le pauvre artiste, qu'ils parvinrent à lui faire rendre et la liberté, et son emploi dont il était si digne, mais dont la mort le priva peu après.

Connu par les deux noms arbitraires d'ancienne bibliothèque où de Palais-Royal, cet édifice est aujourd'hui en partie inoccupé, les livres qu'il contenait ayant été en 1812, transportés au palais ducal, où nous les trouverons plus tard (D).

La partie de la *Piazzetta* qui s'avance vers la place Saint-Marc échappe à la spécialité de cette description. Nous avons déjà parlé ailleurs du Campanille, de la *Loggietta*, des monuments dont la perspective suit les lignes interrompues de l'ancienne bibliothèque ou palais ducal. Un coup-d'œil sur la partie de l'église qui donne sur la *Piazzetta*, nous offrira la portion la moins régulière de cette basilique. C'est là que plus que jamais la confusion qui résultait du manque de plan arrêté dans la décoration de ce riche édifice, se révélera avec toute sa bizarrerie. Des colonnes précieuses placées sur des points où elles ne supportent rien, coiffées de chapitaux échangés ou remplacés dans les confusions du pillage, comme les chapeaux des cavaliers dans un raout; — des bas-reliefs profanes, inconnus, inexplicables; — des mosaïques sur fond d'or dévasté; — des corniches d'ordres disparates; — des incrustations arbitraires de marbre de toutes formes et de couleurs non moins variées; un amalgame de trésors d'origines impossibles à dire, le grec sur le gothique, le roman à côté du persan; — tout un portail sans porte du plus pur style romain, portant une croix noire sur fond blanc, comme la *croix de sable en champ d'argent* d'un écu saxon; — à côté des colonnes byzantines et mauresques, apportées en faisceaux et éparpillées sur cette façade comme les échantillons architectoniques et marmoréens de toutes les carrières de l'orient, — des inscriptions indéchiffrables, — des légendes en langage perdu, — des fenêtres et des soupiraux, les unes à cintres, les autres gothiques, — des balcons faisant corniche, — des clochetons évidés, — des statues, des frises à jour, et par-dessus tout cela, des dômes mauresques, des minarets d'étain groupés en croix comme des voûtes chrétiennes... voilà cet ensemble bizarre, riche à l'excès, mais si étrange, si incohérent, si fantasque que suivant nous on ne saurait mieux le désigner qu'en le déclarant d'ordre *composite* *.

A l'angle de l'église est une sorte de bloc en porphyre, qui provient de Saint-Jean-d'Acre. Ce fut autrefois le soc de la statue d'un chef déporté pour crime d'état, et comme la statue fut ren-

---

* La profusion et l'amalgame souvent bizarre, de trésors de toutes sortes qu'offrent certains monuments de Venise, a fait dire fort spirituellement à M. Alphonse Royer, dans un roman élégant, dont cette cité offre la mise en scène, que Venise ressemblait à *un pirate retiré des affaires*.

versée, on se servit pour lire la sentence, du piédestal qui avait jusque là glorifié le traître, ce fut à Acre une chose consacrée que de se servir de ce bloc pour formalité pareille, chaque fois que le cas s'en présentait. Les Vénitiens emportant cette pierre, la vouèrent au même usage et on la nomma *pietra del bando*.

Au-dessus de ce bloc, à l'angle de la balustrade de la galerie, et au pied du mât de pavillon, se trouve une tête d'homme aussi en porphyre. C'est celle du buste du général Carmagnola, dont il sera parlé plus tard, à propos de certaines salles de l'intérieur du palais.

Ces deux colonnes quadrangulaires en marbre blanc, si capricieusement usées par le temps et qui sont isolées de l'édifice, sont des débris du temple de sainte Saba, aussi à Saint-Jean-d'Acre. Des dessins cophtes et hiéroglyphiques se confondent dans l'ornementation de ces bizarres colonnes, qui tiennent à la fois de l'égyptien sacré et du persan. Elles soutenaient évidemment l'arcade de quelqu'entrée, et sans doute une porte ou une grille y fut fixée. Le célèbre archéologue Davide Weber a essayé de donner la traduction de signes singuliers qu'on y voit, nous avons fait du résumé de son interprétation, l'objet d'une note (E) à la fin de ce chapitre*.

On verra dans la *salle du scrutin*, au palais ducal, une toile du plafond où est représenté l'enlèvement de ces piliers du pays d'où les Vénitiens les ont apportés (F).

A l'angle du mur tout placardé de tables de marbre, placées là sans autre raison apparente que l'embarras de savoir qu'en faire; on a scellé un groupe de porphyre, transporté aussi de Saint-Jean-d'Acre à Venise, dans le XIIe siècle. Ces figures représenteraient, suivant quelques antiquaires, *Harmodius* et *Aristogidon*, les furieux assassins d'*Hipparque*, tyran d'Athènes. M. le chevalier Mustoxidi, déjà cité dans ce livre à propos des quatre chevaux de bronze du portail Saint-Marc, a prétendu que ces statues représentaient plutôt les frères *Anemuria*, ennemis farouches d'*Alexis Comneno*. Mais à ces deux opinions fort respectables, nous hasarderons une légère et modeste observation : les assassins d'Hipparque n'étaient que *deux*.... les frères Anemuria étaient *trois*... et ces drôlatiques personnages de porphyre sont *quatre*....

* M. ***, membre de l'Académie des inscriptions et belles-lettres de Paris, avait voulu tenter d'expliquer les caractères que portent ces piliers; mais, après de longues études, la seule chose qu'il finit par comprendre..., c'est qu'il n'y comprenait rien.

Maintenant, arrêtons-nous devant la délicieuse porte gothique qui forme aujourd'hui l'entrée principale du palais ducal.

Cette construction date de 1439, et fut par conséquent de beaucoup postérieure à la presque totalité de l'édifice dogal et républicain. L'architecte de cette porte, maître Bartolomeo Buono, a gravé son nom sur l'architrave. Ce Bartolomeo ne doit pas être confondu, comme l'ont fait plusieurs écrivains, avec le Bartolomeo Buono, architecte des vieilles Procuratives, lequel était de Bergame. Cette porte est d'une élégance riche et pure à la fois ; le tympan profondément fouillé, les niches à statues latérales qui l'ornent sont de l'architecte qui a bâti l'ensemble. Cette porte a reçu ce nom de *porta della carta*, de ce que l'on y affichait autrefois tous les édits des magistrats civils.

Quant au prolongement du palais ducal sur la Piazzetta et sur la Riva, c'est à la fois un des ensembles les plus originaux et les plus grandioses que l'on puisse voir. L'aspect sévère de ce monument représente bien l'idée qu'on s'était faite de ce gouvernement redoutable.... et l'origine même de la réédification de ce palais semble ajouter à la terreur qu'inspire le souvenir de ce qui se passa dans l'enceinte discrète de ses fortes murailles : le doge qui l'ordonna, l'architecte qui le rebâtit moururent tous deux de mort violente : l'un, Marino Faliero, eût la tête tranchée dans l'intérieur même...; l'autre, Calendario, fut pendu en face de ses fenêtres, comme conspirateur !

Ce célèbre édifice fut commencé vers le milieu du XIVe siècle, sur l'emplacement même qu'occupait précédemment une sorte de palais également destiné au doge, et qu'avait fait élever le chef de l'État en 820, un *Participatio*. Ce premier palais, détruit dans une sédition, fut relevé par le doge Pierre Urseolo, qui porta la couronne ducale jusqu'en 978, époque où, comme Charles-Quint, il abdiqua pour se retirer dans un couvent. Un siècle et demi plus tard, un grand incendie qui dévora un tiers de Venise, gagna aussi ce palais, et forma, selon l'expression d'un historien du temps : un volcan au sein de la mer. Ce fut le doge Ordelafe Faliero, ancêtre de Marino Faliero, qui rebâtit l'édifice ducal. Enfin, un nouvel incendie le ruina encore un siècle plus tard, pour le voir se relever de nouveau à peu près tel qu'on le voit aujourd'hui.

Les façades du fameux monument qu'Ordelafe Faliero entreprit de faire construire sur les ruines du premier, ne furent terminées que de 1405 à 1428, sous le dogat de François Foscari, et sur les premiers dessins de Calendario, respectés par ses successeurs, car tout pendu qu'il fût pour crime d'état, cet artiste n'en était pas moins très habile architecte. Mais l'incendie, si fréquent à Venise dans ces temps où une notable partie de la ville était bâtie en bois, vint en ravager un côté en 1477, sous le dogat de Jean Mocenigo, qui commença son règne, ainsi qu'il sera dit plus loin, entre les pronostics les plus sinistres : un incendie, une famine, une peste !

Brûlé de nouveau dans la partie opposée à la Piazzetta, l'année 1590 vit cet édifice se recompléter, en même temps que fut terminée la place Saint-Marc; dans le même temps s'élança aussi sur le grand canal l'arche hardie du pont de Rialto, et Palladio bâtit la belle église du *Rédempteur*. Le dogat de Pascal Cicogna vit s'accomplir ces vastes travaux (c).

A ces diverses vicissitudes se borne l'ensemble de l'histoire architecturale de la double partie de ce palais qui se plie sur la Piazzetta et sur la Riva : c'est-à-dire les deux principales de ses trois façades extérieures. Lorsque nous pénétrerons dans ce palais, nous dirons ce qui se rattache à la troisième partie qui plane sur le Canaletto, et qui diffère singulièrement de style. La quatrième façade est confondue avec les bâtiments de la Basilique.

Si nous entrons dans quelques détails sur l'architecture extérieure du palais ducal, il nous faudra examiner soigneusement, et un à un, ces magnifiques chapiteaux des colonnes du rang inférieur, qui presque tous offrent quelques sujets à personnages, mêlés à l'ornementation. Ces chapiteaux sont du XIIe siècle, et furent sculptés par les élèves de Calendario. Nous recommandons, entre autres, l'examen attentif de celui de la treizième colonne, à partir de la porte *della Carta*. Il représente la *vie* humaine, avec des particularités curieuses, dont les hommes seuls feront l'examen, sur le côté du chapiteau où le soleil n'arrive pas.

Cette superbe colonnade, aujourd'hui formée de fûts sans bases, semble enfouie dans le sol, et elle l'est en effet. Pour fixer l'opinion qui voulait qu'une assez forte partie de ces colonnes eût disparu dans le terrain, des ingénieurs français firent en 1810 quelques fouilles, dont les résultats prouvèrent que chaque tronc est enfoui d'environ 15 pouces, sur lesquels 3 pouces trouvés polis, continuaient la colonne, tandis que le reste, équarri et brut, formait la base ou socle.

Par ailleurs, il a été découvert un pavé en briques à environ 15 pouces au-dessous du sol actuel, ce qui s'accorde avec ce que disent les chroniqueurs sur l'élévation de la place dans une proportion d'un pied et quart, opération qui fut imposée en 1792, par l'augmentation continuelle du niveau de la mer autour de Venise (H).

Le second rang de colonnes offre une galerie dans le style arabe, galerie trilobée, à jour, d'une légèreté qui n'en contraste que plus gracieusement avec la masse énorme et pleine qu'elle doit soutenir. Ces trèfles à travers l'angle desquels se découpe le bleu de l'air, semblent une dentelle, une frange qui borde... et ne supporte pas. On dirait un ornement, et non une nécessité. Et c'est pourtant sur ce feston de marbre, courant en cerceaux, en trèfles, en cintres gracieux de sommet en sommet de colonnes, que repose ce puissant mur de marbre rouge, tout historié de blanc, s'élevant lisse et majestueux comme l'inexpugnable flanc d'une forteresse! L'angle de cet étonnant édifice, sur la Riva, est d'une hardiesse élégante et poétique, qu'admirent tous les jours les architectes modernes les plus versés dans les progrès qu'a faits depuis Calendario l'art de la statique. Un seul pilier, un peu plus fort que les autres, supporte cet angle au milieu de tant d'ornements, que c'est vraiment la force déguisée par les grâces. Tant d'air, tant de ciel mêlés à tous ces capricieux dessins de marbre; tant d'azur vaporeux encadré dans ces trèfles, ces cintres, ces arcs se découpant les uns devant les autres, au coude que forme la svelte colonnade orientale, c'est vraiment un spectacle qu'offrent peu de monuments.... Une description du palais fabuleux des *Mille et une Nuits*, semble réalisée là par la magicienne Venise !

Si le lecteur se trouve sur la Piazzetta lorsque le soleil décline vers le couchant, il pourra observer une chose charmante sur la façade du palais ducal : la colonnade, frappée par la lumière, découpe en noir les trèfles sur le fond sombre de la galerie, et plus bas, sur le mur reculé de cette même galerie, l'ombre de la colonnade dessine en lumière ces mêmes trèfles; ainsi, par une bizarrerie charmante, le soleil, à l'encontre des règles ordinaires, fait ici lumière ce qui doit être ombre, et ombre la chose reflétée.

En suivant de l'œil la galerie supérieure du palais, en partant de l'angle de la porte *della Carta*, on voit que parmi les colonnes blanches, les neuvième et dixième sont de marbre rouge. Ces colonnes de *brocatelle* désignent l'emplacement où les sentences des condamnés, les édits du sénat, les proclamations et autres pièces étaient lues au peuple. La treizième colonne, en partant de l'angle de la Riva, plus forte que ses compagnes, indique le point où repose le mur intérieur qui divise les grandes salles. Le trèfle léger dont est coiffée chaque colonne est ici rempli par un bas-relief qui déguise l'artifice architectural.

La partie massive de ces deux façades est plaquée d'une sorte de large mosaïque de marbre blanc et rouge, figurant des dessins dans le goût oriental. Une frise ou corniche de style gothique-byzantin, découpée à jour et retroussée, se festonne en cintres aigus et en aiguilles sur tout le sommet de l'édifice. Aux angles, de gracieux clochetons terminent par les airs les colonnettes en vis qui ourlent les coins de ce palais digne de la Grenade des poètes. Les quatre fenêtres latérales, vides aujourd'hui de tout ornement, étaient garnies de meneaux au temps où Gentile Bellini peignait un angle de cet édifice sur son tableau de la place Saint-Marc, à l'*Académie des Beaux-Arts*. Les incendies qui ont plusieurs fois dévasté ce palais, n'ont respecté que les deux dernières fenêtres du côté de la Riva. Celle du milieu, sur chaque façade, est ornée de sculptures et de statues qui datent de 1523 à 1538. On les attribue à l'école de Tullius Lombardo. Les élégants ornements en pyramide qui surmontent chacune de ces fenêtres, en coupant la ligne du toit, sont de Vittoria, qui les sculpta après l'incendie de 1577, lequel enleva aux autres fenêtres les divisions de leur cadre, qui n'ont point été remplacées.

On ne saurait dire si le palais ducal et la basilique Saint-Marc furent ainsi originairement placés côte à côte, communiquant ensemble par des portes intérieures, pour obéir au verset du psalmiste qui dit : *Que la justice était étroitement unie à la paix et à la religion*. Mais il est certain que ce rapprochement influa beaucoup sur ce qu'avait d'imposant et de mystérieux l'édifice dogal. Le sanctuaire de la justice temporelle uni au sanctuaire de la justice divine, augmentaient par leur réunion la terreur que chacun d'eux pouvait inspirer séparément aux coupables : l'un punissait le corps, — l'autre l'âme. Les tortures qu'infligeait le palais préparaient le crime à l'enfer que réservait le temple.

Les habitants et les hôtes de l'édifice multiple dans ses destinations : tribunal, prison, forteresse, hôtel-de-ville, demeure ducale et palais de fête, étaient tout ce qui participe à ces diverses dénominations. Un doge et sa famille pour le palais, — un sénat et des procurateurs pour l'hôtel-de-ville ; — des soldats et des sbires pour la forteresse ; — le conseil des dix et les inquisiteurs pour le tribunal ; — des geôliers pour la prison ; — des bourreaux pour les sentences.

Et au milieu de ces nombreuses applications d'un même édifice, applications si diverses et si étranges...., qu'on a vu celui qui y commandait en souverain et qui y donnait des fêtes, y être accusé, jugé, condamné et mis à mort, sans qu'aucun pouvoir manquât pour cela à cette terrible centralisation.... L'art a placé partout ses œuvres les plus fameuses, comme si toute l'enceinte n'était qu'un palais de fête ! Les peintres ont servi d'historiographes à toute cette grande et surprenante histoire, que dictaient les conseils assemblés dans les salles, et qu'allaient mettre en action avec le sang des Turcs et des Génois, les flottes sorties de l'arsenal. — Et quels peintres que ceux-là ! le théâtral et pompeux Véronèse, le fougueux Tintoret, Titien, cet amant des belles chairs que son pinceau caressait si bien..... Ce sont de tels peintres qui furent les Plutarques des héros républicains. Celui que le tribunal condamnait pour avoir trahi : Faliero, Calendario, Carmognola, n'avait qu'à lever les yeux sur les murailles, témoins de sa flétrissure, pour voir comment on glorifiait ceux qui avaient bien mérité de la patrie.

Dans une ville aussi riche en monuments, aussi féconde en traditions, en histoire écrite, peinte ou sculptée que l'est Venise, il est difficile que l'imagination ne s'en aille pas de temps en temps ajoutant quelque chose à ce qui est, altérant la chronique, violant les faits pour les arranger d'une façon plus surprenante ou plus poétique encore. C'est ce qui est arrivé, entre autres cas à propos du palais ducal, que bon nombre de personnes croient avoir autrefois été totalement suspendu sur des colonnades. Avouons que l'idée est poétique, que la réalisation de pareille chimère eût été très belle ! Ce terrible édifice, ainsi suspendu par les airs sur ses mille pilotis à jour, eût mieux répondu encore à l'idée qu'on se fait de ses destinations mystérieuses, du secret méfiant des choses qui s'y accomplissaient.... Cette idée était à la fois artistique et philosophique..... mais par malheur elle a le tort de n'être qu'un rêve, au lieu d'une opinion. Comme elle nous avait infiniment souri, nous avons tout fait pour savoir qu'en croire : recherches dans les choses écrites, examen matériel des lieux, et rien ne nous a autorisé à nous ranger parmi les propagateurs de cette version séduisante. Bien plus ! nous avons le regret d'être contraint par notre devoir et notre conscience, de nous classer parmi leurs adversaires, et d'être en fonds pour leur énumérer des preuves rassemblées à regret, annulant totalement une opinion que nous eussions beaucoup désiré être autorisé à admettre, étant dans ce cas comme le juge qui condamne, malgré toute la joie qu'il eût ressenti à acquitter ! (1)

Il nous a toujours semblé regrettable que la galerie supérieure du palais ducal ne put pas être livrée au public ; c'eut été une promenade charmante, où la rêverie eût trouvé un asile, au milieu de ce capitole de l'histoire vénitienne, — au sein de ce panthéon de tant de glorieux et intéressants souvenirs.

Un monument de la conquête a disparu de la Piazzetta, c'était une statue en pied de Napoléon, laquelle était placée en face de la grande fenêtre du palais. Cette statue, solennellement érigée le 15 août 1811, était une colossale figure de marbre, sculptée par un artiste vénitien nommé Dominique Bauti. L'empereur, suivant le style de l'antiquité, était nu, tenant d'une main le globe de Charlemagne, de l'autre le glaive des Césars. Il existe une assez bonne gravure de cette statue qui disparut en 1814. Le modèle, croyons-nous, est dans une des salles basses du musée de Bréra, à Milan.

Ce qui complète la physionomie de la Piazzetta, ce sont les traguetti, les gondoles, entourés de cette armée de *barcaroli* obséquieux et moqueurs à la fois. Ailleurs, nous en avons parlé largement ; ici nous ne devons que mentionner la part que ces embarcations, d'une forme si locale, ont dans l'aspect que présente le lieu dont nous nous occupons.

A l'extrémité du palais ducal et de la Piazzetta, on trouve le pont dit *della Paglia*, nom qui lui vient de ce que les barques venant des îles chargées de paille stationnaient là pour opérer leur vente. Du sommet de ce pont, la vue est splendide ou étrange, suivant la partie vers laquelle on porte la vue, — splendide vers les lagunes et les îles, — étrange si l'on se retourne vers le canaletto qu'enjambe ce pont, et qu'on contemple la façade d'eau du palais ducal. Cette arche mystérieuse qui, suspendue à une assez haute élévation, unit le palais à la sombre prison, toute bardée de fer, c'est le pont poétiquement et aussi pathétiquement appelé le *pont des Soupirs*.....

Ce célèbre pont est une des choses qu'on cherche à Venise. Il est connu au loin, à l'égal de n'importe quel monument illustre de l'Italie entière, de même que les *puits* et les *plombs* du palais ducal, son nom seul inspire des idées de terreur.... Ajoutons aussi que ce nom même qu'il a reçu est allégorique et mystérieux.

Le pont des Soupirs est une arche ou galerie couverte, ténébreuse, partagée intérieurement dans sa longueur pour fournir deux passages indépendants, afin que les coupables ou les accusés ne s'y rencontrassent jamais. La communication vers le palais avait lieu dans les couloirs mêmes des salles de justice des Dix et des inquisiteurs d'état, où communiquaient aussi directement les sombres escaliers des plombs et des puits.

La terreur, ce grand moyen du gouvernement vénitien, était on le sait, un prestige qui ajoutait à la puissance morale de cette justice mystérieuse. Moyens d'action et résultats, tout se cachait au besoin, de sorte que c'était par un effet moral que les esprits étaient frappés, bien plus vigoureusement que par l'étalage répressif d'une justice en plein jour. Le pont des Soupirs dût ainsi jeter bien plus d'épouvante sur le peuple, et agir sur son imagination avec une puissance bien plus profonde que ne l'eût fait la vue d'un échafaud dressé sur la place. A coup sûr, on s'occupait bien plus à Venise des gens disparus.... que des gens exécutés entre les colonnes......

Il est des heures où la vue du pont des Soupirs peut encore faire naître de vives émotions, à qui sait et comprend l'histoire de Venise. Beaucoup aimeront à le voir par une nuit de lune, se dessinant en clarté dans son encadrement de hauts édifices...... C'est un coup-d'œil romanesque et poétique qui fait rêver. Mais pour nous, nous croyons que la véritable *mise en scène* qu'il faut choisir pour aller là, faire revivre dans son souvenir quelque drame du passé de Venise, ce ne sont pas les heures bleues et charmantes de la nuit; c'est plutôt quelque soirée sans lune, où tout est sombre : terre et ciel, ainsi que le passé de ces monuments en face desquels on vient s'appuyer. Alors, on fait plus que *rêver*, on *sent*. Cette arche ténébreuse, qu'on a comparée à un sarcophage, dessine son arcade noire sur le fond glauque du ciel sans étoiles. Les étoiles sont des symboles d'espérance.... elles n'ont rien à faire ici. L'austère et massive prison de droite est plus noire que la nuit; la seule façade historiée du palais ducal dessine quelques croisées, quelques corniches dans les pénombres du tableau. L'eau du canal ressemble à une mare d'encre. Au loin seulement, quelques tons roux et cuivrés des nuages s'y réflètent, de façon que détachée sur l'eau et sur le ciel, l'arche noire du pont mystérieux semble plus étrange, plus formidable encore.... Tout est silence autour de nous, de même que tout est ombre.... Partout la ville dort. Si quelque campanille des environs jette alors par les airs le tintement d'une heure inconnue, il semble que ce soit le glas de bronze qui indique qu'un homme va finir..... Le vent qui passe sous la lagune obscure jette des gémissements et des soupirs dans les cordages des navires; le même souffle nocturne nous enveloppe et nous jette un frisson! Une lueur a passé derrière les fenêtres tout-à-l'heure invisibles, qui avoisinent le terrible pont..... Des projections ont glissé le long du mur de face, et sont allées tomber, rouges comme du sang, dans l'eau noire du canal qui a porté tant de barques, mouvants cercueils de cadavres strangulés.....

Mais voyez au loin..., là-bas sous l'arche, un point lumineux a paru....; tour à tour visible et caché, pâle ou éclatant; il semble, au contraire de l'œil humain que blesse la brusque clarté du jour, hésiter, lui qui est la lumière, à regarder dans la nuit! Est-ce le reflet de quelque étoile du ciel, tombé dans l'ombre du canal? Non; c'est le fanal d'une gondole qui s'avance..... la lumière à présent en est vive et nette, elle jette sur l'eau une longue fusée brillante, comme pour indiquer où la barque doit passer. On chante, écoutez :

> « *Coi pensieri melinconici*
> « *No te star a tormentar.*
> « *Vien con mi, monta in gondola*
> « *Andremo in mezzo al mar!* »

Ce gondolier nous a ramenés au présent avec la brusquerie d'un réveil, lorsque le sommeil, acquis peu à peu, était plein de rêves. On chante maintenant où l'on gémissait autrefois... Qui eût osé chanter là alors! Cette eau qui plia si souvent sous le poids des suppliciés, ne porte plus à cette heure que la gondole des fêtes nocturnes ou des amoureux conduits par un barcarolle insouciant; cette lumière, dont les reflets nous semblèrent si sanglants tout-à-l'heure, c'est la lampe d'un charmant enfant, la fille d'un *custode* qui ne garde plus que les personnages emprisonnés par Tintoret et Véronèse sur leurs splendides toiles historiques. Passez là le jour..., et vous verrez les fleurs et les petits oiseaux de la jeune fille épanouis sur la dalle de sa fenêtre... Et puis sachez que pour une nuit sombre comme celle-ci, Venise vous en offrira vingt toutes bleues, toutes pailletées de ces vives étoiles qui font de la lagune un autre firmamant !

Byron dit, au début du 4ᵉ chant de *Childe Harold* :

« J'étais à Venise sur le pont des Soupirs ; j'avais à ma droite un palais, à ma gauche une prison. »

On comprend aujourd'hui que jamais l'illustre poète ne s'est vu sur le pont des Soupirs, mais que c'est du lieu même où nous avons un moment arrêté notre contemplation, qu'il admirait Venise. Mais Byron, qui ne pouvait enchâsser le *pont de la Paille* dans son vers, y a incrusté celui des Soupirs ; la poésie a ses exigences devant lesquelles doit s'abaisser la rigoureuse analyse.

C'est dans ce pont que Cooper fait accomplir une des scènes les plus émouvantes de son roman *le Bravo*..... Mais l'histoire, croyez-moi, y a fait naître des drames bien autrement terribles encore que les créations des écrivains, et cette arche sombre révélerait d'épouvantables choses, si se réveillait aujourd'hui l'écho qui y dort discrètement emprisonné.

Disons pour finir que cette arche, construite par Antonio dal Ponte, architecte du bâtiment des prisons aux ordres rustiques et doriques, qu'elle réunit au palais ducal *, ne datait que de deux siècles, à l'époque de la chute de la République. Les nouvelles prisons mises en communication directe avec la justice, par ce pont mystérieux, rendirent à peu près inutiles les puits et les plombs de l'intérieur du palais.

On raconte qu'un étranger qui avait passé une grande heure appuyé sur les rampes du pont *della Paglia*, et qui demanda à un passant où était le pont des Soupirs, fût poliment conduit par le Vénitien sur la rive des Esclavons, en face d'une petite rue sur laquelle fait angle l'*Albergo Reale*. Là, on lui montra la construction que le lecteur pourra voir, suspendue en l'air sur l'étroite rue qui sert de canal à ce pont apocryphe.... On ne dit pas si l'étranger dessina ce pont des Soupirs sur son album de Touriste !

---

* Ce bâtiment est aujourd'hui la principale prison de Venise.

Revenant sur la riva de la Piazzetta, nous dirons que chaque soir, pendant la belle saison, c'est le rendez-vous familier de tous les flâneurs et des étrangers qui se trouvent à Venise. Depuis la grille dorée du jardin du gouvernement jusqu'au pont, la foule vient respirer l'air frais du soir, voir coucher le soleil et lever la lune. Les gondoles, qui à tout moment prennent ou débarquent le monde, ajoutent à la singularité, à l'animation de ce spectacle charmant, l'un des plus agréables que forment la pompe des édifices et l'originale topographie de cette ville, que dans son hardi ouvrage sur l'Italie, Lady Morgan a, on ne sait trop pourquoi, appelée la *Rome de l'Océan*.

SOMMAIRE DES NOTES

DU CHAPITRE SUR LA PIAZZETTA.

(a) Sur le jardin du gouvernement. — Napoléon. — George Sand. — (b) Sur une erreur accréditée, à propos des colonnes de granit. — (c) Les premières monnaies de Venise. — Les premiers ducats d'or. — Effigie des doges. — Dons volontaires des citoyens à la *Zecca*. — Une anecdote dramatique. — (d) Intérieur de l'ancienne bibliothèque. — Description des tableaux. — Les salles du Palais-Royal. — (e) Explication scientifique de quelques signes des colonnes d'Acre. — (f) La guerre et la religion à Acre. — (g) Recherches sur les phases architecturales. — Classement, par époques, des monuments vénitiens. — (h) Recherches sur les faits relatifs à l'élévation de l'eau autour de Venise. — Exemples. — Proportions établies. — Prévisions. — (i) La lune dans la colonnade du palais ducal. — (j) Sur l'objet d'une note supprimée.

(A) Si l'on n'a point fait figurer ce qu'il y aurait à dire de ce jardin, qui est pour beaucoup dans la poésie et la variété de cette partie de Venise, dans l'examen de la Piazzetta, c'est que ce jardin n'est pas un monument, un objet de curiosité, une chose, que le devoir du *guide* lui ordonne de signaler, bien que ce soit un des lieux qu'en certaines saisons on devra affectionner le plus; c'est que la verdure, les arbres, les fleurs ne sont pas chose commune à Venise; et obligée de se reporter au loin jusque sur les îles environnantes pour s'en rafraîchir, la vue se délecte avec plus de charme, en trouvant mêlé aux plus splendides monuments de ce site cet oasis où chantent les oiseaux et où s'épanouissent les roses. Construit par ordre de Napoléon au commencement de ce siècle, ce jardin est suivant nous, un des dons le plus agréable que le conquérant de l'Italie eût pu faire à cette ville à laquelle il ravissait tant de choses. Il est des heures du soir, vers le coucher du soleil, où le spectacle qu'on y voit, l'atmosphère qu'on y trouve, sont véritablement délicieux. Le lecteur en aura fait, ou en fera l'expérience. L'entrée de ce jardin, vers le soir, est celle du palais du gouvernement, sous les Procuraties neuves.

Dans les anciens temps, cet emplacement qui portait le nom de *Terranova*, servait à la construction de quelques bâtiments de commerce. Il y eût aussi vers l'an 1320, parmi les édifices de charpentage une sorte de ménagerie, où une lionne mit bas. Plus tard cet emplacement devint un marché au poisson. Le jardin actuel ne date que de 1808.

George Sand pendant son long séjour à Venise, aimait à se faire porter la nuit sur les degrés de marbre de l'escalier qui s'abaisse dans le canal, rêvant fumant, dormant, et ayant la gondole à portée du sifflet.

(B) Quelques personnes prétendent à Venise que ces colonnes furent apportées au nombre de trois, mais qu'en les débarquant du vaisseau qui les apportait d'Orient, l'une d'elle rompit les appareils qui les soutenaient et tomba dans l'eau, d'où nul effort ne put jamais la retirer, et où elle serait conséquemment encore, sans qu'on puisse désigner bien positivement sur quel point.

Nous avons attentivement recherché, dans les chroniques du temps, et dans les histoires postérieures, et nous n'avons rien trouvé qui put venir à l'appui de cette version, née sans doute dans l'imagination de quelques flâneurs de la Piazzetta, et qui, acceptée sans contrôle, aura ainsi acquis un retentissement immérité.

(C) Les premières monnaies Vénitiennes semblent dater du IXe siècle. Muratori parle d'une pièce qui lui parût frappée vers ce temps, et Liruti dans son essai sur les monnaies en a dessiné une qui a tous le caractères du VIIIe siècle ou du commencement du IXe. Elle ne porte que la légende *Kristus imperat*, et sur le revers *Venecia*, sans figure. Dans tous les cas, ces monnaies furent très certainement antérieures à l'arrivée à Venise du corps de saint Marc, car à dater de cette époque l'image du nouveau patron figura sur toutes celles de la République. Depuis longtemps néanmoins les pièces d'or et d'argent frappées à Venise avaient cours dans toute l'Italie.

(C) Ce fut sous le dogat de Jean Dondolo qu'on frappa pour la première fois ces ducats d'or si connus sous le nom de *sequin*. Les empreintes de ces monnaies furent diverses, bien que le doge régnant y figurât toujours. D'abord il y était représenté assis, le lion de saint Marc à ses pieds; ensuite on l'y mit debout, puis enfin à genoux recevant des mains de saint Marc l'étendard de la République. Mais ce qui peut paraître étrange, c'est que cet état qui armait des flottes, qui faisait des traités avec les empereurs et avec les rois, ait été obligé de demander un privilége du pape, pour frapper ces monnaies nouvelles. Ce fait ayant été nié par quelques historiens, il convient de citer textuellement ici l'autorité sur laquelle il est maintenu.

Nel 1285, sotto questo Doge (Jean Dandolo, mort en 1289) avendo avuto i privilegj del papa e dell'imperatore, di poter far stampare e coniare monete di rame, d'argento e d'oro, fino a questo giorno stampatone d'argento, al presente deliberarono di far ducati.

(Chronique de Sanuto).

Au reste, les sequins de Venise ne tardèrent pas à être si communs partout l'Orient, qu'ils y devinrent la monnaie la plus usuelle, et la pureté de leur or fut cause qu'ils ne furent jamais dépréciés.

Sous le dogat de Pierre Mocenigo (1475) on frappa des monnaies qui prirent le nom du doge, on disait aussi *lira Moceniga*.

A l'époque de la ligue de Cambrai (1517) la *Zecca* reçut les dons volontaires d'un grand nombre de citoyens qui vinrent au secours de la République, épuisée par huit années de luttes. On y déposa l'argenterie, les vases des chapelles particulières, et une foule de bijoux. L'État n'avait pas dépensé moins de cinq millions de ducats d'or (c'est-à-dire plus de 170 millions valeur actuelle) pour soutenir la guerre que lui avaient fait les puissances.

On cite une anecdote curieuse à propos de ces dons volontaires faits par les citoyens, à l'établissement des monnaies.

Un jour de fête, un patricien se trouva à l'église San-Zaccaria, auprès d'une bourgeoise qui portait au cou une croix d'or d'assez grand prix. Or il arriva que par hasard ce patricien reconnut cette croix pour avoir fait partie d'un lot d'objets précieux, dont il avait fait don quelques années auparavant à la République, lorsque le trésor de l'État était épuisé. Le patricien, sûr de son fait, fit sa déclaration sur-le-champ. Une enquête eût lieu, il fut reconnu que cette femme avait pour mari un employé de la *Zecca*. Mais la probité bien connue de celui-ci ne permettant pas de porter sur lui les soupçons d'infidélité, la femme fut mise à la question et avoua qu'elle avait dérobé cette croix dans les coffres dont son mari avait la garde, et où l'on puisait le métal qu'attendaient les creusets.

Le lendemain la femme était pendue aux colonnes de la Piazzetta, la croix d'or attachée à la main. C'est le premier exemple de la justice des Dix, sévissant publiquement contre une femme.

(**D**) Ce magnifique bâtiment contint donc d'abord, et dès le XVIe siècle (jusqu'en 1812, comme il a été dit), la bibliothèque. L'intérieur est en partie sans destination aujourd'hui. La grande salle qui renfermait la bibliothèque est ornée de diverses peintures que nous énumérerons.

A droite en entrant : *saint Marc sauve un Sarrasin du naufrage*, par J. Tintoret.

A gauche : *Enlèvement des sépulcres d'Alexandrie, du corp de saint Marc*, par le même.

Sur la muraille qui fait face aux fenêtres : *David précédant l'arche*, par A. Molinari.

En face de la porte d'entrée : *Saül offrant un sacrifice*, par le même.

Le plafond est des plus remarquables. Il est divisé en sept compartiments, offrant chacun trois divisions ovales : Là se sont pour ainsi dire défiés neuf des plus grands peintres du XVIe siècle. Nous allons désigner pièce à pièce ce plafond splendide et curieux. Commençons cet examen près de la porte d'entrée, près des fenêtres :

1er COMPARTIMENT

I. *Les Compagnes de la Vertu.*
II. = *Les soins qu'elle exige.*
III. = *La Gloire et le Bonheur.*
Par *Jules Licinio*.

2e COMPARTIMENT.

I. = *La Vertu qui méprise la Fortune.*
II. = *Le Génie des Arts, avec Mercure et Pluton.*
III. = *L'Art Militaire.*
Par *Joseph dalla Porta*, surnommé *del Salviati*.

3e COMPARTIMENT.

I. = *L'Agriculture.*
II. = *La Chasse.*
III. = *Les fruits du travail.*
Par *Jean-Baptiste Franco*.

4e COMPARTIMENT.

I. = *La Nature féconde, devant Jupiter.*
II. = *La Religion.*
Par *Jean de Mio*.
III. = *La Sculpture* = par *Bernard Strozzi*, surnommé le *Prêtre Genovese*.

5ᵉ COMPARTIMENT.
I. = *L'Amour des Sciences*.
II. = *Le Goût des Arts*.
Par *Jean-Baptiste Zélotti*.
III. = *La Géométrie et l'Astronomie* = par *Alexandre Varottari*, surnommé le *Padovanino*.

6ᵉ COMPARTIMENT.
I. = *L'honneur déifié*.

II. = *La Géométrie et l'Arithmétique*.
III. = *La Musique*.
Par *Paul Véronèse*.

7ᵉ COMPARTIMENT.
I. = *La Souveraineté*.
II. = *Le Sacerdoce*.
III. = *La Force militaire*.
Par *André Schiavone*.

Des ornements de Semolei entourent ces peintures. Les portraits des philosophes, placés entre les fenêtres et sur les angles de la salle, sont de Schiavone et de J. Tintoret.

On peut, lorsque la famille du vice roi ne les habite pas, c'est-à-dire pendant l'été, visiter les appartements de l'aile de la place Saint-Marc, dite Procuratives neuves, ou Palais-Royal. Ces appartements, qui pour la distribution et le mobilier ressemblent à toutes les demeures princières, sont ornés de tableaux que les amateurs examineront avec plaisir, car le choix en est excellent. Nous en dresserons rapidement le catalogue sommaire :

Bonifaccio : *La paix.—Les miracles de la multiplication des pains.— La pluie des cailles et de la manne.—Saint Jérôme et saint Ubalde.—Saint Marc remettant à Venise son étendard* (ces quatre derniers tableaux dans une salle.—*Le jugement de Salomon—Le rédempteur*; — Titien : *Le passage de la mer rouge* (un de ses premiers tableaux)—P. Véronèse : Un plafond représentant une *allégorie* sur Venise, chef-d'œuvre admirable.—*Le Christ dans le jardin.—L'institution du Rosaire.—Adam et Ève.*

Jean Bellini : *La Vierge et l'enfant Jésus.*

Georgion : *Descente du Christ aux limbes.* —

J. Bassano : *Les animaux entrant dans l'arche. — Saint Jérôme dans le désert. — Le Christ portant la croix. — Saint Jean l'évangéliste. — La présentation au temple.—*

Pâris Bordone : *Le Christ mort.* —

Roch Marconi : *La femme adultère devant J-C.*

Et plusieurs autres toiles remarquables, dont nous ne désignerons pas l'emplacement, parcequ'il a été reconnu que ces tableaux subissent quelques mutations dans leur exposition.

Le célèbre *Ecce Homo*, d'Albert Durer est dans la chapelle, où il semble fixé. C'est une toile classique et réputée. Sur l'autel est une toile du frère de Véronèse, C. Cagliari, représentant *le Père éternel ayant le Sauveur sur ses genoux*.

Tous les ornements, grisailles et peintures à fresque de ces divers appartements sont de M. le chevalier Borsato, professeur actuel à l'Académie des beaux arts de Venise, artiste distingué auquel on doit aussi comme architecte la grande salle de bal de ce palais.

L'ensemble des Procuratives neuves, dites Palais-Royal, ainsi que la *Fabrica nuova* du fond de la place, forme les appartements réservés au souverain et aux princes du sang ; ceux du vice-roi du royaume Lombard-Vénitien, et les logements du gouverneur de Venise.

Napoléon a habité la partie du bâtiment qui avoisine la place : sa chambre à coucher était à l'angle, sur le jardin.

(**e**) Dans une lettre fort intéressante, adressée par l'archéologue Davide Weber à M. Emmanuel Antonio Cicogna (savant auteur du *Iscrizioni Veneziane*), le célèbre étranger parle du fait que ces colonnes ou *stipiti* ont appartenu au temple de S. Saba à Acre ou Tolémaïde. Or, comme ce temple fut élevé dans les premiers siècles de notre ère des Grecs, et que ceux-ci transportèrent une partie de leurs habitudes religieuses dans la nouvelle église de J.-C., il est raisonnable de supposer que ces monogrammes devaient exprimer quelqu'invocation, en rapport avec la majesté divine. Voici donc comment les a interprétés le correspondant de M. Cicogna.

Côté du Campanille, — premier monogramme en haut : — *Deo Summo*, — en bas : — *Exauditori* où *Auxiliatori*. Deuxième monogramme, en haut : *Deo Supremo*, — en bas : **Maximo**. Du côté du palais même interprétation.

M. Weber soutient sa version en invoquant le souvenir d'inscriptions qui furent trouvées à Palmyre, à peu de distance d'Acre, vers le même temps, et dont les caractères sont les mêmes.

(**F**) Voici un fait singulier à propos de Saint-Jean-d'Acre ; c'est un curieux épisode des mœurs du temps.

Les Génois et les Vénitiens, se trouvaient vers l'an 1260, maîtres en partage de Saint-Jean-d'Acre. Mais comme il ne se trouvait dans la ville qu'une seule église pour les deux nations, les Génois la voulaient pour eux seuls, tandis que les Vénitiens, plus raisonnables, demandaient qu'elle fut commune. Le pape invoqué dans l'affaire, jugea en faveur des Vénitiens. Mais les Génois, loin de se soumettre à cette décision occupèrent l'église, s'empressèrent de la fortifier, et par complément chassèrent de la ville les Vénitiens qui étaient en minorité.

Mais on devine bien que Venise ne s'en tint pas là. La République expédia une douzaine de galères qui forcèrent l'entrée du port et brûlèrent tous les navires génois qui s'y trouvaient. Ensuite les troupes marchèrent sur l'église, qui, occupée par les Génois, subit un assaut en règle, comme une forteresse. Les Génois furent obligés de se rendre, et l'église, objet de la querelle, fût renversée par les vainqueurs et les vaincus, de sorte qu'il ne resta nul prix de la victoire pour les Vénitiens. Mais ce ne fut là que le prélude des grands combats qui suivirent ; c'est ainsi que la guerre civile s'alluma entre les chrétiens de la Terre-Sainte, aux yeux des infidèles que leur ligue devait détruire.

(**G**) Une chose nous a semblé utile et intéressante, particulièrement pour les personnes qui s'occupent d'art un peu plus sérieusement que de simples curieux. C'est de réunir époque par époque tous les monuments et toutes les sculptures remarquables que renferme Venise, en suivant chronologiquement ces époques suivant l'importance qu'elles ont dans la marche de l'art.

Dans une première phase, qui ne saurait été appelée époque, nous réunirons tout ce qui a devancé le XIV siècle, ensuite nous marcherons avec les diverses transformations ultérieures de l'art.

Nous disons donc, avant le XIV siècle :

La Basilique Saint-Marc (le vaisseau), — l'autel de la Madone, dite de *Mascoli*. Dans ce temple ; — la *Pala d'oro* ; — le Campanille ; — le petit temple de *saint-Fosca*, à Torcello ; — l'alignement de la place Saint-Marc et de la Piazzetta ; — la façade extérieure du chœur, ou dôme de Murano ; — le temple de saints Jean et Paul ; — l'angle du palais ducal (rebâti) ; — le Palazzino, dit *Ca'doro*.

Seconde phase ou époque, XV° siècle.

Porte d'entrée du palais ducal, dite *della Carta* ;—escalier des Géants ;—cheminées des chambres ducales;—arcade ou couloir qui conduit de la porte *della Carta* à l'escalier des Géants ;—le palais Foscari ;—le palais Pisani, à Saint-Paul (grand canal) ;—le Campanille de la *Madonna del Orto* ;—l'école de saint Marc, à Saints-Jean et Paul;—église de Saint-Zacharie ;—porte d'entrée de l'arsenal;—palais Vendramin-Calergi (grand canal);—palais Contarini, à San-Lucca ; — un des autels de la croix de la Basilique Saint-Marc ; — le monument du médecin J. Suriani, à l'église San-Stefano ;—la porte de l'oratoire de Saint-Jean l'évangéliste;—la porte de l'église à l'île Sainte-Hélène;—le monument Orsini dans l'église des Frari;—l'église de Sainte-Marie des Miracles;—le monument du général Colleoni, place Saints-Jean et Paul ;—la chapelle *Emilienne*, à Saint-Michel de Murano (cimetière actuel);—la Tour de l'Horloge, place Saint-Marc;—les vieilles Procuratives.

Troisième époque,—commencement du XVI° siècle :

Façade du palais ducal sur la Riva, et intérieur de la cour ;—la base en bronze des piliers ou mât de pavillons;—l'église San-Salvatore;—un des autels de cette église ;—le palais Trevisan, au pont de la Canonica ;—le Fondaco de Tedeschi;—le monument du doge Pesaro, à l'église des Frari;—celui de Melchior Trevisan, au même lieu ; — autel à l'église Saints-Gervais et Protais ;—confrérie de Saint-Roch;—maître-autel à l'église Saint-Roch;—autel de la Madonne *della Scarpa*, chapelle Zeno, à la Basilique Saint-Marc;—palais Contarini à San-Samuele (grand canal);—monument du doge Vendramine, à l'église Saints-Jean et Paul;—monument Marcello, au même temple;—vieilles fabriques à Rialto,—l'église Saint-Jean l'Aumônier, à Rialto; — palais dits de Camerlinghi ;—façade du petit côté de la Basilique, dans la cour du palais ducal;—chapelle et monument Cornaro, église des Saints-Apôtres.

Quatrième époque : Édifices de Sanmichieli;—Sansovino,—Palladio ;—Antoine da Ponte,— et Scamozzi, la plus splendide phase de l'art.

Château Saint-André, au Lido; palais Grimani, à San-Lucca (grand canal); —Porte du palais Grimani, à Santa-Maria Formosa ;—ancien palais Cornaro, aujourd'hui Mocenigo, à Saint-Paul (grand canal) ;—palais Cornaro (corner) à San-Maurizio (grand canal) ;—église San-Fantin ;—église San-Francesco della-Vigna ;—la *Zecca* (hôtel des monnaies) ;—le bâtiment de la vieille bibliothèque;—la Loggietta, au pied du Campanille;—église San-Giorgio de Greci ;—fabriques neuves à Rialto ;—monument du doge Venier, à l'église San-Salvatore;—église Saint-Géminien;—escalier d'or, au palais ducal;—couvent de la Charité (la Carità, aujourd'hui Académie des beaux-arts);—église du rédempteur, à la Guidecca ;—église de San-Giorgio-Maggiore, sur l'île de ce nom ;—église Santa-Lucia;—prisons publiques;—pont de Rialto;—Procuratives neuves, aujourd'hui Palais-Royal;—palais Contarini, à Saints-Gervais et Protais;—cheminées de Scamozzi, dans les chambres ducales ; — antichambre de l'ancienne bibliothèque ; — église de San-Nicolo de Tolentini ; — hôpital de San-Lazzaro, aujourd'hui hôpital civil ; —monument du doge Gritti, à l'église de San-Francesco della Vigna.

Enfin la cinquième et dernière époque fut, comme on sait, une phase de décadence. Pourtant elle offre à citer, sinon pour la pureté du goût, du moins pour la somptuosité de l'architecture, les églises de San-Mosè, — de Santa-Maria Zobenigo,— de San-Salvatore, — des Scalzi, — des Gésuiti, — de San-

Pietro del Castello; — les splendides palais Pisani, à San-Stefano, — Rezzonico, — Pesaro, — Grassi, tous sur le grand canal; — le séminaire Patriarcal, — l'église San-Basso, — celle de Santa-Maria della Salute, — la douane de mer, aujourd'hui de *transit;* — les églises de la Madalena et de San-Simeone-Minore; — le théâtre de la Fenice, — les nouvelles fabriques ou Palais-Royal, — les jardins publics, etc.

Tout ce qui a été bâti plus récemment a cherché plus ou moins à imiter l'une ou l'autre de ces époques, dont la quatrième, celle qui vit une partie des grands artistes dont l'Italie pût s'enorgueillir, restera toujours un modèle désespérant à surpasser.

(■) Il est dit dans un ouvrage fort consciencieusement écrit, sur les monuments vénitiens, que sur l'assertion du mathématicien Zendrini le vieux, cité par Manfredi, dans son *Mémoire sur l'accroissement du niveau de la mer autour de Venise,* la place Saint-Marc, autrefois fort supérieure aux crues, étant enfin gagnée, dut être relevée d'un pied en 1732.

La banquette de marbre qu'on voit le long du palais ducal, du côté du canal, était, à l'époque où l'observait Zendrini, *un demi-pied au-dessous* des marées ordinaires.

En 1796, Manfredi mesura de nouveau la hauteur de la marée ordinaire sur cette banquette, et il la trouva de *huit pouces,* ce qui lui fit conclure qu'à Venise, l'accroissement du niveau de la mer serait de tout près de *quatre pouces par siècle.*

En 1810, c'est-à-dire quatorze ans après ces premières observations, le même mathématicien renouvela son examen, et il trouva un accroissement d'environ *un tiers de pouce.*

Par ailleurs, il paraît qu'un escalier et quelques égoûts de tout antiquité, qu'on a découverts en 1811, près de l'île *Saint-Georges-Majeur,* étaient autrefois ensevelis d'environ six pieds dans la vase. Or ces constructions ayant été primitivement bâties, au moins en partie, au-dessus de la surface de la crue, les eaux envahissantes les ont peu à peu noyées et fait disparaître. Cette déduction serait confirmée par une trouvaille de briques romaines submergées, qui a été faite au même niveau que la découverte de l'escalier.

Or il résulte de ces diverses observations, fort sérieusement consignées dans des mémoires et écrits respectables, que l'eau croît autour de Venise d'environ *trois pouces par siècle.*

Ces faits donnent toute probabilité à l'opinion que le palais ducal, bâti depuis cinq siècles, aurait vu ses colonnes fondamentales disparaître d'environ quinze pouces dans les exhaussements de la place.

Au reste, cette crue des eaux, sensible surtout à certaines époques de l'année, procure parfois le plus singulier spectacle : l'eau envahissant la Piazzetta et la place Saint-Marc, on voit les Vénitiens se faire apporter en gondole jusqu'au café, et les rames sillonner une place où deux heures plus tard on pourra se promener à pied sec.

Nous souhaitons au voyageur de se trouver à Venise lorsqu'arrive une de ces crues; c'est alors qu'il comprendra que, comme Vénus, Venise est une fille de la mer, et que, comme Palmyre, elle peut périr par elle!

(■) Il est un spectacle que les Vénitiens eux-mêmes, qui sont et doivent nécessairement être un peu blasés sur les beautés de leur ville, se donnent assez volontiers à chaque plein de lune. Ce spectacle consiste à se trouver l'été sur la Piazzetta, vers neuf ou dix heures, et de voir l'astre nocturne se lever derrière la petite île de *Saint-Georges-Majeur*, puis, escaladant l'azur foncé du ciel, s'élever assez haut pour qu'il soit possible de le placer, en cherchant le point de vue nécessaire, dans l'angle de la colonnade du premier étage, au palais ducal. Les projections argentées de la lune élargie par son voisinage de l'horizon, en filtrant, en scintillant, en pétillant à travers les frêles découpures du marbre des arceaux mauresques, font un effet aussi bizarre que ravissant.... On dirait un magique décor de théâtre, où tout est si merveilleusement arrangé pour l'effet, que c'est presque de l'invraisemblance.

Plusieurs fois la peinture, la lithographie se sont efforcées de reproduire ce spectacle, qui restera beaucoup mieux représenté dans le souvenir, dans les impressions de ceux qui l'auront vu, que sur toutes les toiles et les feuilles de papier possibles.

(*) Une longue note avait été faite, armée de toutes les preuves qu'il avait été possible de rassembler, à la suite d'un sérieux examen moral et matériel de cette question. — Mais après ce moment passé, où la fièvre de la réfutation ferait écrire des volumes, nous avons cru devoir sacrifier cette note aux proportions voulues de ce livre.—Nous résumerons le tout, faisant ainsi bon marché de notre propre opinion, basée cependant sur une consciencieuse étude du fait, en disant que nul historien, écrivain, chroniqueur n'a écrit une ligne qui pût autoriser à croire à cette version du palais ducal suspendu sur des lignes de colonnes évidées.

IV

LES DOGES. — LE CONSEIL DES DIX. — LE PATRICIAT.

SOMMAIRE.

Histoires et attributions du Dogat. — Restriction du pouvoir des Doges. — Leur élection. — Leur costume. — Nomenclature des Consuls et des Doges. — Durée de leur règne. — Noblesse vénitienne. — Conseil des Dix. — Ses attributions. — Terreurs qu'il inspire. — Les Trois ou Inquisiteurs d'État. — Ses pouvoirs illimités. — Anecdotes.

Les doges ont toujours figuré au rang des têtes couronnées : ils étaient ducs ou princes de Venise.

Mais il faut le dire, dans la seconde moitié du cours des siècles qu'embrasse la République, ils ne furent plus que comme les rois de Sparte, c'est-à-dire qu'avec la majesté d'un roi, ils ne possédaient guère que l'autorité d'un citoyen.

L'histoire de cette dignité peut se diviser en trois périodes : La première date de l'an 69⁻, époque à laquelle on reporte la création du dogat, jusqu'au commencement du XIe siècle, l'an 1032 approchant.

Durant cet intervalle de plus de trois siècles, * les doges étaient de véritables souverains. Ils faisaient, comme les rois absolus, la paix ou la guerre; ils prenaient à leur gré le commandement des armées, choisissaient leurs conseillers, nommaient leurs officiers et tous les employés, et désignaient souvent même leur successeur. Sans faire de lois, ils rendaient la justice, et avaient le droit de faire grâce.

La seconde époque date du XIe jusque vers le milieu du XIIIe siècle. Dès lors leur pouvoir commença à être restreint. Ils n'avaient plus une voix absolue, le sénat connût des affaires de l'état. Pourtant le prince choisissait les membres de ce sénat (pregati); bien qu'ils ne pussent plus choisir leur successeur, ils purent encore avantager amplement les membres de leurs familles, et l'his-

* On a tenté de faire remonter plus haut l'origine du gouvernement aristocratique, mais de sérieuses investigations ont fait justice de cette erreur ou de cette prétention des premiers historiographes du dogat.

toire en offre maint exemple. Ainsi les îles de *Cherzo* et d'*Ozero* eurent pour comte le fils du doge *Guido Polani*. En 1156, un fils du doge *Vital Michieli*, reçut un honneur semblable. Pendant un siècle et demi, la famille *Morosini* posséda l'île d'*Ozero*, comme comté héréditaire, en la recevant de Michieli par alliance. Dans ces époques, on voit souvent l'autorité dogale confiée au fils du prince absent, comme par exemple au dép... de Vital Michieli, deuxième du nom, pour la guerre c ...tre *Manuel Comnène*, et de *Henri Dandolo*, pour la conquête de Constantinople. Plus tard le doge absent, eut pour intérimaire le plus ancien de ses conseillers.

A partir du XIIIe siècle les choses prirent un nouvel aspect. Le sénat, le grand conseil, gagnèrent en puissance aux dépens de l'autorité personnelle du doge. Le grand conseil devenu permanent, héréditaire et souverain, réduisit le prince au rôle de premier magistrat de la République. Les modifications à ce qui lui reste de pouvoir se succèdent chaque jour. Il doit jurer sur toutes sortes de réserves mises à son autorité, laquelle va rester un titre, un mot :

Il s'engage à ne pas chercher à ressaisir les pouvoirs qui lui échappent;

Il gardera le secret sur les affaires du grand conseil; il ne pourra lire aucune lettre des cours étrangères hors de la présence de ses conseillers; il ne peut, sans eux, expédier aucune dépêche, ni donner audience aux ambassadeurs, ni leur faire de réponse sans délibération préalable;

Sa famille ne peut exercer de gouvernement hors Venise, — ni accepter de bénéfice ecclésiastique, — ni faire partie des ambassades, — ni recevoir de dons, etc.

Pendant les XIVe et XVe siècles, on lui interdit de sortir de Venise sans qu'il en ait été délibéré; — il ne peut exercer le commerce même par sa famille; — il ne peut réparer ni élever de monument public, ni posséder ou acquérir de bien hors du dogado, — ni avoir plus d'une voix dans le conseil.

Les XVIe et XVIIe siècles voient encore resserrer les chaînes de cette ombre d'autorité. Le Doge ne peut même plus recevoir dans ses appartements particuliers ni les ambassadeurs étrangers, ni les généraux de la République. Il semble que l'on redoute toujours que le chef suprême de l'état n'en soit le plus grand traître, et qu'il faille se défier de ses relations. Ces précautions inouïes, offensantes, qui ne furent justifiées qu'une fois par *Marino Faliero*, n'empêchèrent cependant pas ce doge extravagant de mettre la République à deux doigts de sa perte, et de jeter peut-être le désordre dans toute l'Italie. Aux époques dont nous venons d'écrire la date, les fils du prince sont obligés de résider dans la capitale, nul membre de sa famille ne peut avoir des rapports avec les souverains ou les princes étrangers. Sa femme, la *Dogaresse*, n'est plus couronnée et n'a plus de suite officielle; elle ne peut non plus recevoir les visites des ministres étrangers. Chaque mois les conseillers font au doge une nouvelle lecture de son serment.

On a remarqué que fort rarement, à partir du XIIe siècle, on vit élever à la dignité dogale un homme ayant encore sa femme. Ce fut chez les Vénitiens une véritable maxime. On élisait les doges à un âge tellement avancé, qu'ils étaient presque toujours veufs. Presque toujours aussi le choix tombait sur celui qui était resté célibataire. De là peut-être l'usage de ne marier que les cadets dans les grandes maisons, et uniquement l'immense quantité de filles nobles condamnées au célibat, et partant la nécessité des couvents.

C'est ainsi que pendant huit siècles on travailla sans relâche à restreindre l'autorité ducale, et soixante-dix-huit lois sont restées, qui attestent cette jalousie que ses prérogatives inspiraient aux conseils et au sénat. Le Doge n'eut donc bientôt personnellement aucun pouvoir; rien de lui ne valait que par le concours du corps de l'État. Il reçut même des réglements pour l'emploi de son temps, pour sa table, son train de maison. Ce fut en un mot, et sans hyperbole aucune, le citoyen le moins libre de tout l'État.

Dans les premiers siècles de l'autorité ducale, on vit presque toujours le Doge prendre le commandement des armées. Les exemples en sont nombreux dans la chronologie de l'histoire. *Urse* enlève Ravenne aux Lombards; — *Jean Participatio* défait personnellement Obelerio son compétiteur; — *Pierre Tradenigo* commande une armée contre les Sarrasins; — *Urse Participatio* commande une expédition contre les Corsaires; — *Jean* du même nom délivre l'île de Grado; — *Pierre Candiano I* meurt en combattant les pirates de Narenta; — *Pierre Candiano II* les défait; — *P. Urseolo I* marche au secours de la Pouille contre les Sarrasins; — Son fils *Urseolo II* conquiert la Dalmatie; — Le fils de ce dernier, *Othon Urseolo*, bat le roi des Croates; — *Dominique Con-*

tarini assiége Zara et la soumet; — *Dominique Silvio* entreprend contre les Normands plusieurs campagnes; — *Ordelafe Falier* ajouta à ses titres celui de duc de Croatie, et meurt d'une flèche en combattant les Hongrois; — *Dominique Michieli* conduit les Vénitiens au siége de Tyr et à d'autres victoires; — *Vital Michieli II* fait la guerre à l'empereur d'Orient; — *Sébastien Ziani* a la gloire de sauver le pape Alexandre III en battant la flotte de Frédéric Barberousse, enfin *Henri Dandolo* monte à l'assaut de Constantinople, et plante sur ses ramparts le gonfalon de Saint-Marc, à côté de la bannière de Saint-Louis!

Voilà une longue liste de doges guerriers, tous, antérieurs au XIII° siècle *. Cette ardeur belliqueuse n'atteste pas seulement leur patriotisme, mais elle est aussi un indice de leur autorité, du plaisir qu'ils trouvaient à l'exercer, en prenant le premier poste parmi les plus périlleux qu'occupâssent les grands.

Au XIV° siècle, on ne trouve que *Laurent Tiepolo* qui tire personnellement l'épée. C'est dans une expédition contre les Bolonais. Bientôt, ce sont seulement les fils des doges qui marchent à l'ennemi.

Une fois l'aristocratie bien établie, tout occasion d'exercer le commandement militaire, ou même de le confier à leurs proches, fut retirée aux Doges. Si deux vieillards parurent encore sur les flottes (*André Contarini*, dans la guerre de Chioggia, et *Christophe Moro* dans la croisade provoquée par le pape Pie II), ce fut avec l'entourage de leurs conseillers et du sénat, et parce que le gouvernement jugeait à propos de se montrer à l'armée pour animer le patriotisme guerrier. Le Doge était là un symbole : il n'exerçait aucun commandement militaire.

Reste une exception, celle qu'offre *François Morosini*, dit le *Péloponésiaque* : son habileté reconnue à surmonter ces circonstances difficiles, le fit nommer au commandement général; mais ce ne fut pas lui qui prit cette initiative.

Il y eût une grande quantité de Doges qui furent des soldats illustres : souvent la corne dogale alla trouver un homme qui se trouvait l'épée à la main devant l'ennemi.

Élu au palais ducal par un scrutin et un ballottage, le Doge était, comme cela a été expliqué anecdotiquement ailleurs, porté autour de la place Saint-Marc, pour recevoir la sanction popu-

---

* Voir l'*Histoire de Venise*, de P. Daru, T. 7, L. 59, et les *Chroniques* de Paul Paruta, — Adrien Chinazzo, etc.

laire. L'argent qu'il jetait lui faisait des partisans sûrs de tous les gens sans opinion. Rentré au palais, on le couronnait de la corne enrichie de diamants, au haut de l'escalier des Géants, puis il allait à Saint-Marc entendre une messe d'actions de grâces, dite par le patriarche de Venise. Parmi les statuts et formules qui lui étaient lus, était l'avis qu'après sa mort il serait exposé en public pendant trois jours, afin que ceux qui auraient éprouvé de lui quelque dommage, pussent en demander l'indemnité sur sa succession.

Toujours dans la crainte que le prince ne se fît des partisans dont le dévoûment pouvait être exploité par lui dans quelque but secret, on avait même fini par prescrire des bornes à ses générosités. La dépense des repas ou des fêtes qu'il était obligé de donner dans certaines circonstances, était fixée. On limitait la somme qu'il pouvait jeter au peuple de la place Saint-Marc, le jour de son élection. Il n'eut bientôt plus de garde, et sa maison fut réduite à un écuyer, un maître des cérémonies, quelques ecclésiastiques et une cinquantaine d'huissiers[*].

Son costume était de pourpre, de brocart et d'hermine. Sa couronne cérémoniale, dont l'origine remonte au don de l'abbesse Morosini[**], était d'or enrichie de pierreries, ce qui obligeait le doge à se garnir le crâne d'une sorte de *serre-tête*, si étrange à voir dans certains tableaux. Pour le commun du temps, il avait une coiffure de drap d'or, ayant la forme phrygienne du *corno* d'étiquette. Dans les cérémonies publiques, on portait devant lui des trompettes d'argent, un cierge allumé, une chaise recouverte en drap d'or, des éperons d'or, des coussins, une ombrelle, presque tous objets provenant des présents faits, en 1177, par le pape Alexandre III au doge Ziani, qui l'avait accompagné jusqu'à Rome, après lui avoir fait rendre par Barberousse son trône pontifical[***]. Deux de ses officiers portaient les coins de son ample manteau, et il était entouré de divers dignitaires, suivis d'un patricien portant une épée au fourreau. Ensuite venaient les conseillers de la seigneurie, les présidents de la quarantie-criminelle, le conseil des dix, les avogadors et les procurateurs; le corps du sénat fermait la marche.

[*] Voir Daru, Paruta, etc.
[**] Voir la note B, au chapitre sur l'intérieur du palais ducal.
[***] On verra le don de ces présents sur un tableau de la salle du *Grand Conseil*, au palais ducal.

Dans les conseils, le Doge siégeait sur une estrade, ainsi qu'on peut le voir encore dans deux salles supérieures du palais ducal. — Tout le monde se levait à son entrée et à sa sortie. Les secrétaires qui lui présentaient des délibérations le faisaient à genoux.... C'est avec ces marques de respect qu'on présenta à François Foscari la sentence de son fils!

On le voit, on s'efforçait de rendre en vaine étiquette, en parodie de puissance, ce qu'on enlevait de pouvoir à ce fantôme de souverain [*]. On honorait ainsi un diadème, sans laisser le droit de penser et d'agir au front qui le portait. Souvent octogénaire, nonogénaire quelquefois, le doge n'était qu'un vieillard infirme et sans énergie, représentant un principe, et non une individualité puissante. C'était l'homme le plus espionné, le plus surveillé, le plus barricadé de devoirs, de réglements et de statuts qui fût dans toute la République.

Pour finir ce rapide aperçu de l'état de cette dignité suprême dans le gouvernement vénitien, nous consignerons ici la liste complète des doges, précédée des magistrats ou consuls qui leur furent antérieurs, à partir du moment où le port de Rialte fut constitué par les Padouans. Nous ajouterons à cette nomenclature la durée du règne de chaque doge, et nous terminerons ce travail par la liste du nombre des ducs de Venise qui ont appartenu au même nom.

Consuls envoyés de Padoue pour gouverner le port de Rialte, premier centre de l'émigration des Vénètes, vers l'an 400 de l'ère chrétienne :

Galieno Fontano.

Simon Glauconio.

Antoine Calvo, qui tous trois étaient consuls à Padoue lors de la fondation de Rialte.

Albert Falerio.

Thomas Candiano.

Conon Daulo [**]. Selon quelques chroniqueurs, ce serait sous la magistrature de ceux-ci qu'il faudrait reporter la constitution de Rialte; selon la chronique manuscrite de Sivos, ils y furent

---

[*] L'histoire prête cette phrase à un *Lorédan*, qui pourtant devint doge : « J'aimerais mieux être une des unités qui composent le conseil impérial et collectif des Dix, que de briller isolément, magnifique zéro, le front ceint de cette vaine couronne. »

[**] Ce *Daulo* est considéré comme étant la tige des *Dandolo*.

envoyés comme consuls en 421. Trois ans plus tard leur succédèrent :

Marin Linio.
Hugues Fusco.
Lucien Granlo. Les chroniqueurs varient sur ces derniers. Sansovino appelle Graulo, *Gavisa*. Sivos désigne ainsi ces trois consuls : *Julien Giusto*, *Massimo Elevico* et *Hugues Fosco*. Dans tous les cas, les uns ou les autres furent nommés à la troisième année de la constitution de Rialte, et exercèrent deux ans.

Marc Aurelio,
André Clodio,
Albin Moro, furent les successeurs du précédent.

En 473, la suite des consuls manque. Viennent après eux les tribuns des diverses îles qui commençaient à se peupler. François Sansovino dit, d'après Zeno, qu'en 503 le gouvernement fut confié à un seul tribun pour toutes les îles, ce qui dura 71 ans ; puis le nombre de ces magistrats fut porté à dix, pendant 130 ans ; enfin ils furent élevés à douze, depuis 654 jusqu'à 697. Alors commencèrent les doges, Rialte s'était déjà augmenté des principaux îlots qui l'avoisinaient, et que des ponts lièrent les uns aux autres. Voici les premiers doges :

697 — *Paul-Luc Anafeste*, d'Héraclée, île de l'archipel Vénète. Son règne fut de 20 ans 6 mois.

717 — *Marcel Tegaliano*, aussi d'Héraclée ; 9 ans.

726 — *Urse* ; il fut massacré par le peuple, pour soupçon de malversation ; son règne fut de 11 ans. On se dégoûta des doges, et l'on en revint à des magistrats annuels appelés *maîtres de la milice.*

Ce furent :

737 — *Dominique Lée* ou *Leono.*

738 — *Félix Cornicula* ou *Cornachino.*

739 — *Theodat* ou *Deodato Urse*, fils du dernier doge massacré. Celui-ci plut au peuple, qui le réélut pour un an.

741 — *Julien Cepario* ou *Ipato.*

742 — *Fabrice Ziani*, qu'on désigne aussi sous le nom de *Jean Fabriciatio*. Il mécontenta le peuple, qui lui creva les yeux, genre de punition fort usité alors à l'égard des criminels. Il n'acheva pas son année de pouvoir.

Cette fois, le peuple se dégoûta des magistrats annuels comme seize ans auparavant il s'était dégoûté des doges. On en revint donc au pouvoir suprême, et en quelque sorte absolu. Les doges de cette nouvelle série furent :

742 — *Théodat Urse*, qui avait été *maître de milice* trois ans auparavant. Après 13 ans de règne il eut aussi les yeux crevés et fut déposé, ou destitué.

755 — *Galla*. — Un an. Il abusa des priviléges ; on lui creva les yeux et on l'exila.

756 — *Dominique Monegario*. Huit ans. Il eut le même sort que le précédent.

764 — *Maurice Galbajo*, d'Héraclée ; 23 ans.

779 — *Jean Galbajo*, fils du précédent. Il avait été associé au dogat du vivant de son père. Son règne fut de 9 ans, conjointement avec lui, et de 16 ans, après la mort de Maurice. Exilé.

796 — *Maurice Galbajo*, fils de Jean. Associé au dogat de son père ; il partagea son exil.

804 — *Obelerio Anthénor*, de Malamocco ; il s'associa *Béat* son frère.

807 — *Valentin*, second frère du précédent doge. Ils finirent par être chassés et bannis tous trois. Dans la suite, Obelerio fut mis à mort.

809 — *Ange Participatio*, tige de la célèbre maison de *Badouer*. Il était d'Héraclée. Il régna 18 ans.

814 — *Jean Participatio*, second fils du précédent, qui fut associé au dogat de son père. Il se démit de ces fonctions pour les céder à Justinien, son frère aîné.

827 — *Justinien Participatio*, fils aîné d'*Ange*, associé à son père.

» — *Ange Participatio II*, son fils, et petit-fils d'*Ange*. Il paraît que celui-ci mourut avant son père, car *Justinien* appela son frère *Jean* à partager sa dignité. *Justinien* ne régna que 2 ans.

828 — *Jean Participatio*. Le même qui avait déjà été associé avec *Ange*, son père, le fut aussi à son frère *Justinien*. Il fit mettre à mort *Obelerio*, qui avait voulu ressaisir la dignité ducale.

Carossio surprend le doge dans son palais et usurpe le pouvoir ; mais il est bientôt renversé par une conjuration : on lui crève les yeux et on l'exile.

Jean Participatio est rappelé. Il finit 8 ans après par être déposé.

836 — *Pierre Tradenigo*, de la famille ensuite appelée *Gra-*

denigo. Il s'associa son fils, et mourut assassiné après 29 ans de règne.

» *Jean Tradenigo*. Associé au dogat avec son père, mourut avant lui.

864 — *Urse Participatio*. 17 ans. Il s'associa son fils en 876.

881 — *Jean Participatio*. 6 ans. Il abdiqua.

887 — *Pierre Candiano*. 5 mois. Il fut tué en combattant les Narentins.

» — *Jean Participatio*, qui avait abdiqué 5 mois auparavant, rappelé pour exercer les fonctions de doge; il ne voulut les accepter que pour 6 mois.

888 — *Pierre Tribuno*. 23 ans de règne. L'abbé Tentori, dans sa Liste des Doges, fait remarquer qu'ici il doit manquer un *Dominique Tribuno*, de Chioggia, qui aurait été doge avant *Pierre*, son fils; mais il parait qu'il ne subsiste plus qu'un seul témoignage de son règne, c'est un acte conservé dans les archives de la ville de Chioggia, sur lequel se trouve clairement consigné son nom.

912 — *Urse Participatio*. Il abdiqua pour se faire moine. Il régna 20 ans.

932 — *Pierre Candiano* II, fils de *Pierre*, qui avait été doge en 887. Il régna 7 ans.

939 — *Pierre Badouer*. 2 ans.

942 — *Pierre Candiano* III, fils de *Pierre* II. 11 ans. Il s'associa son second fils, aussi nommé *Pierre*.

952 — *Pierre Candiano* IV, second fils du précédent. Il fut aussi associé au dogat du vivant de son père, puis plus tard exilé, et jugé indigne de posséder aucune charge de la République. Il finit par être massacré par le peuple, après 24 ans de règne.

976 — *Pierre Urseolo*. 2 ans; il abdiqua.

978 — *Vital Candiano*. 1 an; il abdiqua.

979 — *Tribuno Memmo*. 13 ans; il abdiqua.

991 — *Pierre Urseolo* II. 17 ans.

Jean Urseolo, son fils, associé au dogat du vivant de son père, meurt avant lui.

1005 — *Othon Urseolo*, second fils de Pierre. 20 ans. Exilé.

1025 — *Pierre Centranigo*. 4 ans. Déposé et relégué dans un couvent.

1029. — *Urse Urseolo*, patriarche d'Aquilée. Il exerça provisoirement les fonctions de doge pour son frère Othon, pendant un an. Othon mourut avant d'avoir pu prendre possession, et Urse se démit de l'autorité.

1030 — *Dominique Urseolo*. Il s'empara du dogat; mais assailli dans son palais, il se réfugia à Ravenne; toute sa famille fut proscrite.

1031 — *Dominique Flabenigo* ou *Flabanico*. Régna 10 ans.

1041 — (ou 1043, selon Sansovino), *Dominique Contarini*. 26 ou 27 ans.

1069 — *Dominique Silvio*. 13 ans. Il fut déposé, selon quelques historiens.

1084 — *Vital Falier*, dit *Dodoni*. Dix ans.

1094 — *Vital Michieli*. 8 ans. Premier doge du nom.

1102 — *Ordelafe Falier*. 15 ans. Il mourut les armes à la main. Deuxième doge du nom.

1117 — *Dominique Michieli*. 13 ans. Deuxième doge du nom.

1130 — *Pierre Polani*. 18 ans.

1148 — *Dominique Morosini*, 8 ans. Premier doge du nom.

1156 — *Vital Michieli* II. 17 ans. Il fut tué dans une sédition populaire. Troisième et dernier doge du nom.

1173 — *Sébastien Ziani*. 5 ans.

1178 — *Orio Malipieri*. 14 ans. Il abdiqua pour se faire moine.

1192 — *Henri Dandolo*. 13 ans. Premier doge du nom.

1205 — *Pierre Ziani*. 24 ans. Il abdiqua. Deuxième du nom.

1228 — *Jacques Tiepolo*. 20 ans. Il abdiqua.

1249 — *Marin Morosini*. 3 ans. Deuxième doge du nom.

1252 — *Renier Zeno*. 16 ans.

1268 — *Laurent Tiepolo*. 6 ans. Deuxième doge du nom.

1274 — *Jacques Contarini*. 6 ans. Il abdiqua. Deuxième doge du nom.

1280 — *Jean Vandolo*. 9 ans. Deuxième doge du nom.

1289 — *Pierre Gradenigo*. 20 ans.

1310 — *Marin Giorgi*. 10 mois.

1311 — *Jean Soranzo*. 16 ans.

1328 — *François Dandolo*. 11 ans. Troisième du nom.

1339 — *Barthelemi Gradenigo*. 4 ans. Deuxième du nom.

1343 — *André Dandolo*. 11 ans. Quatrième et dernier du nom.

1354 — *Marino Faliero*. 1 an. Décapité. Troisième et dernier du nom.

LES DOGES.

1355 — *Jean Gradenigo.* 1 an. Troisième et dernier du nom.
1356 — *Jean Dolfino.* 5 ans.
1361 — *Laurent Celsi.* 4 ans.
1365 — *Marc Cornaro.* 2 ans.
1367 — *André Contarini.* 15 ans. Troisième doge du nom.
1382 — *Michel Morosini.* 4 mois. Troisième doge du nom.
1382 — *Antoine Venier.* 18 ans.
1400 — *Michel Steno.* 13 ans.
1413 — *Thomas Mocenigo.* 10 ans. Premier doge du nom.
1423 — *François Foscari.* 34 ans. Déposé.
1457 — *Pascal Malipieri.* 4 ans.
1462 — *Christophe Moro.* 9 ans.
1471 — *Nicolas Trono* ou *Tron.* 2 ans.
1473 — *Nicolas Marecello.* 1 an.
1474 — *Pierre Mocenigo.* 2 ans. Deuxième doge du nom.
1476 — *André Vendramini.* 2 ans.
1478 — *Jean Mocenigo.* 8 ans. Troisième doge du nom.
1485 — *Marc Barbarigo.* Un an. Premier doge du nom.
1486 — *Augustin Barbarigo.* 15 ans. Deuxième du nom.
1501 — *Léonard Lorédan.* 20 ans.
1521 — *Antoine Grimani.* 3 ans.
1524 — *André Gritti.* 14 ans.
1538 — *Pierre Lando.* 7 ans.
1545 — *François Donato.* 7 ans.
1553 — *Marc-Antoine Trevisani.* 1 an.
1554 — *François Venier.* 2 ans. Deuxième du nom.
1556 — *Laurent Priuli.* 3 ans.
1559 — *Jérôme Priuli.* 9 ans. Deuxième du nom.
1567 — *Pierre Lorédan.* 3 ans. Deuxième du nom.
1570 — *Louis* ou *Alvise Mocenigo.* 6 ans. Quatrième doge du nom.
1576 — *Sébastien Venier.* 2 ans. Troisième et dernier du nom.
1578 — *Nicolas Daponter.* 7 ans.
1585 — *Pascal Cicogna.* 10 ans.
1595 — *Marino Grimani* 10 ans. Deuxième du nom.
1606 — *Léonard Donato.* 6 ans. Deuxième du nom.
1612 — *Marc-Antoine Memmo.* 4 ans. Deuxième et dernier doge du nom.
1616 — *Jean Bembo.* 2 ans.

1618 — *Nicolas Donato.* 3 semaines. Troisième et dernier doge du nom.

1618 — *Antoine Priuli.* 5 ans. Troisième et dernier doge du nom.

1623 — *François Contarini.* 2 ans. Quatrième doge du nom.

1625 — *Jean Cornaro.* 5 ans. Second doge du nom.

1630 — *Nicolas Contarini.* 2 ans. Quatrième doge du nom.

1632 — *François Erizzo.* 13 ans.

1645 — *François Molino.* 10 ans.

1655 — *Charles Contarini.* 1 an. Sixième doge du nom.

1656 — *François Cornaro.* Quelques jours. Troisième doge du nom.

1656 — *Bertuce Valier.* 1 an.

1657 — *Jean Pesaro.* 3 ans.

1660 — *Dominique Contarini.* 14 ans. Septième doge du nom.

1674 — *Nicolas Sagredo.* 2 ans.

1676 — *Louis Contarini.* 7 ans. Huitième et dernier doge du nom.

1683 — *Marc-Antoine Giustiniani.* 5 ans.

1688 — *François Morosini.* 6 ans. Quatrième et dernier doge du nom.

1694 — *Silvestre Valier.* 6 ans. Deuxième doge du nom.

1700 — *Louis Mocenigo.* 9 ans. Cinquième doge du nom.

1709 — *Jean Cornaro.* 13 ans. Quatrième et dernier doge du nom.

1722 — *Sébastien Mocenigo.* 10 ans. Sixième doge du nom.

1732 — *Charles Ruzzini.* 2 ans.

1734 — *Louis Pisani.* 7 ans.

1741 — *Pierre Grimani.* 11 ans. Troisième et dernier doge.

1752 — *François Lorédan.* 10 ans. Troisième et dernier doge du nom.

1762 — *Marc Foscarini.* 10 mois.

1763 — *Alvise Mocenigo.* 16 ans. Septième et dernier doge du nom.

1779 — *Paul Renier.* 9 ans.

1788 — *Louis Manini.* 9 ans. Dernier doge.

Il y a eu 5 doges du nom de *Candiano.* — Les *Contarini* en ont eu 8. — Les *Cornaro*, 4. — Les *Dandolo*, 4. — Les *Donato*, 3. — Les *Faliero*, 3. — Les *Galbajo*, 2. — Les *Gradenigo*, 3. — Les *Grimani*, 3. — Les *Ipato*, 2. — Les *Loré-*

dan, 3. — Les *Memmo*, 2. —Les *Michieli*, 3. — Les *Mocenigo*, 7.
— Les *Morosini*, 4. — Les *Orseolo*, 3. — Les *Participatio*, 6. —
Les *Priuli*, 3. — Les *Tiepolo*, 2. — Les *Valier*, 2. — Les *Venier*,
3. — Les *Ziani*, 2.

Les familles qui ont eu le plus de doges sont d'abord celle des *Participatio*, dans les premiers temps de la République, puis dans les siècles plus rapprochés, les *Contarini* — et les *Mocenigo*.

Nous ne saurions peut-être mieux faire, pour compléter dans ses conséquences cette nomenclature des premiers chefs de l'état républicain de Venise, que de la faire suivre d'un coup-d'œil sur la noblesse vénitienne. Pour cette fois, nous n'hésiterons pas à faire des emprunts littéraux aux écrivains qui nous ont précédé dans la matière, et sans autre soudure transitoire, nous en arriverons sur-le-champ à ce qu'il nous a semblé intéressant de présenter au lecteur étranger.

Voici donc, selon l'historien Daru, comment se divise et s'étage la noblesse vénitienne. Nous ne prendrons dans cette nomenclature nulle autre responsabilité que celle qui consiste à la reproduire. Pour nous, la noblesse *illustre* marche avant la noblesse *ancienne*. Aussi, avons nous donné place dans ce livre à tout ce que nous avons trouvé de nom célèbre sur le chemin des choses que nous décrivions, ou que nous citions.

« Le nombre des hommes nobles de Venise s'est élevé à *douze cents* et plus. Cette noblesse se classait ainsi :

« Les familles appelées électorales, c'est-à-dire qui passaient pour remonter aux douze tribuns qui élurent le premier doge, en 697. C'étaient :

« Les *Badouer*, descendants des *Participazio*. Ils ont eu six doges [*]; — les *Barozzi*; — les *Contarini*, huit doges; — les *Dandolo*, quatre doges; — les *Falier*, trois doges; — les *Gradenigo*, trois doges; — les *Memmo*, anciennement *Monegario*, trois doges; — les *Polani*, un doge; — les *Sanuto*, autrefois *Candiano*, cinq doges; — les *Tiepolo*, deux doges.

« Mais il y avait d'autres familles, qui, sans avoir pris part à l'élection du premier doge, remontaient aussi aux anciens tribuns. C'étaient :

« Les *Bembo*, un doge; — les *Bradadinio*; — les *Cornaro*, aujourd'hui *Corner*, quatre doges; — les *Dolfino*, un doge; —

---

[*] Nous relèverons quelques erreurs qui portent sur les chiffres des doges par familles.

les *Giustiniani*, un doge ; — les *Querini*, auxquels appartenaient les deux doges du nom de *Galbajo* : — les *Sagredo*, un doge ; — les *Soranzo*, un doge ; — les *Zeno*, un doge ; — les *Ziani*, deux doges.

On voit qu'un petit nombre de familles a fourni la moitié des doges qu'a eus la République. »

A Venise, les noms ne changeaient presque jamais, car on n'y prenait jamais ni des noms de terres, ni de ces qualifications qui jettent la confusion dans les généalogies. Les nobles vénitiens laissaient les titres de comtes et de marquis à leurs sujets de la Terre-Ferme.

Nous rapporterons, d'après les auteurs, quelques souches de généalogies qui remontent presqu'au septième ciel.

Les Giustiniani. — L'empereur Justinien.
Les Querini, les Cornaro ou Corner. — Des Cornéliens.
Les Venier. — Valeria de Rome.
Les Marcello. — Le consul Marcellus.

En face de racines pareilles, l'arbre généalogique des premiers barons chrétiens jette de bien mesquines ombres sur la terre de la Palestine !

En reprenant l'histoire de Daru, nous trouvons que la seconde classe de noblesse se composait des familles qui prouvaient qu'elles faisaient partie du grand Conseil à l'époque où le droit d'y siéger devint perpétuel et héréditaire. Il n'en restait guère plus de soixante dans ces derniers temps ; les autres s'étaient éteintes. Plusieurs devaient être antérieures à la clôture du grand Conseil, mais comme alors la noblesse n'avait pas une existence politique, et ne donnait droit à aucun privilége, il n'y avait de noble que ce qui était illustre. Ces maisons remontaient donc au moins à la fondation du patriciat. Voici [*] la nomenclature des principales :

Barbarigo. — *Celsi.* — *Donato.* — *Erizzo.* — *Foscari.* — *Foscarini.* — *Grimani.* — *Gritti.* — *Loredan.* — *Malipier.* — *Marcello.* — *Mocenigo.* — *Molino.* — *Moro.* — *Pesaro.* — *Pisani.* — *Da Ponte.* — *Priuli.* — *Ruzzini.* — *Trevisani.* — *Trono.* — *Valier* et *Venier*, toutes familles ducales, c'est-à-dire, qui ont fourni des doges à la République.

La troisième classe, enfin, serait formée des trente familles qui furent élevées au patriciat 90 ans après la clôture du grand Con-

[*] Selon Daru.

seil, pour les services rendus ou les secours fournis à l'État pendant la guerre de Chioggia. Ces familles n'avaient donc qu'environ un siècle de noblesse de moins que celles de la seconde classe. Parmi ces familles, dont plus de la moitié s'étaient éteintes avant la République, trois avaient été honorées du dogat : les *Cicogna*, — les *Vendramino*, — les *Renier*.

Enfin arrivait la quatrième classe de nobles Vénitiens, se composant de nobles Candiotes, de ceux des provinces, ou des citadins de Venise qui avaient obtenu le patriciat lorsque, pour subvenir aux dépenses de l'Etat, on avait accepté leurs sommes. Un seul patricien de cette classe fut élevé à la dignité suprême ; ce fut *Louis Malini*, qui a eu le triste honneur d'être le dernier doge de la République.

Nous ne parlerons pas de cette autre classe de nobles vénitiens, dont l'agrégation n'était qu'honorifique; c'étaient des princes des maisons de Bourbon, de Lorraine, de Savoie, de Lusignan, de Luxembourg, de Brunswick-Lunébourg et des membres des familles papales, qui demandaient à être *patriciens de Venise*, comme de nos jours on voit des souverains joindre à leurs titres celui de roi de Jérusalem.

LE CONSEIL DES DIX. — LES INQUISITEURS D'ÉTAT.

Pour compléter cet ensemble de choses dont il est bon que le lecteur ait un aperçu avant de visiter le *Palais Ducal*, nous croyons devoir offrir ici quelques détails sur le *Conseil des dix*, ainsi que sur les *Inquisiteurs d'État*, double tribunal qui possède une si ample part dans la terreur dont la littérature moderne a enveloppé le gouvernement vénitien. L'effroi que jettent ces tribunaux inexorables dans l'imagination de l'étranger, a des sources plus littéraires qu'historiques, de nombreux écrivains ayant pris ces *décemvirs* et ces *triumvirs* pour comparses de leurs compositions. Shakspeare dans son *Maure de Venise*, a dit de ces tribunaux terribles :

« La mort frappe sans bruit, le sang coule en silence,
« Et les bourreaux sont prêts quand le soupçon commence. »

Casanova dans ses hardis mémoires à l'égard desquels on peut parodier ce vers :

« La mère en *défendra* la lecture à sa fille. »

Cooper dans son *Bravo*, — Byron dans les *deux Foscari* et dans mainte autre composition, — Otway dans *Venise sauvée*, — Casimir Delavigne dans *Marino Faliero*, — Charles Nodier dans *Jean Sbogar*, — Victor Hugo dans *Angelo, tyran de Padoue*, — George Sand dans plusieurs romans, — Alphonse Royer dans *Venezia la bella*, — Lamothe-Langon dans *Bonaparte et le Doge*, et dans le *Prince de Venise*, et une foule d'autres écrivains de toutes les nations dans toutes sortes d'œuvres, sans oublier M. Scribe dans son opéra la *Reine de Chypre*, ont pris le *Conseil des dix* comme une des ombres les plus vigoureuses à employer dans l'harmonie de leurs compositions. M. Daru dans son estimable *Histoire de Venise*, et d'autres encore sur ses traces, ont donné à une foule de suppositions, d'inventions et d'exagérations toute la grave autorité de l'histoire. Qui a tort ? Qui a raison ? C'est ce que l'on n'oserait décider ici (en eût-on même l'intention ou la prétention...). Ici, dans le court espace que le plan général de cet ouvrage accorde à cette matière, il nous suffira de dire que l'imagination a bien des droits, surtout lorsqu'elle s'attache à une chose, à une institution déjà fort étrange, fort imposante, fort mystérieuse par elle-même. Peut-être, plutôt d'essayer de conclure, est-il à propos de présenter un résumé historique de ces tribunaux terribles, résumé puisé aux sources les moins combattues, et renforcé des réfutations faites dans les temps derniers aux propositions des auteurs les plus hostiles au gouvernement secret de Venise. C'est ce que nous allons tenter. Le *Conseil des dix* et celui *des trois*, l'un par sa création singulière, et son pouvoir exorbitant, l'autre par ses actes terribles se rattachent si essentiellement à l'examen du palais ducal, que quelques pages sur ces terribles institutions, nous ont paru la préface indispensable de la visite artistique et historique que nous devons faire de cet édifice, au chapitre suivant.

Au fait.

Une tentative insurrectionnelle dirigée par Marco Querini et Bajamonte Tiepolo, en 1310, conjuration dont il a été parlé au chapitre sur la place Saint-Marc, ayant causé malgré son avortement, un grand effroi au sénat, et au grand conseil de la République il fut arrêté que pour rechercher si le complot découvert n'avait pas laissé quelque ramification dangereuse pour l'État, il serait créé une autorité dictatoriale, formée de dix patriciens, et armée de tous les moyens d'action dont il lui semblerait opportun de disposer. Cette autorité, c'était le *Conseil des Dix*.

D'abord on n'avait voulu l'instituer que pour peu de temps. Mais son existence dût être prorogée pour qu'il accomplît entièrement sa tâche, et comme le pouvoir qu'il exerçait plaisait infiniment à ses membres, ce conseil démontra si bien son utilité, tendant à prévenir toute conjuration, tout complot nouveau dans l'avenir, que le sénat le nomma pour cinq ans, pendant le cours desquels, devenu assez fort par lui-même, il se prorogea pour dix autres années; et enfin en 1325, le pouvoir du *Conseil des Dix* était si grand, il était réputé si utile, si indispensable à la marche de l'État, que cette terrible et hardie institution fut déclarée perpétuelle*.

Lorsque le *Conseil des Dix* fut érigé en pouvoir régulier de l'État, voici quelles furent les bases sur lesquelles il reposa :

Ses membres durent être choisis dans dix familles patriciennes différentes;

Ils durent avoir déjà rempli quelque charge de l'État.

Leur pouvoir tout d'abord, fut sans responsabilité, sans appel, sans limite. On les arma de tous les moyens d'action, on les affranchit de toutes les formes, on leur offrit toutes les têtes! Le *Conseil des Dix* était comme un pouvoir créé pour assurer la conservation et la tranquillité de celui des autres.

Mais il usa si largement de la première puissance qui lui fut dévolue, qu'il ne tarda pas à inspirer la terreur même à ceux qui l'avaient institué, en cherchant jusque dans leur sein, des accusés ou des coupables. Peu à peu il devint aussi ambitieux qu'il était déjà terrible; et fondé d'abord pour connaitre seulement des crimes d'État, et exercer une sorte de police politique, il chercha à s'emparer d'autres pouvoirs administratifs.

* Dans son *Histoire de Venise*, M. Daru dit que ce *Conseil* ne fut d'abord institué que pour cinq jours, puis pour dix, puis prorogé encore et peu à peu. — Il ajoute que chaque membre devait être âgé de plus de 40 ans, etc. — Un patricien de Venise, M. Tieppo, qui a écrit deux volumes de laborieuses recherches et de réfutations sur divers passages de l'œuvre de M. Daru, *cite en entier* le décret du *Consiglio maggior*, qui institua le premier *Conseil des Dix*, et cet écrivain fait remarquer que dans ce décret rien de tout ce qu'a avancé l'auteur français ne se trouve. Il semble difficile que M. Daru ait puisé ses renseignements à de meilleures sources que son réfutateur.

Sous prétexte de veiller à la sûreté de la République, il s'efforça d'intervenir dans les questions de paix ou de guerre, dans l'emploi des finances, et de plus, chaque fois que le masque de ses attributions de police politique le servit suffisamment pour déguiser son ambition envahissante, il se mit directement en rapport avec les puissances étrangères, cassa des arrêts du grand conseil, dégrada des membres du gouvernement, et plus tard en arriva d'empiètement en empiètement, jusqu'à se faire assez fort pour oser destituer un doge !

Mais examinons plus lentement les divers degrés de cette puissance, les attributions, les actes de ce terrible tribunal, qui peu d'années après son établissement, faisait trembler ceux mêmes qui l'avaient créé !

Dès que l'existence du *Conseil des Dix* eût été établie pour *cinq ans*, voici quelles attributions il reçut.

Toutes les affaires relatives à la sûreté de l'Etat, — toutes les accusations politiques, et même celles au criminel, lorsque les prévenus étaient patriciens. — Plus tard, ce même droit s'étendit jusqu'à ordonner l'arrestation même d'un membre du pouvoir soupçonné de délit politique, — fut-ce le doge !

Toutes les contraventions importantes aux lois de police, commises dans l'enceinte de Venise ou sur les lagunes ;

Les cas d'adultère, d'enlèvement, de viol, etc., commis par des patriciens ;

Les délits religieux, les sacriléges et blasphèmes, entraînant la peine capitale ;

La police de l'imprimerie et de la librairie.

Mais, dans une foule de cas, ce tribunal, presque continuellement occupé des questions les plus graves, descendit jusqu'aux puérilités de la simple police, voulant montrer qu'au besoin il avait l'œil et l'oreille partout. C'est ainsi qu'en 1668, l'usage des perruques lui ayant semblé *scandaleux*, il en provoqua la répression par un acte revêtu de formes trop sérieuses pour ne pas être bouffonnes.

Le merveilleux, le mystère imposent toujours aux masses. Les esprits d'élite même soustraient difficilement leur imagination à l'influence qu'exerce ce prestige. Ce fut assurément là un des plus actifs éléments de la puissance de terreur qu'inspiraient *les Dix*. Plus leurs actes étaient inattendus et inexplicables, plus ils produisaient d'effet. Que l'homme atteint fut coupable ou non, tout le monde était certain que le tribunal n'ignorait rien, ne pardonnait rien. Le plus souvent, la procédure ne durait qu'un jour, n'était pas écrite, ne laissait pas de trace. Quelquefois on inscrivait la sentence, et c'était tout. Ces juges silencieux imposaient le silence au peuple. On ne songeait pas plus à examiner la raison des coups qu'ils frappaient, qu'on ne discute les actes de la justice divine ; le peuple, en désignant *les Dix*, disait : *Ceux d'en haut!*

Ce conseil était, du reste, si l'on en croit quelques historiens, entouré d'un appareil formidable. Il avait à ses ordres un nombre de *sbires* et de *bravi* illimité. Souvent, ses agents eux-mêmes disparaissaient après lui avoir obéi dans quelque expédition importante et secrète. On rapporte qu'une petite galère, de l'espèce appelée *fuste*, était toujours stationnée non loin du palais ducal, et que des gens masqués y attendaient des ordres aussi mystérieux qu'eux-mêmes. On voyait toujours dans l'arsenal une galère prête à appareiller pour des destinations inconnues, et on lisait avec terreur sur sa poupe ce signe redouté : C. D. X.*

Le *Conseil des Dix* avait des ramifications partout. Ses créatures pénétraient dans tous les palais, dans toutes les cabanes. Les plus grands seigneurs, les patriciens, les ambassadeurs étrangers même, n'étaient pas sûrs de n'avoir pas un espion, un agent mystérieux du terrible décemvirat parmi leurs valets. Ce pouvait être la main *des Dix* qui leur présentait leurs repas, leurs lettres, leurs invitations. Ce qu'il y avait de plus terrible peut-être encore, c'est que l'agent secret du tribunal venant à être découvert, le maître qu'il trahissait ou devait trahir n'osait le chasser..., n'osait essayer de le corrompre!... Le prix offert n'eût jamais payé les risques que courait le sbire dont la tête était si bien au service du redoutable conseil une fois le marché fait, qu'il la prenait au premier soupçon de fidélité équivoque!

On assure que les membres du *Conseil des Dix* eux-mêmes, ne dédaignèrent pas, dans beaucoup de circonstances, de payer de

* A l'égard de cette galère de l'arsenal, le réfutateur de M. Daru dit que le texte est exagéré, car c'était une vieille galère sans voiles, etc. — Se prononcer entre l'imposante autorité d'un historien célèbre et la consciencieuse réfutation d'un homme de sens est difficile. Mais, nous hasarderons pourtant une petite observation qui naît des mots plus que des choses : Le *C. des X* a duré environ cinq siècles ; on avait donc soin de l'entretenir toujours de *vieilles galères!* C'est le contraire ordinairement qui se fait. — De deux choses l'une : ou le fait de cette galère est controuvé, — ou elle était en bon état, et prête à répondre aux besoins du *Conseil des Dix*, car sans quoi, pourquoi la tenir prête? Prête à quoi, *sans voiles?*

leur personne, lors de certaines occasions graves ou nulle oreille que la leur, nul œil que celui des chefs ne devaient pénétrer des mystères dangereux *.

Une des choses qui distinguent particulièrement le tribunal de ces décemvirs, c'était sa rigoureuse inflexibilité. Or, comme sa juridiction avait plus souvent à sévir contre les classes élevées que contre le peuple, cette sévérité avait répandu dans les classes inférieures l'opinion que le rang d'un coupable ne le sauvait jamais du châtiment.

Un prévenu, une fois arrêté, n'avait plus la consolation de voir ses parents ou ses amis; il n'obtenait pas de défenseur; il n'était pas confronté avec les témoins qui déposaient sur lui. S'il était condamné, les juges le faisaient pendre sur la Piazzetta, ou noyer dans le canal Orfano, à quelques milles de Venise, à l'aide d'un bateau à bascule; parfois, aussi, il était étranglé dans sa prison, suivant qu'il était utile ou nuisible de donner de la publicité à l'affaire **.

Les traîtres subissaient toujours un supplice publié, apparent, fait pour répandre la crainte, la terreur dans l'esprit du peuple. S'il avait été strangulé dans sa prison, le coupable était ensuite pendu par les pieds entre les deux colonnes de granit de la Piazzetta : quand il voyait un cadavre dans cette position, le peuple comprenait ce que cela voulait dire..... et il passait silencieusement. Les décemvirs qui savaient l'immense effet produit par ce

---

* On lit, dans l'*Histoire de Venise*, que les choses allaient beaucoup plus loin encore, car les membres du *Conseil des Dix* se seraient à leur gré fait ouvrir toutes les portes, eussent fait arrêter et venir à eux tous les passants, toutes les gondoles, rien qu'en ouvrant leur robe et en montrant brodées sur leur poitrine les terribles lettres C. d. X... Ainsi des sœurs eussent été réduites à livrer leurs frères, des épouses obligées de laisser pénétrer jusqu'à leur mari, ces terribles juges masqués, allant ainsi surprendre jusque dans le sanctuaire domestique des secrets qui valaient des têtes... Un patricien suspect eut, au moindre soupçon, subi l'examen, la saisie de ses papiers, tandis qu'un piége le retenait dehors..... Tout cela est fort effrayant, fort dramatique assurément, mais aussi fort exagéré, et les historiens ont érigé en regle générale quelque cas exceptionnel qu'ils n'ont pas même pu citer.

** M. Daru va plus loin encore, car il prétend que ce terrible Conseil condamnait à mort, *même ceux qui n'étaient pas convaincus*. C'est encore une erreur que révèle l'examen des véritables statuts du C. des X. — Il y est dit qu'un *arogador* (espèce de procureur du roi), devait assister à toutes les séances criminelles du Conseil, pour veiller à l'exécution de la loi, proposer lui-même la condamnation, etc.

*** Ces condamnations devaient être votées par les *deux tiers* des membres, si elles étaient proposées par un des chefs des *Dix*, et par les *quatre-cinquièmes*, si l'accusation naissait d'un dénonciateur qui eût signé. Il est vrai que parfois ces formes furent un peu négligées, car elles ne s'accordent guère avec plus d'un fait connu, avéré; — mais au moins est-ce là ce que les statuts avaient établi.

genre de punition d'un crime qu'il importait le plus de prévenir, prenaient soin d'entretenir cette terreur populaire, en faisant, ainsi qu'on l'a dit ailleurs, à propos des colonnes de la Piazzetta, pendre de temps en temps par les pieds des cadavres pris dans les hôpitaux..., et suppléant ainsi pour l'effet à produire, à la disette de coupables!

Et, comme si ce terrible tribunal n'eût pas déjà été assez fort et assez redoutable, à la suite de plusieurs tentatives du grand-conseil (qui, effrayé des empiètements de son autorité, avait voulu le briser en annulant ses réélections), il forma dans son sein ce hardi *Conseil des Trois*, triumvirat plus effrayant, plus redoutable encore que *les Dix*, qui finit par exercer son despotisme jusque sur le doge lui-même!

Ces *Trois* furent ces fameux *Inquisiteurs d'État*, dont l'institution s'est perpétuée jusqu'à la chute de la République.

Le but de cette création nouvelle de triumvirs pris dans les décemvirs, était de resserrer plus fortement encore ce pouvoir, lorsque le besoin en naissait, de le centraliser dans le moins de mains possible, de rendre plus rapides, plus mystérieux, plus redoutables encore les actes de ces sombres dictateurs. Vainement, plusieurs fois les différents pouvoirs constitués de l'Etat essayèrent d'anéantir ce grand pouvoir rival, qui leur avait ravi presque toutes les attributions importantes (A); les nobles, surtout, désiraient vivement de se voir affranchis de l'autorité d'un tribunal qui évoquait jusqu'à la connaissance de leurs fautes les plus légères, et qui les jugeait dans l'ombre, avec des formes silencieuses encore plus effrayantes peut-être que la sévérité même...

Mais le *Conseil des Dix*, et bien plus! celui des *Trois*, plus forts que tous, restèrent maintenus, malgré les efforts de ceux qui étaient jaloux de leur pouvoir, ou qui le redoutaient peut-être, et bientôt ces juges suprêmes se révélèrent plus forts et plus terribles que jamais, en faisant disparaître un à un les patriciens qui avaient conspiré contre l'existence de leur institution...

Au commencement du XVIIe siècle, le *Conseil des Dix*, renforcé des trois *Inquisiteurs d'État*, était au comble de sa redoutable puissance.

Venise savait que cette terrible magistrature existait, mais sans jamais pouvoir dire où l'on devait la rencontrer ou la fuir. Elle siégeait partout, partout elle exerçait son impérieuse juridiction. Les exécutions qui se faisaient en public, émanaient d'un tribunal invisible. Il n'y avait pas d'heure où le citoyen le plus fidèle aux institutions de la République, dans ses relations sociales, dans ses épanchements de familles, ou dans le tumulte des fêtes et des plaisirs, ne fut exposé à avoir à côté de lui, derrière lui, une oreille perfide pour recueillir ses moindres paroles. Les *Inquisiteurs d'État* étaient inconnus, les *Dix* seuls savaient leurs noms. Il n'y avait pas de vie privée pour eux; ils ne dépouillaient jamais leur redoutable caractère de juges; leur bon vouloir seul, leur conscience si l'on veut, disposait des moyens d'investigation, de la validité des preuves, de l'opportunité d'appliquer la torture, du choix des peines, du mystère ou de la publicité de la sentence et du supplice.

On l'a dit, ces juges sévissaient plus particulièrement sur les nobles dont les fautes avaient plus de portée. Aussi les classes inférieures, représentant la masse la plus imposante de l'opinion publique, étaient-elles complètement favorables à cette obscure juridiction. Ces juges, de leur côté, ne négligeaient rien pour se conserver cet appui qui sauva plus d'une fois l'existence de leur crédit, dans les tentatives de rébellion patriciennes. Machiavel raconte qu'au retour d'une escadre vénitienne, comme il y avait eu une rixe sanglante entre les gens du peuple et les équipages, rixe que les magistrats n'avaient pu réussir à apaiser, les *Inquisiteurs* firent disparaître un officier qui, à lui seul, avait su calmer l'émeute, et faire rentrer les marins dans l'obéissance. Un homme qui possédait un tel crédit lui sembla dangereux.... — On sait ce que, pour ces temps, signifie ce mot : disparaître !

Pour que rien n'échappât à ce redoutable tribunal, et pour qu'il pût au besoin exercer sa juridiction sur un de ses propres membres, le Conseil des Dix nommait un inquisiteur suppléant, que deux des inquisiteurs en fonctions pouvaient évoquer, afin de concourir avec eux à la mise en jugement de leur troisième collègue. L'histoire offre plusieurs exemples de membres du Conseil des Dix jugés par ce même Conseil, et celui des deux inquisiteurs dont l'un fut banni, l'autre étranglé dans les *Puits*, par arrêt de ses deux collègues, renforcés de l'inquisiteur suppléant.

Un siècle et demi environ avant l'époque où le Conseil des Dix institua les triumvirs ou *Inquisiteurs d'État*, une charge de caissier existait auprès de ce Conseil pour payer les dénonciations ou les indications qui procuraient l'arrestation d'un fugitif.

Les têtes mises à prix étaient aussi payées là. Les *gueules de bronze*, ouvertures placées dans toutes les parties de la ville pour recevoir les dénonciations lâches de la haine, l'activité des sbires, des agents secrets toujours en danger de mort eux-mêmes en cas d'infidélité, la présence mystérieuse et inconnue des inquisiteurs d'État partout où les appelait leur fantaisie, le droit qu'ils s'étaient arrogé de pénétrer même jusque dans les appartements du doge, sans s'y faire annoncer, et cela à toute heure du jour ou de la nuit, voilà, suivant les chroniques, quels étaient les moyens habituels par lesquels ce terrible tribunal arrivait au soupçon ou à la connaissance des crimes ou des fautes dont il lui plaisait de faire justice.

Leurs ordres, obligatoires pour tous les fonctionnaires, étaient rarement écrits; s'ils l'étaient, la main seule d'un secrétaire les traçait, sans qu'il y parût de signature.... mais avec les terribles lettres C. D. X. empreintes en rouge à l'angle de la feuille. Ces ordres ne restaient pas aux mains de ceux auxquels on les adressait : on se bornait à les leur faire lire. Ce papier obscur, sans forme légale, à peine entrevu, devait prévaloir sur toutes les instructions qu'un fonctionnaire pût tenir avec les devoirs réguliers de sa charge. Bien plus! il suffisait que le tribunal envoyât loin de Venise, dans ses colonies ou pays conquis, un ordre pareil, pour que l'agent qui en était armé pût agir sur-le-champ aussi implacablement que le pouvait faire le tribunal lui-même, et cela, sans que l'autorité régulière que la République entretenait sur les lieux, osât y mettre obstacle......

C'est ainsi que, comme Sparte, Venise était gouvernée par la crainte. — Le tribunal des *Inquisiteurs* était le seul juge de sa compétence, l'arbitre unique de ses propres attributions. Il était conséquemment l'ennemi des autres juges.

Au reste, malgré les abus qui devaient immanquablement naître d'une juridiction pareille, il est certain que la République de Venise dut peut-être sa longue tranquillité à la vigilance redoutée de ce tribunal. Les grands le redoutaient et n'osaient opprimer le peuple que le *Conseil des Dix*, comme celui des *Trois*, s'attachèrent toujours à mettre de leur parti. La police de la ville était faite avec une vigilance extrême, et ni l'assassinat ni le vol n'y florissaient à côté des conspirateurs traqués et punis, comme on l'a vu dans plusieurs gouvernements. Les exemples sont nombreux de la vigilance des agents chargés des délits municipaux, et les notes de ce chapitre en contiendront deux dont la forme anecdotique n'était pas de nature à s'étendre dans cet aperçu historique sur les plus terribles tribuns répressifs dont les sociétés conservent la mémoire (B).

On comprend que nous n'avons ni voulu ni essayé d'entreprendre ici ni l'histoire du *Conseil des Dix*, ni une dissertation sur ses pouvoirs, son illégalité fréquente, disons mieux : sa physiologie. Notre but a seulement été de présenter au lecteur quelques traits qui l'aidassent à mieux goûter la visite, l'examen du palais qui fut la demeure légale de ces tribuns terribles. Il y aurait des volumes entiers à écrire pour et contre le *Conseil des Dix* et les *Inquisiteurs d'État*. — Nous n'avons nulle intention d'entreprendre pareille tâche, le pussions-nous même, ce qui est douteux. Nous n'avons voulu que rassembler ici les traits principaux de ces figures extraordinaires, nous fiant à des documents respectables pour la ressemblance, écartant avec une égale défiance ceux qui les flattaient trop, comme ceux qui s'efforçaient de les enlaidir.....

Après avoir parlé du doge, du dogat et du patriciat, il fallait aborder ces juges pour compléter ce rapide examen des hommes et des choses qui, comme il a été dit ailleurs, firent tour-à-tour de ce monument un tribunal, une prison, une forteresse, un hôtel-de-ville, une demeure ducale et un palais de fête. Cela fait, cela lu, le voyageur trouvera peut-être plus d'intérêt dans la visite qu'il va accomplir, ce chapitre sérieux étant en quelque façon la préface de celui plus pittoresque, plus artistique et plus varié qui va suivre.

SOMMAIRE DES NOTES

DU CHAPITRE SUR LE CONSEIL DES DIX.

(A) *Singulier exemple d'empiétement de pouvoir.* — (B) *Anecdote relative à la police vénitienne.*

(A) Un exemple singulier de l'audace avec laquelle les triumvirs intervenaient dans les arrêts des autres cours de justice est celui-ci, rapporté par un auteur digne de foi.

Vers la fin du XVIIe siècle, un plaideur obstiné ayant succombé dans un procès qu'il avait devant la *quarantie civile*, se plaignit aux Inquisiteurs du jugement qui le condamnait. Ceux-ci défendirent à son adversaire de se prévaloir de la sentence en sa faveur. Il se hasarda à désobéir. Arrêté sur-le-champ et jeté dans les prisons, il parvint à réclamer, du fond de son cachot, la protection du tribunal qui avait reconnu la justice de sa cause. Toutes les *quaranties* s'assemblèrent, requirent l'élargissement du prévenu, décrétèrent sa partie, et mandèrent les avogadors pour les sommer de porter cette affaire devant le grand conseil. Mais les avogadors se montrèrent peu disposés à se commettre avec les Inquisiteurs. De leur côté, ceux-ci, loin de songer à rendre leur prisonnier, délibéraient de le faire noyer... deux d'entre eux avaient déjà opiné pour ce parti, lorsque le troisième sentit heureusement quelque scrupule d'ôter la vie à un innocent, pour soutenir le point d'honneur du tribunal. Ses deux collègues firent de vains efforts pour lui représenter que ce meurtre était juste, puisqu'il était utile, de même qu'il serait aussi très opportun de faire arrêter quelques séditieux qui, dans les *quaranties*, déclamaient contre les Inquisiteurs... Mais ce magistrat persista dans son refus. Le malheureux plaideur fut donc sauvé et élargi quelque temps après; mais bien que le jugement de la quarantie civile reçût son exécution, l'usurpation de pouvoir des triumvirs ne fut point dénoncée au grand conseil, et la justice légale resta sans réparation. Ajoutons, pour finir, que celui des trois Inquisiteurs d'état qui s'était mis en opposition avec ses deux collègues, se vit bientôt après contraint de se démettre de ses fonctions, et qu'il rentra dans la vie privée, dont sa prudence l'engagea à ne plus sortir.

Ce fait en dit plus sur l'immense autorité qu'accaparaient les Inquisiteurs, sur l'impunité même de leurs actes les plus exorbitants, que tout ce que nous pourrions écrire à ce sujet.

(B) Un historien raconte qu'un grand seigneur français se trouvant à Venise, durant le siècle dernier, y fut volé d'une somme considérable, et en conçut assez d'humeur pour se croire en droit d'invectiver la police vénitienne qui ne s'occupait, disait-il, qu'à espionner les étrangers, au lieu de veiller à leur sûreté. Quelques jours après il partit. Vers la moitié du trajet de Venise à Mestre, sa gondole s'arrête... il en demande la raison, et ses gondoliers lui répondent qu'il ne leur est plus possible de donner un coup de rame, parce qu'un bateau à flamme rouge qui les poursuivait leur faisait signe de mettre en travers. Tout à coup le voyageur se rappelle les propos qu'il a tenus, et toutes les sinistres anecdotes qu'on lui avait contées sur la police de Venise lui reviennent en mémoire, et l'effraient... Il se voit, assez tard déjà, au milieu de la lagune, entre le ciel et l'eau, sans secours possible, sans moyen d'échapper... Il attend donc, non sans terreur et anxiété, les gens dont la barque a poursuivi la sienne.

Ils le rejoignent enfin, abordent sa gondole, et le prient de passer dans la leur... La terrible flamme rouge de l'inquisition flotte à la poupe de l'embarcation ; — il faut obéir !

— Monsieur ! lui dit gravement un des personnages qui se trouvaient dans le bateau, vous êtes le prince de Craon ?

— Oui, Monsieur...

— N'avez-vous pas été volé vendredi dernier ?

— Oui, Monsieur...

— De quelle somme ?

— De cinq cents ducats...

— Où étaient-ils ?

— Dans une bourse verte...

— Et soupçonnez-vous quelqu'un de ce vol ?

— Un domestique de place...

— Le reconnaîtriez-vous ?

— Sans doute...

Alors l'interlocuteur pousse du pied un manteau qui recouvrait un homme mort ; le cadavre tenait à la main une bourse verte.

— Vous voyez que justice est faite, Monsieur... reprend le grand et mystérieux personnage ; voilà votre argent, reprenez-le.. Partez ; mais souvenez-vous qu'on ne remet pas le pied dans un pays où l'on a méconnu la sagesse du gouvernement !

Un autre historien rapporte un fait analogue à celui qui précède. Un peintre génois travaillant dans une église, s'y prit de querelle avec quelques Français qui proféraient des invectives contre le gouvernement. Le lendemain matin, mandé par les Inquisiteurs et interrogé s'il reconnaîtrait les personnes avec lesquelles il s'était disputé la veille, il s'empressa de protester qu'il n'avait pour sa part pas prononcé un mot qui ne fût en l'honneur du gouvernement. Alors on tira un rideau, et il aperçut les deux Français étranglés. On renvoya ensuite le peintre, demi-mort de frayeur, avec l'injonction de ne jamais parler ni en bien, ni en mal du gouvernement. — Nous n'avons pas besoin de vos apologies, lui dit-on ; nous approuver c'est nous juger !

V.

INTÉRIEUR DU PALAIS DUCAL.

SOMMAIRE.

Cour du Palais. — Façade de l'horloge. — Statues. — Dates archéologiques. — Les citernes de bronze. — Les *Bigolantes*. — Statues d'Adam et Ève. — La cour des sénateurs. — Erreur de nom. — L'escalier des *Géants*. — Mars et Neptune. — Le couronnement du doge. — Formule du couronnement. — Erreurs des grands écrivains, à propos de la décapitation de Marino-Faliero. — Galerie supérieure. — Inscription relative à Henri III. — Les gueules de lion. — Détails relatifs. — L'escalier d'or. — Critique et examen. — Anciens appartements des doges. — Cartes géographiques curieuses. — La *Marciana*, ou bibliothèque Saint-Marc. — Le camée de *Jupiter-Ægiocus*. — Renvoi aux notes pour les détails. — La *Salle du grand conseil*. — Examen d'ensemble. — Sur les anciens tableaux détruits par les incendies. — La *Gloire du Paradis*, de Tintoret. — Les sculptures. — Bas-reliefs attribués à Phidias. — Peintures des fastes de la République. — *Le pape, Alexandre III, reconnu à Venise*. — *Envoi des ambassadeurs à l'empereur Barberousse*. — *L'empereur recevant les ambassadeurs*. — *Embarquement du doge Ziani*. — *Combat des Vénitiens contre Barberousse*. — *Renvoi du fils de l'empereur fait prisonnier*. — *Entrevue du pape et de l'empereur*. — *Les honneurs rendus, à Rome, au doge Ziani*. — *Retour du doge Contarini*, toutes toiles peintes par P. Véronèse, Tintoret, Bassano, Palma, etc. — La célèbre mappe-monde de Fra Mauro. — Le *Ganymède* de Phidias. — Histoire des conquêtes de Constantinople, en 7 tableaux peints par Tintoret, Le Vicentino, Palma, L'Aliense, etc. — Statue de Canova, à 45 sous par jour. — Les angles vides de la salle. — Série des portraits des doges. — La place vide de Marino-Faliero. Devise terrible. — Plafond. — *Le triomphe de Venise*, chef-d'œuvre de P. Véronèse. — Les autres toiles par Tintoret, Palma, Bassano. — Sur les tableaux incendiés. — De l'ancienne distribution de cette salle. — Le trône dogal. — Examen moral. — Histoire du passé de cette salle. — François Morosini mis en jugement. — Sa défense par Nicolas Sagredo. — Les honneurs rendus plus tard à l'accusé. — Fêtes données à la dogaresse Grimani. — Délibération sur l'opportunité de transférer en Orient le siège du gouvernement. — La voix de la Providence. — Séances qui accompagnèrent la chute de la République. — Le doge Louis Manin. — Une étrange prophétie sur Venise. — *Salle du scrutin*. — *La conquête de Zara*, par S. Tintoret. — Marino-Faliero. — *La bataille de Lépante*. — *Victoire des Dardanelles*, par P. Liberi. — *L'esclave nu*. — Arc triomphal de Morosini, le péloponésiaque. — Peintures de Lazzarini. — Statue d'Ulysse. — *Le bombardement de Pepin*, par le Vicentino. — Des pains pour des boulets. — *La défaite de Pepin*, par le Vicentino. — Anecdote sur un *Barboro*, à propos d'un tableau de Pesanda. — *La prise de Tyr*, de l'Aliense. — Anecdote. — *Le jugement universel*, de J. Palma. — Plafonds, par le Vicentino, Jules dal Moro, Fr. Bassano, Pordenone, etc. — Fin de la série des doges. — Les places vides. — Ancienne distribution de cette salle. — Ornements modernes. — Bibliothèque. — Les N dorés. — Historique de la salle. — Le scrutin. — Formules du temps. — Henri III siégeant parmi les scrutateurs. — Trois couleurs de boules. — Modes d'élection. — Délibération relative à Henri IV. — *Salle dite de la Bussola*. — Origine de son nom. — Guichet de la gueule de bronze. — Tableaux : *la reddition de Brescia* de l'Aliense. — *La soumis-*

sion de Bergame, du même. — Le général Carmagnola. — Diverses autres toiles. — Un tableau de P. Véronèse, resté à Paris. — Ancienne distribution. — Salle du Conseil des Dix. — L'adoration des Mages, de l'Allense. — Retour du doge Ziani, de L. Bassano. — Le congrès de Cologne, de Marc Vecellio. — Les toiles qui manquent au plafond. — Richesse sculpturale de ce plafond. — Distribution ancienne. — Les modernes. — Détails sur le personnel des assemblées. Les accusés... — Historique de cette terrible salle. — Jugement de Marino-Faliero. — Bertuccio. — Calendario l'architecte. — Parallèle entre l'aspect de cette salle et sa destination. — Carmagnola jugé. — Rapprochement bizarre. — Cabinet du chef des Dix, ou des inquisiteurs. — Derniers vestiges de l'ancienne décoration. — Boutade contre les réparateurs modernes. — Un tableau fantastique, diabolique et allégorique — Sur les Dix. — Communication secrète avec les plombs et les puits. — Salle des quatre portes. — Sur son nom. — Marbres précieux. — Statues. — Tableaux. — Le doge Grimani devant la vierge, par Contarini. — La Foi, par Titien. — Une bataille près Vérone, par Contarini. — Le doge Cicogna et les ambassadeurs persans, par Carlo Cagliari. — L'arrivée de Henri III au Lido, par le Vicentino. — Détails relatifs. — Une erreur de désignation, à propos d'un tableau. — Plafond. — Stucs de Vittoria. — Salle de l'anticollège. — Excellents tableaux de J. Tintoret. — Le célèbre enlèvement d'Europe, de Paul Véronèse. — Examen. — Cheminée de Titien Aspetti. — Plafond. — Destination de cette salle. — Salle du Collège, ou de réception pour les ambassadeurs. — Examen d'ensemble. — Tableaux. — Le doge Gritti devant la vierge. — Les fiançailles de sainte Catherine. — La vierge Marie et le doge L. Mocenigo adorant le Rédempteur, tous trois de J. Tintoret. — Vaste composition de Paul Véronèse. — Tapisseries de haute-lice. — Cheminée de Jérôme Compagna. — Magnifique plafond, par P. Véronèse. — Détails. — Sur l'union des grands artistes de ces temps. — Le Terrazzo. — Sur les assemblées de cette salle. — Réception des ambassadeurs étrangers. — Souvenir de Michel Steno et de l'injure faite à Faliero. — Sur les reconstructions de ces salles. — Une anecdote. — Salle des Regales, ou du Sénat. — Tableaux de Bonifaccio, J. Tintoret, Tiepolo, J. Palma, etc. — Marbres précieux. — Plafond. — Sculptures. — Dorures. — Tableaux allégoriques et de religion. — La chapelle du doge. — Une fresque de Titien. — Historique de cette salle. — Détails sur les assemblées. — Personnel. — Anecdote sur l'empereur Frédéric III. — Présence d'esprit du doge Fr. Foscari. — Une délibération relative à Louis XVIII. — Révision de quelques salles. — L'ancien arsenal du palais ducal. — Sur les Plombs. — La vérité sur ces prisons. — Phraséologie de F. Cooper. — Description passée et actuelle. — Sur Casanova et son évasion. — Sur les Puits. — Parallèle avec d'autres prisons. — Citations. — Byron et ses erreurs relatives. — Description. — Considération. — Examen du passé. — Des inscriptions qu'on trouve dans ces prisons. — Citations. — Le cachot de Carmagnola. — Conclusion.

Ayant franchi la porte dite *della Carta*, dont il a été parlé ailleurs, nous traversons la voûte du portique dont les détails de sculptures gothiques méritent quelque examen, et nous entrons dans la cour du palais.

La façade de l'horloge, bâtie de 1607 à 1615, est ornée de huit belles statues, dans le goût grec, parmi lesquelles on remarque celle du *duc d'Urbin*, général au service de la République. C'est une œuvre du Florentin Jean Bandini, en 1625.

Dix ans auparavant, l'architecte Monopola remplaça les vieilles colonnes à cintre aigü, qui s'étendent sur les deux ailes de la Piazzetta et de la Riva, par les arcades à piliers engagés qu'on voit aujourd'hui, formant disparate avec l'architecture extérieure du monument, mais qui se rattachent au style de la grande construction de la cour, vers le Canaletto.

Ces magnifiques constructions datent de la fin du XVe et du commencement du XVIe siècle, sous les dogats de Marc et Augustin Barbarigo. Elles ne furent véritablement terminées que vers l'an 1550, François Dona étant doge. Les architectes et sculpteurs furent Antoine Bregno et Antoine Scarpagnino. La partie de l'édifice qui regarde le petit canal compte 360 pieds de longueur.

Le milieu de la cour est orné de deux superbes citernes de bronze; l'une de Nicolas de Conti, vénitien (1556), — l'autre d'Alphonse Alberghetti, de Ferrare (1559). Ces citernes sont publiques. On sait que l'eau n'est pas commune à Venise, qui, par la nature de son sol, ne peut assurément contenir aucune source. Ces deux citernes sont fréquentées tout le jour par des porteuses d'eau, courant nu pieds, et originalement coiffées d'un petit chapeau de feutre l'hiver, de paille l'été, incliné sur le sommet de la tête; ce sont, presque généralement, des paysannes du Frioul : on les appelle *Bigolante*. Ce commerce d'eau douce est aussi fait par des hommes du même pays. On verra, auprès de chaque citerne, une espèce de petite cuvette creusée dans une dalle, et que les porteuses d'eau qui viennent puiser là ont la sollicitude de tenir toujours pleine pour la consommation des pigeons de Saint-Marc, que la chaleur fait souvent abattre dans la cour du palais. (A)

En nous rapprochant de l'escalier qui conduit à la galerie à jour du palais ducal, nous remarquerons l'arcade qui fait face à cet escalier, et qui est du même style que la porte *della Carta*, dont elle termine la voûte. Les statues d'*Adam* et *Ève* qu'on y voit, sont d'Antoine Rizzo, de Vérone, et de la fin du XVe siècle [*].

On remarquera la charmante façade qui s'élève à la gauche

---

[*] Cet Antoine Rizzo, de Vérone, a souvent été confondu à tort avec André Riccio, de Padoue, qui était modeleur et fondeur, plutôt que sculpteur, et dont le musée de Paris possède huit bas-reliefs en bronze, fort beaux, provenant du fameux monument *della Torre*, érigé dans une église de Vérone, et qui furent transportés en France, en 1797.

de l'escalier, sur le petit emplacement appelé *Cour des sénateurs*, par laquelle on communique au besoin dans l'église Saint-Marc, et qui est d'une extrême élégance. C'est une œuvre attribuée à Guillaume Bergamasco, en 1520. Nous montons, enfin, l'escalier dit *des géants*, lequel, malgré toute son élégance, sa richesse, et son fini, ne répond pas toujours à l'attente du voyageur, dont l'imagination frappée par ce nom : *escalier des géants!* a escaladé mille suppositions Titaniques et Babyloniennes. *Escalier des géants* et *escalier d'or* sont des baptêmes trop pompeux, qui ne sont pas justifiés par la première impression que cause la vue de ces fractions du palais, à un esprit prévenu.

Mais cette première déception passée, si elle existe, il faudra sur-le-champ en revenir à la justice, et admirer cette élégante et riche construction, à laquelle les deux médiocres statues de son sommet ont valu cette appellation compromettante.

L'escalier des géants date de la fin du XVe siècle. Il est d'Antoine Bregno, et tout incrusté de marbres finement travaillés par Dominique et Bernardin de Mantoue. On remarquera que l'épaisseur des marches est ornée de dessins variés à chaque degré, et incrustés en métal. Les statues latérales du sommet sont des œuvres semi-colossales de J. Sansovino, en 1556 ; elles représentent *Mars* et *Neptune*, qui, disons-le franchement, pourraient être mieux représentés.

C'est au haut de cet escalier qu'avait lieu, à chaque nouvelle nomination de doge, la partie de la cérémonie appelée le *couronnement*, alors qu'après avoir entendu la messe en grande pompe, dans l'église Saint-Marc, et ayant fait le tour de la grande place, porté par les *arsenalotti* [*], le nouveau chef de l'État rentrait dans le palais qu'il devait désormais habiter (B). La formule ordinaire qui accompagnait la remise de la couronne ou corne dogale, était celle-ci : *Accipe coronam ducalem ducatus Venetiarum!*

Il est désormais établi que c'est par erreur que plusieurs grands écrivains, parmi lesquels lord Byron, M. Casimir Delavigne et Cooper, ont fait trancher la tête de Marino Faliero au sommet de cet escalier. L'événement en question eût lieu en 1355, et la construction de l'escalier des géants n'est que de la fin du XVe siècle. A vrai dire, on ignore le lieu précis où eut lieu cette exécution cé-

[*] Voir la note (c) du chapitre sur la place Saint-Marc.

lèbre ; pourtant, il est très formellement prouvé que la décapitation du doge s'effectua au haut d'un escalier descendant des galeries dans la cour ; et, puisque celui-là n'existait pas plus que les bâtiments auxquels il conduit, et qui, à la fin du XVe siècle, remplaçaient les premières constructions, il faut rester indécis sur le point précis où s'accomplit ce drame. Dans tous les cas, les chroniqueurs disent que *la tête du traître roula jusqu'au bas des degrés* (c).

En haut de l'escalier des géants on voit, incrustée dans le mur, une plaque de marbre qui porte une inscription commémorative du séjour que le roi Henri III, fit à Venise, en 1574, alors que quittant le trône de Pologne, il passa par l'Italie, pour aller ceindre la couronne qui lui était dévolue par la mort de Charles IX. Les ornements et les statues qui encadrent cette inscription sont des ouvrages estimés d'Alexandre Vittoria. Nous parlerons de cette arrivée de Henri III à Venise, aux notes du tableau relatif à ce fait, dont nous aurons à rendre compte dans l'examen de la *salle des quatre portes*.

Auprès de cette inscription, on voit plusieurs ouvertures dites *gueules de lion*, parce que leur orifice était formé de la gueule ouverte d'un lion. Les têtes de lion ont été enlevées après 1797. Il ne reste que ces ouvertures irrégulières qu'on voit aujourd'hui, et sous lesquelles étaient aussi des inscriptions effacées depuis. On sait que chaque spécialité du gouvernement : la justice politique, les affaires fiscales, la troupe, la marine, chaque partie de l'administration enfin, eût ainsi, pendant longtemps, dans le voisinage de ses bureaux, de ces *gueules de lion* béantes pour recevoir les dénonciations signées ou anonymes, qui se rattachaient à chaque division des bureaux. Un écrivain vénitien moderne [*], prétend que plusieurs de ces trous avaient encore un autre usage, c'est-à-dire, qu'ils servaient aussi aux dénonciations orales. Suivant cet auteur, celui qui ne voulait pas écrire pouvait, à l'aide de ces trous, communiquer de vive voix avec un fonctionnaire public, qui, renfermé à l'intérieur, et à proximité de ces ouvertures, recevait les dépositions, les secrets d'État, les dénonciations personnelles qui lui étaient faites...

On remarquera, le long du mur qui se prolonge sous l'inscription relative à Henri III, des crocs de fer plantés, à hauteur

---

[*] M. P.-G. Moro-Lin, scène *di Venezia*.

d'homme, dans le mur : ils servaient à recevoir les riches étoffes dont on tapissait la galerie, le jour de la nomination du doge, au haut de l'escalier des géants.

L'*escalier d'or* a reçu, ainsi que son frère de la cour, un nom trop pompeux. Pourtant, la première déception passée, il sera juste d'en admirer les diverses beautés, surtout en s'imaginant qu'il est dépouillé aujourd'hui de ses grilles dorées et richement ouvragées, des décorations de ses parois, et, enfin, de sa fraîcheur et de son éclat des derniers siècles. Cet escalier fut commencé, en 1538, sous le doge André Gritti, et terminé sous Sébastien Venier, l'an 1577. Sansovino en dirigea les élégantes décorations. L'*Hercule* et l'*Atlas*, qui surmontent les deux colonnes de son portique, sont de Titien Aspetti. Vittoria, si justement renommé pour l'art plein de grâce et de noblesse à la fois avec lequel il modelait les stucs, a orné la voûte dont les panillons ont été peints à fresque par Franco ; — quelques-uns, dit-on, par Tintoret. L'ensemble de cette voûte a été réparé en 1789, et aurait encore besoin de l'être aujourd'hui.

Personne n'est d'accord sur la nature des ornements qui ont dû garnir les côtés de cet escalier au-dessus des balustres. Si ce furent des marbres, on ne comprendrait pas pourquoi leur enlèvement ; — des fresques, pourquoi leur disparition? Des peintures eussent certainement été le genre de décoration le plus approprié à cette destination. Bien que plus d'un Vénitien se croie fondé à prétendre que ces espaces furent toujours vides, excepté peut-être aux jours de cérémonie où l'on y plaçait des tentures, nous ne nous rangeons pas de cet avis, et nous penchons pour la probabilité des fresques disparues sous le badigeon ou le racloir, après les outrages du temps... et des passants !

Ayant franchi deux voltées de l'escalier d'or, on arrivera dans une galerie supérieure, aujourd'hui fort nue, et, en tournant à droite, on aura plusieurs salles dont l'ouverture sera faite, si on le demande, et qui méritent d'être vues ; elles formaient, dit-on, l'appartement de divers doges qui abandonnèrent leur palais particulier en recevant la dictature suprême.

Dans cet appartement on remarquera :

La salle dite *dello scudo*; elle est garnie de grandes cartes géographiques peintes sur les murailles, et qui représentent les pays découverts ou parcourus par les Vénitiens dans les beaux temps de la République. Au reste, le travail qu'on voit aujourd'hui fut refait, vers la moitié du siècle dernier, par l'abbé Grisellini, les anciennes cartes ayant été fort altérées par le temps.

Les cheminées de ces diverses salles, bien que gâtées par la superposition d'ornements en stuc, d'un goût mal assorti au style des marbres inférieurs, sont dignes d'être examinées pour le fini et l'élégance de leur travail. En repassant par ces diverses salles, on regagne le corridor où aboutit l'escalier d'or, et, au lieu de continuer à monter, on ira droit aux salles de la bibliothèque dite *Marciana*.

On trouvera d'abord diverses petites salles, contenant les ouvrages les plus usuels et les tables des travailleurs. Le cabinet du bibliothécaire (M. le chevalier abbé Bettio, l'un des Vénitiens les plus instruits sur tout ce qui concerne sa glorieuse patrie) est orné d'un très beau plafond peint par Paul Véronèse, représentant *l'Adoration des Mages*.

La *Marciana*, ou Bibliothèque Saint-Marc, est un établissement fondé par Pétrarque en 1364, et bientôt enrichi par le cardinal Bessarion, patriarche de Constantinople, dont on verra le portrait au-dessus de la porte d'entrée. Elle a été depuis augmentée par une foule de dons et de legs, et s'élève, de nos jours, à soixante-dix mille volumes et cinq mille manuscrits. On verra bientôt que ce sont les livres les plus splendidement logés qui soient au monde, et à ce point même, qu'au milieu de toutes ces magnifiques peintures et de toutes ces sculptures dorées, ils semblent un accessoire de la salle (D).

Le Bibliothécaire tient le superbe camée de *Jupiter-Ægiocus (couvert de l'Égide)*, qui fut trouvé à Éphèse, en 1793, et qui fut rendu à Venise en 1815. Il y a, en outre, quelques belles médailles.

On est admis à travailler à la *Marciana* depuis dix heures du matin jusqu'à une heure après midi seulement. La bibliothèque se pourvoit de tous les ouvrages importants qui se publient en Europe, et l'on y trouve quelques recueils français et anglais fort utiles à consulter pour ceux qui s'occupent d'art, dans cette ville où il semble avoir choisi sa contrée favorite.

Renvoyant le lecteur aux notes, pour tout ce qui concerne la fondation et l'examen de ce trésor bibliographique et autographique, nous franchissons la porte de la salle dite :

SALLE DU GRAND CONSEIL.

(AUJOURD'HUI BIBLIOTHÈQUE SAINT-MARC.)

Cette magnifique salle, la plus vaste qui soit dans le palais ducal, est aussi l'une des plus grandes et des plus riches qu'on connaisse en Europe (*).

Commencée en 1310 et terminée en 1334, elle fut d'abord peinte par Titien et plusieurs autres artistes fameux. Guariento, de Padoue, avait en 1365, représenté à fresque et en camayeu vert, sur le grand mur de droite en entrant, une scène du paradis; mais en 1577, cette salle ayant brûlé, ainsi que celle dite du *Scrutin*, qui l'avoisine, toutes ces peintures furent détruites, et remplacées plus tard, quand l'édifice fut relevé, par celles qu'on voit aujourd'hui (**).

Au fond, sur l'emplacement qu'occupa primitivement la fresque en camayeu vert de Guariento, Tintoret a représenté, à l'huile, *La gloire du Paradis*. Cette œuvre est le plus grand tableau qui soit. Il a trente pieds de haut sur soixante-quatorze de longueur. Les restaurateurs l'ont plus endommagé encore que le temps, dont ils devaient réparer les outrages. Ce tableau est, du reste, un produit de la vieillesse de Tintoret. Les figures en sont presque innombrables, et les Carraches eux-mêmes lui ont accordé leurs éloges avares en tant de cas. Par contre, Algarotti cite cette toile comme l'exemple d'une composition mal conçue, en reprochant l'amoncellement et la mauvaise distribution des figures. Aujourd'hui l'altération des couleurs ne permet guère de juger jusqu'à quel point ces défauts furent rachetés par la beauté du coloris. L'esquisse de ce tableau, par J. Tintoret lui-même, est au palais Mocenigo.

Parmi les sculptures rangées sous ce tableau gigantesque, et qui proviennent, de même que la bibliothèque, du bâtiment qui fait face au palais ducal, et qu'on nomme aujourd'hui *Palais-Royal*, il faut remarquer, aux extrémités, deux petits bas-reliefs, encadrés, trouvés dans les excavations de Ravenne, provenant du temple de Neptune, croit-on, et qui sont attribués à Phidias.....

---

* La largeur de cette salle est de 154 p. de V.; sa largeur de 75; sa hauteur de 45.

** Les tableaux détruits représentaient à peu près les mêmes sujets qui ont été repeints depuis. Ils étaient de Titien, Bellini, Tintoret et Véronèse. Les inscriptions étaient de la main de Pétrarque. Une foule d'objets précieux, et des stucs de Vittoria, furent aussi dévorés par l'incendie.

Un gladiateur grec, un soldat mort, dont la tête est fort belle, et un superbe buste de Jules César, sont les objets les plus remarquables de cette collection. Un bout de pied extra-gigantesque est digne d'avoir appartenu au colosse de Rhodes, entre les jambes écartées duquel passaient, tout mâtés et tout voilés, les vaisseaux..... de ce temps-là.

Les autres parties de cette immense salle sont consacrées à la reproduction des fastes glorieux de la République. C'est ainsi qu'en continuant à droite, nous voyons comme premier tableau dans l'angle :

Le pape fugitif, Alexandre III, reconnu par le doge Sébastien Ziani, au couvent de la Charité, à Venise, et qui reçoit sa promesse de l'appui de la République. Le bâtiment représenté est en partie celui qui a reçu aujourd'hui le Musée ou *Académie des Beaux-Arts*. Quant au fait représenté par les fils ou élèves de Paul Véronèse, si on l'a oublié, on le retrouvera dans la note (A) du chapitre consacré à la basilique Saint-Marc, où il est traité de la réconciliation de ce pape avec l'empereur Frédéric Barberousse.

Le tableau suivant, des susdits auteurs, offre le même pape et le même doge, envoyant des ambassadeurs à Barberousse, pour lui demander de reconnaitre le pontife. On voit que cette série de tableaux représente toute l'histoire de la crise fameuse, où la diplomatie et les armes firent tant pour la gloire des Vénitiens.

Au dessus de la fenêtre, le pape présente le cierge au doge, par Léandro da Ponte, dit le *Bassano*.

Ensuite nous voyons les ambassadeurs vénitiens présentés à Pavie à l'Empereur, qu'ils doivent intéresser au Pape réfugié chez eux. Mais Barberousse inflexible, veut que les armes en décident entre lui et les protecteurs d'Alexandre III. Tintoretto est l'auteur de cette belle toile.

Le tableau suivant offre le doge Sébastien Ziani s'embarquant pour aller combattre la flotte qu'a réunie l'Empereur. Il reçoit des mains du Pape, hôte de Venise, dont il va défendre les droits, l'épée du commandement, que le pontife a bénie. On prétend généralement que cette épée est celle toute ciselée et d'un or si massif, qu'on voit dans la vitrine du trésor, à Saint-Marc; mais c'est une erreur. En son lieu il a été dit à qui avait appartenu cette riche épée. Cette toile offre plusieurs frappants anachronismes, que nous signalerons en passant. Le peintre a représenté l'angle du palais ducal qui ne fut relevé que vers 1320, les deux colonnes de granit dressées en 1180, la tour de l'Horloge, construction de 1496, et enfin la Loggietta, bâtie au pied du campanille, en 1540 seulement... Or, la scène représentée au milieu de ces édifices est de 1172... Il n'y a rien à ajouter à ces chiffres, si ce n'est que François Bassano a préféré peindre ce qu'il voyait que de rechercher ce qui était au temps où se passait le fait qu'il devait représenter.

Au-dessus de la fenêtre, Paul Fiammengo a représenté le Pape donnant au Doge la bénédiction du départ.

La toile qui suit nous offre la flotte vénitienne, commandée par le doge Ziani, aux prises avec celle de l'empereur Frédéric Barbe-Rousse, à Pirano, près Capo-d'Istria, combat dans lequel triompha la République, malgré son désavantage numérique. Othon, fils de l'empereur, est fait prisonnier. Cette scène bizarre est de Dominique Tintoret, fils de Jacques, l'une des gloires de l'école vénitienne. Cette toile est extrêmement curieuse pour la forme des navires et des armes et pour la manière de combattre et de manœuvrer.

Au-dessus de la porte, André Micheli, surnommé le *Vicentino*, a peint la présentation du jeune Othon au Pape, l'heureux hôte de Venise.

Ensuite, Palma le vieux, a représenté le Pape, qui, selon la généreuse concession faite par les Vénitiens, renvoie le jeune prisonnier vers l'empereur son père, en le chargeant de faire auprès de lui de nouvelles tentatives d'accommodement. Si nous nous arrêtons à l'exécution de ce tableau, fort beau du reste, nous trouvons à y faire plusieurs critiques locales. D'abord sur le peu de probabilité qu'il y a qu'une scène semblable se soit passée ailleurs que dans une des salles du palais; ensuite sur les anachronismes de la mise en scène. La *loggietta* devant laquelle s'élève l'estrade du Pape est inventée ; la place Saint-Marc, qui figure à l'arrière plan, offre un angle de l'église de Saint-Germinien, qui, en 1172, était encore sur le côté caché de la place (*).

L'acte principal de ce long épisode de l'histoire vénitienne est représenté ici par celui qu'on appela le chef de l'école de décadence (*capo scuola di decadenza*), Frédéric Zuccari (1582, retouché en 1603). C'est l'entrevue de l'empereur Frédéric Barberousse

---

* Elle ne fut rebâtie au fond que plusieurs siècles plus tard, et démolie depuis par Napoléon.

avec le pape Alexandre III, lorsque défait par une flotte républicaine et touché de la magnanimité de ses adversaires, cet empereur consentit, après un congrès, à reconnaître le pape fugitif, à l'exclusion de l'anti-pape qui acceptait à Rome le trône pontifical. Nous avons décrit toute cette scène dans la note déjà citée à propos des dalles rouges qu'on trouve au milieu du vestibule de la Basilique. C'est donc à tort que le peintre a placé sa composition en dehors de l'église, lorsque l'autorité matérielle des faits l'obligeait à la placer sous le vestibule. On ne comprend pas ces anachronismes volontaires, car, au point de vue de l'art, le vestibule d'un temple comme Saint-Marc, des intérieurs de salles comme celles du palais ducal, valent autant à reproduire que de l'architecture extérieure ; et, tant qu'à violer les époques, mieux eut valu au moins conserver les localités.

On se souvient que le pape, enfin reconnu, voulut emmener le doge Ziani jusqu'à Rome. C'est leur passage par Ancône, accompagnés de Frédéric Barberousse, que Jérôme Gambarato a peint sur la porte qui suit. Les magistrats d'Ancône présentèrent au pape et à l'empereur une espèce d'ombrelle ou de dais ambulant, tout en plumes. Le pape en fit hommage au doge, et depuis, cette ombrelle fût portée devant le doge dans les cérémonies d'apparat, comme un souvenir de la conduite de Ziani envers Alexandre III *.

Enfin, pour la conclusion de cette histoire, nous voyons, dans le tableau qui commence la troisième façade de la salle, le pape réintégré qui offre des présents au doge repartant pour Venise : ces présents consistent en étendards de diverses couleurs, en trompettes d'or, et en un siége aussi d'or, qui furent ensuite également portés en avant du doge Ziani, dans certaines cérémonies, avec l'ombrelle déjà citée. La scène se passa dans l'église Saint-Pierre de Rome. Jules del Moro est l'auteur de ce tableau, où l'architecture a aussi été violée dans son exactitude.

La toile placée entre les deux fenêtres, et qui représente le retour du doge André Contarini, après la victoire qu'il remporta, en 1378, sur les Génois, est une œuvre fort remarquable de Paul Véronèse. Il existe, à propos de ce tableau, une petite anecdote que nous consignerons ici au passage, comme un trait piquant des mœurs de l'époque, et des façons d'agir du gouvernement

---

* Cité par Gerolamo Gamburali.

vénitien. L'artiste qui peignait cette toile ayant eu besoin d'argent, se fit payer, le travail étant à moitié fait seulement. La somme en poche, il s'avisa de suspendre pour quelque temps l'achèvement de son tableau, pour se rendre à Vérone où il avait 500 ducats à gaguer sur-le-champ, en peignant une voûte d'église qu'on lui demandait. Paul Véronèse partit donc..., mais à peine arrivé à Vicence, il fut rejoint par un ordre de la République, qui lui intimait de venir au plus vite finir l'œuvre commencée et payée à Venise, avant de songer à en entreprendre d'autre. L'artiste se garda bien de résister... L'ordre était porté par des sbires ! (E).

Sous ce tableau est une armoire qui contient une célèbre mappe-monde, exécutée en l'an 1460, par Fra Mauro, ouvrage si remarquable pour le temps, que le roi, Alphonse IV, de Portugal voulut en avoir une semblable de la main de son ingénieux auteur. Cette mappe-monde représente toute la surface du globe connue à cette époque, et, chose étrange ! le tracé du cap de Bonne-Espérance, qui n'était pas découvert alors. — En 1804, le ministère anglais envoya à Venise un ingénieur renommé, pour faire une copie de ce rare travail. — Il suffit de le demander aux gardiens, pour que la mappe-monde de Fra Mauro soit montrée aux visiteurs. (F)

Au-dessus de cette armoire, est le *Ganimède*, attribué par Canova à Phidias. C'est un des plus rares morceaux de sculpture que possède Venise.

Maintenant, pour suivre dans l'ordre d'intérêt que présentent les sujets, les autres tableaux de cette magnifique salle, il convient de retourner vers la porte d'entrée, et de commencer cette fois l'examen par la gauche.

Le premier tableau, voisin de la porte, nous présente l'intérieur de l'église Saint-Marc, à l'époque ou les Vénitiens s'unirent aux barons français envoyés par Saint-Louis, pour la croisade de Jérusalem. Nous avons raconté toute cette affaire aux notes (C et D) du chapitre relatif à la Basilique Saint-Marc. Il sera bon de s'en souvenir, si l'on veut examiner ces tableaux avec l'intérêt qu'ils méritent.

Cette première toile nous offre donc la réunion du peuple, dans l'église, en 1201, au moment ou le doge Henri Dandolo, monté dans la chaire de gauche, supplie les Vénitiens de lui donner le commandement de l'expédition, ce qui lui fut accordé avec admiration, vu son grand âge et son infirmité (il était presque aveugle).

Ce tableau, qui existait déjà avant l'incendie de cette partie du palais, et que Tintoret avait peint, a été refait tel que nous le voyons, par Jean de Clerch de Lorraine, que Lanzi appelle Jean de Chère, et qui fût un des meilleurs élèves des grands maîtres vénitiens. Il nous offre d'autant plus d'intérêt, que les chefs de la noblesse française y sont représentés. Voilà le comte de Flandre, à côté un Montmorency, dont la postérité est encore glorieuse en France; puis, Montfort et le marquis de Montferrat, le chef des croisés. Cette scène est intéressante pour des yeux français, car ce fut une des plus belles expéditions qu'accomplit la République, et la France y fut pour moitié. Seulement, on se souvient que, partis pour délivrer Jérusalem de l'oppression des Turcs, les alliés reprirent d'abord Zara et conquirent Constantinople!

Le tableau suivant représente la ville de Zara, assiégée par les troupes de terre et de mer. Avant l'incendie, Louis de Murano avait représenté sur cette muraille le départ de la flotte des Croisés. On trouva plus intéressant d'ordonner, plus tard, à André Micheli, dit le *Vicentino*, de reproduire le premier fait d'armes de cette flotte. On se souvient que n'ayant pu fournir assez d'argent pour payer l'équipement de la flotte, les barons français consentirent, pour s'acquitter, à aider les Vénitiens à reprendre Zara qui leur avait échappé. André Dandolo et Montferrat sont les chefs de l'attaque, où il est curieux d'étudier les moyens de guerre du temps (1202).

Faisant une petite digression à cette explication, nous monterons sur le balcon de la grande fenêtre qui domine la vue des lagunes et nous jouirons un moment de la splendide perspective qui s'y déroule. La statue qui orne la gauche de cette fenêtre, et qui représente un petit saint Georges d'un faire un peu maniéré, est, dit-on, l'une de toutes les premières œuvres de Canova, à l'époque où, encore apprenti dans l'atelier de Ferrari Torretti, à Venise, il recevait 45 sous par jour pour ses travaux...

En rentrant dans la salle, nous trouvons sur la fenêtre une toile de Dominique Tintoret qui représente la *reddition de Zara*. Une procession de femmes et d'enfants, vêtus de blanc, viennent, au nom des habitants tremblants, faire pour tous acte de soumission.

La toile suivante, qui est d'André Micheli (le *Vicentino*), représente, d'après le précédent tableau de Tintoret brûlé, la scène où le jeune Alexis, fils de l'empereur Isaac Comnène, vient implorer la protection des Vénitiens en faveur de son père, contre son oncle aussi nommé Alexis, et présente au doge une lettre de l'empereur Philippe. Le doge est entouré de tous les croisés français. Il se rendra à la touchante prière du jeune prince (G).

A côté, nous trouvons la *première conquête de Constantinople*, en 1203, œuvre de J. Palma. On y voit le vieux doge, Henri Dandolo, dirigeant l'assaut de l'antique Byzance, pour replacer sur le trône de ses ancêtres un prince malheureux. La chaîne de fer qui barrait l'entrée du canal a été rompue par la flotte, le feu prend aux vaisseaux ennemis et gagne la ville, les Grecs sont dans l'épouvante, l'usurpateur Alexis va être contraint de se rendre !

La *seconde conquête de Constantinople*, en 1204, est le sujet du tableau suivant, peint par Dominique Tintoret. La ville étend le long des eaux la ligne solide de ses remparts flanqués de tours. Les soldats sont transportés d'une furie belliqueuse, car, pour cette fois, il s'agit de punir une noire perfidie. Français et Vénitiens luttent de courage et d'audace contre la ville rebelle. Un vénitien, Pietro Alberti, et un français, André d'Hurboise, sont sautés les premiers sur le sommet des tours, tandis que plus loin on enfonce les portes de la ville. Par ailleurs, une longue procession sort de Constantinople, pour implorer la clémence des vainqueurs; on voit le doge qui s'avance à sa rencontre, l'artiste ayant confondu dans une même composition plusieurs épisodes, qui, dans la réalité ne purent être que successifs.

Sur la toile suivante, nous voyons, de la main du Vicentino, qui refit le tableau brûlé de François Bassano, l'élection de l'empereur Baudouin, devant l'église Sainte-Sophie de Constantinople, bien que certainement cette scène eût dû se passer dans l'intérieur du temple auquel la basilique de Saint-Marc doit tant de richesses. Douze électeurs, six Vénitiens et six Français, sont placés sur une estrade pour procéder à l'élection du nouvel empereur. Henri Dandolo pourrait, s'il le voulait, poser sur son front cette couronne, la première du monde à cette époque...., mais il préfère consacrer ce qui lui reste de jours, au service de sa chère patrie, et c'est Baudouin qui est couronné empereur.

C'est donc le jeune Baudouin, comte de Flandres, un chevalier français, qui est élu empereur d'Orient! La cérémonie de son couronnement devait clore cette représentation de l'histoire par la peinture. Vasillacchi, plus connu sous le nom de l'*Aliense*, en refaisant l'œuvre détruite de Bassano, a représenté l'angle imaginaire d'une place de Constantinople, où a lieu le sacre. C'est le vénérable Henri Dandolo qui pose sur le front de l'élu la couronne qu'il a refusée pour lui-même.

Ainsi se clot cette expédition glorieuse, comme dans l'examen du côté opposé de la salle nous avons vu se dénouer, par le départ de Rome du doge Sébastien Ziani, le rétablissement dans sa chaire pontificale du pape Alexandre III.— Ces deux suites de sujets, remarquablement reproduits par la peinture, sont des plus belles pages de l'histoire de Venise. Leur choix pour en orner cette salle a donc été excellent.

Il nous reste maintenant à parler des portraits des doges et du merveilleux plafond de cette gigantesque salle. Commençons par les portraits.

La série commence au-dessus de la seconde fenêtre de la droite de la salle, par le portrait de Antenoreo Obélerio, IXe doge de Venise, en 804. Ses prédécesseurs ont manqué, faute sans doute, de documents pour les peindre. Le total de la série s'élève à 115, représentés dans deux salles. La marche chronologique va vers la partie de la salle où est *La gloire du Paradis*, de Tintoret, et fait le tour régulièrement. A chaque angle de la salle sont deux places vides, qu'occupaient, avant 1797, des lions dorés. Vers l'angle de la salle où se trouve le couronnement de l'empereur Baudouin, on remarque une place noire... restée vide. C'est celle où eut dû, dans l'ordre de succession, être représenté le portrait de Marino Faliéro. En place de la figure du doge traître à la patrie, on a placé l'inscription si connue :

« Hic est locus Mareni Falethri
« Decapitati pro criminibus *. »

Cette menace sanglante, faite au pouvoir dogal jusque dans son palais, est bien la plus terrible leçon et le plus redoutable avertissement à la fois que le peuple ait pu donner à ses maîtres! (H)

---

* *Ici est la place de Marino Faliero, décapité pour ses crimes.* Dans son livre, *le Rhin*, M. Victor Hugo désigne Faliero comme le cinquante-septième doge de la République. Il en est le cinquantième.

Maintenant nous passerons à l'examen rapide du riche plafond qui couronne cette magnifique salle, et où la peinture a plutôt représenté des allégories que des faits, ainsi qu'il convient le mieux à la poésie de cette peinture de voûte.

Les trois toiles principales de ce vaste plafond sont trois chefs-d'œuvre.

Le premier ovale, voisin du mur de *La gloire du Paradis*, représente *Le triomphe de Venise*... Paul Véronèse ! C'est une des plus splendides toiles qu'on puisse voir. Elle a une réputation européenne; des artistes font des pèlerinages à Venise pour l'admirer. Nous ne saurions donc faire moins que de nous y arrêter un moment, malgré la difficulté qu'offre son examen pour les personnes qui n'ont pas eu la précaution de se munir d'une lorgnette.

Venise est représentée sous la figure d'une femme revêtue de l'hermine ducale et placée dans le haut de la composition. Elle est couronnée par la Gloire, célébrée par la Renommée, entourée des figures allégoriques de l'Honneur, de la Liberté et de la Paix. *Junon* et *Cérès* offrent les emblèmes de la grandeur et de la prospérité. La partie supérieure du tableau est ornée d'une magnifique architecture soutenue par des colonnes; plus bas, dans la galerie, on voit une multitude de matrones avec leurs enfants, et d'hommes, dont les costumes indiquent les divers rangs et les dignités différentes; des guerriers à cheval, des armes, des enseignes, des prisonniers, des trophées de guerre, des panoplies occupent le fond de la scène. Ce tableau est un abrégé des merveilles à l'aide desquelles Véronèse fascine les yeux, en leur présentant un ensemble ravissant formé d'une multitude de détails agréables : des espaces aériens brillants de lumière; des édifices somptueux, que l'on voudrait pouvoir parcourir; des visages riants et cependant pleins de dignité, pris pour la plupart dans la nature et embellis par l'art; des mouvements gracieux, expressifs, bien opposés; des costumes nobles par la coupe et par les étoffes; des couronnes, des sceptres, une splendeur, une magnificence dignes d'un spectacle aussi auguste; une perspective qui éloigne les objets, sans pour cela qu'ils perdent à être vus de près; des couleurs pleines de vivacité *, tantôt uniformes, tantôt opposées, et

---

* « Cette vivacité de coloris vient assurément de la promptitude du travail ; car, dans ce cas, les couleurs demeurent dans toute leur franchise et dans toute leur netteté. Un peintre qui recommence plusieurs fois, et avec hésitation, ne peut conserver de fraîcheur à ses teintes. » (*Zanetti*).

toujours accordées avec un art qui est tout à lui; un maniement de pinceau qui réunit la promptitude et la perfection, voilà l'ensemble des qualités que Paul Véronèse a résumées dans cette splendide toile, l'un des plus beaux monuments de l'art que possède Venise!

A droite de cet ovale merveilleux est *La prise de Smyrne*; à gauche, *La défense de Scutari*, du même Véronèse.

Les deux cadres suivants sont : à droite, *L'armée du duc Visconti défaite par la cavalerie vénitienne;* et à gauche, *Une victoire des Vénitiens sur le duc de Ferrare*. Deux toiles de François Bassano.

Les suivants sont de J. Tintoret, et représentent :

A droite : *Victoire d'Étienne Contarini, sur le lac Gaarda;* — à gauche : *Victor Soranzo mettant en déroute l'armée du prince d'Este*.

Le grand tableau du milieu est un carré long, de J. Tintoret, et l'un des meilleurs ouvrages de ce peintre parfois inégal. Il représente une allégorie sur *Venise au milieu des divinités*, et en dessous, *le doge da Ponte, entouré des sénateurs, qui reçoit les députations des villes*, lorsque celles-ci se soumirent volontairement à la République.

Le dernier grand tableau, qui est de J. Palma, représente *Venise couronnée par la Victoire et entourée de Vertus*. — On cite beaucoup le modelé et le beau ton des esclaves nus qui sont au bas de cette vaste composition.

Les six octogones qui encadrent cette toile sont :

Le premier, à droite : *Brescia défendue par François Barbaro;* — à gauche : *la victoire de J. Marcello sur les Arragonais;* tous deux par J. Tintoret.

Le second, à droite : *la victoire remportée par Victor Barbaro, sur le duc Visconti;* — le second, à gauche : *une victoire de Georges Cornaro, sur les Allemands*. Tous deux par F. Bassano.

Enfin, les deux derniers, voisins du mur, et peints par J. Palma, offrent, à droite : *la victoire de F. Bembo, sur le Pô, et la prise de Crémone;* — à gauche : *la conquête de Padoue*.

Les camayeux qui remplissent les accidents de la disposition générale, sont de divers maîtres. Nous ne parlerons pas des immenses et admirables corniches qui chargent ce plafond splendide, de leurs sculptures dorées, dignes cadres de tous ces chefs-d'œuvres!

Dans les premiers temps de la construction de cette salle, et avant les incendies du XVIe siècle, elle était ornée de divers tableaux qui n'ont pas été reproduits, et parmi lesquels se trouvaient les portraits de divers savants qui se réfugièrent à Venise, à l'époque de la prise de Constantinople par les Turcs. Nous avons aussi sous les yeux une gravure d'Andrea Zacchi, représentant : *le Martyre supporté par Paul Erizzo, pour la foi et la patrie*, scié par moitié par les Turcs, à Négrepont, en 1469. Il est dit au bas de cette gravure, qu'elle a été faite d'après un tableau de *Pietro Lungo, placé dans la salle du grand Conseil*, au palais ducal. Ce tableau a aussi disparu...

N'ayant point à parler en ce moment de la partie de la bibliothèque Saint-Marc, qui se trouve dans cette salle, nous voilà à peu près quitte avec la description matérielle qu'elle offre aujourd'hui. Il nous reste à mentionner quelques changements qui s'y sont effectués depuis que 1797 lui a fait perdre sa destination séculaire, et que 1812 en a fait une des salles de la bibliothèque Saint-Marc.

Sous la République, donc, au lieu des rayons chargés de livres qui encadrent cette salle, sous les tableaux dont nous avons donné l'explication, régnait un rang de hautes stalles continues, aboutissant des deux côtés à une estrade surmontée du trône dogal, qui fut d'abord placé entre les deux fenêtres qui donnent dans la cour (et c'est pour cette cause que fut commencée, sur ce point, la série des portraits des doges); mais, plus tard, cette estrade et ce trône furent transportés au fond de la salle, sous *la gloire du paradis*. Au haut de cette estrade était la stalle ou trône du doge. On y montait par cinq marches. Tout le milieu de la salle était occupé par des rangées de siéges multipliés, suivant l'occurrence.

Des colonnes rares, des vases antiques, quelques statues ornaient les angles de cette salle dans le voisinage des fenêtres. Le trône du doge était sans dais, malgré ce qu'on en ait dit.

Maintenant passant à la physionomie morale de cette salle célèbre, comme nous avons essayé d'esquisser son aspect physique, nous allons jeter un coup-d'œil rapide sur divers points de son histoire, citer quelques-uns des événements principaux qui s'y sont accomplis, nommer quelques-uns des hommes qui y prononcèrent, ou qui y entendirent de grandes, de terribles paroles !

Vers l'an 1670, François Morosini, surnommé le *Péloponésiaque*, pour rappeler sa belle conquête de la Morée, et dont nous trouverons le monument triomphal dans la salle voisine, le généralissime des armées vénitiennes en Orient, enfin, vit toute sa gloire compromise un jour, par une réunion extraordinairement convoquée dans cette salle. Voici les faits présentés dans toute la rapidité possible.

François Morosini avait cru, dans l'intérêt de la République, devoir accepter la paix qui devenait une condition de la reddition de Candie. Vingt-cinq ans de guerre, cent vingt-six millions de ducats dépensés, soixante-neuf assauts, quatre-vingts sorties, plus de mille explosions de mines, telles avaient été les conditions exorbitantes d'une lutte qui devait finir. Mais l'initiative prise par le généralissime déplut au sénat. Comme il avait récemment été élevé à la dignité de procurateur de Saint-Marc, il arriva que le grand conseil étant assemblé dans cette salle, un patricien prit la parole pour réclamer contre cette récompense décernée à un général qui venait, dit l'orateur, de rendre la plus importante colonie de la République. — Il termina en proposant de mander Morosini à la barre du conseil, pour qu'il y rendît compte de sa conduite, et de le dépouiller préalablement de la dignité dont il avait trop légèrement été revêtu. Cet accusateur de l'illustre général s'appelait Antoine Corraro.

La majorité se laissa entraîner au discours de ce patricien, et le héros de Candie fut obligé de se constituer prisonnier au palais ducal, où par égard cependant pour sa gloire, on lui assigna pour lieu de détention une petite salle de la galerie intérieure de la cour.

L'affaire ayant pris cette tournure, le peuple, peu au courant des détails de l'affaire, crut que Morosini était un traître, et sans plus ample informé, il demanda sa tête, en hurlant sur la Riva et sur la Piazzetta, le jour où eut lieu l'audience solennelle.

L'accusateur de Morosini, encouragé par son premier succès, redoubla ce jour-là d'efforts pour le perdre. Mais une voix éloquente s'éleva pour la défense du Péloponésiaque : ce fut celle de Jean Sagredo, ancien ambassadeur de la République, alors procurateur, lequel faillit être doge fort peu d'années après, en remplacement de Nicolas Sagredo (1). L'habileté de Jean Sagredo, qui était un homme fort éloquent, entraîna une partie de l'assemblée en faveur de Morosini, et quand on arriva au vote, il y eut un tel ballottement qu'il fallut renvoyer l'affaire au lendemain.

Il paraît, suivant les historiens, que les débats suivants furent si tumultueux (contre l'usage des graves conseils de cette République) qu'on faillit en venir aux mains !.... Michel Foscarini, l'historien, qui assistait à cette séance, vint à l'aide de Jean Sagredo, le défenseur du glorieux général, et enfin après de longs et violents débats, celui qui quelques années après devait être doge, et auquel on tentait de refuser alors une simple charge honorifique de procurateur, fut acquitté des chefs de l'accusation, sans que durant les diverses séances auxquelles il fut contraint d'assister, il daignât prendre une seule fois la parole! Alors, le peuple éclata en injures contre les accusateurs de celui dont il avait demandé la tête *. Mais il faut dire que déjà le besoin des nouveaux services de Morosini se faisait sentir, car les commissaires turcs menaçaient d'une rupture, au sujet des limites de la Dalmatie. Et c'est dans ce même palais, où l'envie avait voulu le flétrir, que, peu d'années après, Morosini vit son buste élevé *de son vivant*, comme portait l'inscription — que plus tard il fut couronné doge, et qu'enfin, après sa mort, un arc triomphal lui fut élevé, comme à l'une des plus grandes gloires de la République de Venise!

En 1595, une cérémonie à laquelle Venise n'était pas accoutumée fut célébrée en grande pompe dans cette même salle où avait failli être dégradé un de ses plus grands hommes. Cette cérémonie eut lieu à l'occasion du couronnement de la *dogaresse* ou femme du doge, Marin Grimani, lequel succéda au doge Pascal Cicogna. Ce fut une grande fête à Venise, et nous dirons, en aussi peu de mots que possible, en quoi elle consista.

On fut prendre la dame en son palais (qui était celui où se trouve aujourd'hui l'administration des postes, sur le grand canal, et qui porte encore le nom de palais Grimani); elle en sortit accompagnée de toute sa famille, des conseillers de la seigneurie, et d'un immense cortége de patriciennes en grande toi-

---

* « Le peuple dans son inconstance,
« Blâme, approuve sans examen...
« Celui que la veille il encense,
« Est immolé le lendemain... »

Dit le libretto de *Masaniello*, opéra comique, peu comique, de Caraffa.

lette d'apparat. On avait construit pour la cérémonie une sorte de bucentaure plus petit que celui du doge, mais néanmoins fort élégant, qui la transporta sur la Piazzetta, où elle débarqua au milieu des fanfares et des salves d'artillerie*. La dogaresse était vêtue de brocart d'or et couronnée d'un bonnet ducal assez semblable à la corne du chef de l'État. Le sénat entier, qui la reçut au sortir de son bucentaure, l'accompagna à l'église, à la porte de laquelle elle trouva le patriarche et tout le chapitre de Saint-Marc, portant la croix. Conduite au pied du maître-autel, elle y prêta serment sur l'Évangile, puis entendit le *Te Deum*. Elle fit pour les pauvres une généreuse aumône, et en sortant de l'église elle trouva sur la place des députations de la bourgeoisie qui lui offrirent des présents; de là elle se rendit au palais ducal, où cette salle avait été splendidement ornée pour la recevoir. Ce n'était partout que bannières à devises et à ses armes personnelles; draperies, guirlandes et vases de fleurs. Il fallait la fête d'une femme pour donner à l'intérieur austère, tout riche qu'il soit, de ce mystérieux palais, un pareil aspect floréal et riant!

Le doge Marin Grimani était allé attendre la dogaresse au haut de l'escalier des géants, bâti depuis peu, et magnifiquement orné de tapis pour cette circonstance. Dans la salle du grand conseil, un trône provisoire avait été élevé un peu en avant de celui qui servait ordinairement au doge pour présider. La dame y prit place, entourée de toutes les patriciennes, qui, habituées à ne jouer qu'un rôle très secondaire dans les pompes publiques, se trouvaient joyeuses et fières de cet honneur qui arrivait à l'une d'elles.

Enfin ayant entendu quelques discours rigoureusement faits en *dialecte vénitien*, la dogaresse se mêla à la fête, qui continua par un grand repas et par un bal pendant lequel tous les jeunes patriciens tinrent à grand honneur de figurer avec elle. Cette fête enfin dura plusieurs jours. Le pape Clément VIII envoya à la nouvelle dogaresse, qui était une Morosini, la *rose d'or* qu'il avait coutume de bénir tous les ans, et d'envoyer en présent à quelque prince de la chrétienté. La femme du doge fut en cette

---

* Un beau tableau de J. Tintoret, qu'on voit chez S. E. le comte de Thurn, au palais *Corner*, ou de la délégation, représente cette scène imposante, dans laquelle figure une comtesse de Thurn, à la gauche de la dogaresse. Toutes les figures représentées sont des portraits, et celui de la reine de la fête est semblable au portrait de cette Morosini, qu'on voit au musée *Sanquirico*.

circonstance traitée en princesse souveraine. Cette rose d'or fut depuis déposée dans le trésor de Saint-Marc.

La dogaresse Grimani n'était pas jeune lorsqu'elle reçut cette dignité, rarement concédée. Il existe un portrait d'elle, où elle est représentée le front ceint de la corne ducale, dans la galerie d'antiquités de *Sanquirico*. On pourra voir aussi le bucentaure qui vient la prendre en toute pompe au palais que nous avons désigné. C'est l'objet d'un second tableau également visible à la galerie précitée.

A l'époque où la République de Venise possédait le plus de provinces en Orient, cette salle, ou celle qui dût y figurer avant les incendies, fut témoin d'une bien étrange délibération! elle consista à savoir s'il ne conviendrait pas de transporter le siége du gouvernement, et la population tout entière de la République, à Constantinople! Ce fait si surprenant pourrait assurément être mis en doute, s'il n'était pas très formellement cité dans la respectable Chronique dite de Barbaro. Il paraît même que la chose fut mise aux voix, et qu'il ne s'en fallut que d'une seule pour que le changement de patrie fut voté.... On appela depuis cette voix, *la voix de la Providence*. C'est ainsi que d'une boule naïve, de la volonté d'un seul homme dépendit alors le sort de Venise!..

Au reste, vers la fin du XIV° siècle, une motion semblable eut lieu dans des circonstances nouvelles. Les affaires de la République allaient mal. Venise était bloquée de tous les côtés. Les Génois, le roi de Hongrie la menaçaient de ruine. Ce dernier exigeait en contribution les pierreries du trésor de Saint-Marc, la couronne du doge et cinquante mille ducats par an. Malgré les insurmontables difficultés qu'il y eût eu à pouvoir mettre à exécution un projet aussi désespéré, il fut agité en conseil s'il ne convenait pas de transporter le siége du gouvernement à Candie..... Cette motion fut rejetée. L'abnégation et le dévouement des Vénitiens, riches et pauvres, petits et grands, sauva la République dans cette crise menaçante.

Enfin les dernières années du XVIII° siècle rendirent cette salle illustre et magnifique, l'asile des plus graves, des plus pénibles délibérations. On sait en quelles circonstances.... Venise expirait: la politique des nations mettait une fin à sa longue et glorieuse indépendance. Tous les faits, tous les détails de ce grand drame diplomatique et guerrier n'appartiennent ni à l'esprit, ni à l'objet de ce livre. Nous ne pouvons songer qu'à indiquer le rôle que la salle où nous nous trouvons a joué dans le dénouement de cette lugubre histoire.

Le 1er mai 1797, le grand conseil fut convoqué dans cette salle. Le palais ducal était entouré d'artillerie et de soldats. Tous les corps de métiers, les arsenalotti étaient sous les armes. Des patrouilles circulaient dans toute la ville.... Six cent-neuf patriciens, c'est-à-dire la moitié à peu près du corps de la noblesse, se rassemblèrent là autour sur des gradins disparus....

Alors le doge, Louis Manin, le dernier doge! pâle, défiguré, monta sur son trône, et d'une voix étouffée par les sanglots, il expliqua au conseil la situation de la République.

Les orageuses délibérations qui naissaient de la grave situation des choses, rassemblèrent souvent sous ces voûtes les grands corps de l'État. La crise dura trois jours et trois nuits.... Enfin une majorité de 512 voix contre 25, fit qu'à dater de ce moment l'historiographie de cette ville, qui pendant quatorze siècles avait subsisté comme état indépendant et glorieux, dût pour l'avenir appartenir à l'histoire d'un autre peuple* !

Ce rapide coup-d'œil donné sur quelques-uns des événements principaux qui s'accomplirent dans cette salle célèbre, continuons notre examen matériel du palais en passant dans la pièce suivante, qui appartient aussi à la nouvelle bibliothèque.

SALLE DITE DU SCRUTIN.

Nous commencerons immédiatement notre examen des tableaux par la droite, et le premier que nous verrons représente :

La *conquête de Zara*, par J. Tintoret. Le siège de cette place,

---

* Il existe une singulière prophétie sur la République de Venise : « Si tu ne changes pas..., — est-il dit à cette cité, — ta liberté, qui déjà chancelle, ne survivra pas d'un siècle à mille ans ! »

« *Se non cangi pensier, un secol solo,*
« *Non conterà sopra 'l millesimo anno*
« *Tua libertà, che va fuggendo a volo !* »

Ces trois vers d'Alamani, auxquels on a prêté peu d'attention, sont étranges ! Si l'on remonte à l'époque où fut fondée la liberté de Venise, on trouve que l'élection du premier doge (Paul-Lucius Anapheste), eut lieu en 697. Ajoutons, comme le veut la prophétie, onze siècles à 697, et nous trouvons 1797... Un peu moins d'un an auparavant, la cinquième année de la République française amenait cette chute de la République de Venise, si bizarrement, et si formellement pronostiquée!

si obstinément rebelle à la République, était commandé par *Marino Faliero*, qui huit ans après fut promu doge, et mourut bientôt de la façon tragique qu'on sait. Dans cette affaire, Faliero s'était couvert de gloire, aussi la République avait-elle fait peindre ce fait d'armes, son chef représenté au milieu de l'action. Après la trahison du doge, le sénat fit effacer ce portrait. Un soldat fut peint en place du général devenu traître. Plus tard, le tableau ayant brûlé avec tant d'autres, lorsque Tintoret reçut ordre de refaire les sujets détruits, on lui intima aussi de n'y plus faire figurer le guerrier qui plus tard avait trahi comme doge. C'est ainsi que nul monument public n'a conservé jusqu'à nous les traits de ce prince auquel s'est attaché une si triste célébrité (J).

Au-dessus de la fenêtre est la *prise de Cattaro*, peinte par le Vicentino. Le tableau suivant est la célèbre *bataille de Lépante* (1571), dans laquelle les Vénitiens, sous les ordres du généralissime Sébastien Veniero, défirent si complétement les Turcs. Ce tableau est extrèmement curieux par les renseignements qu'il offre sur les moyens militaires de l'époque, l'armement des galères, etc. L'Arsenal conserve dans une des salles d'artillerie un étendard pourpre qui fut pris sur un vaisseau ottoman dans cette célèbre journée, l'une des plus glorieuses de l'histoire de la République (K).

Au-dessus de la fenêtre suivante est la *démolition de Margaritino*, peinte par Pierre Bellotti.

Sur le grand panneau voisin, Pierre Liberi a représenté la *victoire des Vénitiens aux Dardanelles*. L'esclave nu qui terrasse un Turc sur le premier plan de ce médiocre tableau, lui a fait donner le nom de *l'esclave de Liberi*.

Le fond de cette salle est occupé par une sorte d'arc triomphal élevé en l'honneur de François Morosini, dit le *Péloponésiaque*, en mémoire de sa conquête de la Morée. Ce monument, qui forme porte, est de 1694. Il est orné de jolies peintures allégoriques de Grégoire Lazzarini. Celle de gauche en bas est particulièrement charmante. Le sujet est Venise personnifiée, à laquelle Morosini présente la Morée sous les traits d'une jeune femme dont les fers se brisent (L).

A côté de ce tableau est le morceau de sculpture le plus précieux peut-être de cette collection; un *Ulysse*, en marbre très pur, très beau.

En tournant vers la gauche de la salle, nous trouvons un bizarre tableau, représentant la lutte de Pépin, nouveau roi des Lombards, avec les Vénitiens, encore dans l'origine de leur établissement sur les lagunes (804). Ce roi Pépin, nouvel Attila, pourchassait les fils de l'Adriatique d'île en île, ayant réussi à s'emparer de l'une des plus importantes, celle de Malamocco. L'épisode représenté par le Vicentino est celui où les combattants, pour prouver qu'ils ne peuvent être de sitôt réduits par la famine, lancent à l'ennemi une grêle de pains, à l'aide des machines de guerre. On voit les pains en morceaux au premier plan, voltiger plus loin par les airs.

La toile suivante représenterait, à quiconque en poursuivrait les détails dans l'obscurité des teintes et des pénombres qui la recouvrent, la *défaite du même Pépin*, dans le canal Orfano, circonstance qui rendit aux Vénitiens la liberté provisoire de leurs lagunes. Cette toile obscure est aussi du Vicentino.

Santo Pesanda a peint, plus loin, le *Calife d'Égypte mis en fuite par les Vénitiens*. Il y a sur le dernier plan, à la droite de ce tableau, un épisode dont voici l'explication. La galère montée par le général vénitien Pietro Lando, avait perdu sa bannière, dont un trait avait coupé le cordage. Au même moment, on amena au général un pacha qui venait d'être fait prisonnier. Pietro Lando fit dérouler l'étoffe qui formait le turban du Turc, et ordonna qu'on taillât un bras au prisonnier. Avec le sang de la blessure il traça un rond dans le drapeau qu'il s'était improvisé, et le fit hisser à son antenne. A la vue de cette cruauté, l'équipage s'écria *Barbaro!* — Au retour à Venise, ce général, qui s'était du reste très vaillamment comporté, fut créé patricien en récompense de ses services, avec le nom de *Barbaro*, qu'a toujours, depuis, porté sa famille.

La *prise de Tyr* est le sujet de la toile suivante, qu'on doit à l'*Aliense*. Le doge Dominique Michieli commandait la flotte. Il agissait de concert avec les troupes de l'empereur Baudouin, alors prisonnier des Turcs. Comme on avertit le doge que les alliés avaient des doutes sur l'ardeur que la flotte mettrait au siège d'une ville, dont la mer ouverte sous les remparts lui permettrait de s'éloigner si aisément, Dominique Michieli fit démonter les gouvernails et les principaux agrès de ses vaisseaux, et les envoya dans le camp des soldats soupçonneux. C'était prouver qu'il voulait vaincre ou mourir. Ainsi fit aussi Fernand Cortez au

Mexique, lorsque ses soldats, las de luttes sans cesse renaissantes, voulaient revenir en Europe, sans avoir achevé leur conquête. Cortez fit incendier sa flotte. De là le proverbe : *Brûler ses vaisseaux*, pour exprimer qu'on s'est fermé toute retraite. Cette toile intéressante est d'une très belle exécution.

La suivante présente : la *victoire des Vénitiens sur Roger, roi de Sicile*, lorsque le doge Dominique Michieli refusa le diadème de cette contrée.

Enfin, sur le mur du fond, en face le monument de Morosini, est un grand tableau de J. Palma (qu'on prétend être de ses meilleurs), représentant le *Jugement universel*. C'est un sujet dont nous n'aurons pas, comme nous l'avons fait pour la plupart des autres tableaux, à esquisser l'histoire... C'est là un événement assez majeur, qui restera très probablement sans historiographe. On remarquera une femme blonde qui s'avance vers la Vierge, comme appelée parmi les élus, mais que l'implacable haine du peintre fait repousser par l'ange exterminateur et livrer aux démons, qui l'entraînent dans les flammes. Le cœur déchiré par la trahison d'une femme qu'il aimait, Palma s'est ainsi vengé de la perfide, en peignant là son portrait repoussé du séjour des bienheureux.

Au-dessus sont les huit prophètes, peints par le Vicentino, et qu'au premier coup-d'œil on pourrait prendre pour des doges, puisqu'ils sont mêlés à la ligne de portraits qui reprend dans cette salle, à droite en entrant, depuis le 77e, jusqu'à Louis Manin, 115e et dernier prince de la République. Après ce doge, il restait encore 13 places à remplir *... Sur le plafond nous trouvons trois ovales et deux carrés formant la ligne du milieu. Sur le premier ovale, André Vicentino a peint la *victoire des Vénitiens sur les Pisans*, qui eût lieu près de l'île de Rhodes. — Sur le carré suivant : une autre *victoire des Vénitiens à Saint-Jean-d'Acre*. On voit, au fond du tableau à droite, une des colonnes carrées qui sont devant la porte *della Carta* (les piliers cophtes), suspendue à la mâture d'un vaisseau qui l'embarque ; l'autre colonne est renversée à terre. Au fond est le temple de S. Saba, d'où elles ont été enlevées.

* La République de Venise a eu 120 doges, mais les portraits des premiers manquent. Quelques chronologistes n'ont pas cru devoir compter *Pierre Barbolano*, de la famille *Centranico*, le considérant comme un intrus. Son rang est le dix-huitième ; il date de 1026. Pour quelques-uns, le total est donc réduit à 119.

L'ovale du milieu nous offre la *victoire de Marc Gradenigo et de Jacques Dandolo*, dans le port de Trapani, en Sicile, œuvre estimée de Ballini. Sur le carré suivant, on voit la *conquête de Jaffa*, par le doge Jean Soranzo, peint par Jules dal Moro, et enfin, au bout, la *prise de Padoue*, qui eût lieu pendant la nuit, œuvre de François Bassano.

Nous n'indiquerons pas les sujets des autres peintures secondaires de ce plafond, lesquelles représentent des allégories, par Pordenone.

Le tour de cette salle était autrefois garni, comme toutes les autres salles de ce palais, par un rang de stalles, ressemblant aux stalles d'église, et aboutissant à un trône qui s'élevait sous le *Jugement universel*. Pour marquer un espace qui restait vide sur ce point, entre les rayons de la bibliothèque et le tableau, les modernes, inspirés, stimulés par tous les beaux ornements qui sont à profusion dans ce splendide édifice, ont trouvé moyen de mettre au jour les panneaux dorés sur fond verd qu'on trouve où s'élevait autrefois le haut du trône. Il est difficile de s'imaginer rien de plus laid, ni de plus hors de lieu; mais, en fait de restauration, nous en verrons bien d'autres!

La bibliothèque continue dans cette salle. Mais là, sont les livres les plus rarement consultés, la véritable bibliothèque usuelle étant dans les petites salles qui précèdent celle du *grand conseil* et celle-ci. On remarquera, de loin en loin, parmi les volumes si rarement dérangés, et qui ruminent là paisiblement leurs langues mortes et peu engageantes, quelques reliures rouges, portant au dos une N dorée, qui témoigne que ces volumes ont fait le voyage de Paris, où certainement ils ont été ouverts..., par le relieur au moins!

C'est dans cette salle que se faisaient toutes les opérations d'État qui entraînaient un ballottage, et particulièrement la nomination du nouveau doge, en ce qui concernait le scrutin. De là son nom (*Sala dello scrutinio*).

Personne ne pouvait entrer dans cette salle avec des armes. Si l'entrée de celle du grand conseil était formellement interdite aux étrangers, il n'en était pas de même de celle-ci au moment des opérations du ballottage. Alors, les portes s'ouvraient, le public était admis, et, à la faveur d'un privilége qui, durant de longs siècles, régna dans toutes les classes de cette ville, on pouvait voir des gens masqués pénétrer, pour voir et entendre, dans cette salle où se tenait une des plus graves assemblées de l'État !

On cite quelques circonstances d'exception, où plusieurs augustes voyageurs furent appelés à l'honneur de donner leur voix dans des délibérations importantes. Durant son séjour à Venise, le futur roi de France, Henri III, fut ainsi appelé à prendre part à la nomination d'un procurateur. Celui que le prince voulût bien désigner, fut courtoisement proclamé à l'unanimité. Il vint se mettre à genoux devant Henri de France pour le remercier. Le prince occupait le siége dogal, placé sous le *Jugement universel*, de Palma.

Comme dans mainte assemblée législative moderne, les membres du scrutin donnaient leur voix avec des boules. Chaque votant jetait la sienne dans une des trois boîtes qui lui était présentée par un enfant de la sacristie de Saint-Marc. Ces boîtes étaient de couleurs diverses : la *blanche* pour l'affirmative, la *verte* pour la négative, et la *rouge* pour témoigner qu'on votait pour une révision de la chose présentée. Dans une foule de cas, la majorité n'était pas simple mais déterminée. Ce fut cette majorité, fixée aux trois quarts des voix, qui entraîna la sentence que le doge François Foscari fut obligé de signer contre son fils Jacques, dont l'histoire se trouvera à propos du palais de cette illustre maison, sur le grand canal, palais qui servit de demeure à Henri III, et à une foule d'autres illustres personnages, pendant leur séjour à Venise.

C'est aussi dans cette salle qu'il fut délibéré, à l'époque où Henri IV de France, montant sur le trône d'un pays divisé par les factions religieuses, avait à se faire reconnaître par toutes les puissances européennes. Les chefs de l'État, malgré les suggestions du duc de Savoie et du roi d'Espagne, se déclarèrent pour le Béarnais. Lorsque Henri épousa Marie de Médicis, ayant demandé à la République que son nom fût inscrit au livre d'or, c'est encore là qu'il y eût délibération, et l'honneur auquel aspirait le pétitionnaire couronné lui fut accordé à l'unanimité, moins la voix d'un membre dont le nom nous est conservé, mais que nous tairons, sa race s'étant perpétuée jusqu'à nos jours. Ce patricien avait vu avec chagrin son gendre partir, quelques années auparavant, pour prendre du service pour Henri IV contre la Ligue, ainsi que le firent alors beaucoup de jeunes Vénitiens. (Voir la note E du chapitre sur l'*Arsenal*.)

En quittant la salle du scrutin, on pourra s'arrêter un moment

dans celle du grand conseil, qu'il faut retraverser pour sortir.
Cette fois, on jugera d'autant mieux le riche et vaste ensemble
de cette splendide salle, qu'on en connaît les détails. Puis, repassant par la pièce d'introduction à la bibliothèque, on sortira dans
le couloir, et, prenant le premier escalier trouvé à gauche, on
arrivera à l'étage supérieur, où s'ouvre, à droite, la porte de la

SALLE DITE DE LA BUSSOLA.

Nommée ainsi, à cause de l'espèce de loge formant issue, qui
se trouve dans un de ses angles. Cette salle était l'antichambre
des *Inquisiteurs d'État* et du *Conseil des Dix*.

On remarquera à l'entrée, à côté de la porte, le guichet de l'ancienne *gueule de lion*, où l'on glissait du dehors les dénonciations
relatives à la juridiction criminelle des décemvirs et des triumvirs vénitiens.

Sur le mur de la porte d'entrée est un long tableau de l'Aliense, ce peintre né en Grèce, à l'île de Milo, qui joignit à tant
d'imagination, tant de facilité ; il représente la *reddition de Brescia*, en 1426 ; — en face, la *soumission de Bergame* est du même
auteur (1428). On y voit le général Carmagnola, dont il va être
parlé bientôt.

Le tableau qui fait face aux fenêtres représente le *doge Léonard
Donà, que saint Marc présente à la Vierge ;* espèce d'allégorie
bizarre qui faisait jouer au doge le rôle d'un illuminé. Cette toile
est d'un des meilleurs élèves de Titien, son neveu, Marc Vecellio.

Le plafond est orné de diverses peintures de Paul Véronèse.
Le vide du milieu était occupé, avant 1797, par un *saint Marc
entouré de saints*, magnifique production de Paul Véronèse, restée
à Paris, où elle figure dans un des plafonds du Louvre.

Cette salle n'a guère varié dans sa décoration depuis plusieurs
siècles. Seulement, le long du mur de gauche, étaient six bureaux
occupés par les secrétaires des inquisiteurs d'État et du C. des X,
qui attendaient là les ordres de cette double et terrible magistrature. Les bancs du pourtour servaient aux gens requis de comparaître, soit comme accusés, soit comme témoins : c'était là
qu'on attendait, et qu'on tremblait...

La salle suivante est appelée :

SALLE DU CONSEIL DES DIX.

L'adoration des Mages est de l'Aliense. — Le tableau de droite représente le *retour du doge Sébastien Ziani*, à Venise, après la victoire qu'il a remportée sur l'empereur Frédéric Barberousse. Le pape Alexandre III vint à sa rencontre. On se souvient qu'une partie de ce sujet s'est déjà présentée dans la salle du grand conseil. Léandre Bassano, auteur de ce tableau, s'est représenté lui-même portant le dais derrière le pape.

En face de ce tableau, on trouve le *Congrès de Bologne, en* 1529, où figurent le pape Clément VII et l'empereur Charles-Quint, traitant de la paix de l'Italie. L'auteur, Marc Vecellio, s'est peint en garde-pontifical, au pied de l'estrade, ayant en main la masse ferrée, attribut de cet emploi.

Au plafond, il manque deux toiles importantes. L'une, représentant *Jupiter* foudroyant les quatre crimes dévolus au jugement du C. des X. (le viol, — l'incendie, — le faux monnoyage, — le vol sacrilége), est restée à Paris : elle est de Paul Véronèse. L'autre, qui est à Bruxelles, au palais du roi, représente une *Junon allégorique*.

Tout ce plafond est, par ailleurs encore, l'un des plus magnifiques qu'on puisse voir, et aussi l'un des plus beaux d'Italie. Les peintres Zelotti*, Bazzacco et Véronèse, en ont animé les allégories et enluminé les camayeux. La distribution en est élégante et riche ; jamais voûte plus riante et plus éclatante ne couvrit réunion plus sinistre et plus sombre !

Sur le pourtour de cette salle, la restauration moderne, dont la maladie chronique semble s'être particulièrement manifestée au palais ducal, par des faux stucs et des faux marbres, a remplacé par les curiosités qu'on voit, le rang de stalles qui suivait le développement de la boiserie. Les 17 panneaux du cintre du fond dominaient 17 siéges où se plaçaient, dans les assemblées convoquées, les membres du Conseil des Dix, le doge et ses six

---

* Les peintures de Zelotti, ami, et on peut dire collaborateur de Paul Véronèse, sont quelquefois attribuées à ce dernier, parce que Zellotti, qui peignait beaucoup à fresques dans les châteaux, est peu connu dans les villes. Ses compositions de la salle des *Dix*, offrant *Janus et Junon*; — *Venise, Mars et Neptune*; — *Venise qui brise ses chaînes*, et *Venise assise sur un lion*, ont été gravées à tort, par *Valentin Lefebvre*, sous le nom de Paul Véronèse.

conseillers. Le doge avait une espèce de trône au milieu. Sur les côtés, se tenaient les secrétaires, les gens appelés, les témoins ; — les accusés restaient au milieu, isolés, sans siége, sans appui...

Ce fut là que dans la nuit du 15 au 16 avril 1355, fût amené le doge Marino Faliero, devant son trône vide, et sur lequel reposait l'épée de justice voilée d'un crêpe noir... Dans ce pourtour, siégeaient les membres du C. des X., augmentés de vingt patriciens formant cette *junte* extraordinaire. Pendant l'instruction de ce rapide procès, à minuit, par un orage qui battait les fenêtres de la façade depuis réédifiée par Scarpagnino (1548), et tandis que le doge, presque séculaire, debout au milieu de cette salle, avouait son crime, on pendait, au bruit du tonnerre, Bertuccio, le chef de l'arsenal, et le malheureux architecte Calendario, entre les deux colonnes de la Piazzetta...

Toutes les voix qui s'élevèrent cette nuit-là dans cette salle, furent unanimes dans la condamnation... Le vieux doge, dépouillé de ses insignes, fut ensuite enfermé dans sa propre chambre, dans ce palais que sa dignité suprême lui avait donné comme propre... Il ne put même pas revoir sa jeune femme, celle qui lui avait inspiré cette ardente jalousie qui fut la cause indirecte de tous ses malheurs !

Deux jours après, la corne dogale était veuve d'un front ensanglanté par la hache du bourreau !

Il faudrait des volumes pour expliquer tous les jugements importants qui eûrent lieu dans cette étrange salle, dont l'éclatante décoration forme un si ironique contraste avec les sentences terribles qui s'y prononçaient, et les mystérieux hôtes qui l'habitaient aux heures les plus sombres de la nuit. Comprend-on, en levant les yeux sur ce splendide plafond, où ruisselle l'or, où éclatent les plus splendides conceptions de la palette, que de pareilles voûtes reçussent de pareilles paroles ! Comprend-on une sentence de mort allant glisser sur cet ovale charmant où Véronèse a peint, avec tant de gracieuse coquetterie, cette jolie femme qui écoute un vieillard ? Cela n'est-il pas plus effrayant ainsi que la voûte austère de quelque tribunal prévôtal, dont les pierres seraient noircies par la fumée des torches funéraires ?

Et là aussi, au milieu de cette salle, digne d'être un salon de fête, se tint debout, comme l'avait fait Marino Faliero, plus d'un siècle auparavant, un grand général devenu un grand coupable. Comme le doge, qui avait trahi les siens, Carmagnola entendit là sa sentence de mort unanime, pour avoir trahi son pays. Étrange contraste ! l'antichambre glorifie Carmagnola, en le représentant peint dans le tableau de la reddition de Bergame, et la salle voisine le condamne à mourir (N) !

En revenant sur nos pas, afin de visiter ces salles dans la progression nécessaire à leur meilleure explication, nous rentrons dans l'antichambre du C. des X, pour franchir la *Bussola* qui encombre un des angles, et nous pénétrons dans le :

CABINET DU CHEF DES X, OU DES INQUISITEURS D'ÉTAT.

Il ne reste plus de l'ancienne décoration de cette pièce que le parquet, le plafond et la cheminée.

On ne saurait expliquer cette maladie qui gagne parfois les gens appelés restaurateurs de monuments. L'aspect qu'on a donné à cette chambre, qui fut le tribunal des plus redoutables triumvirs, n'est pas moins absurde que ridicule. L'affreux stuc, en contrefaçon de vilains marbres, a recouvert tous les murs que garnissaient anciennement des tapisseries de haute-lice, dont on voit encore les vestiges sur chaque côté de la cheminée. Telle qu'elle est aujourd'hui, cette chambre historique a l'air d'un café de mauvais goût. Le charmant plafond qu'on n'a pas encore pu remplacer par du stuc, nous inspirera les mêmes observations que celui du tribunal des Dix. A droite, un tableau allégorique et fantastique, qui exigerait des pages pour être expliqué, offrira au premier aspect tout l'irritant d'une grotesque énigme ; il est de *Battista Franco*, artiste qui apporta de Rome le goût de ces compositions bizarres et extravagantes. A gauche, en faisant face à la cheminée, était autrefois le grand bureau dans lequel étaient plutôt cachés qu'assis, les trois terribles inquisiteurs d'État ; le secrétaire ou chancelier, qui seul interrogeait l'accusé, avait son siége à gauche de la porte.

Il a été assez longtemps de mode dans les littératures française, allemande et anglaise, de présenter le double tribunal des Trois et des Dix, comme les cours prévôtales les plus terribles, les plus sanguinaires et les plus cruelles qui aient jamais existé, excepté peut-être les tribunaux révolutionnaires que subit la France, à l'époque dite de la terreur. Aujourd'hui doit commencer à s'opérer un retour plus consciencieux vers la juste appréciation des choses, et ce que l'histoire y perdra en drame souvent fantastique, elle le gagnera en vérité, ce qui vaut mieux. Dépossédée de l'inquisition vénitienne, la littérature dramatique se retournera vers l'inquisition d'Espagne, et elle aura encore suffisamment de quoi faire frémir. Que la République soit donc mieux jugée ! Pour notre part, nous nous associerons volontiers, et de tout notre faible pouvoir, à une réaction tendant à faire disparaître bien des taches des pages déjà si souvent sombres de l'histoire de Venise.

De cette pièce on passe dans divers couloirs anciennement occupés par les retraites des secrétaires, les petites archives, etc. On trouve la porte secrète qui conduisait directement aux basses et hautes régions du palais, c'est-à-dire aux prisons appelées puits (*pozzi*), et aux plombs (*piombi*); par là passaient ceux qui étaient appelés pour être interrogés, ou ceux qui se retiraient après condamnation....

Plus loin on trouve une espèce d'antichambre auquel aboutit le second étage de l'escalier d'or. C'était l'entrée d'apparat pour les membres du sénat, les ambassadeurs, les conseillers appelés en séance. A côté de l'escalier d'or, une porte conduisait à la comptabilité, où un seul employé payait toutes les charges rétribuées du palais ducal. De ce vestibule on pénètre dans la

SALLE DES QUATRE PORTES.

Cette magnifique salle fut rétablie par André Palladio, telle qu'on la voit aujourd'hui, après le terrible incendie de 1574.

Elle tire son nom des quatre entrées qui y donnent accès, et qui sont d'un beau style romain, soutenues par de magnifiques colonnes de *Porto-Venere*, et de jaspe veiné oriental, matière précieuse dans laquelle *toutes les couleurs* sont réunies.

Les statues qui dominent ces portes sont des œuvres estimées de Jules del Moro, François Castelli, Jérôme Campagna et Alexandre Vittoria. Les tableaux renommés qui recouvrent les murailles sont :

Entre les deux portes, à droite en entrant : *le doge Grimani à genoux devant la Vierge et quelques saints*, par le chevalier Contarini. Cette toile avait été emportée à Paris en 1797, elle est revenue à sa place en 1815 [*].

---

[*] Voir la note sur ce peintre, au chapitre sur l'académie des Beaux-Arts.

Il en est de même du tableau du même plan vers la cour, qui représente *la Foi*, et qui est du Titien.

La bataille de Vérone, de l'autre extrémité de la salle, est du chevalier Contarini. C'est une œuvre d'un dessin hardi, impétueux, qui convient à ce genre de composition. En face on voit :

Le doge Cicogna qui reçoit les ambassadeurs persans, par Charles Cagliari. C'est une belle toile comme ce jeune peintre en a produit fort peu, malgré le grand nom qu'il portait.

Entre les deux portes, une grande toile qui augmente surtout d'intérêt pour un Français, puisqu'elle représente *l'Arrivée de Henri III à Venise*, solennité dont la table en marbre que nous avons trouvée au bout de l'escalier des géants est la date lapidaire. Ce tableau est d'André Micheli, dit le *Vicentino*. On voit le magnifique arc de triomphe que le Palladio éleva pour cette solennité sur le bord du Lido, et en face duquel Henri III, débarquant de la galère, accompagné du patriarche et du doge Louis Mocenigo, descend à terre.

Ce tableau est très précieux sous plusieurs rapports ; d'abord les portraits des personnages historiques y sont fidèles, les costumes de la cérémonie et du temps, de toute exactitude, et la forme de la galère, celle des barques, les accessoires enfin de toute la fête, jusqu'aux détails architecturaux de l'arc triomphal construit sur le modèle de celui de Septime Sévère à Rome, tout a été reproduit avec la plus grande vérité, par l'habile artiste auquel la République confia la mission de consacrer dans l'avenir cette imposante cérémonie.

Le tableau suivant qui termine l'examen des murailles de cette salle, nous représente les *ambassadeurs de Norimberg recevant les lois vénitiennes*, que leur accorda le doge Léonard Lorédan, en 1506. (Jusqu'à présent ce tableau avait été mal désigné, et le véritable sujet qu'il représente a été constaté tout récemment [*].) Ce fut assurément un fait très glorieux pour la République, que cette adoption de ses lois par un état libre qui en admirait la sagesse, et il est étrange qu'un monument destiné à mentionner ce fait, ait pu jusqu'à nos jours être méconnu d'une foule de savants qui se sont occupés de l'art et de l'histoire vénitienne. Il paraît du reste que ce sujet avait déjà été peint en camayeu vert, dans la salle du grand conseil, mais qu'il fût détruit par le

---

[*] Francesco Zanotto : — *Il palazzo ducale*.

grand incendie qui consuma tant d'autres souvenirs historiques recueillis par l'art dans cette magnifique salle. On prétend que ce tableau aurait été dessiné par Paul Véronèse, et peint par ses fils Charles et Gabriel Cagliari.

Si nous passons désormais à l'examen du plafond de cette salle dite des quatre portes, nous le trouverons d'une richesse à la fois élégante et noble. Palladio et Sansovino en fournirent les dessins généraux d'ornementation, ainsi que ceux des figures, qu'exécutèrent Vittoria, et d'autres artistes renommés. Toutes ces peintures sont des fresques de J. Tintoret, mais elles sont déjà fort altérées en certaines parties. Le fond des ornements, en fausse mosaïque de couleur et or, est du goût le plus élégant. Les figures des voûtes sont d'une exécution très belle. *Bien restauré*, ce plafond serait un des plus beaux du palais ducal, pour l'ensemble riche et élégant de son ornementation.

Par la porte qui fait face à celle par laquelle nous sommes entrés, nous passons dans la salle dite :

SALLE DE L'ANTI-COLLÉGE.

Les quatre côtés des portes offrent quatre toiles dont trois sont peut-être des meilleures de J. Tintoret. Le moins bon de ces tableaux, serait celui qui représente les forges de Vulcain. Les autres, qui ont quelqu'analogie avec le faire de Paul Véronèse, ont une grâce que n'offre pas souvent leur auteur, peintre fougueux s'il en fût.

En face des fenêtres sont deux toiles, l'une de Jacques da Ponte surnommé le *Bassano*, est fort estimée; elle représente *le Retour de Jacob à la terre de Chanaan*. Mais ce tableau est complètement obscurci et effacé par celui qui lui est voisin, et qui n'est rien moins que le célèbre *Enlèvement d'Europe*, tableau dont la réputation est européenne, et l'un des chefs-d'œuvres de Paul Véronèse !

Ce tableau a séjourné au musée du Louvre à Paris, de 1797 à 1815. Nous en avons conservé de nombreuses copies.

Rien de plus frais que cette peinture, rien de plus gracieux que cette composition. L'éclat, le *brio* soyeux des étoffes, les glacés qui donnent de si délicieux tons d'opale à la robe de la figure principale, sont inimitables. La tunique de brocart blanc et or est du goût favori de Véronèse, qui a souvent reproduit cette magnifique étoffe dans ses toiles : la charmante surprise qu'exprime la tête d'Europe, l'admirable et voluptueux modelé de son sein.... l'expression passionnée et presque divinisée du taureau amoureux qui lèche le pied de cette belle jeune femme, l'élégance des poses des figures secondaires, tout enfin contribue à faire de cette merveilleuse toile, une des productions les plus remarquables du grand maître qui l'a créée. Tout le fond du paysage et les petits amours sont ce que l'on peut appeler *albanesques*, mais les figures sentent déjà quelque peu la *manière* qui sera plus tard le cachet du genre dit *rococo*. Quelque loin qu'ils soient de Véronèse, Boucher et Watteau sont les exagérateurs d'un style qu'on voit poindre dans le chef-d'œuvre d'un des maîtres les plus brillants de l'école vénitienne.

A gauche du tableau, est l'inévitable chien de chasse des compositions de Paul Véronèse.

La belle cheminée de cette salle est de marbre de carrare, sculptée par Titien Aspetti, sur les dessins de Vincent Scamozzi. On y a ajouté dans le haut, comme à presque toutes les autres cheminées du palais ducal, des ornements en stuc, qui sont riches peut-être, mais d'un style qui ne s'allie nullement avec la corniche, le fronton et les belles cariatides de marbre.

Le plafond aussi orné des stucs de Bombarda, Vittoria, etc., rehaussés d'or, offre dans son milieu *Venise sur un trône*, par Paul Véronèse, lequel avait aussi peint les quatre camayeux azur, qu'a depuis retouchés Sébastien Rizzi, et qui auraient encore une fois besoin de réparation.

Dans cette salle élégante attendaient les personnages de distinction qui devaient arriver au doge en audience, ou en solennité. Les ambassadeurs qui devaient ou présenter leurs lettres de créance, ou faire quelqu'importante communication au gouvernement, s'y arrêtaient pour être annoncés, après avoir gravi l'escalier d'or.

La porte qui de cette salle conduit à la suivante, nommée :

SALLE DU COLLÉGE,
OU DE RÉCEPTION POUR LES AMBASSADEURS.

Est de cèdre précieux qu'on assure provenir des pillages de Constantinople.

La salle du collège est encore telle que l'a laissée la chute de la République de Venise. Là les réparateurs et restaurateurs, si forts sur le stuc marbré, n'ont pas encore pu faire pénétrer leur affreux mortier gris et jaune. Ils se consolent en espérant qu'ils y arriveront.

Cette salle est imposante; elle donne à l'esprit l'impression qu'il faut qu'on ait de ce gouvernement souvent si majestueux dans ce que nous appellerons *son rite*, si pompeux dans ses fêtes, si plein de faste et de profusion dans ses cérémonies patriotiques. On se représente bien ici l'émotion de cet ambassadeur génois, qui en se voyant devant l'imposante assemblée réunie pour l'entendre, resta court... et fut obligé de se retirer sans avoir pu articuler autre chose que *serenissimo duca !* Ce qui fut cause que la guerre se ralluma plus active entre les deux Républiques adriatique et méditerranéenne !

Parlons des tableaux pour obéir à notre plan ordinaire.

Celui qui s'étend sur la porte, de même que les trois qui recouvrent le mur de droite, passe pour être de J. Tintoret, qu'ici plus que jamais on aura le droit de proclamer un peintre inégal et sans unité dans son œuvre trop immense, du reste, pour qu'un seul homme puisse y avoir suffi sans collaboration parfois compromettante.

Le *doge André Gritti devant la Vierge et l'Enfant Jésus*, est de beaucoup le meilleur de ces quatre tableaux. Les *fiançailles de Sainte-Catherine*, la *Vierge Marie sous le dais* et le *doge Louis Mocenigo adorant le Rédempteur*, sont des œuvres sur lesquelles on pourra passer légèrement dans une ville où la peinture offre autant de chefs-d'œuvres qu'à Venise !

Le grand tableau qui est au-dessus de l'estrade, et qui est complexe dans son sujet, est une œuvre magnifique à laquelle on pourra restituer l'attention refusée aux autres. On y voit le *Sauveur dans une gloire avec la Foi*, *Venise et Sainte-Justine*, le *doge Sébastien Venier, vainqueur à la célèbre bataille des Curzolaires ou de Lépante* et le *provediteur Augustin Barbarigo, mort en combattant les Ottomans*, etc.

Ce magnifique tableau, ainsi que les deux figures en camayeux qui l'avoisinent, sont de Paul Véronèse.

Nous ne reviendrons pas sur le sujet d'une grande partie de ce tableau, qui a déjà été expliqué à propos du combat de Lépante, exposé dans la salle du scrutin. (Voir la note K).

Les tapisseries dites de *haute-lice*, qu'on voit au-dessus et sur les côtés de l'estrade, et qui représentent les *Aventures de Jupiter*, datent de 1540. Elles sont d'un dessin reprochable, et bien loin de celles qu'on admirera au palais *Michieli delle colonne*, sur le grand canal.

La cheminée garnie de verd antique et de statues, est de Jérôme Campagna. Véronèse a daigné en exécuter les peintures d'ornementation supérieure. Du reste le Palais ducal en contient de plus belles.

Une *allégorie sur Venise* placée entre les deux fenêtres suivantes, est de Charles Cagliari.

C'est peut-être sur le plafond de cette belle salle que devra se porter plus particulièrement l'admiration. Les sculptures qui encadrent les œuvres du pinceau de Véronèse, sont d'une richesse et d'une conservation étonnantes. Ce plafond est de l'invention de l'architecte Antoine da Ponte.

Voici la désignation des sujets qu'il représente : (allégorie un peu ambitieuse, soit dit en passant...) premier compartiment vers l'estrade : *Venise assise sur le Globe entre la Justice et la Paix*. Le compartiment du milieu offre *la Foi*. Ce tableau est d'une telle fraîcheur de coloris, qu'on le croirait peint d'hier ! Auprès de la porte, *Neptune et Mars*. Derrière les figures on voit le sommet du Campanille de Saint-Marc.

Des *vertus* sont les figures des cartouches ou compartiments secondaires, et quelques sujets d'histoire ancienne, en camayeu verd, complètent les détails de la décoration de ce splendide plafond.

Il serait utile que les gardiens de ces salles missent à la disposition des visiteurs quelques miroirs qui permissent d'examiner à l'aise ces admirables voûtes, sans mêler à ce plaisir la gêne de l'attitude. Un artiste, un visiteur isolé là, s'étendant sur une banquette, pourra seulement se rendre un compte à peu près exact de ces plafonds merveilleux.

Et n'est-ce pas chose étonnante et rare que de voir l'accord qui unit tous les grands artistes de ces beaux temps ! Comment ne pas admirer autant les hommes que les œuvres, lorsqu'on voit chacun d'eux abaisser son talent à des détails dont doit profiter l'ensemble. Scamozzi, Aspetti, Campagna, taillant des chambranles de cheminée, des linteaux de portes ; Sansovino, Palladio, Vittoria dressant des ornements et des figures de stuc sur ces portes et sur ces cheminées, et par-dessus tout, Paul Véronèse faisant métier de décorateur, pour couvrir le mur sur lequel se détachent les stucs et les marbres ! Quelle époque, quels hommes, mais aussi quelles œuvres !

Fatigué de regarder autour et en haut, baissez les yeux, examinez le sol. Ici ce n'est point le *terrazzo* ordinaire de la plupart des demeures vénitiennes, système élégant et frais, une des bonnes choses dont la fabrication mérite l'exportation à l'étranger. Ce système de parquet (qu'un plaisant a appelé *galantine truffée*), est le plus souvent un mélange de chaux et de briques concassées, parsemé de petites pierres de couleur, qu'on bat avec des lattes et qui devient uni et luisant par le frottement de la pierre ponce unie à l'huile de lin. C'est là le *terrazzo* vulgaire, *galantine* plus ou moins *grasse*, plus ou moins *truffée*, comme dirait notre plaisant, suivant que les pierres blanches ou noires y dominent. Mais ici le terrazzo est une véritable mosaïque de matières précieuses ! Le porphyre, la malachite, le cipollin, le lapis-lazuli, les agathes, et jusqu'aux pierres précieuses (on y voit plusieurs améthystes !) sont les matières qui y confondent leurs couleurs altérées par la difficulté d'un entretien minutieux.

Cette riche salle a conservé l'estrade et le trône dogal ; les coussins de peau rouge sur lesquels s'appuyèrent les derniers dignitaires de la République sont encore là, pour que s'y appuie, selon son caprice, celui qui vient rêver sur toutes ces grandeurs passées. Là s'assirent Louis Manini, le dernier doge, et ses prédécesseurs Paul Renier, Louis Mocenigo, Marc Foscarini, François Lorédan, Pierre Grimani, Louis Pisani, Charles Ruzzini, Jean Cornaro et deux autres Mocenigo, tous ducs de Venise au dernier siècle !

Les vingt-sept stalles de l'estrade, étaient occupées, dans les réunions importantes, par le doge, les conseillers, les membres du Conseil des Dix, cinq sages-grands de la guerre et cinq sages-des-ordres.

Ces espèces de bureaux placés aux côtés de la porte de face, sont ceux qu'occupèrent long-temps le chancelier et le secrétaire de l'assemblée.

Lorsqu'avait lieu la réception d'un ambassadeur, il présentait d'abord ses lettres de créance au chancelier qui en faisait la lecture à haute voix, après quoi il était admis. Alors le premier conseiller de la droite du doge se levait et l'ambassadeur occupait sa place, causant amicalement avec le doge et parlant des affaires qui l'amenaient, comme on le ferait dans un conseil privé.

C'est sur le dos de ce trône dogal que le jeune praticien Michel Steno attacha cette inscription vengeresse qui fit tomber la tête de Marino Faliero, et celles de plus de cinq cents conjurés parmi lesquels Philippe Calendario, l'architecte même qui relevait de l'incendie la façade de ce palais devenu son tribunal de mort! Sans doute la fête avait lieu dans quelque salle voisine, sans qu'il soit possible de rien préciser même sur les appartements qu'occupait le doge à cette époque, tant les incendies et les reconstructions sont venus jeter de désordre dans la trace rétrospective qu'on voudrait tenter de suivre pour remonter à l'exacte application des faits aux localités. Mais qu'importe, la République eut les salles spéciales de chacun de ses pouvoirs dès qu'elle les créa, et il y a plus de probabilité, en faisant application d'un souvenir du Conseil des Dix, par exemple, à la salle qu'il occupa durant les derniers siècles, qu'en allant le transporter ailleurs. On a vu que l'État se plaisait à rétablir sur les lieux mêmes ce qui y avait été détruit; par exemple : les peintures des grandes salles du *Conseil* et du *scrutin*, les premières que nous ayons visitées.

Ainsi donc, en assignant à un lieu dont la destination est établie pour les derniers siècles, la scène historique qui s'y rattache, nous sommes dans quelque chose de plus que la probabilité, et presque dans la vérité matérielle.

La porte de droite si richement formée de jaspe veiné et autres marbres rares, nous conduit dans la principale salle de cet étage, celle appelée :

SALLE DU SÉNAT,
OU DES PREGADI.

En nous occupant d'abord des tableaux, nous avons en face de nous, entre les fenêtres : *l'élection de Saint-Laurent Giustiniani au patriarcat de Venise*, œuvre qu'on ne sait au juste auquel attribuer de Marc Vecellio ou de Bonifacio, mais qui s'écarte trop, suivant nous, de la manière de Titien pour être de lui. Ce tableau abominablement éclairé ne saurait du reste être bien jugé. On remarque seulement que l'artiste, en multipliant les vêtements blancs, a renoncé en partie à l'harmonie du coloris général.

Au-dessus du trône est un tableau de J. Tintoret (toujours Tintoret !) représentant deux *Doges à genoux au milieu de saints , auprès du Rédempteur mort.* Ce tableau a singulièrement noirci. Les figures latérales sont du même peintre. En 1775 on a placé au-dessus deux camayeux de Jean-Dominique Tiepolo, représentant : *le Couronnement de Démosthène.— Cicéron à la tribune,* deux sujets de circonstance dans cette salle qui fit souvent dans le gouvernement vénitien, l'office que remplit en France la *Chambre des Pairs.* (On voit à droite la tribune de l'orateur.) Jacques Palma a peint les trois premiers tableaux du grand mur qui fait face aux fenêtres. — Le *doge François Venier devant Venise; — Le doge Pascal Cicogna à genoux devant le Rédempteur ;* composition vraiment singulière ; — sur la porte : la *ligue de Cambrai,* allégorie ; — enfin le dernier tableau qui est de J. Tintoret, offre le *doge Pierre Lorédan devant la Vierge.* On voit au fond la façade de l'église Saint-Marc. En face de l'estrade, au-dessus de la porte majeure, est un des meilleurs ouvrages de Jacques Palma, représentant les *doges Laurent et Jérôme Priuli adorant le Seigneur.* (Jérôme succéda à Laurent sur le trône dogal en 1559.) On aperçoit aux derniers plans de cette toile le panorama de Venise.

Enfin, on trouve au plafond, sur le premier grand ovale voisin de la porte : une *scène de l'hôtel des Monnaies,* par Marc Vecellio. — Au milieu : *Venise dans les nues, entourée de divinités,* ouvrage de J. Tintoret, tableau dont le dessin laisse à désirer ; — et enfin à l'extrémité sur l'estrade : *une adoration de l'Eucharistie,* de Thomas Dolabella, œuvre confuse, que sa position ne permet guère d'aller poursuivre dans ses détails.

De chaque côté du grand tableau du milieu se trouvent deux toiles secondaires offrant l'une : les *Cyclopes et Vénus,* par le Vicentini ; — l'autre, vers les fenêtres : le *Doge au milieu de ses conseillers,* de l'Aliense. L'Eucharistie, les Doges, des Saints, des Divinités païennes, la Vierge, des Cyclopes, les conseillers de l'État et Vénus..., voilà assurément un étrange amalgame de sujets et de personnages !

Pour en finir avec les tableaux, nous passerons sur-le-champ par le couloir qui est à droite de l'estrade (en y faisant face), et nous trouverons une sorte d'anti-chapelle; en face des fenêtres est un tableau dont le sujet est continué sur le mur de gauche, et qui offre le projet des mosaïques de la façade de la

Basilique, représentant l'*arrivée et l'adoration du corps de saint Marc*. Ces trois tableaux peints sur fond d'or, comme sont exécutées les mosaïques, sont de Sébastien Rizzi. Les mosaïques furent exécutées par Léopold del Pozzo, artiste allemand. A droite, nous voyons divers saints... Tintoret! Tintoret!!.

LA CHAPELLE

est peinte à fresque par Jacques Guavana. Les ornements sont de Jérôme Mingozzi Colonna.

Sur l'autel, orné de belles colonnes, dont deux sont de vert antique, rehaussées de bronze, on voit une statue de la Vierge, sculptée par J. Sansovino. En ouvrant la porte qui est à droite de l'autel, on descendra un petit escalier, et après un détour on trouvera au-dessus d'une porte close, dont la destination était un des mystères du temps, une fresque du Titien, représentant *saint Christophe*, la seule de ce grand maître qui soit encore à Venise. Titien est si étranger à la décoration du palais ducal, qu'il est regrettable que cette fresque ne soit pas enlevée du mur (si l'opération est praticable, comme nous le pensons), et transportée dans un lieu plus digne du grand génie que la célèbre école vénitienne compte parmi ses plus hautes sommités.

RETOUR DANS LA SALLE DU SÉNAT.

A présent que nous sommes quittes avec les œuvres du pinceau, qui, presque toutes allégoriques, ne nous ont pas offert le texte de quelques notes relatives à l'histoire de Venise, nous occuperons une de ces stalles où s'assit autrefois un membre du sénat, un avogador ou un procurateur, et nous achèverons l'examen de cette magnifique salle, en finissant par un coup-d'œil jeté dans son passé historique et anecdotique.

Le sénat, d'abord formé de soixante membres seulement, puis de cent vingt, finit par s'élever à trois cent dix *pregadi* ou invités, pour les réunions solennelles. C'étaient les membres du C. des X., les inquisiteurs d'État, les procurateurs de Saint-Marc, les membres des deux quaranties criminelle et civile, le collége des Quinze, celui des Vingt-Cinq, les avogadors, les représentants et podestats des villes sujettes, les sages-grands, etc., présidés par le doge, flanqué de ses six conseillers, des secrétaires et des chanceliers. Cette assemblée avait ainsi quelque ressemblance avec le sénat romain, composé d'abord de cent vieillards, augmenté ensuite des pères conscrits, pris parmi les Sabins, et enfin de ceux appelés simplement assistants. Le sénat vénitien délibérait dans cette salle sur les affaires politiques, la paix, la guerre, les traités, la police intérieure, etc. Il préparait les projets de lois. On y nommait aux grands commandements militaires et aux ambassades.

Sept rangées de stalles occupaient le milieu de la salle, en outre de celles qu'on trouve encore aujourd'hui au pourtour.

Sur l'estrade se plaçaient les vingt-sept personnages que nous avons déjà cités pour la salle voisine, c'est-à-dire les membres du C. des X (les inquisiteurs d'État en faisaient partie), les dix sages-grands, les six conseillers et le doge.

Vers le milieu de la ligne des stalles, du côté des fenêtres modernes qu'on a si mal à propos placées là, on voit la petite tribune d'où parlait l'orateur, le promoteur des affaires, le défendeur ou l'attaquant.

Les réunions les plus solennelles avaient lieu la nuit. On voit encore quelques-unes des branches dorées qui servaient à supporter de grands cierges de cire jaune dont était éclairée l'estrade particulièrement.

On peut aisément s'imaginer de quelle importante majesté devait être cette salle, alors que garnie de tous ses coussins et tentures d'estrade, le trône du doge richement orné, le sol recouvert de superbes tapis d'Orient, avec la magnifique décoration qu'elle a conservée de nos jours, elle était occupée par tous ces dignitaires de l'État, en grand costume de brocart, de soie éclatante, rehaussés des divers attributs de leurs dignités.

Nous ne chercherons pas à rappeler les événements politiques qui virent leur naissance ou leur dénouement dans cette salle célèbre. Ce serait une tâche déjà longue pour qui se vouerait à écrire l'histoire du palais ducal de Venise, l'un des plus intéressants ouvrages, sans contredit, qu'on put tenter de nos jours, et qui ne pourra manquer d'être fait. Nous nous bornerons donc à rechercher dans la riche moisson de souvenirs qu'offre l'histoire, celui qui offre quelque intérêt anecdotique ou dramatique, négligeant à dessein ceux qui puisent leur importance dans les crises de la politique ou les difficultés de la diplomatie.

Vers le milieu du XVe siècle, l'empereur d'Occident, Frédéric III, visita Venise. Il allait se marier à Naples. Le Gouvernement reçut cet hôte illustre avec tous les respects et les honneurs qui lui étaient dûs. La grande salle du sénat, celle où nous sommes, fut érigée en salle de réception pour l'Empereur, et un trône magnifique lui fut élevé sur l'estrade du doge. Assis sous de splendides tentures, sous des faisceaux de drapeaux et de bannières, mêlant le lion hospitalier de Saint-Marc aux couleurs et aux armes de l'illustre voyageur, celui-ci, ayant à sa droite le roi de Hongrie, son neveu, le duc d'Autriche, son frère, et à sa gauche le doge François Foscari, reçut les dignitaires de l'État, et une députation des patriciens qui le haranguèrent pour le remercier de l'honneur qu'il avait bien voulu faire à Venise en la visitant.

On offrit à l'Empereur des présents, selon l'usage que les Vénitiens avaient emprunté aux Orientaux. La République tenait à amour-propre de montrer à l'illustre voyageur à quel point de perfection en étaient arrivées les manufactures vénitiennes. Parmi les objets présentés à Frédéric III, se trouvait un magnifique service de cristal de Murano, fabrique célèbre qui depuis deux siècles fournissait des glaces à toute l'Europe.

L'Empereur fit un signe à son fou...., celui-ci heurta la table sur laquelle était étalé le superbe service, qui roula à terre et se brisa en mille morceaux.

— S'il eût été d'or, il ne se serait pas cassé! — s'écria Frédéric.

— Votre Majesté me permettra de faire ajouter à ces indignes objets, que l'art seul recommande, quelques présents plus dignes de lui plaire! — dit aussitôt le doge.

Et ayant parlé bas à un secrétaire, on vit bientôt les valets du palais déposer devant l'Empereur, dont l'inconvenante action avait scandalisé tout le monde, autant de lingots d'or qu'il y avait eu de pièces au cabaret brisé.

— Ceci est le produit brut de notre Zecca! — reprit le doge, en faisant allusion aux caves de l'hôtel des Monnaies, voisin du palais ducal.

— C'est la plus précieuse de toutes vos manufactures! — répondit l'Empereur en faisant signe à ses écuyers qu'ils emportassent les lingots avec les autres présents.

C'est aussi dans cette salle qu'eût lieu, vers la fin de 1795, une délibération bien grave, qui marque trop dans l'histoire contemporaine, pour que nous négligions de rapporter ce qui s'y rattache : sa cause et ses effets.

En 1794, Louis XVI ayant subi la fin dramatique que l'on sait, son frère (depuis Louis XVIII), vu la minorité du royal enfant, alors prisonnier à la tour du Temple, prit le titre de régent du royaume de France. Revenant de Turin, il s'arrêta à Vérone, alors dépendance des états Vénitiens. Mais le comte de Lille y vécut dans l'incognito, ce qui n'empêcha point que la République l'envoya complimenter avec tous les honneurs dûs à son haut rang. Le sénat avait espéré de concilier le respect dû à une aussi illustre infortune, avec les bons rapports que Venise désirait garder avec la France, alors au plus haut degré de puissance guerrière.

Mais bientôt les événements politiques amenèrent les troupes françaises au pied des Alpes, et la situation de Venise, placée entre les diverses puissances belligérantes, se trouva assez critique. L'invasion de l'Italie semblait imminente, et l'exilé de Vérone, devenu roi par le nouveau deuil de sa famille, fixait plus que jamais l'attention du gouvernement français. On savait que l'Angleterre lui avait envoyé un ambassadeur... Le Directoire prit alors une mesure violente, qu'imposait sa politique : il fit remettre au patricien Querini, dernier représentant vénitien à Paris, une note qui formulait l'éloignement du prince des états de la République. Lorsque le sénat reçut cette grave communication, il s'assembla, et là, dans cette salle où nous sommes, la délibération eut lieu, à la majorité de cent quarante-quatre voix contre quarante-trois....

Le futur roi de France quitta Vérone. Ce fut alors qu'il demanda qu'on lui présentât le livre d'or pour en effacer le nom de son aïeul Henri IV, et qu'il réclama la restitution de l'armure dont le roi-chevalier avait fait don à Venise. On comprend que ce ne fut là qu'une façon de protester qui fut sans effet. Venise possède toujours l'armure de Henri, et son grand nom brille toujours sur le livre d'or.

Deux ans après, pour remercier Venise de sa grave condescendance aux désirs du Directoire, Napoléon, à la tête d'une république née de la veille, brisait celle qui avait duré quatorze siècles !

En repassant par la salle des Quatre-Portes, celle du C. des X et l'antichambre, on aura parcouru l'ensemble des pièces que leurs souvenirs et l'éclat de leurs décorations, recommandent encore de nos jours à l'intérêt et à la curiosité des voyageurs. Le palais ducal est composé de bien d'autres pièces encore, mais déviées de leurs destinations premières, consacrées au logement des employés actuels, ou affectées à des usages qui ressortent complétement de leurs antécédents, ces salles, ces chambres n'offrent plus aucun intérêt, ni pour l'antiquaire, ni pour l'artiste. Parmi ces salles qui ont aujourd'hui reçu une destination nouvelle, étaient celles qui formaient le petit arsenal du palais, et qu'on regrette de ne plus trouver telles que de longs siècles les virent entretenues. Cet arsenal était formé de quatre pièces abondamment fournies d'armes de toute sorte, de fusils toujours chargés à balle, et approvisionnées de munitions. Le chef du C. des X * gardait la clef officielle de cet arsenal. Des gardiens avaient le soin minutieux d'entretenir toujours les armes en bon état, et prêtes à servir. Ainsi, les patriciens réunis en conseil pouvaient, au moindre sujet d'alarmes, s'armer jusqu'aux dents, comme on dit par métaphore bizarre. On prétend que quinze cents personnes eussent trouvé là à s'équipper. On y voyait aussi dans les derniers siècles plusieurs canons de campagne. Un petit musée était adjoint à cet arsenal, et contenait des armes antiques et des curiosités d'art qui ont été transportées à l'Arsenal après 1797. L'armure de Henri IV faisait partie de cette collection, et ce fut dans l'époque de trouble où cette collection perdit ses surveillants, que disparut l'épée portée par le roi-chevalier à la bataille d'Ivry, et dont il avait fait présent à la République. (Voir la note E du chapitre sur l'Arsenal).

Maintenant, il nous reste à voir deux choses fort célèbres dans les prestiges que fait rayonner au loin ce seul mot : Venise ! — Nous voulons parler des *plombs* et des *puits*.

En sortant de la salle de la *Bussola*, et sans changer ni de couloir ni d'étage, les gardiens interpellés ouvriront la porte qui masque l'étroit escalier des prisons supérieures du palais.... les *plombs*.

Ici, une déception attend le visiteur. Nous ignorons ce que, suivant le degré d'imagination dont il est doué, il s'attendait à voir de terrible et d'effrayant... mais nous savons bien ce qu'il

---

* On voit sur quelques belles serrures de la partie du palais ducal qui avoisine les salles des décemvirs, cette simple marque, qui se mêle aux caprices de l'ornementation, C. X.

trouvera. Pour celui qui s'est apitoyé au récit de ces captivités plus ou moins authentiques, enregistrées par la littérature noire, les *plombs de Venise* sont tout ce qu'il y a de plus effrayant au monde. Ce mot-là serre le cœur, et fait regarder avec effroi derrière soi. On s'imagine soudain voir un pauvre *innocent*, que le Conseil des Dix a fait enfermer dans une sorte de boîte de plomb exposée aux rayons ardents du soleil d'Italie, et cuisant ainsi à la vapeur, pour avoir lâché un mot imprudent, recueilli par un des Dix caché dans la muraille. On se rappelle l'effrayante description que fait dans un superbe monologue plus poétique que fondé, l'*Angelo*, tyran de Padoue, de Victor Hugo. Fenimore Cooper n'a pas moins chargé le tableau, lorsque dans son *Bravo*, il trace les horribles souffrances d'un malheureux renfermé dans cette *boîte de métal ardent* où le sénat prend soin de placer ses victimes pendant l'été, tandis que l'hiver il les met dans d'humides cachots creusés *sous les canaux*... C'est à faire suer de peur et frissonner d'effroi rien qu'à lire ces mots formidables : les *plombs, les puits du palais ducal!*

Mais que les âmes sensibles et impressionnables se rassurent! elles n'auront à trembler de leurs souvenirs, et à gémir, que si elles y tiennent absolument. Égarées sans guide dans les hautes régions du palais, elles eussent bien certainement erré long-temps dans ces combles, sans se douter qu'elles fussent au sein même de ces apocryphes prisons.

Les plombs de Venise tirent leur nom *à effet* de cette simple circonstance, que la charpente qui forme le toit du palais ducal est recouverte de feuilles de plomb ou de zinc, comme les coupoles de la Basilique, au lieu d'être revêtue d'ardoises, de tuiles ou de maçonnerie. Les greniers du palais, distants sur une foule de points de plusieurs mètres du toit plombé, anciennement divisés en cellules peu nombreuses, du reste, et recevant le jour éclatant et l'air pur de cette élévation, sont ce que l'optique effrayante de la littérature dramatique, poétique et fantasmagorique, nous a long-temps présenté comme les succursales d'un enfer terrestre. Nous engageons les personnes qui tiennent à leurs idées acquises, à ne pas visiter les plombs. Elle seront obligées de commencer à se ranger de notre avis dans l'opportunité d'une réaction nécessaire et juste, à propos des idées fabuleuses et terribles qu'on s'est faites du gouvernement politique de Venise, et de son C. des X en particulier. Cette douzaine de greniers, qui ne sont pas plus effrayants que ceux où l'on enferme les collégiens rebelles ou paresseux, sont par leur petit nombre et leur aspect anodin, le premier argument que nous offre l'autorité positive des faits, en faveur de la croisade littéraire que nous voulons entreprendre, pour la réhabilitation des Dix et des Trois, décemvirs et inquisiteurs. *

Les cloisons des cellules ont été abattues lorsqu'on imagina de faire servir ces greniers à la réception des archives du palais, lesquelles ont laissé sur les murs les traces de leur classement. On montre la fenêtre (celle qui se trouve la plus avancée vers la Piazzetta, du côté du pont des Soupirs) par laquelle a dû s'évader le fameux aventurier Casanova de Singalt. **

Des greniers passons aux caves; du sommet descendons à la base, — Après les *plombs,* les *puits.*

Leur entrée est indiquée par une affiche, vers le milieu de la galerie à laquelle descend l'escalier d'or, et monte celui des géants.

Prévenons par avance ceux qui chercheraient des puits, que ce sont des cachots qu'ils trouveront.

On descend par un escalier étroit et sombre, qui a ses communications avec les étages supérieurs, tout auprès de la salle des inquisiteurs d'État. Au peu de degrés qui se présentent d'abord, on comprend que le premier étage des prisons ne s'abaisse même pas jusqu'au niveau de la cour du palais.

Pour ceux qui ont vu soit en France, les cachots souterrains du Mont-Saint-Michel, de Vincennes et de quelques autres prisons d'état, soit en Suisse, soit sur les bords du Rhin, les oubliettes ou culs-de-basses fosses des forteresses ou évêchés du moyen-âge, il semblera que les puits de Venise, ont aussi une réputation de terreur qu'ils ne justifient pas complètement, bien qu'ils soient infiniment plus sérieux que ne le sont les plombs, par exemple, ces greniers mystificateurs.

Byron, dans les notes de son Childe-Harold, prétend que les

---

* *Le Conseil des Dix,* roman historique; 2 volumes.

** Ce célèbre chevalier d'industrie, né en 1725 et mort en 1803, a publié, en outre de ses Mémoires dans le goût de Gilblas, un ouvrage intitulé : *Histoire de ma fuite des prisons de la République de Venise, qu'on appelle les Plombs, écrite à Dux, en Bohême, l'an 1787, chez le noble de Schonfeld.* — Cet ouvrage se trouve à la bibliothèque Saint-Marc.

INTÉRIEUR DU PALAIS DUCAL.

puits ou cachots du palais ducal étaient primitivement au nombre de douze, mais que lors de la première entrée des Français à Venise, les Vénitiens bouchèrent à la hâte et détruisirent les plus horribles de ces puits. Le grand poëte ajoute que malgré tout on peut encore y descendre *par une trappe* et ramper le long des trous, arrêté à chaque pas par les décombres, *deux étages au-dessous du premier*.

Il y a dans ces lignes de l'illustre lord-poëte, une erreur et une contradiction. L'erreur est que les puits sont plus de douze d'abord, ensuite qu'il n'est point de partie souterraine où l'on parvienne en rampant dans les décombres, ni en passant par une trappe. On objectera peut-être qu'en déclarant douze cachots seulement, et cette possibilité de pouvoir au besoin en trouver d'autres, en descendant plus bas, Byron prouve que de son temps un seul étage des puits était visible, tandis qu'aujourd'hui on en peut visiter deux.... Mais l'auteur de Harold finit sa note en citant une ou deux des inscriptions laissées par les prisonniers sur les murs, et ces inscriptions sont dans le dernier cachot, le plus bas et le plus reculé qu'on puisse voir même aujourd'hui. C'est là qu'est la contradiction. Pour recueillir ces inscriptions, il a fallu qu'il descendît deux étages et qu'il vît plus de vingts cachots. On ne descend point plus bas que ce qu'à vu Byron, et la littérature terrible qui a prétendu que les puits de Venise s'étendaient jusque sous les canaux, a fait acte d'imagination. * On n'a jamais navigué sur la tête des coupables : c'est fâcheux pour les pessimistes historiques ! **

Malgré tout ce qu'il y a d'attrayant pour un écrivain à tracer de ces descriptions qui jettent le frisson au lecteur, malgré tout ce que pourrait gagner en couleur sombre et en mots à effet cette fin de chapitre, si nous parlions de cachots profonds tous remplis aujourd'hui de ces affreux reptiles qui vivent d'humidité et d'ombre, après avoir autrefois contenu les gémissements d'illustres victimes, il nous faut avant tout obéir aux exigences de la vérité. Encore pour cette fois le gouvernement de Venise perdra quelque chose de son odieux littéraire. Il nous faut dire, parce que cela est de toute évidence, que ces célèbres puits ne sont pas plus redoutables ni plus inhumains que tous les cachots possibles de

---

* M. Nicolini, dans sa belle tragédie de Foscarini, est aussi tombé dans cette erreur. (Acte 1, scène 2).

** *Appendix to the state of prisons in England and Wales*, etc. — Warington, 1780.

ce temps-là, et que leur nombre restreint ne prouve pas que les sévices de la justice politique et criminelle de la République fussent si nombreux. Et notez que dès l'époque où fut construit le bâtiment des prisons, que le pont des Soupirs réunit au palais ducal, ces puits furent abandonnés pour des constructions plus humaines, et dont la bonne ordonnance a fait dire à l'anglais Howard, juge fort compétent en pareille matière, que ce bâtiment était le plus sain et le mieux ordonné qu'il eût vu. Pour en finir avec ces remarques qui concourent si efficacement au succès de la croisade que nous avons résolu d'entreprendre en faveur d'une réaction utile et juste au sujet du C. des X, des Inquisiteurs et du gouvernement vénitien, nous dirons que jamais dans les prisons de Venise, le prisonnier ne fût *chargé de chaînes*, et que dans les derniers temps de la République, les condamnations à mort étaient si rares, qu'à l'arrivée des Français, en 1797, le registre des arrêts pour crime d'état ayant été examiné, on n'y trouva que quatorze exécutions depuis le commencement du siècle, c'est-à-dire une tous les huit ans environ....

L'examen des puits prouvera que l'air n'y manquait pas, car il y arrivait pur et frais du canal voisin par mainte ouverture des couloirs. La plupart de ces cachots sont encore dans l'état où l'invasion les a trouvés, les premiers seulement ont leur sol recouvert des débris du revêtement de planches qui garnissait les murs, pour empêcher l'humidité. On y mit le feu en 1797. On lit dans des mémoires authentiques, que le duc de Rivière qui succéda à Toussaint-Louverture dans un cachot du fort Joux, s'y vit obligé, même par les plus fortes chaleurs, de brûler du bois nuit et jour, pour diminuer l'humidité. Madame de Staël dit que ce lieu dût être pour le nègre Toussaint, habitué aux ardeurs caraïbes, un *enfer de glace*.

Nous n'avons pas la pensée d'essayer de présenter les puits de Venise comme des boudoirs voluptueux; mais nous tenons à démontrer que ces retraites, dont on a tant parlé, sont moins terribles que les cachots d'une foule de justices sans célébrité et sans odieux. Tous sont assez hauts, assez larges, pour que le prisonnier puisse faire quelques pas. Nulle chaîne ne retenait ses mouvements, ne le condamnait à une immobilité qui, dans une foule de cas, engendra la paralysie. Les revêtements de bois de ces cachots, et l'air qui y arrivait du dehors, les rendaient salubres. La couche était en planches, adoucie d'une paillasse, comme la couchette d'un trappiste; le jour naturel ou artificiel des couloirs arrivait au prisonnier par une embrasure. Sans doute tout cela est assez lugubre encore; mais aussi qu'on songe à ce que se créait l'imagination, au seul tintement de ces sombres mots : Le *Conseil des Dix*... les *plombs*, les *puits de Venise!*

A l'étage inférieur, qui est à peine de niveau avec la cour du palais ducal, on montre au visiteur un étroit couloir où se faisaient les exécutions, pour l'effet desquelles la politique de l'époque n'avait pas besoin de publicité. Il y avait là une chaise de pierre, dans laquelle on asseyait le patient, qu'on étranglait lestement au moyen d'une corde mince..... On voit encore la petite niche enfumée où les exécuteurs posaient leur lampe funèbre... Ceci, disons-le, est assez effrayant; et c'est de toute la terreur à laquelle on s'attend en pénétrant dans ces régions presque souterraines, la chose qui la réalise le plus. A côté de ce couloir est une porte basse qui communique avec le canal... C'est par là que passaient les cadavres pour être cachés dans une gondole funèbre qui allait les immerger dans la lagune, avec une pierre au cou.

Le dernier des cachots du second étage inférieur offre sur ses voûtes quelques inscriptions dont nous transcrirons les plus intéressantes :

> « *Un parlar poco e*
> « *Negare pronto, e*
> « *Un pensar al fine può dare la vita*
> « *A noi altri meschini.*
> « 1605. *Ego Joannes Batista AP.*
> « *Ecclesiam cortellarius.* »

Ce qui signifie :

> « Parler peu, nier promptement, et songer à notre but
> « Peut nous sauver, nous autres misérables. »

Cette inscription-ci est plus philosophique :

> « *Non ti fidar ad alcuno, pensa e taci;*
> « *Se fugir vuoi di spioni insidi e lacci.*
> « *Il pentirti, pentirti nulla giova,*
> « *Ma ben del fallo tuo fa vera prova.*

La date qui suit, et la signature sont assez difficiles à débrouiller au milieu de toutes les raclures de la voûte :

> « 1607. — 2 *gennaro.* — *Fui ritento* (pour *ritenuto*) *per*
> « *bestemmia ed aver dato da mangar ad morto.*
> « *Jacomo Grilli, scrisse.* »

Voici le sens :

« Ne te fie à personne, pense, et tais-toi,
« Si tu veux échapper aux embûches des espions,
« Le repentir n'est bon qu'à prouver que tu reconnais ta faute. »

« 1607. 2 Janvier. — Ayant été emprisonné pour avoir donné à manger à un mort. »

Il s'agit sans doute de quelque impiété commise dans des funérailles.

La dernière des inscriptions que nous citerons est la plus remarquable :

« *De chi mi fido, guardami Iddio;*
« *De chi non mi fido, guarderò io!*
« A. TA. H. A. NA.
« V. la S. C. K. R. »

Traduction :

« De celui auquel je me fie, me garde Dieu,
« De celui dont me défie, je me garderai moi ! »

La première ligne d'initiales offre sans doute une abbréviation de noms impossibles à reconstruire ; la seconde signifie évidemment : *Viva la santa chiesa katolica romana.* Le seul K pour C semble une faute.

C'est dans un des derniers cachots de l'étage inférieur que fut, pendant trois jours, renfermé le célèbre général Carmagnola, dont nous avons raconté la fin tragique. Marin Sanuto dit dans sa chronique que, pendant ces trois jours, il se refusa à prendre toute nourriture. Sanuto prétend que la législature du temps exigeant que le coupable fût mis à la torture, afin de le condamner sur son aveu, l'un des Dix, descendu dans le cachot avec les bourreaux, ne voulut pas que le général fût torturé par les bras, comme c'était l'usage, pour le premier degré. Il dit que ce bras, qui avait si bien servi la République pendant un temps, ne devait pas être torturé par elle. On lui brûla la plante des pieds...

Le célèbre poëte milanais, Alessandro Manzoni, a écrit une fort belle scène d'adieux, qui se passe au milieu de ces prisons, dans sa tragédie intitulée *Carmagnola*.

SOMMAIRE DES NOTES

DU CHAPITRE SUR L'INTÉRIEUR DU PALAIS DUCAL.

(A) Sur les puits d'eau, et l'eau à Venise. — Projet d'approvisionnement. — (B) Origine de la *Corne* ou couronne dogale. — (C) Histoire de la conjuration et de ses causes, du procès et de la mort de Marino Faliero, et de ses complices. — Examen critique des principales œuvres inspirées par ce fait dramatique. — G. Delavigne et L. Byron. — (D) Sur la bibliothèque Ambrosienne. — Les dons de Pétrarque. — Ceux du cardinal Bessarion. — Ceux de Melchior Wieland. — Anciens bibliothécaires. — Détails bibliographiques. — Sur l'imprimerie ancienne de Venise. — Nicolas Janson; les Manuces. — Leurs éditions. Le chevalier-abbé Bettio. — (E) Une anecdote sur Titien. — (F) Sur la mappemonde de Fra-Mauro, et la découverte du Cap de Bonne-Espérance. — (G) Des faits historiques relatifs aux prises de Constantinople. — L'usurpateur Alexis. — Le doge Henri Dandolo. — Pillage de l'ancienne Byzance. — Estimation, détails, incidents du partage entre les Français et les Vénitiens. — Élection de Baudouin, comte de Flandre, comme empereur de Constantinople. — Mort de Henri Dandolo. — (H) Sur les inscriptions relatives à Marino Faliero. — Anecdote théâtrale sur une barbe. — (I) Sur le doge Nicolas Sagredo. — Sur Jean Sagredo. — (J) Machines de guerre du temps. — (K) Bataille de Lépante. — Détails. — Description. — Bragadino. — Fêtes commémoratives jusqu'à l'étranger. — (L) Sur les accusations et le procès de Morosini le péloponésiaque. — Le Parthénon détruit. — Les lions de l'arsenal. — Fr. Morosini doge. — (M) Sur l'usage du masque à Venise. — (N) Histoire de Carmagnola. — Sa conduite perverse. — Son étrange procès. — Sa mort. — (O) Sur le Conseil des X et les Inquisiteurs d'État. — (P) Sur la réception faite à Henri III de France. — Le Bucentaure et le Lido. — Son séjour au palais Foscari. — (Q) Une anecdote bizarre sur les *Puits* du palais ducal.

(A) Ce fut pour les premiers Vénitiens une affaire domestique des plus graves que l'approvisionnement des eaux. Longtemps ils se bornèrent à envoyer des barques à l'embouchure des fleuves voisins pour recueillir dans des tonneaux cet élément si indispensable à la vie. Mais on ne tarda pas à sentir le besoin d'augmenter ces ressources, et on avisa à recueillir les eaux de pluie, en les empêchant de se mélanger avec les eaux salées et saumâtres, qui filtrent partout sous la ville. De là date l'usage de ces citernes dont l'invention doit être accordée aux premiers insulaires de ces lagunes. Les gouttières de toutes les maisons, de tous les édifices fournirent leurs eaux à de petits canaux qui, passant dans les murailles, avaient leur embouchure sur terre, et livraient l'eau à de grands récipients dont les parois étaient revêtues d'argile, afin d'empêcher l'eau de mer d'y pénétrer. Ces réservoirs, garnis de sable grossier, filtraient, purifiaient l'eau avant qu'elle n'entrât dans le tube, bâti en briques circulaires et sans ciment, qui était ménagé au milieu du récipient, et dans lequel les seaux allaient la chercher pure et dégagée de tout corps étranger et malsain. Aujourd'hui la généralité des maisons de Venise possède de ces citernes, dont l'eau est plus ou moins bonne, suivant la perfection de l'appareil. Les eaux pluviales y sont augmentées d'eau de sources, qu'apportent de terre ferme les bateaux qui l'embarquent plus souvent en plein dans leur cale, et naviguent ainsi, ayant l'eau douce jusqu'au bord intérieur, et l'eau salée jusqu'au bord extérieur. *

Mais il se prépare en ce moment une entreprise qui donnera à Venise les mêmes avantages que la terre ferme, pour l'approvisionnement des eaux. C'est un Français, M. Le Chevalier, qui est à la tête de cette entreprise

(B) Il est peut-être curieux de raconter quelle fut l'origine de cette singulière coiffure demi-phrygienne qui, sous le nom de *corne* fut la couronne des doges, et le signe distinctif de leur dignité.

Vers l'an 850, une Morosini nommée Augustine était abbesse de Saint-Zacharie, lorsque le pape Benoist III vint à Venise. Il visita le monastère et son temple, et pénétré d'admiration pour la sainteté et la vertu des religieuses, il voulut, à son retour à Rome, leur offrir un témoignage de sa satisfaction en leur envoyant des présents et des reliques. Tout le peuple accourut à l'église du couvent pour voir ces dons du pape, et le doge lui-même s'y rendit processionnellement. Ce doge était Pierre Tradonico (dont la famille fut depuis appelée Gradenigo), l'abbesse heureuse de l'honneur que le chef de l'État faisait à son monastère, voulut l'en remercier par un présent digne de lui et aussi de la richesse du couvent. Ce présent fut une sorte de diadème républicain, tout en or, orné à l'entour de vingt-quatre grosses perles orientales en forme de poire. Au sommet étincelait un gros diamant à huit facettes; un énorme rubis décorait le devant, et une croix aussi formée de pierres précieuses, se détachait par son éclat, sur le fond d'or de la forme. Ce magnifique présent ayant excité l'admiration générale, il fut décrété que ce diadème servirait désormais au couronnement de tous les nouveaux doges; et il reçut, à cause de sa forme, le nom de *Corne*. Une imitation plus simple, en drap d'or, en fut faite pour servir au doge dans les cérémonies ou assemblées d'ordre secondaire, et la tradition subsista ainsi jusqu'à la fin de la République.

(c) Nous ne saurions nous dispenser d'offrir au lecteur étranger un résumé anecdotique de la célèbre affaire de *Marino Faliero*. Ce drame est fort popu-

---

* Presque toutes les maisons de Venise possèdent une citerne; c'est bien à tort qu'un écrivain a dit, en parlant de celles de la cour du palais ducal, que le gouvernement les avait placées là pour se ménager les moyens de *faire mourir de soif les sujets rebelles...* Toutes ces niaiseries accumulées contre un gouvernement, sévère sans doute, mais presque toujours aussi équitable et juste, qu'il fût souvent grand et généreux, ne peuvent que précipiter le moment d'une réaction qui semble commencer déjà en faveur du pouvoir des Dix, des Inquisiteurs, etc.

laire par les œuvres scéniques de Byron, Delavigne et Donizetti, mais les exigences théâtrales contraignent souvent à quelques violations de l'histoire, et nous pourrons rétablir ici les faits dans toute leur intégralité.

Le 11 septembre 1354, la République de Venise ayant à nommer un successeur à André Dandolo, élut pour doge Marino Faliero, qui se trouvait alors à Rome, en qualité d'ambassadeur. Marino était comte du Val di Marino, dans la marche de Trévise, chevalier et de plus possesseur d'une très grande fortune, il avait été général à Rhodes et à Chypre ; comme commandant en chef des forces de terre, au siège de Zara, il avait battu le roi de Hongrie et son armée de 80,000 hommes, dont il avait tué 8,000, sans pour cela cesser de tenir les assiégés en échec. Cet exploit dont nous ne pouvons rapporter les détails, n'a peut-être de comparable dans l'histoire que celui de César à Alésia, et celui du prince Eugène Beauharnais à Belgrade. Ce fut aussi lui qui prit Capo-d'Istria, ensuite il fut nommé ambassadeur à Gênes, puis à Rome. Marino était le troisième doge de sa famille, les deux premiers avaient été Vital Faliero, mort en 1096, et Ordelafo Faliero qui mourut en 1117, à la bataille de Zara, où depuis son descendant vainquit les Hus.

C'est à Rome que Marino reçut la nouvelle de sa nomination au dogat. Son absence prouve combien peu il dût cet honneur à l'intrigue, car il apprit à la fois et la mort de son prédécesseur et sa nomination.

Une députation de douze membres fut nommée pour aller au devant du duc de Venise, ainsi qu'on appelait aussi le doge. Lorsque Messer Marino fut arrivé en face de la ville, il s'éleva un brouillard si épais que l'air en fut presque totalement obscurci, ce qui fut cause que le pilote, ne pouvant bien juger le point vers lequel il dirigeait la galère, fit aborder le duc en face des deux colonnes où l'on justiciait les coupables, circonstance qui fut considérée par le peuple comme un triste présage.

Tous les écrivains qui se sont occupés de Faliero, sont tombés d'accord pour le présenter comme un homme violent et irascible. Sanuto, qui a décrit au long la conspiration de ce doge, raconte qu'à l'époque où il était capitaine et Podestat à Trévise, un jour de procession, l'évêque s'étant fait attendre avec le Saint-Sacrement, Messer Faliero souffleta le prélat et faillit le jeter à terre... Ce qui fait que l'honnête historien l'accabla de la fatale prédiction que Thwackum fit à Square dans *Tom-Jones*. Ce fait étrange ne saurait être mis en doute bien que par sa dernière ambassade on voit que le Podestat fit sa paix avec la cour de Rome. Non seulement Sanuto, mais encore Vittor Sandi, Andrea Navagero, et plusieurs autres auteurs anciens, rapportent le fait.

Au surplus, la violence du caractère de Marino Faliero et son peu de supériorité d'esprit sont choses admises. Pétrarque qui était son ami personnel, dit à propos de cette conspiration dont il a parlé dans une lettre, que le doge avait plus de bravoure que de bon sens (*più di corraggio che di senso*).

Ce sont ces deux circonstances, cette violence de caractère, et ce manque d'élévation dans le jugement qui amenèrent, la catastrophe dont nous avons à raconter la cause, les incidents et les effets dramatiques.

Marino Faliero était doge depuis environ neuf mois (il était alors âgé de quatre-vingts ans), lorsque le jeudi gras il donna un bal, suivant l'usage, pour terminer les fêtes de cette journée traditionnelle.

Faliero était devenu l'époux de la fille d'un de ses plus anciens amis, le patricien Lorédan. Angiolina était jeune et belle, elle faisait galamment les honneurs de la fête. Parmi les nobles rassemblés au palais ducal, se trouvait un jeune homme du nom de Michel Steno, qui était membre de la quarantie criminelle. Amoureux d'une des dames de compagnie attachée à la maison de la duchesse, il se permit quelques légèretés qu'excusaient peut-être la gaîté d'une fête et le mystère du masque. Le doge considéra cette action comme un manque de respect à toute l'assemblée, et un outrage à lui-même ainsi qu'à sa jeune femme, de sorte qu'il fit mettre le jeune patricien à la porte des salles, mesure violente que les écuyers exécutèrent aussi d'une façon un peu brutale.

Irrité de l'affront qu'il venait de recevoir devant toute l'aristocratie vénitienne, Steno, errant dans le palais, pénétra dans la salle du conseil, et emporté par son ressentiment, il écrivit sur le dossier de la stalle du doge, laquelle était de simple bois, les mots suivants, que nous transmettent littéralement tous les historiens de l'époque :

> « Marin Falier dalla bella mugier
> « Altri la gode, e lu la mantien ! * »

On juge quel scandale causa la découverte de cette inscription injurieuse ! Le doge ordonna qu'on en recherchât activement l'auteur. On ne tarda pas à découvrir que c'était Michel Steno. On l'emprisonna sur-le-champ, et interrogé par les avogadors, il avoua le fait en déclarant que s'être vu si ignominieusement traité sous les yeux de la femme qu'il aimait, l'avait exaspéré.

Le conseil délibéra, et prenant en considération sa jeunesse, son rang et son amour, et sa faute n'étant qu'une faute privée qui ne blessait en rien ni l'État ni les intérêts de la République, on se contenta de le condamner à un emprisonnement de deux mois et un an de bannissement hors de Venise...

Marino Faliero fut loin de se montrer satisfait de la punition infligée à celui qui avait osé répondre par un outrage à son outrage. Il considéra ce verdict comme une injure nouvelle, et s'emporta contre le tribunal qui avait si mal protégé son honneur. Il déclara que le coupable eût dû être condamné à être pendu, ou tout au moins banni pour la vie...

Or, par une coïncidence fatale, il arriva que le jour même un gentilhomme de la maison de Barbaro alla à l'arsenal pour demander diverses choses au chef ouvrier des galères. Celui-ci refusa le service demandé; une dispute s'éleva entre le patricien et le marin, au milieu de laquelle le gentilhomme s'oublia jusqu'à frapper l'arsenalotto en le blessant au front d'une grosse bague qu'il portait au doigt. Ce chef ouvrier qui s'appelait Israelo Bernaccio ou Bertuccio, s'en fût, tout exaspéré et le visage en sang, demander justice au doge, auquel il raconta ce qui venait de lui arriver.—Comment veux-tu que je te rende justice ? dit le doge, je ne puis pas l'obtenir pour moi-même ! — Il ne tiendrait pourtant qu'à vous, sérénissime, de punir tous ces insolents ! répliqua l'arsenalotto ; si j'étais à votre place, je sais bien ce que je ferais !...

Au lieu de réprimander le plébéien pour de telles paroles, le doge se montra curieux de savoir ce qu'il entendait en s'exprimant ainsi. Le moment n'était pas favorable, Marino congédia le chef ouvrier, mais la nuit venue, il le fit appeler, le reçut dans son appartement, et ayant provoqué sa confiance, il se fit tout expliquer...

* Marino Faliero a une belle femme qu'il entretient et dont les autres jouissent.
— Tex. — (du dialecte vénitien).

Alors le marin comprenant dans quelles dispositions favorables à ses desseins, l'irritation qui l'animait plaçait le doge, lui développa tout un plan d'insurrection, lui confia de quel crédit il jouissait sur l'esprit de ses compagnons, et lui nomma tous les mécontents sur l'appui desquels il croyait pouvoir compter. Parmi ces gens il cita Philippe Calendario, sculpteur, architecte célèbre, occupé en ce moment là même de la reconstruction d'une partie du palais ducal. Ce Calendario était un homme influent, disposant d'une grande quantité d'ouvriers, et en général fort considéré : une pareille acquisition dans un complot sembla très précieuse au doge.*

Marino laissa agir Bertuccio, les conciabules nocturnes se renouvelèrent, et chaque fois le nombre des conjurés augmenta. Le doge prévit qu'il pourrait bientôt se venger de ceux qui n'avaient pas su le venger lui-même. L'objet de cette fatale conjuration était de massacrer tous les nobles, à mesure qu'ils arriveraient au conseil, où le doge les appellerait, en faisant sonner la cloche de Saint-Marc, sous un prétexte quelconque. Déjà les forces dont on pouvait disposer s'élevaient à peu près à mille hommes. L'exécution du complot fut fixée au 15 avril, mois dans lequel on entrait alors.

Mais, comme il arrive de la majorité des conspirations politiques, celle-ci devait avorter, être trahie. Un homme sauva la République des destinées inconnues que lui réservait le succès du plan des conjurés. Ce fut un Bergamasque, nommé Bertrand, qui causa la perte de Faliero et de ses complices. Voulant sauver du massacre le patricien Léoni, auquel il était dévoué**, il l'alla trouver la veille et le supplia de ne pas se rendre au conseil le lendemain, quoi qu'il pût arriver. Le patricien voulut connaître les causes d'un avertissement pareil ; mais le conjuré resta d'abord ferme dans son dessein de ne rien dire de plus. Mais retenu comme prisonnier au palais de son protecteur, il finit par avouer tout ce qu'il savait ; et il ne savait pas tout. Mais ce qui fut révélé suffit pour éveiller toutes les alarmes de Léoni, qui courut chez le doge, *pour l'instruire de l'affaire*. Marino joua l'étonnement, l'incrédulité, mais ne réussit pas si bien pourtant à se montrer tel qu'il eût voulu paraître, que le patricien ne conçut des soupçons. Il quitta le doge et se rendit chez un de ses amis, qui vint avec lui interroger le Bergamasque, toujours prisonnier au palais de Léoni.

Bertrand n'en savait pas beaucoup plus que ce qu'il avait d'abord déclaré ; mais il nomma Bertuccio, le chef de l'arsenal, et l'architecte Calendario comme meneurs du complot, puisque c'était par eux que lui-même avait été embauché. Aussitôt les conseillers de la seigneurie, les membres du Conseil des Dix, les avogadors, les chefs de la quarantie criminelle et autres fonctionnaires supérieurs furent convoqués dans un lieu particulier***, pour délibérer sur-le-

---

* C'est sans doute pour obéir aux nécessités poétiques de son plan, que lord Byron, dans son drame intitulé *Marino Faliero*, a fait de Calendario un personnage grossier, sans prestige et sans dignité. Mais, en le représentant tel qu'il était réellement, c'est-à-dire généreux, enthousiaste, autant que grand artiste, l'illustre poète eut peut-être créé un contraste plus frappant avec la démocratie envieuse et vénale du chef-ouvrier de l'arsenal. Ceci est une timide observation que nous hasardons...

** Dans son excellent ouvrage sur le *feste veneziane*, madame Justine Renier Michiel raconte d'une façon fort touchante ces amitiés qui liaient un patricien à un homme du peuple, sous le nom de *Compare di San Zuane*. (Page 230, T. 3, 1re édit. originale).

*** Cette réunion eut lieu à la confrérie de Saint-Théodore, aujourd'hui *musée San-quirico*.

chap..., et le premier résultat de sa conférence, fut l'ordre d'arrestation immédiate de Bertuccio et de Calendario. Appliqués tous deux à la torture, ils nommèrent leurs complices, qu'on envoyait arrêter les uns après les autres, et, comme Bertuccio croyait atténuer sa faute en nommant aussi le chef, on acquit enfin la conviction que le doge était à la tête de cette étrange conjuration.

La nuit venue, on commença par pendre devant le palais ducal, qu'il était en train de relever, Calendario l'architecte, puis Bertuccio l'arsenalotto, que bien à tort, suivant nous, Byron appelle le Cassius plébéien. L'appartement du doge fut gardé à toutes les issues; les conjurés, qui s'enfuyaient, furent rattrapés et aussi pendus, sans autre forme de procès.

La journée du 15, qui devait être marquée par la mise à exécution du complot, le fut par les apprêts de la mise en jugement du chef de l'État. Le Conseil des Dix fut augmenté de vingt patriciens pour cette circonstance solennelle. Le doge comparut devant cette *Giunta* nocturne. Il subit un interrogatoire, dans lequel il avoua tout.

Le lendemain la peine fut mise aux voix... Toutes furent unanimes à prononcer la mort.

Le diadème ducal avait récompensé le civisme, le mérite de Faliero; l'échafaud devait punir son crime.

Le 17, à la pointe du jour, toutes les portes du palais ducal furent fermées. Les Dix descendirent à l'appartement du doge, qui fut dépouillé de toutes les marques de sa dignité. Son écusson fut balafré... Puis on le conduisit dans la galerie qui donne sur la cour du palais, et le bourreau trancha cette tête âgée de quatre-vingt-deux ans.

La tête, en roulant, ensanglanta les marches que tant de triomphateurs avaient glorieusement gravies, au milieu des acclamations et des honneurs qui récompensèrent la bravoure et la vertu des prédécesseurs du conspirateur.

L'exécution achevée, le chef du Conseil des dix se montra sur la galerie du palais donnant sur la Piazzetta, et brandissant aux yeux du peuple le glaive du bourreau tout ensanglanté (et non pas la tête de Faliero, comme on l'a dit) il prononça à haute voix ces paroles : *E stata fatta giustizia al traditor della Patria**!

Alors les portes du palais furent ouvertes, et le peuple se précipita dans l'intérieur pour voir le corps du vieux doge, resté sur le lieu du supplice.

Le soir, on plaça le cadavre dans une gondole qui l'emporta sans appareil pour l'enterrer.

Il y eut un *Te Deum* chanté à l'église Saint-Marc, et il fut fondé une fête annuelle pour célébrer la découverte de ce grand complot.

Plus de quatre cents autres conjurés furent saisis et pendus. Le Bergamasque Bertrand osa demander, pour prix du service qu'il avait rendu, un palais, le comté qui faisait partie de la riche succession de Marino Faliero, et le patriciat pour lui et sa postérité.....

De tout cela il n'obtint qu'une pension de mille ducats; et comme il témoigna trop hautement son mécontentement de ce qu'il appelait l'*ingratitude* de la République, on l'exila ....

Le 21 avril, c'est-à-dire quatre jours après celui où la tête de Marino Fa-

---

* Justice a été faite au traître à la patrie!

INTÉRIEUR DU PALAIS DUCAL.

229

liero avait roulé sous l'épée de la justice, on posa sur celle de Jean Gradenigo la couronne ducale.

Ainsi ce fut un baiser follement ravi à une femme dans un bal, par un étourdi, qui faillit bouleverser toutes les destinées de la République, et sans doute aussi de l'Italie entière! car qui sait ce qui fût advenu, la conjuration de Marino réussissant!

Dans tous les cas, sans chercher à prévoir ce que Dieu ne laissa pas s'accomplir, n'est-ce pas déjà un bien grand et terrible effet, pour si petite cause?

Un baiser qui fait tomber près de cinq cents têtes, y compris celle d'un duc de Venise, déjà à plus des trois quarts séculaire!

Mais l'histoire est pleine d'exemples qui offrent les plus grands événements causés ainsi par des futilités.

On sait pourquoi Hélène perdit Troie... — pourquoi Lucrèce chassa les Tarquins de Rome...

On sait que pour venger l'insulte d'un mari, les Gaulois appelés à Clusium, entrèrent ensuite à Rome;

Que Louis XIV fut entraîné dans une suite d'effroyables guerres, parce que son ministre fut mécontent de lui entendre critiquer une fenêtre, et qu'il résolut de lui fournir d'autres occupations;

Qu'un bassin d'eau répandu sur la robe de mistriss Masham, priva le duc de Marlborough de son gouvernement, et amena la paix déshonorante d'Utrecht (petite cause qui nous a aussi valu la spirituelle comédie de M. Scribe: *le Verre d'eau*, soit dit en passant parmi les conséquences!)

On sait enfin que ce fut un vers de Frédéric II à l'abbé de Bernis, qui causa la bataille de Rosbach; — que l'ordre de faire débarquer Cromwell partant pour l'Amérique, coûta la tête à Charles I", et son règne à la monarchie; — qu'un malentendu entre Marie-Antoinette et le duc d'Orléans précipita l'expulsion des Bourbons; — qu'un coup d'éventail à un ambassadeur déposséda le dey d'Alger, et livra dix villes d'Afrique à la France, — etc., etc., etc.

Pour clore cette fantaisie d'énumération de grands effets naissant de petites causes, il ne manque peut-être que de dire au lecteur ce qui lui a valu cette fin de note.... mais nous nous abstenons, en songeant que l'on pourrait trouver la cause plus grande que l'effet, ce qui dérangerait nos théorèmes!

Peut-être ne sera-t-il pas sans intérêt pour le lecteur que cette note soit terminée par quelques lignes sur les deux principales œuvres qu'ait inspirées le drame que nous venons de raconter dans la forme la plus rigoureusement historique : nous voulons parler des deux tragédies de lord Byron et de Casimir Delavigne.

Byron, il le déclare lui-même, n'a écrit que pour la lecture. Il avait compris que tel que ce sujet s'offrait à lui, il n'avait pas le mouvement nécessaire pour la scène. En effet, un théâtre de Londres entreprit, malgré la défense expresse de l'auteur, de jouer l'ouvrage, et la représentation ne put aller jusqu'à la fin.

Byron s'est modelé sur les analystes italiens : il n'a songé qu'à faire *an historical tragedy*. Voulant rester dans le vrai réel (et non se mettre dans le vrai possible, comme cela se pratique si souvent pour l'histoire au théâtre...), il a négligé l'emploi des éléments qui pouvaient donner de la vie à son œuvre, en n'en faisant plus qu'une sorte d'étude politique. Un critique anglais fort célèbre à l'époque où écrivait Byron, Jeffrey, s'est prononcé ainsi sur la tragédie de son illustre compatriote :

« Comme pièce, *Marino Faliero* manque de passions qui intéressent par
« leur profondeur et leur diversité ; il révolte par la disproportion qui existe
« entre la cause et l'effet produit. Sa diction est souvent pénible, et sa versi-
« fication sans douceur et sans élasticité. Elle est généralement verbeuse. L'im-
« pression qui en résulte est celle d'un ouvrage qui n'est point naturellement
« sorti du cœur ou du cerveau, un ouvrage péniblement élaboré, que le grand
« écrivain se serait imposé comme tâche difficile. L'auteur y est plutôt décla-
« matoire qu'éloquent. Lord Byron a eu tort de dédaigner ici les passions ac-
« tives : l'amour, l'ambition, la jalousie ; il a voulu substituer ce qui était
« bizarre et extraordinaire à ce qui est universellement naturel et intéressant,
« et il n'a pu, malgré tout, exciter notre sympathie pour un vieillard insensé,
« et pour la pruderie d'une femme qui n'a pas même eu l'honneur de com-
« battre ; il a donc eu tort de chercher à remplacer ces grandes et simples
« passions qui sont propres en quelque sorte à tous les hommes, et qui font
« faire des miracles à la muse dramatique. »

Ce jugement du célèbre critique anglais porte en lui tout ce qui peut, dans l'histoire, être reproché à Marino Faliero lui-même. Quant à ce qui regarde l'œuvre de Byron, tout en tombant d'accord sur le peu d'intérêt qu'offre l'œuvre trop rigoureusement modelée sur le vrai, nous trouvons le critique un peu trop sévère pour ce qui est de l'éloquence, de la déclamation, du style enfin. Byron y est souvent Byron, c'est tout dire. Maintenant que la nature et le caractère de cette coopération n'excitent aucune sympathie, cela est vrai ; et alors peu importe que l'auteur ait été fidèle à une histoire tout-à-fait dépourvue d'intérêt et d'effet dramatique. On ira lire la conspiration dans l'histoire même, ce qui vaudra mieux que les *mezzo termine* de la mise en œuvre scénique. Si l'on ne plaint ni le doge ni ses complices dans l'histoire, on ne pourra les plaindre davantage chez Byron, parce que leur faute et leur infortune se présentent sous la forme de vers. Vainement chercherait-on dans ce sujet ce charme, cet intérêt si difficile à définir, mais si facile à comprendre, qui, répandu dans une situation poignante, excite le cœur à compatir aux maux soufferts, et fait naître l'enthousiasme pour les grands intérêts comme pour les grandes infortunes de l'humanité. La poésie et l'histoire confondues sont les éléments qui constituent les beautés du *Guillaume Tell* de Schiller, de l'*Egmont* de Gœthe ; ce sont les passions généreuses de Brutus, de Jaffier, qui ont fait le succès des œuvres qui les ont personnifiés. Mais qu'est Marino Faliero, auprès de ces grandes et fortes natures dont le but fut de délivrer leur pays d'une tyrannie humiliante ? un irascible vieillard, violent, jaloux sans raison, qui fait d'une querelle particulière une querelle publique. Bertuccio, son principal complice, n'a même pas le mérite de se dévouer au bien de la patrie... Lui aussi, il est agité par le besoin d'une vengeance particulière !

En France, ce sujet, l'un des plus éclatants de l'histoire vénitienne, avait plusieurs fois été tenté, mélodramatisé dans toute la rigoureuse acception du mot, par des écrivains qui s'étaient servi des noms et de la situation principale pour arranger une pièce à leur manière. C'était, mérite et plan, tout l'opposé de Byron. Mais depuis, un des écrivains dramatiques et des poëtes les plus remarquables de la France, M. Casimir Delavigne, s'est emparé de ce sujet, et, rentrant dans l'histoire, a apporté dans son plan les passions nécessaires pour l'aviver et la rendre intéressante à tous. Cette vengeance atroce et extravagante de ce vieillard chargé de quatre-vingts hivers, comme Voltaire a dit, s'explique mieux par le rôle que le poëte français fait jouer à la dogaresse. Byron a fait son *Angiolina* angélique comme le nom qu'il lui a donné, ce qui réduit son action terne à celle d'une comparse; Delavigne a pris le contre-pied de ce système, et a fait son *Eléna* * coupable et adultère. De cette seule variante sont nés de grands éléments d'intérêt : l'amour, tout ce qui naît et découle de cette passion : la jalousie, les rivalités, les vengeances, le remords, le repentir, ont été comme le sang injecté dans ce cadavre historique, pour lui donner la vie. On sait quel succès a eu l'ouvrage; M. Delavigne l'a dû à l'habile façon dont il a exploité une idée heureuse, et que la situation première des choses rendait plus profondément dramatique. Le poëte français a fait amoureux de son Eléna le neveu du doge, Fernando Faliero, l'unique héritier du nom de cette illustre famille, trois fois couronnée de la corne dogale; et par là se trouve expliquée la part qu'il prend dans le ressentiment du duc contre l'inscription outrageante dont celui-ci a à se plaindre. Ainsi modifiée, sa passion prend dans l'œuvre des proportions colossales; Fernando cherche Steno, se bat avec lui, est tué et vient expirer dans les bras du vieux doge, qui, voyant par cette mort s'éteindre sa race et son neveu, entre avec plus de raison dans le plus haut degré de l'exaspération et de la fureur..... Le reste s'explique et se comprend !

De cet artifice ingénieux du poëte, du repentir d'Éléna, de ses remords, naissent des situations vigoureuses, animées, qui, avec la pitié, la terreur, et ailleurs la haine de Fernando et de Steno, ont résumé les éléments vrais de la tragédie. La scène du défi entre les deux jeunes patriciens est d'une haute beauté. M. Delavigne a gagné à cette culpabilité d'Eléna une foule de scènes qui ont fait le grand succès de son œuvre.

Disons, pour clore cette longue note sur un des noms les plus dramatiquement célèbres de l'histoire vénitienne, que Faliero fut enterré dans le caveau de sa famille, caveau qui se trouvait autrefois dans une chapelle attenante à l'église de *San Giovanni et Paolo*, laquelle était sous l'invocation de *Santa Maria della pace*. Cette chapelle a été détruite; et les tombes dispersées.....

Il existe à Venise plusieurs palais portant le nom de Faliero; mais celui qui servit réellement de demeure au doge décapité *pro criminibus*, le véritable palais de Marino Faliero enfin, est celui qu'on voit aux *Santi Apostoli*, le long du canal; et dominant le pont. Un des plus célèbres disciples du grand saint Crépin, qui soient à Venise, le cordonnier-bottier signor Poli, en habite quelques arcades du rez-de-chaussée.

(M) La Bibliothèque de Saint-Marc, dite *Marciana* (à Milan on dit l'*Ambrosienne*, à Florence la *Laurentienne*, à Rome la *Vaticane*, etc.) fut, peut-on dire, créée par Pétrarque. Ce divin poëte, qu'une ancienne amitié pour les princes de Carrare appelait souvent à Padoue, vint faire aussi un assez long séjour à Venise, où déjà il avait paru comme ambassadeur du duc Visconti, pour arranger les affaires de la République génoise avec celle de Saint-Marc. Pétrarque était aimé à Venise; ses manières, son illustration, son opulence, sa liaison avec tous les grands personnages du temps, lui avaient

---

* La femme de Marino Faliero s'appelait réellement Agostina, de la célèbre famille des Lorédan.

valu un accueil auquel il avait été sensible *. L'illustre poëte voulut prouver aux Vénitiens combien il leur portait de reconnaissance pour leur cordiale hospitalité, et, pour cet effet, il leur légua sa bibliothèque par une lettre dont nous citerons ce passage :

« François Pétrarque désirant léguer les livres qu'il possède, et ceux qu'il
« pourra posséder à l'avenir, à saint Marc l'évangéliste, il croit pouvoir y
« mettre cette condition : Qu'ils ne seront ni vendus, ni aliénés, ni dispersés,
« et qu'un local à l'abri des eaux et de l'incendie sera assigné pour conserver
« cette bibliothèque, en mémoire du donateur..... »

Le conseil déclara qu'il acceptait ce don d'un homme qui n'avait pas d'égal dans la théologie, dans la philosophie morale et dans la poésie. Une maison fut assignée pour le logement du donateur et de ses livres (car Pétrarque voyageait toujours avec sa bibliothèque, ce qui ne fait pas penser qu'elle fût alors bien nombreuse). Parmi les raretés, il y avait cependant un *manuscrit d'Homère*, donné à Pétrarque par un ambassadeur d'Orient ; un *Sophocle*, qu'il tenait de Léonce Pilate, son maître de grec ; une traduction latine de l'*Iliade* et de l'*Odyssée*, copiée par Boccace ; et enfin la plupart des ouvrages de Cicéron, à la transcription desquels Pétrarque lui-même avait consacré des années.

Pétrarque mourut douze ans après cette donation, c'est-à-dire en 1364. Il serait difficile, au milieu des nombreuses opinions qui se croisent à ce propos, de dire si Venise fut coupable ou non dans le peu de soins qui, suppose-t-on sans doute, fut donné à ce legs précieux. On a écrit que la plupart des manuscrits de Pétrarque se détériorèrent, abandonnés dans une pièce ménagée au dessus du vestibule de l'église Saint-Marc, non loin des chevaux de bronze. Il paraîtrait plutôt qu'une faible partie de cette bibliothèque parvint aux destinataires ; et cela semble d'autant plus probable, que toutes les autres bibliothèques d'Italie, et même celle du Roi, à Paris, possèdent des fractions de cet héritage **.

Un siècle environ après la mort de Pétrarque, le cardinal grec Bessarion, l'un des hommes les plus savants de son siècle, légua aussi à Saint-Marc une précieuse collection de manuscrits qu'il avait passé toute sa vie à rassembler. L'histoire a conservé la lettre, si honorable pour Venise, par laquelle le patriarche de Constantinople motivait ce don, qui commença à donner quelque importance à la bibliothèque de Saint-Marc. Le bibliothécaire de Bessarion, qui était Italien, fut pris à gages par la République, pour avoir soin de ces livres, et pour rédiger les annales de Venise. Ce fut le premier historien qu'eut cette cité, et son œuvre, toute partiale qu'elle fût, eut tant de succès, qu'à partir de cette époque, la charge d'*historiographe de la République* fut fondée et maintenue, et dans la suite toujours remplie par des patriciens.

Le professeur Melchior Wieland, pour s'acquitter de bienfaits qu'il avait reçus du gouvernement vénitien, légua aussi sa bibliothèque à Saint-Marc, en

---

* Une maison avait été affectée par la République, pour servir de logement à Pétrarque, à chaque fois qu'il lui plaisait de se rendre à Venise. Cette maison est située sur le quai des Esclavons, à l'angle du quatrième pont. Une inscription placée sur le mur la désigne.

** Ainsi, l'*Ambrosienne* de Milan possède le fameux *Virgile* de Pétrarque, offrant la note passionnée sur Laure, et qui a fait le voyage de Paris.

1389. Cosme de Médicis, réfugié en exil à Venise, voulut aussi payer son hospitalité, en faisant bâtir, pour les bénédictins de Saint-Georges, une bibliothèque qu'il remplit de manuscrits rassemblés à grands frais, et qui plus tard vinrent grossir la *Marciana**.

Mais déjà cette bibliothèque devenait considérable. Elle fut encore successivement enrichie par les dons et les legs des patriciens, Jérôme Justiniani, Jacques Harri, plusieurs membres de l'illustre famille des Contarini, Venturi Lonigo, Pierri Morosini, le bailli Farsetti, le patricien Ascanio Molino, et le médecin Nicolas Manuzzi. Puis elle dut enfin son augmentation aux recherches, aux travaux assidus de Zanetti, Morelli, etc. Ses bibliothécaires furent de deux sortes : l'un spécialement chargé de la partie littéraire, choisi parmi les hommes de lettres ; — l'autre, l'administrateur supérieur de l'établissement, était nommé parmi les patriciens ; et au nombre de ceux-ci, nous trouvons seulement pour le dernier siècle, l'historien Harri Sylvestre Vallier, qui fut doge ; — François Cornaro, — Jérôme Venier, — Laurent Tiepolo, — Marc Foscarini, l'historien, qui fut doge ; — Alvise Mocenigo, qui fut doge ; — Jérôme Grimani, — Jérôme Ascanio Justiniani, — Pierre Contarini, — François Pesaro, etc. — Parmi les noms des bibliothécaires littéraires, il faut distinguer Marie Zanetti, savant helléniste, et Jacques Morelli, connu dans toute l'Europe pour son érudition, lequel légua aussi à Saint-Marc tous ses manuscrits.

Il est bien fâcheux que la formalité du dépôt pour tous les ouvrages imprimés dans l'État vénitien n'ait été mise en vigueur qu'en 1603 ; si le décret eût été antérieur, Venise posséderait aujourd'hui tous les trésors bibliographiques des Alde-Manuce, ces fameux imprimeurs vénitiens dont les éditions font de nos jours la joie des bibliophiles ou des bibliomanes. L'un d'eux, Alde le jeune, mort à Rome, avait aussi voulu léguer à la République de Venise la savante et nombreuse bibliothèque que lui avaient laissée ses pères. Mais l'autorité publique s'en saisit au nom de ses créanciers. La plus belle collection d'éditions Aldines qui soit aujourd'hui, est celle de feu M. Renouard : elle est passée en Angleterre depuis quelques années.

Le premier livre qui fut imprimé en Italie, sortit de Venise. Aussitôt que l'art de l'imprimerie eût été découvert, la République attira Jean de Spire, qui publia, en 1469, une édition des *Épîtres familières de Cicéron*, et qui, pour prendre date comme il convenait, plaça en tête de son édition les deux vers suivants :

Primus in Adriaca formis impressit acutis,
Urbe libros Spirœ genitus de stirpe Joannes.

L'année suivante le Français Nicolas Janson, vint de son propre mouvement établir ses presses à Venise, c'était sous le dogat de Christophe Moro, qui le protégea beaucoup. Mais l'exemple de Janson ne tarda pas à être imité, et une foule d'imprimeurs, attirés par les manuscrits précieux de la Marciana, et le grand nombre de savants capables d'en éclairer ou d'en épurer le texte, en même temps que par les munificences d'une noblesse éclairée, s'établirent

* A la mort de Cosme de Médicis, une partie de sa bibliothèque particulière passa à Catherine, son arrière petite-fille. Après celle-ci ils furent vendus, et de Thou les acheta de ses deniers pour en faire don à la bibliothèque royale de Paris.

à Venise. Janson perfectionna les caractères. Ces perfectionnements donnèrent la vogue aux fontes de Venise, et les imprimeurs des autres villes, pour se concilier la faveur publique, eurent soin de placer sur le frontispice de leurs éditions : *Impressum caracteribus Venetis.*

Cette activité des premières presses vénitiennes lança dans le monde savant les premières éditions de la Bible, des histoires de César, Suétone, Tacite, etc., les vies de Plutarque, les ouvrages de Cicéron, et enfin les meilleurs poètes latins.

Enfin parut Alde-Manuce, celui qui fut sans contredit l'un des plus grands bienfaiteurs de la République des lettres. Marié à Venise avec la fille d'un imprimeur, cette alliance révéla cette vocation, dans laquelle il devait porter l'ambition la plus vaste et la plus désintéressée. Le premier, Alde-Manuce, répandit dans le monde tous les trésors de la littérature grecque, et il eut voulu publier non pas seulement tout un auteur, mais toute une bibliothèque, dût-elle être vaste comme celle de Ptolémée !

Venise fut donc la ville qui publia les premiers auteurs grecs, et aussi la première Bible en hébreu. On y a vu dans un temps quatre imprimeries hébraïques ; aussi les historiens de l'art typographique ont-ils calculé que cette ville a répandu à elle seule plus de livres écrits dans la langue sacrée que tout le reste de l'Europe !

Après Alde-Manuce, son fils Paul Manuce, et son petit-fils Alde, continuèrent ses utiles travaux. Au milieu de leur dévouement à un art qui les illustra, ces hommes si savants et si zélés prirent si peu de soin de leur fortune, qu'à la troisième génération il fallut vendre la bibliothèque de la famille....... Elle contenait déjà quatre-vingt mille volumes !

Nous ferons en passant une remarque assurément fort curieuse, c'est que ce fut aussi à Venise que parut au commencement du XVII° siècle le premier journal !

N'est-il pas singulier qu'un gouvernement qui avait fait du silence et du secret, l'un des dogmes de sa politique, ait vu naître, de son aveu, une des inventions qui favorisent le plus la liberté des peuples, et qui portent au contrôle des actes du gouvernement ?

Ce fut le besoin d'instruire le peuple de ce qui se passait en Orient, où tant d'intérêts étaient engagés, qui fit naître l'idée spéculative d'une feuille, qu'on achetait moyennant une petite pièce de monnaie, qui donna son nom à ces premières *gazettes*.

L'imprimerie de Venise se liait si intimement à ce qui se présentait à dire de la bibliothèque Saint-Marc, que nous ne croyons pas devoir nous excuser de cette digression sur les premiers livres, les Aldes et les premiers journaux. Nous dirons pour clore cette note que l'abondance de la matière eût pu rendre infiniment plus longue sans qu'elle y fût épuisée, que de nos jours la Marciana, dirigée par un savant abbé, M. le chevalier Bettio, sera visitée avec le plus grand fruit par les hommes qui ont le goût ou le besoin de ces sortes d'examens. Elle possède des éditions et des manuscrits inestimables, dont nous n'osons entreprendre de faire même une citation partielle, tant nous sentons qu'il nous faudrait déplorer l'espace qui nous manque. Nous avons dit en son lieu que cette bibliothèque reçut d'abord pour logement le superbe bâtiment construit par Sansovino sur la Piazzetta, et dans lequel tous les livres entrèrent vers le milieu du XVI° siècle, et où ils restèrent jusqu'en 1812, époque où ils furent transportés dans les salles du palais ducal, le plus splendide logement qu'ait jamais eu une bibliothèque !

(E) Une autre anecdote à peu près semblable résulte d'un jugement conservé aux archives de Venise. C'est un pendant curieux à l'affaire de l'architecte Sansovino, condamné à la prison, et obligé de relever à *ses frais* une voûte croulée dans sa construction de la vieille Bibliothèque :

Titien, ayant succédé à Jean Bellin, comme peintre de la République, était resté une quinzaine de jours sans travailler à une bataille pour laquelle il recevait douze ducats *par jour* ; il fut condamné à restituer à la caisse de l'État deux cents ducats, *illégitimement perçus*, dit l'arrêt.

(F) Cette mappemonde est un vaste sujet de réflexion. Elle démontre qu'on avait au XIII° siècle une idée assez exacte de la configuration des empires d'Asie, de ses côtes et de l'archipel des Indes. Sans doute Marc Pol, le plus ancien des voyageurs vénitiens connus, et qui parcourut l'Asie vers le commencement de ce siècle, aura fourni beaucoup de renseignements pour la fabrication de ce planisphère. Son auteur, le Frère Mauro, était un savant cosmographe, religieux du couvent des Camaldules de Saint-Michel, près Venise. Lorsqu'un voyageur le demandait, on lui fournissait des extraits de cette machine, et si on consentit à en accorder une copie au roi de Portugal, comme l'envoi fait vers l'an 1459 est antérieur d'un demi-siècle environ à la découverte du cap de Bonne-Espérance, il est probable que les calculs de Fra Mauro servirent à trouver cette terre. Ainsi la complaisance des Vénitiens put aider à cette découverte qui devait leur être si fatale.

(G) On a vu dans les notes D et E du chapitre relatif à l'église Saint-Marc, que les Français ayant fait marché avec les Vénitiens pour le transport de leurs troupes dans leur quatrième croisade, et l'argent ayant manqué pour compléter le paiement de la somme convenue, les Français, pour s'acquitter, consentirent à aider la République à reprendre Zara, place révoltée qui s'était livrée au roi de Hongrie. Un tableau de la salle du grand conseil nous a représenté le siège de la ville, un autre sa reddition ; enfin la toile, à la désignation de laquelle nous avons attaché cette note, nous présente le point où il est nécessaire de reprendre quelques explications historiques, d'autant plus opportunes que le fait dont il s'agit est l'un de ceux qui culminent avec le plus d'éclat les fastes de la République. Ainsi sera complété le récit de l'épisode commencé aux notes D et E citées plus haut.

Zara reconquise, les alliés ayant trouvé la saison trop avancée pour reprendre leur croisade, se décidèrent à y établir leur quartier d'hiver.

Ce fut alors qu'arriva dans leur camp le jeune Alexis, venant au nom de l'empereur d'Allemagne, Philippe de Souabe, implorer la protection du doge et des barons français, pour son père, Isaac l'Ange, récemment détrôné et emprisonné par son frère Alexis, oncle et neveu ayant le même nom. Il promit, pour reconnaître le service demandé, de placer l'Église d'Orient sous la dépendance de l'Église Latine, et de payer en outre deux cent mille marcs d'argent. Les croisés s'émurent de compassion en faveur du jeune Alexis, et bien qu'une pareille expédition ne dût pas obtenir l'aveu du pape Innocent III, à l'exception de quelques chefs, qui craignirent l'excommunication, Français et Vénitiens, promirent de marcher contre l'usurpateur. (Sujet du tableau d'André Micheli).

Le printemps venu (1203), la flotte mit à la voile de Zara pour le Bosphore de Thrace, ayant le jeune Alexis sur son bord. L'armée débarqua à Calcédoine et à Scutari, villes situées en face de Constantinople. L'usurpateur Alexis, voyant une aussi formidable armée, voulut conjurer le malheur qui le menaçait par un acte de hardiesse : il sortit de la ville avec les siens, se campa sur la rive opposée du Bosphore, pour protéger ses remparts et observer l'ennemi. Mais Henri Dandolo, nommé, comme on s'en souvient, et malgré son âge, chef de la flotte, résolut de commencer sur-le-champ l'attaque, et les galères s'avançant dans le golfe, déposèrent sur la rive où se tenaient les Grecs, toutes les troupes commandées par les barons français, tandis que les marins forçaient la chaîne qui barrait l'entrée du port. Les soldats d'Alexis sont massacrés, mis en fuite. C'est en vain que Constantinople ouvre à la hâte ses portes pour les recueillir ! Les assiégeants plantent leurs échelles contre les hautes murailles, et s'y élancent avec impétuosité ; Dandolo, armé de pied en cap, donne partout l'exemple du sang-froid et de la valeur ; ayant en main le drapeau de la République, il anime, exhorte les alliés qui ont à lutter contre un ennemi de dix fois supérieur en nombre ; tous les cœurs s'enflamment, tous les courages s'exaltent! vingt-cinq tours des remparts tombent au pouvoir des valeureux assiégeants, le feu est mis à la flotte ennemie, aux maisons d'où les Grecs essaient de résister encore..... C'est la confusion la plus grande qui puisse naître des batailles, c'est l'instant que J. Palma a choisi pour peindre son tableau intitulé : *Première conquête de Constantinople!*

L'usurpateur Alexis a pris la fuite ! les alliés sont maîtres de l'antique Bysance. Ils ouvrent la prison à Isaac, que son frère avait si indignement dépossédé, et bientôt au sein d'une fête générale où le jeune Alexis est réuni à son père, l'empereur légitime est réintégré sur son trône par ceux dont le secours n'a pas été imploré en vain !

L'armée prit ses quartiers à Péra, pour attendre l'accomplissement des promesses faites par Alexis au camp de Zara. Mais la réalisation de ces promesses traînait en longueur. Bien que les croisés eussent consenti à aider encore l'empereur à reprendre quelques-unes des provinces de son empire, afin de mieux le consolider sur son trône, il ne parut pas avoir à cœur de remplir les clauses du traité par lequel la flotte franco-vénitienne était venue à son aide. Un parent de l'empereur, nommé Murzuffe, ambitieux qui ne songeait qu'à le trahir au profit de ses desseins, crut ne pouvoir mieux faire, pour compromettre sa nouvelle prospérité, que de l'engager à mal recevoir les envoyés des croisés, venant réclamer l'exécution des traités. Non content de compromettre ainsi l'empereur vis-à-vis de ses généreux alliés, il réussit encore à le rendre odieux aux Grecs, en le présentant comme rejetant sur le peuple, aux yeux des croisés, les obstacles qui l'empêchaient de tenir ses promesses. Le peuple furieux, attaqua le palais de l'empereur, qui s'était sauvé par une issue secrète avec son fils Alexis ; mais des gens apostés les saisirent, les jetèrent dans un cachot, où ils furent bientôt étranglés... Profitant de cette crise populaire et de toute cette agitation, le traître Murzuffe réunit ses partisans, et se proclama, plutôt qu'il ne se fit proclamer, empereur de Constantinople.

Cette nouvelle usurpation donnait évidemment de nouveaux droits aux croisés. Il y eut des conseils assemblés dans lesquels il fut établi que la conquête de la ville pouvait être entreprise en sûreté de conscience, pour être partagée ensuite entre les deux nations associées dans cette expédition, et pour réunir tout le monde à cet avis, il fut décidé que l'on soumettrait le pays conquis à l'autorité spirituelle du pape.

Henri Dandolo, prudent et sage autant que brave, jugea en outre nécessaire de régler à l'avance les conditions de la conquête, qui, dans l'imagination de tous, était imminente. On était au mois de mars 1204. L'assaut fut décidé pour le mois suivant, et en attendant on fixa en conseil les parts de chacun dans la victoire. Parmi ces conventions préalables, il faut remarquer celles qui se rattachent le plus particulièrement aux événements qui vont suivre.

Il fut donc réglé que la ville prise, on réunirait un concile de douze membres, six Français, six Vénitiens, pour élire un nouvel empereur; — que celle des deux nations qui n'aurait pas l'empire, disposerait du patriarchat et de l'église de Sainte-Sophie; — que les dépouilles seraient partagées entre l'empereur nouveau et les alliés, etc., etc.

Or, lorsque tout fut ainsi réglé, avec autant de confiance que si la ville était déjà prise, il est curieux de constater que l'armée d'attaque était réduite à environ vingt mille hommes, tandis que plus de trente mille défendaient la cité. Aussi la première attaque fut-elle sans résultat.

Les faits que nous venons de rapporter étant le lien qui unit l'un à l'autre les deux tableaux de la première et de la deuxième prise de Constantinople, nous en arrivons au sujet qu'a peint Dominique Tintoret, sur la toile ayant pour titre : *Seconde conquête de Constantinople.*

Le deuxième assaut avait commencé sans trop de succès, lorsque le vent vint par hasard à pousser contre une des tours des remparts deux navires dont la mâture s'élevait à la hauteur des constructions. Ce fut par ce moyen que André d'Urboise et Pierre Alberti parvinrent à sauter sur le sommet de la tour. Ils y plantèrent, l'un la bannière blanche fleurdelysée de Saint-Louis; l'autre l'étendard empourpré de Saint-Marc. Ils furent bientôt suivis d'une quantité de ceux qu'on appelait les Latins. Par ailleurs, trois des portes de Constantinople cédaient aux béliers des assiégeants, et plusieurs quartiers de la ville furent bientôt occupés. Alors Murzuffe, cet usurpateur d'un trône usurpé, s'échappa par une issue souterraine. Bientôt tous les alliés, leur vénérable Doge en tête, entrèrent dans la ville, et le lendemain, au lever du jour, commença le pillage. Dandolo, qui pendant toute la durée de ce nouveau siège, avait donné mille preuves de sa haute valeur, malgré son grand âge et ses infirmités, Dandolo, disons-nous, accorda aux soldats le droit guerrier de dévastation, recommandant seulement d'épargner la vie des vaincus et l'honneur des femmes. La vie des vaincus fut ce qu'on respecta le plus.....

Il faudrait un volume pour décrire tout ce qui se passa dans la ville de Constantinople durant les jours qui suivirent sa seconde conquête. Nous ne pouvons pas même ici tracer une esquisse.

Passons donc sur toutes les scènes de pillage, de dévastation et de débauche, qui naquirent nécessairement de la liberté dont jouirent les soldats au milieu d'une ville ainsi occupée. Nous ne parlerons que des objets d'art, des trésors qui ont laissé jusqu'à nos jours quelques traces de ce pillage célèbre. C'est ainsi que tous ces monuments de l'art, assemblés à grands frais dans la capitale de l'empire de l'Orient, tous ces trésors grecs, qui de Corinthe avaient d'abord séjourné à Rome, pour venir ensuite orner la vieille Byzance, furent dévastés, brisés, arrachés sous l'action brutale du fer ou de la flamme; du fer, qui brise; de la flamme, qui fond. L'or, l'argent, les bronzes perdirent leurs formes précieuses de statues divines ou de vases admirables, pour se convertir en lingots, comme si l'art chez eux ne valait pas cent fois plus que la matière. La hache aveugle, l'épée sacrilège brisèrent les statues, qui ne trouvèrent point grâce pour leurs formes divines devant l'inutilité de leurs marbres sans valeur. C'est en vain que souvent les chefs tentèrent d'enrayer ce désordre, d'entraver cette dévastation, d'arrêter cet anéantissement de trésors. L'élan était donné, et les exhortations, les menaces, les plus sévères punitions même n'y purent rien. Tout ce qu'on parvint à obtenir, à l'aide des mesures les plus rigoureuses, ce fut qu'après les premiers jours consacrés à tous ces excès immaîtrisables du soldat et du matelot, les produits du pillage fussent apportés dans un trésor commun. Certes, on ne comptait guère sur une restitution fidèle, et pourtant, tel fut l'excès de pillage des temples, des édifices et des habitations particulières, que le butin à partager entre les croisés s'éleva à plus de quatre cents mille marcs d'argent. Un quart fut réservé pour le nouvel empereur qui devait être élu, et le reste fut partagé par moitié entre les Vénitiens et les Français. Sur leur part, ces derniers s'acquittèrent de ce qu'ils restaient devoir à la République pour les frais d'une expédition pourtant déviée dans son but; et du reliquat, on fit un partage proportionné entre les officiers et les soldats, partage qui, par un calcul, nous démontre qu'alors les forces de l'armée française ne s'élevaient pas à plus de quinze mille hommes.

Au reste, les sommes partagées, ne furent guère qu'une faible fraction de ce qu'avait produit le pillage, si nous en croyons ce que dit Villehardouin, qui, ayant pris part à cette mémorable expédition comme croisé, la décrivit ensuite comme historien. Villehardouin, d'après des calculs qu'il est inutile de rapporter, évalue le total du pillage à environ *deux cents millions de notre monnaie* (en supposant que depuis 1204 l'argent n'ait perdu que les trois quarts de sa valeur), somme presque fabuleuse, si l'on envisage que Constantinople venait d'être ravagée par trois grands incendies et que la fuite de ses dignitaires, accompagnant Murzufle, avait dû soustraire au pillage d'immenses trésors.

Les Français eurent plus d'argent, les Vénitiens plus de choses en nature. Ces derniers avaient leur flotte pour le transport de ce genre de butin; leur pays était voisin, tandis que les croisés du nord n'eussent su que faire de toutes ces colonnes et de ces bas-reliefs, dont les Vénitiens trouvèrent, comme on sait, l'emploi. Mais pour ce qui est des reliques, le partage rigoureux en fut réclamé par les barons chrétiens. Henri Dandolo, au milieu des marbres précieux, des jaspes, des statues, put, pour sa part, expédier à Saint-Marc un morceau de la vraie croix, un bras de saint Georges, un de saint Jacques, la tête de saint Jean-Baptiste, le corps de sainte Luce, celui du prophète Siméon et une fiole contenant du sang de Jésus-Christ.

Les Français eurent, entr'autres choses, presque tout le reste du corps de saint Jean-Baptiste et divers autres débris précieux, qui furent plus tard déposés en France, dans la cathédrale d'Amiens.

Les chevaux de bronze du portail de Saint-Marc firent partie de la fraction du butin en choses que garda le doge.

Un malheur irréparable, et qu'on doit encore déplorer aujourd'hui, fut la destruction, l'incendie de la partie d'un palais qui contenait un genre de trésors dont les Occidentaux ne connaissaient pas encore tout le prix. Nous voulons parler des nombreux manuscrits, dans lesquels tout ce qu'avaient produit les lettres grecques et latines pendant neuf siècles, ainsi que les découvertes des sciences recherchées depuis, se trouvait réuni, consigné, et qui fut dévoré par les flammes. Cette perte ne saurait être appréciée. Il y avait là peut-être mille secrets que l'art, la science n'ont retrouvés que longtemps après ou qu'on cherche encore.

Depuis un mois environ, l'armée franco-vénitienne occupait l'antique Byzance, et on n'avait pu s'occuper encore du choix du souverain pour l'occupation nouvelle. Henri Dandolo ayant proclamé cette nécessité, on nomma, ainsi qu'il avait été convenu, même avant la prise de la cité, les douze électeurs qui devaient former ce concile (six Vénitiens et six Français). Toutes les voix se portèrent sur le vénérable doge, chef suprême de cette expédition, le soldat plein de valeur et le sage plein de vertu. Mais Dandolo refusa cet honneur, et, préférant consacrer le reste de ses jours à sa chère République, il provoqua une autre nomination.

C'est l'élection du seigneur français Baudouin, comte de Flandres, qu'a représenté dans son tableau, faisant suite à ceux dont il a déjà été parlé, le Vicentino. La toile suivante, qui clôt le long et glorieux épisode des histoires de France et de Venise réunies, nous offre le couronnement du nouvel empereur. Les rites du temps prescrivaient que tout soldat élevé à une dignité royale fût porté dans le lieu du sacre sur son bouclier et qu'il y chaussât un cothurne, symbole de sa dignité nouvelle. On voit que l'Aliense s'est fort écarté de ces traditions historiques dans la cérémonie qu'il a composée.

Baudouin s'empressa de placer son empire sous la protection du pape; et Pierre Morosini, Vénitien, ayant été élu patriarche de Sainte-Sophie, fut chargé de rétablir l'autorité du Saint-Siége romain dans tout l'Orient.

Une chose curieuse, ce fut de voir, dans le partage des provinces conquises, qui fut fait ensuite entre les deux nations alliées, les titres de ducs, de maréchaux et de comtes français appliqués à l'Orient. Les Vénitiens eurent les places maritimes et les îles qui convenaient le mieux aux intérêts de leur commerce, et la moitié de Constantinople.

Dès-lors le doge de Venise ajouta à ses titres celui-ci, le plus singulier de tous : *Seigneur de la quatrième partie et demi de tout l'empire romain*; titre qui resta à ses successeurs jusqu'au doge Jean Dolfin (1387). Ainsi, par cette étonnante conquête, sembla se réaliser cette prophétie de la sybille Erythéenne qui avait dit : Une réunion de puissants aura lieu dans les parages de l'Adriatique, sous un chef aveugle..... ils entoureront l'être barbarbare..... ils saccageront Byzance..... ils disperseront les dépouilles, etc. (*Fiet potentium in acquis Adriatias congregatio, cœco produce, etc.*)

Dandolo mourut à Constantinople en 1205, presque séculaire. On l'enterra dans l'antique basilique de Sainte-Sophie. Ce fut le premier doge dont le nom fut empreint sur les monnaies de la République.

Les faits qui suivirent l'établissement du comte Baudouin de Flandres sur le trône constantinopolitain pourront retrouver leur suite ailleurs. Ceux qui se rattachent à l'histoire de France n'appartiennent pas à ce livre.

(**u**) L'inscription qui a été placée dans le cadre qu'eût dû occuper le portrait de Marino Faliero n'est pas la seule qui fut composée à cet effet. Il en est deux autres que nous citerons, parce qu'elles sont presque inédites. Les voici :

Marinus Faletro Dux; temeritas me cepit, pænas lui, decapitatus pro criminibus.

Le distique suivant fut aussi proposé :

Dux venetum jacet hic, patriam qui prodesse tentans, sceptra, decus, censum perdidit atque caput.

L'inscription choisie est peut-être la plus terrible, dans son laconisme et sa simplicité. Finissons toutes ces lignes sombres par une anecdote toute moderne, relative au portrait de Faliero :

On sait qu'il existe dans le répertoire en vogue des théâtres d'Italie un fort bel opéra, dont la musique est de Donizetti, et qui a pour titre *Marino Faliero*. Partout où cet opéra est chanté, l'acteur chargé du rôle du doge, déclamant et chantant, a soin de joindre à son costume de drap d'or et d'hermine une ample barbe grise ou blanche, destinée à ajouter à la majesté du personnage. C'est au mieux. Mais il arriva que, dans ces derniers temps, l'œuvre de Donizetti, que des motifs de convenances locales avaient empêchée d'être représentée à Venise, fit enfin son apparition sur la vaste scène de la *Fenice*, durant la saison du carnaval. Or, l'artiste chargé de représenter le personnage de Marino Faliero (le *basso* Balzar), voulant reproduire avec toute l'exactitude historique possible le doge célèbre, exactitude particulièrement nécessaire dans la ville même des doges et du prince dont il devait figurer la personnification, l'artiste, disons-nous, fit des recherches sur des détails de costume, et, aidé par un journaliste, il avisa, en contemplant la série de portraits figurés au palais ducal, que nul des doges qui avoisinent la place vide de Faliero, soit en le précédant, soit en le suivant, ne porte de barbe. En effet, l'histoire dit que vers ces époques tous les Vénitiens coupèrent leurs barbes, pour ne pas ressembler aux Orientaux, qu'ils avaient en horreur.

Il parut donc prouvé à l'artiste que Faliero ne portait pas de barbe, et, comme la République prit soin, depuis sa trahison, de faire disparaître tous les portraits qui pouvaient exister de ce doge, soit dans les tableaux, soit sur les sculptures [*], faute de preuve plus positive, le chanteur accepta les fortes probabilités, la presque certitude que seul, parmi son époque, ses successeurs et ses devanciers, Faliero ne portait point ce respectable ornement de l'âge. M. Balzar se montra donc en scène sans la fameuse barbe traditionnelle de tous les Marino Faliero de théâtre.....

---

[*] M. Sanquirico, propriétaire du musée d'antiquités dont nous avons déjà parlé à propos du portrait de la dogaresse Grimani, possède un certain nombre d'effigies de doges, parmi lesquelles il en est une présentée comme offrant les traits de Marino Faliero. Nous ne saurions nous prononcer sur la délicate question de son authenticité, mais nous serons plus hardis à propos d'un autre portrait de ce célèbre doge, que le hasard nous a fait voir dans une excursion hors Venise. C'est à Spinea, district d'Asolo, dans la province de Trévise, chez M. Martignago, que se trouve aujourd'hui cette curiosité historique. Tout prouve l'authenticité de ce portrait, qui, suivant des papiers de famille, fut donné par le doge lui-même à un ancêtre du détenteur qui, très fidèle à sa personne, avait obtenu sa noblesse par lui. Dans un testament d'un Martignago, il fut dit de bien se garder de montrer ce portrait, car « *le posséder était fort dangereux.* »

Celui qui écrit ces lignes, n'osant offrir d'acheter ce portrait, a essayé d'obtenir qu'on lui permît d'en faire exécuter une copie : il n'a pu l'obtenir. Au reste, ce curieux portrait est presque perdu de vieillesse.

Mais l'œuvre était connue de presque tous les Vénitiens pour avoir été entendue ailleurs qu'à Venise. L'apparition de ce menton imberbe, de cette figure sans majesté, le costume accepté au théâtre, qui avait aussi été modifié d'après quelques prétentions à l'exactitude historique, laquelle n'était rien moins que gracieuse....., toute cette nouveauté, enfin, firent naître de grands murmures..... Le chanteur en fut d'abord troublé. Son exactitude historique n'avait pas le succès qu'il avait espéré. Enfin, on discuta pour et contre le lendemain. Balzar et le journaliste, son conseiller dans la *couleur locale*, expliquèrent leurs raisons. Les discussions s'animèrent, on fit des polémiques de journaux; il y eut les *barbistes* et les *imbarbistes*. On rechercha toutes les monnaies, les médailles; on fouilla tous les manuscrits. Bref, de tous leurs efforts et leurs recherches, les barbistes ne gagnèrent pas un poil..... Et raison resta à l'artiste. Ce qui n'a pas empêché depuis tous les Marino Faliero d'Italie de rester fidèles à la grande barbe blanche, dont l'anachronisme doit céder à l'effet théâtral.

(**1**) *Nicolas Sagredo* succéda à Dominique Contarini, au trône dogal, en 1674. Il mourut deux ans après, emportant tous les regrets du pays. Les suffrages de vingt-huit électeurs désignèrent pour le remplacer *Jean Sagredo*, deux fois ambassadeur en France, auprès de Louis XIV; en Angleterre, près de Cromwell, et ensuite auprès de l'empereur Léopold Ier. Louis XIV lui avait donné le *lys*, que les Sagredo portent encore aujourd'hui dans leurs armes.

Jean Sagredo n'était pas, comme on l'a écrit et répété jusqu'à ce jour, frère du doge Nicolas, mais seulement son parent. Il appartenait à une autre branche de la famille *. Il paraît qu'il ne jouissait pas de la faveur populaire; aussi, malgré ses titres et ses services, malgré les hauts emplois qu'il avait occupés, vit-il son élection combattue. La raison la plus formelle de cette hostilité contre Jean Sagredo, fut bien certainement puisée dans la défense du généralissime Morosini, qu'il avait entreprise en plein conseil avec autant de générosité que d'éloquence, et qui lui avait créé beaucoup d'ennemis dans les adversaires de Morosini. Ainsi le bien qu'il avait fait devait lui coûter la suprême magistrature !

Immédiatement après le ballottage qui écarta Jean Sagredo en faveur de Louis Contarini, le premier fut appelé au poste important de *correcteur des lois*, magistrature éminente, — dit l'historien Foscarini, en parlant de Jean Sagredo, — qu'on évoquait chaque fois qu'il semblait utile de modifier la constitution de l'État. Ce fut un honorable dédommagement à ce que ses ennemis avaient eu la puissance de lui faire perdre.

(**2**) On raconte qu'à ce sujet il fut fait l'essai de machines de guerre d'une puissance extraordinaire. Elles lançaient des blocs de pierre pesant jusqu'à trois mille livres..... disent les chroniqueurs. C'était une arme digne de la guerre des géants ! Dans tous les cas, y eut-il exagération dans ce qu'on rapporte de la grosseur de ces projectiles, il n'en est pas moins curieux d'enregistrer le degré où en était déjà arrivé l'art de la balistique au XIVe siècle. Il paraît que l'auteur de cette terrible invention, qu'on nommait *François delle Barche*, en fut la victime, comme le fut aussi plus tard de sa découverte un moment perdue, ce moine espagnol qui sauta avec son premier baril de poudre. François delle Barche était entré dans une de ses machines ou *catapultes*, pour en vérifier l'état, le ressort partit, et le malheureux mécanicien

---

* M. Daru est aussi tombé dans cette erreur que nous sommes des premiers à rectifier.

fut lancé par les airs et tomba déchiré dans la ville de Zara, qu'il voulait écraser !

(M) Les Turcs faisaient tous leurs efforts pour reprendre une à une les conquêtes des Vénitiens. Le sultan Sélim II voulut ravoir Chypre, à cause des vins délicieux que fournissaient ses côteaux. Sachant que l'explosion d'une poudrière de l'arsenal venait de ruiner presque toute la marine vénitienne, le sultan fit proposer à la République, de deux choses l'une : lui rendre Chypre, — ou la guerre.

On juge inutile de dire comment il fut répondu à pareil dilemme. Il fallut fortifier l'île ; et comme en ce moment Venise était hors d'état de soutenir une guerre maritime, elle décida le Pape, le roi Philippe II d'Espagne, et les Chevaliers de Malte, à lui venir en aide contre les Barbares.

En 1370, les Turcs dirigèrent leurs premiers efforts contre Nicosie, capitale de l'île convoitée. Par malheur, la garnison vénitienne, forte de dix mille hommes, tout au plus, n'avait point d'armes à feu, mais seulement des hallebardes. La ville n'en repoussa pas moins trois assauts ; mais elle finit par être prise, et livrée à toutes les horreurs du meurtre et du pillage. Encouragés par ce premier succès, les Osmanlis s'emparèrent de divers autres points de l'île, et vinrent enfin mettre le siège devant Famagouste, dont ils firent le blocus, et qu'ils parvinrent à réduire, malgré l'héroïque défense du commandant en chef, le brave Marc-Antoine Bragadino, sur lequel le général turc Mustapha exerça une si terrible et si odieuse vengeance *.

Pendant que s'accomplissaient ces violences, Venise avait en hâte reformé sa marine en partie détruite par l'incendie de l'Arsenal, et en union avec la flotte combinée sur laquelle était don Juan d'Autriche, ce célèbre fils naturel de Charles-Quint, les voiles républicaines, au nombre de cent, commandées par l'amiral Sébastien Veniero, prirent la mer et rejoignirent douze galères du pape, sous les ordres de Marc-Antoine Colonna. Cette flotte se dirigea sur le golfe de Lépante, au fond duquel se tenaient les trois cents voiles réunies par le grand-visir.

La rencontre eut lieu non loin de cet ancien promontoire d'Actium, si célèbre par la sanglante bataille navale qui, seize siècles auparavant, avait décidé du sort du monde.... Ce fut sur ces mêmes eaux que s'opéra la jonction des Chrétiens et des Ottomans !

C'était un jour superbe. Le soleil oriental resplendissait de tout son éclat. Les deux lignes ennemies s'étendirent en bataille. D'un côté brillaient les casques, les cuirasses et les boucliers des confédérés... ; de l'autre éclataient les couleurs vives et variées des uniformes turcs, l'ornementation de leurs vaisseaux, leurs fanaux dorés, et les longs étendards de pourpre tout constellés de riches broderies, que le vent soulevait avec peine.... **.

Enfin retentit le signal du combat! ce fut un coup de canon tiré par le vaisseau de don Juan d'Autriche. Alors toutes les lignes éclatèrent et prirent le plus vivement possible part à l'action. La lutte dura plus de cinq heures avec un acharnement soutenu, sans qu'il fût possible de prévoir de quel côté serait l'avantage. Les alliés, les Vénitiens en tête, avaient plusieurs fois tenté

---

* Voir cet épisode bizarre à propos du tombeau de Bragadino, à la description de l'église *San Giovanni e Paolo*.

** Ces fanaux et ces étendards sont représentés à l'arsenal de Venise.

l'abordage des vaisseaux turcs sans y réussir. Mais l'amiral ottoman ayant été tué, sa capitane fut sur-le-champ accrochée, et l'étendard turc fit bientôt place à la bannière chrétienne qu'on surmonta de la tête du Capitan Pacha..... Ce fut le signal de la déroute des Infidèles! chaque vaisseau abordé, assailli, fut la proie des confédérés. Deux cent vingt-quatre furent brûlés, sur les trois cents qui formaient l'ensemble de la flotte ottomane; quatre cents canons, cinq mille prisonniers, et trophée plus précieux peut-être, quinze mille esclaves chrétiens qui se trouvaient sur les vaisseaux turcs, passèrent aux vainqueurs. L'ennemi eut en outre plus de trente mille morts!

Les pertes des alliés furent aussi assez considérables. La République eut à regretter, outre le provéditeur général Barbarigo, onze patriciens qui furent tués les armes à la main. Le généralissime Sébastien Veniero, qui, bien qu'âgé de soixante-seize ans, s'était vaillamment battu à côté du jeune don Juan d'Autriche, reçut une dangereuse blessure à la tête. Enfin les voiles républicaines revinrent dans les lagunes, et Venise fit à ses guerriers un accueil qui sembla devoir être perpétué dans une fête commémorative et annuelle, pour laquelle on fixa le jour de sainte Justine, comme anniversaire de la glorieuse victoire de Lépante!

Cette commémoration dura longtemps, et, chose étrange, elle s'est prolongée hors des états de Venise jusque de nos jours. Nous avons eu sous les yeux un journal de Flandres dans lequel il fut inséré, en 1821, l'avis suivant :

« On célébrera à Louvain, dans l'Église paroissiale de Notre-Dame, le 250e
« anniversaire du mémorable triomphe des Chrétiens dans le combat naval
« de Lépante contre les Turcs, etc. »

Ce fut après la bataille navale des *Curzolaires* ou de Lépante, comme on dit plus poétiquement, qu'on plaça sur la porte principale de l'Arsenal la statue de sainte Justine, protectrice de la flotte sortie de ces bassins pour aller combattre les infidèles.

(L) Le procurateur François Morosini, que nous avons vu traîné à la barre du grand conseil, alors général de cette République dont son nom est l'un des plus beaux, avait conçu, en 1687, le dessein de chasser complètement les Turcs de cette partie de l'ancienne Grèce, flétrie du nom de Morée.

Cette presqu'île était en partie peuplée de Chrétiens qui étaient tout disposés à secouer le joug des Infidèles. Le premier acte de Morosini dans ces contrées fut de défaire le Capitan-Pacha en personne. Le général vénitien se trouvait ainsi glorieusement entré dans le pays. Il se fit rendre plusieurs places, et aidé du général suédois Konigsmarck, que la République avait pris à solde, il battit sur une foule de points les Turcs qui se présentaient pour empêcher ses empiétements, et soumit successivement Navarin, Modon, Argos et Napoli di Romania. Rentré à Venise après ces premiers succès, Morosini, qui n'avait pas de fils, fut autorisé à transmettre à un de ses neveux le titre de chevalier dont il était décoré, titre qui devait passer à perpétuité au chef de cette maison illustre. Cet honneur n'avait jusque-là été octroyé qu'aux Querini et aux Contarini.

Bientôt Morosini repartit, et s'étant rendu maître de quelques places nouvelles : Patras, Castel-Nuovo, Lépante, Misitra, etc., etc., il fut mettre le siège devant Corinthe, qui se rendit également. De toute la province il ne restait plus à soumettre que la place de Malvoisie et le port du Lion (de Pyrée), autrement dit le port d'Athènes, la ville des Sages, le séjour des Muses. Une garnison nombreuse en défendait les remparts. Morosini confia le commandement du siège à Konigsmarck. Celui-ci, sans respect pour cette noble patrie des arts, foudroya de son artillerie tout ce qui restait des vieux monuments de l'antiquité.... Tout en ruines et tout en flammes, Athènes capitula.... Une bombe du général suédois avait fait sauter le Parthénon dont les Turcs avaient fait un magasin à poudre ! Ce fameux temple, qui avait, dit-on, coûté plus de quarante millions, ne conserva pas même sa célèbre statue de Minerve, sculptée par Phidias ! La fureur des peuples policés peut donc parfois être aussi funeste aux arts que la fureur des barbares.

Quelques débris des marbres du Parthénon ont été moulés et sont déposés aujourd'hui à l'Académie des Beaux-Arts de Venise. Les lions de marbre qui donnaient leur nom à l'ancien Pyrée (port du Lion), et semblaient préposés à la garde de ce port, furent des trophées de la conquête de Morosini, qui les transporta à Venise ; ils furent déposés à la porte de l'Arsenal, où ils sont encore, tout usés par leurs deux mille ans d'âge.

Athènes devint un poste avancé d'où les Vénitiens purent protéger leur nouvelle conquête. Morosini assiégea Malvoisie, le seul point de la province qui ne vit pas flotter sur ses créneaux l'étendard empourpré de Saint-Marc. Mais les premières victoires de cet illustre général avaient déjà jeté un tel éclat sur la République, que celle-ci lui décerna une de ces récompenses dignes des temps anciens : son buste fut élevé dans une des salles d'armes qui existaient alors au palais ducal, et l'on y grava cette inscription : « *A François Morosini, le Péloponésiaque — de son vivant !* »

Peu de temps après, le doge régnant étant mort, on vit dans les rues principales de Venise des placards portant cette inscription : « *Celui qui nous a donné un royaume, mérite bien une couronne !* »

Le généralissime conquérant du Péloponèse fut promu à la dignité de doge.

Ceint de la corne ducale, il partit pour le golfe d'Égine achever son œuvre et assiéger Négrepont et Malvoisie ; mais il mourut de fatigue avant d'avoir pu planter la bannière de saint Marc sur ce dernier boulevart de la retraite ottomane. Ce fut aussitôt après sa mort que lui fut érigé le monument que nous venons de voir dans la salle du scrutin, au palais ducal.

(m) Le masque fut pendant de longs siècles d'un usage général à Venise. C'était un dédommagement nécessaire de l'inégalité trop sensible qui existait entre les diverses classes de la population. Chez le doge, les nobles dansaient en robe noire, en grande perruque et masqués. Le nonce du pape lui-même se soumettait à cet usage. Affaires ou plaisir, joie ou deuil, le masque couvrait tout. Il favorisait les apparitions des prêtres, des religieuses dans les spectacles et dans les fêtes, et sous cet incognito commode chacun était inviolable, et ne comptait autour de lui que des égaux. Ajoutez à ce mystère individuel qui abritait chacun, celui de la discrète et sombre gondole, et figurez-vous quelle étrange société !

(n) François Basson, dit Carmagnola, du nom de son pays natal, irrité contre le duc Visconti, avait abandonné ses drapeaux, pour accepter un commandement dans les armées de la République. Il se distingua hautement dans mainte bataille, et contribua puissamment à amener la paix de 1428, par laquelle les Vénitiens obtinrent de Visconti la reddition des places de Brescia et de Bergame, et d'une partie du Crémonais. A son retour à

Venise, le Doge, entouré des premiers dignitaires de l'État, fut au-devant de lui sur le Bucentaure, qui l'amena devant le palais que la République lui avait donné. C'est ainsi que Venise devait récompenser ceux qui avaient bien mérité d'elle! C'est en souvenir de cette première gloire, que le généralissime figure dans le tableau de l'Aliense dans l'antichambre du Conseil des X.

La guerre ne tarda pas à se rallumer. Mais cette fois Carmagnola ne sembla plus transporté du même zèle pour le service de la République. Aussi, craignant qu'il ne se sentît rappelé vers son ancien duc qu'il avait depuis combattu, le sénat eut-il soin d'épier sa conduite. L'occasion était excellente, car les deux flottes milanaise et vénitienne se trouvaient alors dans les eaux du Pô, et les armées étaient en présence sur la rive. Tout annonçait un engagement prochain.

Pour augmenter les forces maritimes, les Milanais firent passer sur leurs bords une partie des troupes de terre, le reste se retira. Carmagnola, invité par l'amiral vénitien à faire aussi embarquer ses troupes, afin d'égaliser les forces navales, s'y refusa, et l'engagement des navires ayant eu lieu, il resta dans l'inaction sur le rivage, tandis que son concours eut très probablement assuré la victoire aux Vénitiens.

Plus tard, ayant rencontré la plus faible partie des troupes du duc Visconti, il se laissa battre, refusant par ailleurs d'aider le capitaine Cavalcabò, qui avait besoin d'un renfort pour conserver Crémone, qu'il lui fallût abandonner à l'ennemi.

Ces divers faits étant arrivés à la connaissance du Gouvernement, il parut juste de punir le général insouciant et traître, comme avait été récompensé le chef fidèle et courageux.

On forma donc un jury de sénateurs ajoutés au Conseil des Dix, et tout ayant été disposé pour cette espèce de conseil de guerre, on expédia un exprès vers Carmagnola, mais avec la prudente mission d'un appel pour cause d'utilité publique. Craignant qu'il évitât de se rendre devant ses juges, on feignit d'avoir à le consulter sur une nouvelle opération militaire qu'on était indécis d'entreprendre.

Carmagnola, sans défiance, se mit en devoir de se rendre à l'invitation des chefs de l'État. Pour mieux éviter d'éveiller ses soupçons, on le fit traiter partout avec distinction, on lui décerna des honneurs dans chaque ville de son passage. Il arriva ainsi à Venise, tout fier de ce voyage.... A son arrivée au palais ducal, au lieu d'être conduit devant le doge dans les appartements d'apparat, on le fit descendre dans un des cachots des puits.... En y entrant, il s'écria : *Je suis perdu!*

Peu de jours après, son procès ayant été rapidement instruit, il fut amené là, devant le Conseil des Dix et la Giunta extraordinaire, présidée par le doge François Foscari, qui lui-même devait périr si déplorablement. Carmagnola fit d'abord tous ses efforts pour se disculper, mais ayant été appliqué à la torture (ainsi que l'exigeaient les formes de la procédure du temps), il fit des aveux qui entraînèrent le verdict du tribunal. Il fut condamné à mort à une très grande majorité. Le Doge s'était prononcé pour un emprisonnement perpétuel. La question posée au jury était celle-ci : « *Si Carmagnola pouvait être considéré comme traître à l'État.* »

La sentence fut prononcée dans cette salle, durant la nuit du 5 au 6 mai 1432, et fut exécutée sur-le-champ, entre les deux colonnes de la Piazzetta, où le général traître à ses engagements ayant été amené, un bâillon dans la bouche, eut la tête tranchée. Mais comme si les lauriers qui avaient autrefois ceint cette tête la préservassent, il fallut pour l'abattre que le bourreau y revînt à trois fois...

Malgré les efforts de quelques historiens pour jeter de l'odieux sur la République à propos de cette condamnation, il résulte de l'examen attentif des pièces de ce procès que la conduite du gouvernement fut sévère, mais non injuste. Il est prouvé que Carmagnola voulait retourner au duc Visconti, dont il avait précédemment épousé une fille naturelle, et qu'il préparait sa rentrée en grâce auprès de ce seigneur en usant de mollesse dans les rencontres entre les troupes milanaises et vénitiennes. On prétend qu'une tête en porphyre qu'on voit à l'angle de la galerie de la Basilique vers la Piazzetta, est celle d'une statue de Carmagnola, qu'un sculpteur vénitien avait commencée, et que cette tête fut placée là comme un terrible exemple, pour rappeler celle qui avait roulé sous la hache du bourreau dans la nuit du 5 au 6 mai... — Cette version n'a rien d'invraisemblable.

(o) Si nous avions suivi le plan que nous nous sommes imposé dans la marche de ce livre, c'est-à-dire de placer les développements de chaque fait en note au texte où ce fait ne doit qu'être indiqué, nous eussions parlé ici des doubles institutions des *dix* et des *trois*. Mais la matière nous a semblé trop importante pour être ainsi mise en sous-œuvre à l'œuvre. Le *Conseil des Dix*, le *tribunal des Trois Inquisiteurs* d'état sont des institutions si célèbres, dont les noms seuls agissent tellement sur l'imagination, leur histoire est une chose qui demande si impérieusement à être connue lorsqu'on visite Venise, que ces institutions fameuses nous ont semblé mériter un chapitre à part, qui lui-même a aussi ses notes complémentaires du texte ; nous rappellerons donc au lecteur ce chapitre, lequel précède celui-ci, et qui pour être un des plus sérieux de ce livre, n'en est pas pour cela le moins intéressant peut-être, la matière forçant la main à l'écrivain.

Il en a été de même du *Doge*, auquel nous avons cru devoir consacrer une partie de ce chapitre particulier; si le C. des X. est la chose qui règle en partie l'histoire de Venise, le mot *doge* est celui qui la domine!

(p) Venise fit à Henri III une réception magnifique, lorsque *s'évadant* du trône de Pologne, ce prince passa par l'Italie pour ceindre la couronne de France, que la mort de Charles IX, son frère, lui laissait en héritage royal, celui-ci étant mort sans laisser d'héritier direct au trône de Saint-Louis. Henri était alors âgé de vingt-deux ans, et sa bravoure personnelle le rendait, outre son rang, fort recommandable.

Parti de Cracovie durant la nuit du 18 au 19 juin 1574, escorté seulement de quelques compagnons fidèles, l'ex-roi de Pologne, le futur roi de France, arriva à Vienne, d'où il fit écrire au doge Louis Mocenigo pour lui exprimer le désir qu'il avait de visiter la *Donna Dei Mari*, Venise la reine des mers orientales! Le sénat accueillit avec empressement cette demande, heureux de se mettre en relations avec un prince qui allait occuper un si grand trône, et on vota de grandes fêtes pour le recevoir. On redora exprès le Bucentaure, le palais Foscari, si remarquable comme édifice et comme position, fût disposé avec une pompe toute royale pour le jeune hôte couronné. Les deux palais voisins des palais Foscari, ceux des Giustiniani, furent aussi disposés pour loger la suite de l'illustre voyageur.

Le sénat envoya Jérôme Mocenigo, lieutenant du Frioul, à la rencontre du roi, avec des gardes d'honneur. A Trévise, un superbe cheval, habilement dressé pour la circonstance, s'agenouilla devant le prince pour le recevoir sur sa croupe. Partout des honneurs, des arcs triomphaux, des députations et... des harangues. Arrivé au rivage, Henri trouva une flottille de gondoles, portant toute la jeunesse patricienne de Venise, dans le sein de laquelle avait été choisie une garde pour le service continuel du prince durant son séjour à Venise. Le roi débarqua à Murano, au milieu des fanfares et des arquebusades. Un palais avait été disposé pour recevoir Henri à cette étape ; on lui offrit de riches présents, produits curieux des fabriques de verreries et cristaux de l'île. Le roi fut si émerveillé des choses qu'il vit, qu'il créa nobles tous les chefs de ces ingénieuses et célèbres manufactures. C'était un usage qu'affectionnaient les souverains d'alors, de distribuer des titres et des dignités hors de leurs états. Il est vrai que cela ne coûtait qu'une feuille de parchemin... Les rois d'alors n'avaient pas toujours l'escarcelle bien garnie.

Le lendemain, le Bucentaure, redoré à neuf, entouré d'une foule innombrable de gondoles, de barques, de péotes ornées de bannières et de draperies éclatantes et précieuses, se dirigea vers le Lido, tandis qu'une riche galère y transportait par ailleurs le prince et sa suite magnifique ; Jacopo Soranzo commandait cette galère, que suivaient quatorze autres remplies de patriciens, ainsi que la *fuste* des Dix.

Nous ne saurions suivre dans tous ses détails pompeux cette longue et brillante cérémonie. Nous reporterons le lecteur à la scène que représente le tableau du Vicentino, lorsque le prince quitte la galère, et traversant entre le doge Louis Mocenigo et le Patriarche, un superbe arc triomphal merveilleusement improvisé par André Palladio (aux frais du doge Mocenigo et de Jacques Contarini), il s'avance sous un dais porté par six procurateurs de Saint-Marc, et entouré du chapitre, vers une chapelle également édifiée pour la circonstance, et dans laquelle il entendit chanter l'hymne ambrosienne *. Les fanfares des trompes d'airain, les détonnations de l'artillerie, les volées des cloches, le roulement des tambours et les cris d'enthousiasme de la multitude signalèrent ce débarquement du roi. Ce dut être un honneur assourdissant que le Vicentino a très bien exprimé dans son tableau.

Henri III parlait bien la langue italienne ; il échangea des compliments (gentilezze) avec le Doge, et ayant assisté à l'hymne de fête, il s'embarqua sur le brillant Bucentaure, qui, entouré de mille barques pavoisées, le conduisit par le grand canal jusque devant le palais Foscari, après avoir prolongé la ligne de magnifiques bâtiments qui s'élèvent du palais ducal au coude du canal. Toutes les habitations, les palais étaient ornés de draperies et d'une foule parée ; les musiques retentissaient, unies aux *evviva* du peuple ; ce fut le spectacle le plus riche, le plus grandiose, le plus animé qu'on ose imaginer... On sait ce que les Vénitiens savaient faire en fait de fêtes et de représentation publique !

Les historiens ont cité une circonstance qu'ils déclarent du plus grand honneur pour la République, c'est qu'à l'arrivée du doge Louis Mocenigo, le roi se découvrit pour le saluer... ce qui contraignit aussi le Doge à retirer la corne ducale.

---

* L'Arc de triomphe était chargé d'une foule d'inscriptions et de devises, en l'honneur de Henri, toutes les plus ingénieuses et les plus courtoises.

Les fêtes que Venise donna à son hôte illustre feraient, de leurs descriptions, l'objet de tout un volume. Ce ne furent, pendant toute la durée de son séjour, que festins, bals, regates, joûtes aquatiques, jeux des Castellani et des Nicolotti, sérénades et divertissements sans fin. Le jeune roi, doué de manières affectueuses et d'un esprit distingué, plut beaucoup aux Vénitiens, et emporta leur amitié, ce dont plus tard il acquit la preuve dans les malheurs du temps. Au reste, le séjour de Henri de France à Venise y a laissé beaucoup de traces, et même dans les palais particuliers on retrouve encore des portraits, des tableaux qui témoignent de la complète sympathie que ce prince si malheureux dans sa fin avait su faire naître autour de lui.

Dans l'année même où cet héritier des Valois séjourna à Venise, un incendie du palais ducal ayant dévasté les salles du collége, de l'anti-collége, du sénat et des quatre portes, le gouvernement, en les faisant restaurer, donna ordre au Vicentino de composer le tableau que nous voyons pour perpétuer la mémoire de cette visite royale. Tous les personnages qui avaient figuré dans les cérémonies posèrent devant l'artiste, et la tête du jeune roi fut peinte d'après un des portraits qu'il avait daigné permettre qu'on fît d'après nature, et dont le plus remarquable est celui que fit Tintoret.

Pendant son séjour à Venise, Henri III distribua des honneurs à une foule de patriciens et même d'artistes. Il créa chevalier Antoine Canale, en le complimentant sur ses exploits à la bataille de Lépante. Il assista à plusieurs réunions des conseils et du sénat, *en robe de patricien.*

Au reste, Henri III et la République de Venise restèrent en bons rapports longtemps après que le prince eût quitté l'Italie. Lorsque les troubles de son royaume l'eurent réduit à une presque pauvreté, il fit solliciter de la République un prêt de cent mille écus. La somme fut accordée sans intérêt. Nous ignorons si le roi prodigue et nécessiteux la rendit. Dans tous les cas, il tira sans doute meilleur parti de cet argent qu'il ne le fit des conseils que lui donnèrent les sages Vénitiens à propos de la position illustre et difficile qu'il allait prendre... Son peuple s'en serait bien trouvé, et lui aussi, car il ne fut peut-être pas tombé sous le poignard de Jacques Clément!

(*) On raconte à Venise une anecdote qui tendrait à faire supposer que les cachots du palais ducal s'avançaient jusque sous la Piazzetta, ce qui n'est pas autrement prouvé que par ce fait, qui est très probablement une imagination, une anecdote créée à plaisir. Toute la cour du palais est minée par les réservoirs des puits, et nous ne sachons pas qu'on ait jamais fourré là aucun prisonnier. Voici l'anecdote que nous tenons pour apocryphe:

« Un soir il y avait foule à la promenade sur le môle et sur la Piazzetta, lorsqu'on vit soudain une des dalles se soulever un peu, retomber, se soulever encore... et un peu plus, puis après s'être encore timidement refermée, s'ouvrir de nouveau et laisser voir .. la tête d'un homme !

» C'était un prisonnier (dit l'anecdote) qui à force de temps et de patience, avait réussi à se frayer un passage à travers les murailles et les voûtes, en travaillant un peu chaque jour, aux heures où ses gardiens ne pouvaient pas le découvrir. Il en était ainsi arrivé au hasard, et sans savoir où il dirigeait ses travaux, à toucher le sol de la place et à mettre la tête en plein air .. Le peuple qui comprit ce qui se passait masqua l'orifice d'où sortit le prisonnier, qui, protégé dans sa fuite, parvint à assurer sa liberté avant l'arrivée des sbires. »

VI

GONDOLES ET GONDOLIERS.

Description de la gondole. — Physiologie. — Ses applications diverses. — Parallèle avec les autres moyens locomotifs de terre ferme. — Les différentes sortes de gondoles. — Les traguetti ou lieux de station. — Les gondoliers. — Physiologie. — Vertus et défauts du gondolier. — Disputes comiques. — Costumes. — Rémunération. — Du chant des gondoliers. — La vérité sur la question. — Citation du *Tasse* traduit en vénitien. — Des Castellani et des Nicolotti. — Recherches sur l'origine de ces partis populaires. — Leurs rôles sous la République. — Leur doge. — Leurs privilèges. — Le gouvernement protége les Nicolotti. — Fêtes, joûtes, jeux des deux partis. — Le demi-dieu. — Les forces d'Hercule. — Descriptions de quelques-uns de ces jeux. — Costumes. — Énumération des exercices. — Avantages alternatifs des deux partis. — Feux d'artifices en plein jour. — De la Regata.

Parmi tout ce qui contribue à donner à Venise une physionomie si originale et si différente de celle de toutes les autres villes, non pas seulement d'Italie, mais d'Europe, il faut placer au premier rang les *gondoles* (A).

La gondole est la plus svelte de toutes les embarcations connues. Elle est plus souple encore que la rapide *pirogue* des baleiniers, plus légère que le *balsa* des nègres brésiliens. Elle ressemble à une longue feuille de palmier tombée sur l'eau, car la gondole est *sur l'eau*, et non pas *dedans*. Pour naviguer, il lui suffit d'une surface, comme au patineur. Autrefois elle différait un peu de ce qu'elle est aujourd'hui, par son arrangement; mais elle n'a jamais été autre par la forme de sa coque (B). Sans doute l'art a trouvé du premier coup le genre de construction qui convenait le mieux à la navigation de ces canaux et de ces lagunes, de même qu'on trouve ainsi dans chaque pays ses embarcations spéciales : le *canot* pour les ports, le *bachot* pour les bas-fonds, le *yon-you* pour les courants, le *balsa* pour les côtes rocheuses, la *yole* pour les rades, le *radeau* pour les fleuves, la *barque* pour les lacs, et la *pirogue insubmersible* pour les mers polaires.

La *gondole* est l'habitante mystérieuse et discrète des lagunes et des canaux : mystère et discrétion étaient le gage de la sécurité de ses hôtes, au temps où tout Vénitien était surveillé, guetté, écouté par un gouvernement ombrageux pour le soupçon, terrible dans la punition. Puis l'amour en aura fait son profit, en remerciant la politique !

L'histoire d'une gondole ! ce serait tout un livre à faire ! La gondole a servi toutes les passions, comme elle a dû les trahir toutes. Terreur et meurtre, galanterie et amour, sa sombre voûte a caché plus d'un cadavre, comme elle a protégé plus d'un amant. Mais qu'importent, après tout, les souvenirs, les remords, la physiologie de la gondole ! nous n'avons qu'un chapitre à écrire : son passé est à l'histoire et à sa conscience, par malheur restées toutes deux sans historiographe ! Qu'elle nous berce mollement aujourd'hui, et nous transporte agilement où nous voulons être, c'est tout ce que nous lui demandons. Elle est la complice de toute poésie qui passe par la tête ou par le cœur de quiconque aime Venise. En faveur de ses séductions présentes, renonçons à fouiller dans son ténébreux passé..... Revenons à la statistique !

La gondole est une sorte de pirogue, longue de vingt-cinq pieds environ, galamment retroussée de la poupe et de la proue, comme une danseuse qu'embarrassent ses jupes, et qui veut prendre un élan de course. Peut-être est-il plus clair de dire qu'elle est gracieusement relevée à ses extrémités. Le milieu, c'est-à-dire la partie qui pose sur l'eau, est occupé par une sorte de petite cabane renfermant un siége suffisamment large pour que deux personnes s'y asseyent confortablement : deux tabourets servent au besoin à doubler les siéges ; le tout est recouvert de maroquin noir, et surmonté d'une sorte de dôme de charpente, recouvert de gros drap noir, et qui s'appelle *felze*. Ce felze se place et s'enlève à volonté, suivant le temps qu'il fait, suivant l'incognito qu'on désire. Des glaces, des persiennes ou des pans de drap, servent à établir avec l'intérieur le degré de communication voulue avec l'air et la lumière du dehors. Rien n'est plus mystérieux si on le désire... heureux qui a lieu de le désirer !

Gondole, felze, coussins, accessoires divers, tout est noir : les plus rares exceptions violent cette règle. Cela est ainsi depuis le XVe siècle, époque où la République, pour réprimer l'abus du luxe chez les patriciens, créa une loi somptuaire qui donna à toutes les gondoles de Venise cette sombre uniformité. Les seuls ambassadeurs eurent le droit de conserver pour leurs barques les couleurs et les décorations qui leur plurent... et ce fut peut-être un moyen de mieux observer leurs allures. Ce n'était donc anciennement que par le costume et la tournure de leurs gondoliers que les classes supérieures pouvaient se distinguer de la généralité. Une gondole bien montée devait avoir à l'arrière un homme robuste, de beauté mâle, quelque demi-Hercule Chioggiote. À l'avant, au contraire, on plaçait un négrillon bizarrement accoutré, ou quelque blondin indigène, vêtu en page, en jockey moyen-âge, bon à ouvrir la porte de la cabine, et à présenter le bras relevé en angle droit aux belles dames qui avaient besoin d'un point d'appui pour entrer dans la gondole, ou pour en sortir... Cette poupée, ce marmouset, ce sigisbé, empochait, dit-on, plus d'une œillade, et regardait assez hardiment les jambes des dames qui franchissaient le bord.....

Mais qu'allons-nous faire au XVe siècle? c'est le XIXe qui interroge : revenons-y, et n'en sortons plus. Il le faut, parlons statistique..... diable de statistique! la plume n'y mord pas.

Le peu de largeur qu'ont la plupart des canaux de Venise, les angles innombrables à tourner, et le passage continuel des gondoles, ont donné lieu à un mode de construction d'abord, puis ensuite à une manière de ramer si particulière à Venise, qu'on n'en a pas l'idée avant d'y être venu. L'espace est si peu large dans la majorité des canaux, qu'il ne permet guère l'usage d'avirons aux deux côtés de la gondole. La nécessité de tourner à chaque instant, la grande quantité de ponts, la rencontre continuelle des autres gondoles, ont fait naître la nécessité de mettre le marinier tourné vers le côté par lequel la gondole marche, et aussi de le placer debout. Le pavillon du centre a motivé l'élévation du rameur, afin qu'il pût voir par dessus : ainsi le gondolier se tient sur un petit pont angulaire, placé à la poupe, et il donne l'impulsion à l'aviron, en poussant au lieu de tirer à lui, comme il est d'usage ailleurs. La position droite du rameur exige que l'aviron ait une élévation correspondante, et une espèce de minot est à cet effet placé sur le côté de la barque. Ce point d'appui, d'une certaine hauteur, étant construit avec du bois recourbé et irrégulier, a deux ou trois *tolletières* ou entailles circulaires, les unes au-dessus des autres, pour se prêter à la taille des différents gondoliers, ou pour faciliter le mouvement plus ou moins raccourci du bras, suivant le besoin de la manœuvre. Or, comme les occasions de changer l'aviron d'une de ces tolletières à une autre sont fréquentes, les ouvertures sont grandes, et l'aviron n'est maintenu dans sa place que par une rare dextérité, et une harmonie parfaite entre l'intensité et la rapidité d'essor qui fait avancer le bateau contre la résistance de l'eau. Toutes ces difficultés réunies font de la science du gondolier une des branches les plus délicates de l'art du marin, puisqu'il est évident que la force musculaire n'y passe qu'après l'adresse.

Cela dit, entrons donc en plein dans la statistique; mais arrangeons-la à notre mode.

Les gondoles sont les équipages, les fiacres, les charrettes, le seul moyen locomotif enfin que possède cette cité des ondes, où la moitié des rues sont des canaux.

Et notez que les diverses espèces de gondoles s'assimilent parfaitement aux voitures de différentes sortes qui servent de moyen de transport, pour les gens et pour les choses, dans les villes de terre-ferme.

Ainsi, à Venise, chaque noble, chaque particulier dans l'aisance, possède sa gondole, comme dans une autre ville il aurait son équipage. Les grandes maisons, les familles nombreuses en ont deux, quelquefois même trois, pour les différents services, offrant divers degrés de légèreté et d'élégance, comme ailleurs on a un tilbury, un coupé, un briska.

De même que les gens de fortune moyenne et les voyageurs trouvent dans les autres villes des fiacres ou des remises à leur disposition, soit à l'heure, soit à la journée, de même Venise tient au service de qui se présente aux lieux de stations, des gondoles en loyer : — voilà pour les personnes.

Une autre classe de gondoles plus massives, barques ou bateaux de travail, conservant toujours la forme originelle de la gondole, remplace les charrettes, les brouettes, les voitures de peine, et fait dans les lagunes et dans les canaux de l'intérieur de la ville le service du transport des marchandises, des approvisionnements des marchés, des déménagements, etc.

De telle façon que les canaux de Venise sont aussi animés par le continuel passage des gondoles de diverses classes, qui s'y croisent en tout sens, que le sont, par les équipages et les voitures de toutes sortes, les rues des villes du continent.

Parfois aussi, de grands bateaux mâtés, des goëlettes, des brigantins, des bricks même, viennent jusque dans le grand canal s'installer en face d'une maison, d'un magasin, pour y déposer des marchandises, ainsi que cela se voit dans deux ou trois villes de la Hollande. C'est là le seul point de comparaison qu'il peut y avoir entre la cité adriatique et les ports de mer néerlandais, qu'un poète trop riche en imagination a présentés comme remplis d'affinités.

Il n'y a guère de grande rue de capitale qui soit plus animée que l'est le grand canal de Venise à six heures. Ce grand canal est le Corso, le Long-Champs, le Hyde-Park vénitien.

Affaires et plaisirs y font sans cesse circuler, paraître ou disparaître par les petits canaux aboutissants, ces équipages vénitiens, les uns découverts et éventés comme une calèche, les autres clos et mystérieux sous le drap noir de leur *felze,* comme une discrète berline.

Une voiture, un carrosse sont des choses introuvables à Venise, et à peine connaît-on deux ou trois coupés de voyage, cachés dans l'ombre de quelques magasins reculés des palais, où les enfants des domestiques se les montrent comme des curiosités fantastiques. Le peuple, qui les voit parfois passer sur des barques du canal, n'est pas moins ravi et étonné que le furent les gens du conte de Perrault, lorsque la fée bienfaisante fit un carrosse du potiron pour conduire *Cendrillon* au bal. L'étranger qui arrive en poste laisse sa voiture dans les remises de *Mestre* ou de *Fusine,* et transborde son bagage dans un bateau-gondole, pour toucher Venise.

Il est bien certain qu'il y a dans la population de cette ville une foule de gens qui n'ont jamais vu d'autre équipage que celui du charlatan *Dulcamara* dans l'opéra de Donizetti, l'*Elisir d'amore,* souvent représenté sur la scène de la *Fenice.* Et en fait de chevaux surtout, il est permis à un jeune Vénitien pur sang, de Canareggio ou de Rialto, de croire que ce noble animal est exactement modelé sur les jouets d'enfant de la *Merceria,* lesquels ayant pour queue une plume d'oreiller, sont assurément des quadrupèdes fort apocryphes.

Plus tard, et lorsque son raisonnement se développera, il pourra rentrer un peu plus dans le vrai, et prendre les quatre chevaux de bronze du portail Saint-Marc, pour le type de la plus belle race chevaline qui soit au monde.

Et pour ce qui concerne une foule d'autres animaux qui ne paraissent jamais vivants à Venise, ainsi que les bœufs, les veaux, les moutons, etc., l'enfant illettré peut croire que les côtelettes viennent sur les arbres, et les rognons en espaliers..... Revenons à la statistique.

Les gondoles ont un grand nombre de points de station. Le principal est sur la rive de la *Piazzetta*, en face du palais ducal, et au pied des colonnes de granit. Partout ailleurs, tout le long du grand canal, et sur une foule de points des canaux intérieurs, on les trouve encore, attendant, appelant, excitant la pratique. Ces stations se nomment *Traguetti*. Le traguetto de la Piazzetta est celui auquel s'adressent le plus particulièrement les étrangers et les flâneurs ; car ce lieu est, à certaines heures, le plus fréquenté de la ville, durant la belle saison. Il faut dire cependant, à propos des étrangers, que ceux qui logent dans un hôtel principal y trouvent des gondoles à leurs ordres, comme ailleurs on trouve des fiacres et des remises.

Soit qu'on utilise la gondole pour vaquer à ses affaires, soit qu'on s'en serve pour ses plaisirs, c'est toujours un moyen de transport extrêmement confortable, et en outre fort peu dispendieux. Comme il est fréquemment arrivé à MM. les gondoliers de vouloir élever leurs prétentions de salaire à un taux peu raisonnable, et notoirement à l'époque du passage de l'empereur d'Autriche, qui venait de ceindre à Milan la couronne de fer des rois lombards, le *podestà*, ou maire de Venise, a cru devoir rendre un réglement qui tarifie le prix rigoureusement exigible, sans préjudice toutefois des marques de munificence que l'étranger ou le citadin a le droit d'ajouter au prix légal. Désormais donc, la gondole et son homme sont à vous, depuis le point du jour jusqu'à minuit, pour quatre livres autrichiennes, moins de quatre francs français. Par un autre mode, vous le payez une livre pour la première heure, et une demi-livre pour toutes les heures suivantes. A moins d'accord préalable, vous doublerez tous ces prix, si vous prenez ou acceptez deux rameurs. L'affreux véhicule qui vous disloque les os sur le bruyant pavé des villes coûte plus du double, et ne fait pas soupçonner le confortable de la gondole. Pour nous, celle-ci a donc tous les avantages possibles sur les *raquettes* des places publiques françaises, et elle laisse bien loin derrière elle, de quelque façon qu'on veuille l'entendre, le scabreux *corricolo* napolitain.

Nous ne saurions partager l'opinion qu'ont prise ou émise plusieurs écrivains voyageurs, sur la prétendue paresse des gondoliers. A nos yeux, le gondolier est, au contraire, un artisan actif, laborieux, autant qu'il le peut en quête de travail. Si vous passez à portée de voix de son *traguetto*, ou si vous franchissez un pont sous l'arche duquel il stationne, et dans le prolongement de la Piazzetta surtout, il ne manque jamais de vous faire ses offres de service avec un empressement et une phraséologie séductrice, qui ne témoignent en rien de ce grand amour de dormir le ventre au soleil, dont le gratifient les feuilletons voyageurs. Que le lazzarone napolitain soit ainsi, que celui-là compte sa journée faite et bien remplie, s'il a, dès le matin, porté la valise d'un Anglais, ou enseigné le chemin de la *Villa-Reale* à un Parisien, soit! celui-là n'est justiciable que de son estomac. Le lazzarone couche à la belle étoile, ne se vêtit guère, ne se nourrit pas plus... C'est là une vie économique qui motive et explique à la fois son insouciance. Pourquoi faire se donner tant de mal et essayer de thésauriser? D'abord il n'a pas de poche pour mettre son argent, et puis est-ce que demain il n'aura pas encore un sac de nuit à porter? Est-ce que la *Villa-Reale* ne sera pas toujours là à montrer? Le voyageur est pour le lazzarone un capital inépuisable, qui chaque matin lui fournit immanquablement sa rente!

Donc, ne confondons pas, s'il vous plaît, le gondolier vénitien avec ce fainéant, qui au rebours des autres, ne travaille que lorsqu'il est fatigué de se reposer. Reportons au compte du lazzarone ce que la plupart des touristes littéraires ont dit du gondolier ou *barcarolo* et ajoutons en faveur de celui-ci que, loin de se trouver satisfait comme on l'a écrit, si dès le matin il a assuré pour la journée le double entretien de son estomac et de sa pipe, il cherche au contraire tout le jour le moyen d'augmenter sa recette. Le voyageur qui aura passé trois jours à Venise en pourra être convaincu, s'il daigne mettre un peu de conscience à se rendre compte de ce qu'il voit. Les barcaroli de Venise forment une classe d'hommes discrets autant que laborieux : discrets parce que c'est une qualité fort commune dans le peuple de Venise, autrefois soumis à un ordre de choses qui faisait de la discrétion et de la prudence une des premières conditions de sécurité individuelle; laborieux ensuite, parce qu'ils ont une famille à nourrir, et qu'ils adorent leur profession, laquelle a une certaine noblesse qui les élève dans leur opinion bien au-dessus du *facchino*, porteur de sacs de nuit. Pour en revenir à la discrétion, nous dirons que l'empreinte d'une nation ne s'efface pas si vite, après une durée de quatorze siècles.... Le Vénitien qui en général et par désœuvrement sans doute, aime assez à savoir ce que font les autres, ne raconte pas aussi volontiers ce qu'il fait lui-même.

Quant à la fidélité, l'humilité du gondolier, dont quelques écrivains d'imagination ont parlé;... hum! — Si vous lui donnez à remplir quelque commission dont le résultat offre un facile contrôle.... nous penchons pour sa fidélité. Mais si vous laissez dans la gondole l'étui aux cigares, ou la bouteille de Chypre ou de Marasquin, nous ne répondons de rien. Par ailleurs, bien que le prix de son salaire ait été équitablement établi par un règlement, il manquera bien rarement de vous opposer des prétentions pour l'appui desquelles il perd parfois le ton d'obséquieuse soumission qu'il a pris pendant toute la durée des choses, alors que le pour-boire prenait des proportions exagérées sous l'optique grossissante de son imagination. Il faut ajouter que le gondolier devient souvent domestique en maison, et c'est dit-on alors que sa fidélité serait en raison directe du degré de surveillance dont elle est l'objet, et en conséquence immédiate avec l'occasion et la tentation. Il ne serait pas excellent domestique, dit-on, toujours sûr qu'il est le jour où il serait congédié, de retrouver au traguetto une rame qui le fait vivre. Pourtant il est de nombreuses exceptions, surtout parmi les serviteurs fixes de bonnes maisons, qui n'appartenant pas à cette classe soumise aux capricieuses fluctuations de la domesticité et de la gondole de place, n'en sauraient avoir les défauts et l'insouciance. Mais ceci suffira, pensons-nous, pour faire comprendre quel mythe ont créé les faiseurs de romances et de barcarolles avec leurs petits vers où il est toujours question de *gondolier fidèle*.

Au reste, à part cette petite ombre jetée par l'expérience sur leur individualité générale, ces hommes ont de bonnes qualités. Ils aiment surtout passionnément leur métier, ils le pratiquent avec amour-propre, cherchant sans cesse à prouver à ceux qui les emploient qu'ils en connaissent tous les secrets, toutes les ressources, tous les arcanes. Les gondoliers de traguetto sont par nombre fixe sur chaque point, barques et gens étant soumis à une police spéciale très veillative. Ils ont en outre à chaque traguetto un chef nommé par eux et parmi eux. Ce chef se renouvelle à temps fixe. Si l'un d'eux tombe malade, il reçoit de ses compagnons un secours quotidien; c'est enfin dans son ensemble un corps régulièrement constitué, avec lois, usages et traditions.

Les principaux traguetti du grand canal sont desservis par une trentaine de gondoles qui alternent par moitié dans le service de chaque jour. Leur travail consiste à porter de l'autre côté de l'eau les gens qui se présentent six centimes à la main, comme autrefois au bord du Styx, les ombres de la fable mythologique*. Outre le service de gué, ils sont aux ordres de qui les veut prendre à l'heure ou au jour. En ce cas, il est bon de régler ses conditions d'avance.

La moitié qui n'est pas de service, va flâner sur les canaux pour attraper quelque pratique errante, ou se rend à *Mestre* et à *Fusine* pour amener à Venise les arrivants. On prétend aussi que le cabaret,.... mais nous avons à parler d'autre chose.

Un flâneur peut passer une heure assez bien remplie, soit sur la Piazzetta, soit devant un traguetto principal, en étudiant, en examinant les gondoliers. La plupart des traguetti sont ornés d'une vigne qui protège les familiers du lieu, des rayons du soleil d'été. Si l'hiver la treille n'offre plus d'ombre, il faut dire aussi que les rayons solaires loin d'être évités, sont recherchés; tout est pour le mieux. Une petite casemate en planches contient alors le grand réchaud où s'allume la pipe et se réchauffent les doigts. Là est aussi le registre de police sur lequel peuvent être consignées toutes réclamations contre un barcarolo insolent ou infidèle. Au dehors, une petite Madonna sculptée ou peinte, s'enfume devant une lampe entretenue par l'huile de la piété générale. Le gondolier, s'il ne l'a tatouée en poudre à canon sur le bras, porte aussi la madonne de son traguetto pendue en effigie sur sa brune poitrine.

Le traguetto est généralement un lieu très bruyant; soit qu'ils causent et rient entr'eux, soit qu'ils conversent à travers toute la largeur du canal avec leurs confrères du débarcadère opposé, c'est un bruit presque sans entr'acte, d'autant plus que le diapazon des voix s'élève très fréquemment au-dessus du ton de la simple

---

* La phrase était partie, l'auteur la laisse, mais il corrigera lui-même ici l'irrégularité de la comparaison, d'abord en ce qui concerne les *six centimes*, ensuite par la façon dont les *ombres* portaient leur péage : les livres disent qu'on mettait *une pièce de monnaie sous la langue* du mort.

conversation, laquelle conversation est déjà portée à une tonalité que dans tout autre pays on appellerait dispute. Les différends naissent toujours du trop d'empressement que l'un d'eux a mis à recevoir dans sa barque un voyageur qui désire qu'on lui fasse passer l'eau. Le plus souvent il suffit d'avoir fait le geste de vouloir happer la pratique, tandis que celui dont le tour de travailler était venu, semblait distrait, ou regardait ailleurs, pour exciter les récriminations du gondolier frustré. Alors on prélude à la dispute par quelques escarmouches de langage, qui ne se développent véritablement en invectives, que lorsque l'usurpateur de tour est éloigné de la rive, emportant son passager de six centimes. Mais dès que la gondole est au milieu du canal, le ton et la parole des deux partenaires ont acquis un tel *crescendo*, que l'étranger qui est là a tout lieu de croire que ces gens vont s'égorger dès qu'ils se retrouveront. Mais apparemment il n'y a rien d'alarmant en cela, car les barcaroli étendus sur les bancs du traguetto, ou couchés au fond de leur gondole, ne s'en alarment guère. Ils en feront autant tout à l'heure, avec le camarade qui vient de leur prêter amicalement sa pipe pour y humer six gorgées de fumée !

Écoutez ! la barque a touché l'autre rive : la fureur des deux interlocuteurs est à son comble. Quelles imprécations ! où vont-ils les prendre ? Ce sont des comparaisons tirées de tout, et où figurent même pour toute la famille du gondolier les rapprochements les moins flatteurs, avec toutes sortes d'animaux immondes.... Le pauvre passager cause innocente de cette bourasque de langue, en attrape même un peu sa part. Ah ! s'ils étaient l'un près de l'autre ! quel coup de poing pour cette apostrophe ! quel coup de rame pour cette injure ! que de sang versé, de cheveux arrachés, de chemises déchirées pour chaque détonation de ces langues envenimées !... Mais attendez ! la pratique est à terre :.... la gondole a trouvé un autre passager qui veut aller d'où venait l'autre. Elle repart sur-le-champ, les adversaires s'en disent encore de belles ! mais la distance qui les séparait s'amoindrit, et avec elle semble aussi diminuer leur fureur. La parole devient moins outrageante, la voix moins criarde : à chaque coup de rame la dispute semble baisser d'un ton. Encore un peu, et de *decrescendo* en *decrescendo* les voilà presque revenus au diapason de la conversation ordinaire... la gondole touche les pieux du traguetto et l'orage s'est insensiblement apaisé ; le sang ne coulera pas. Il était grand temps de se calmer des deux côtés, car c'était le moment où il eut fallu agir !

A la Piazzetta le gondolier est plus prévenant, plus obséquieux que partout ailleurs. Il se dirige au devant de toute personne qui lui semble étrangère, et le chapeau à la main, lui fait les offres les plus séduisantes. Il parle du beau temps, il cite les lieux les plus agréables à visiter : Le grand canal, les îles, le Lido… Il vante le moelleux de ses coussins, l'élégance de la petite tente de toile de couleur qui l'été remplace le *felze* de drap noir. Il sait quelques mots de plusieurs langues, et en fait parade : — *Milord, la gondola !.. Oun petit promenade al lido, monsu !* Le gondolier recherche par-dessus tout la pratique exotique : La *buona mano* est son idée fixe (c).

Les gondoliers n'ont plus de tenue fixe, nous entendons ceux qui sont au service du public. Ils sont vêtus comme tous les marins possibles, d'un pantalon de toile, d'une chemise de couleur et d'un chapeau de paille, à moins qu'ils ne portent le bonnet rouge des *Castellani* ou le bonnet noir des *Nicolotti*. Nous parlerons de ces appellations plus loin. L'hiver, leur costume est de drap ; c'est sans caractères. Les gondoliers des particuliers sont à la livrée de la maison pendant les saisons fraîches, et l'été le plus souvent revêtus d'un pantalon blanc ou de nankin, avec une petite veste d'étoffe perse bariolée de fleurages ; si l'on y ajoute une ceinture tranchante et une toque, c'est un costume très frais et très pittoresque. Une gondole ainsi équipée, garnie d'une tente de coutil rayé, portant des dames et fendant l'eau du grand canal, son éperon d'acier brillant au soleil, présente un coup-d'œil charmant autant qu'original.

Une chose qui fait essentiellement partie de la poésie que l'étranger attend de Venise, c'est le chant des gondoliers. Le sujet est délicat à traiter… Nous voudrions rester dans le vrai comme ça a été notre préoccupation constante dans ce livre, et comment alors ne pas démentir les vers harmonieux des poètes ?.. Et pourtant, à quoi servirait de tromper ici sur les lieux, avec des gens qui contrôlent par l'expérience ce qu'on leur dit ?. Disons donc nettement ce que nous avons vu et entendu à propos du présent, ce que nous avons cherché et trouvé à propos du passé ; et ayant fait ce que doit, advienne que pourra ! Venise est assez prestigieuse, assez riche, assez belle de toute poésie, pour qu'on puisse dire son fait à une exagération, d'autant plus que cette exagération est l'œuvre des étrangers rimeurs ou feuilletonnistes.

Donc, il faut le dire nettement, ce par quoi brille particulièrement de nos jours le gondolier vénitien, ce n'est pas par la beauté de l'organe. Presque tous ont acquis un enrouement chronique, à se disputer à travers les distances, et à crier aux angles des canaux ces mots d'une langue inconnue, peut-être dérivés de l'arménien ou du turc, qui servent à prévenir les chocs avec les gondoles qui arrivent sans bruit du côté opposé. Et puis le gondolier qui passe la nuit couché dans sa barque, qui boit à plein gosier ce gros vin bleu du Frioul, et mange les mets les plus épicés gâterait infailliblement tout organe, si bien disposé qu'il fût par la nature, pour entonner les chants du Tasse dans les échos marmoréens de la silencieuse ville, pour laquelle la sérénade semble inventée. Il y a bien encore, nous le savons, quelques maisons particulières dont les gondoliers ont conservé les traditions poétiques que l'étranger désire trouver chez les barcaroli de place, mais ce sont des exceptions soigneusement entretenues par des maîtres amoureux du prestige poétique de leur patrie. Sans doute, le gondolier désœuvré chante encore le soir en portant quelque flâneur vers le Rialto, ou bien encore au traguetto, en attendant pratique; mais ce chant-là n'est pas celui que l'étranger dilettante cherche à entendre. Il n'est nul besoin de franchir les Alpes et de s'embarquer sur les lagunes pour entendre pareille voix et pareille chanson. Ce que le voyageur demande à corps et à cris, ce après quoi il aspire et soupire, c'est le Tasse, *il Torquato Tasso*, chanté comme autrefois en retentissaient les péristyles des palais, au passage des gondoles se répondant de strophe en strophe (D)!

Mais hélas! aux bien rares exceptions près, dont nous avons parlé, il y a longtemps que les chants de gondoliers tirés de la *Jérusalem délivrée* et de quelques autres poëmes fameux, ont cessé de se faire entendre à Venise. A peine trouve-t-on encore, après bien chercher, soit les notes, soit les paroles de ces anciens concerts nocturnes, qui allaient si bien à ces canaux, à ce silence. Le silence de Venise est un écho muet qui attend quelque chose... ce quelque chose, qui lui convient le mieux depuis que le canon des Génois est enseveli dans les ondes de Malamocco, c'est assurément le chant, la musique. Toutes ces parois de marbre semblent faites pour répercuter l'harmonie, et cette ville, la nuit, est si sonore qu'on y entendrait le bruit d'un baiser (E)!

Nous avons réussi non sans quelque peine, à nous procurer un exemplaire du poëme original de la *Jérusalem délivrée*, imprimé avec les variantes vénitiennes en regard. C'est une véritable curiosité bibliographique qui a coûté son pesant d'or. Nous transcrivons ici une stance de l'époque toscane, avec la traduction *barcarolière*. Qui a fait passer la belle langue du Tasse dans ce doux parler des lagunes? Le frontispice du livre n'en dit rien. Cette traduction est peut-être, comme beaucoup de choses populaires, l'œuvre de tous !

Voici le passage original :

« Canto l'armi pietose, e 'l capitano
« Che 'l gran sepolcro liberò di Cristo.
« Molto egli oprò col senno e con la mano;
« Molto soffri nel glorioso acquisto.
« E in van l'inferno a lui s'oppose, ed in vano
« S'armò d'Asia e di Libia il popol misto,
« Che il ciel gli diè favore, et sotto ai santi
« Segni ridusse i suoi compagni erranti. »

Quelle admirable langue ! Passons à la traduction en dialecte vénitien, doux parler qui sonne à l'oreille comme la langue créole.

« L'arme pietose de cantar gho vogia,
« E di Goffredo la immortel Branza
« Che al fin l'ha libera co strassia, e Dogia,
« Del nostro buon Gesu la sepoltora.
« De mezo mondo unito, e de quel bogia,
« Mizier Pluton no l'ha bu mai paura.
« Dio l'ha agiuta, e i compagni sparpagnai,
« Tutti 'l gh'i ha messi insieme i di del dai ! »

Une traduction en dialecte vénitien de la *Jérusalem* a été faite par Thomas Mondini. Elle a reçu le singulier titre de *Tasso alla barcarola*. (Le Tasse à la barcarole.) Ce n'est pas celle dont nous venons d'offrir un extrait (F).

Quant à la musique des chants des gondoliers de Venise, on pourra s'en faire une idée en consultant Jean-Jacques Rousseau, qui en a gravé plusieurs parmi ses chansons. Ces airs avaient été recueillis par Rousseau lui même, à l'époque où il fit, comme secrétaire d'ambassade, un voyage à Venise.

Maintenant que nous avons dit tout ce qui s'offrait à notre esprit sur *la gondole* et *le gondolier*, il nous reste à parler de ces *Nicolotti* et de ces *Castellani*, dont les noms se sont offerts plus haut sous notre plume, et dont l'histoire ou l'explication est une chose indispensable à consigner dans ce livre, tant les factions populaires ainsi déterminées, et dont les gondoliers formaient l'élite, sont fréquemment liées à tout ce qui s'offre à raconter, à extraire sur l'histoire de Venise.

Les Nicolotti et les Castellani sont les seuls partis avoués qui aient jamais existé sous la République. Ils étaient loin cependant d'avoir le caractère politique qu'ont eu les factions renommées de l'Italie : les Guelphes et les Gibelins, les Pazzi et les Médicis à Florence ; les Capuletti et les Montecchi à Vérone ; les Geremei et les Tomelli à Bologne, les Fiesques et les Doria à Gênes ; les Orsini et les Colonna à Rome ; les Visconti et les Sforza à Milan. L'histoire de Venise offre cela de véritablement remarquable, qu'on n'y trouve point de guerre civile.

On s'accorde généralement à considérer l'origine des Castellani et des Nicolotti comme aussi incertaine qu'elle est ancienne. Pourtant l'étude des anciens documents historiques offre quelques bases sur lesquelles on peut, sans trop d'invraisemblance, asseoir ses suppositions. On lit par exemple, dans plus d'un manuscrit des XIIIe et XIVe siècles, que dans les premiers temps de sa formation, Venise donnant asile à tous les réfugiés qui s'y présentaient, les habitants d'Héraclée et d'Équilée, qui formaient deux factions fort acharnées l'une contre l'autre, étaient venus s'établir sur les lagunes, mais en choisissant des points distants les uns des autres pour s'y fixer. Ainsi ils auraient, paraît-il, mis le grand canal entre eux. Chaque parti vivant ainsi au milieu des premiers Vénitiens, les liens qui s'ensuivirent forcément entraînèrent bientôt une sorte de solidarité entre les uns et les autres, et de ces fusions d'idées, de sentiments, d'alliances, naquirent deux divisions tranchées de la population générale des lagunes.

Par ailleurs, et mettant hors de cause ces influences venues de l'étranger, il n'est pas illogique de supposer qu'au milieu de ces insulaires fondant une ville à l'aide de leurs travaux et de leur industrie, la division des terrains, les limites de la propriété non déterminées encore, les mille incidents de la chasse et de la pêche, aient fait naître entre ces hommes irritables des querelles, des haines, des divisions qui, se perpétuant avec les générations, ont établi deux partis tranchés au sein d'une même population.

Quoiqu'il en soit, les Castellani et les Nicolotti n'ont jamais directement été des factions politiques.

Leurs noms dérivent des quartiers où chacune d'elles établit originairement son centre. Ainsi les Castellani occupaient l'île de *Castello*, c'est-à-dire l'extrémité orientale de la ville, qui comprit à la fois et la rive des Esclavons, et la place Saint-Marc. Les Nicolotti se centralisèrent à l'île de *San-Nicolo*, et s'étendant jusqu'à Rialto, mirent en partie le grand canal pour limite, entre eux et leurs adversaires.

Le gouvernement de la République fit souvent entrer dans les ressorts de sa politique d'entretenir l'émulation de ces deux partis, qui étaient peu à peu devenus rivaux plutôt qu'ennemis. Les Castellani représentaient plus particulièrement la faction aristocratique, les habitants de leur quartier étant les employés de l'État et ses dignitaires. Les Nicolotti, au contraire, formaient la faction démocratique. C'était dans leur sein que se prenaient les officiers subalternes; et la majorité de leurs rangs était formée de pêcheurs et de matelots. Le chef suprême de l'État était considéré comme faisant partie des Castellani, de sorte que les Nicolotti avaient aussi voulu avoir leur doge. Ce dignitaire, d'une importance si secondaire, portait le titre de *Gastaldo dei Nicolotti*. Nommé par élection, on ne laissait pas que d'entourer son élévation à ce pouvoir secondaire, d'une certaine solennité qui flattait le peuple. La nomination avait lieu dans l'église de Saint-Nicolo, à grands branles de cloches. Le choix tombait ordinairement sur un vieux matelot expérimenté, qui, en devenant le supérieur de ses compagnons, restait au fond leur égal. Comme, excepté dans les rares circonstances où il entrait en fonctions, ce doge continuait à vivre et travailler au milieu de ses administrés, ainsi que par le passé, les Nicolotti avaient coutume de dire aux Castellani : *Ti, ti voghi il dose..., e mi vogo col dose*. (Toi tu rames pour ton doge, moi je rame avec le mien!) Chacun son orgueil!

Le *Gastaldo* ou doge des Nicolotti avait la garde de l'étendard du parti, représentant un saint Nicolo brodé en or. Il portait un costume qui, sans se rattacher en rien à ceux du patriciat ou des dignitaires de l'État, suffisait cependant pour donner une importance assez grande à celui qui sortait du sein de tous pour s'en revêtir.

En tout temps le gouvernement supérieur de Venise crut donc

devoir encourager l'émulation des Nicolotti. Le but opportun était de maintenir dans son activité l'énergie morale et physique de la basse population que l'État craignait infiniment moins que les classes élevées. La puissance patricienne lui sembla toujours devoir être contrebalancée par l'ambition populaire, laquelle, quoiqu'il arrivât, aurait toujours des maîtres. Aussi cette sainte préoccupation du chef de l'État entraina-t-elle toujours des jeux, des fêtes dans lesquelles le peuple étalait sa vigueur, son adresse, sa bravoure. L'État n'avait rien à redouter de ces hommes, car en flattant aussi adroitement leur vanité, en les traitant avec une équité paternelle, il s'en faisait aimer. C'était donc la classe des Castellani que les Nicolotti considéraient comme leurs rivaux, rivaux contre lesquels grondait toujours sourdement un peu de haine, car c'étaient ceux-là qui, par la position de leur parti, arrivaient aux dignités, circonstances dont les chefs de l'État ne voulaient pas que cette caste devint trop fière.

C'était donc alors, et pour flatter ce peuple sur lequel le pouvoir aimait à s'appuyer secrètement, des fêtes, des tournois, des jeux qui mettaient le comble à sa belle humeur. En résumé, tous ces motifs d'émulation, de jalousies, de passions nées de l'amour-propre, profitaient au patriotisme. De l'exercice de ces jeux et de ces combats, naissait une vigueur corporelle, un endurcissement dans la fatigue qui à tout moment tournait au profit de la chose publique. Les Romains, les Grecs estimèrent beaucoup ces moyens d'émulation, et ils avaient raison, l'expérience l'a prouvé en des circonstances innombrables. On comprend lorsque pour le service de la patrie ces soldats, ces matelots étaient appelés à l'escalade d'une forteresse, à l'abordage d'un combat naval, combien ils avaient de souplesse pour franchir les échelles, d'ardeur pour se jouer des difficultés que pouvait présenter la manœuvre des mâts et des cordages. Leur bravoure, leur enthousiasme augmentaient de la confiance qu'ils ressentaient en leur adresse et en leur habileté corporelle.

C'était le dernier jour de Carnaval, nommé *jeudi gras*, que les Nicolotti et les Castellani s'efforçaient particulièrement de se surpasser dans leurs exercices. Ces spectacles avaient lieu sur la Piazzetta, et le doge y assistait de sa galerie du palais ducal, ayant autour de lui tous les dignitaires de l'État et les ambassadeurs. Le *Gastaldo* des Nicolotti avait ce jour-là un siége voisin de celui du chef de la République, et trônait parmi les hauts fonctionnaires.

La fête commençait ordinairement par le sacrifice du taureau et des douze porcs que le patriarche d'Aquilée envoyait chaque année à pareil jour, comme tribut obligatoire à la République. Il fallait que la tête de chaque animal tombât d'un seul coup de sabre, appliqué par les plus robustes. Chaque parti guillotinait ainsi un porc, à tour de rôle : la tête du taureau était réservée à celui des deux qui avait le mieux réussi l'année précédente dans cet exercice sanguinaire et comique à la fois, par l'idée qui se rattachait à l'origine de ce bizarre sacrifice. Si un des Castellani manquait son coup, il était hué par les Nicolotti, qui subissaient à leur tour les moqueries de leurs rivaux si le bras du sacrificateur faiblissait à sa rude tâche. Il fallait que le sabre, quelque vigoureusement que fut lancé le coup, ne vînt pas toucher le pavé. C'était ordinairement des bouchers, faisant partie des deux factions rivales, qui se chargeaient de cet office herculéen. On peut voir encore aujourd'hui au *Musée Sanquirico*, si riche en curiosités historiques, un des immenses sabres qui servaient à ces opérations. Il est plus lourd que la plus terrible épée à deux mains dont se soient jamais servis les héros fabuleux auxquels il faudrait attribuer la taille colossale de Charlemagne, ou celle du terrible duc de Nancy, connu sous le nom poétique de Charles-le-Téméraire.... Revenons à notre fête.

Un matelot qu'on choisissait parmi les plus sveltes et les mieux tournés, vêtu d'une façon mythologique, ayant de larges ailes emplumées attachées aux épaules, était hissé au moyen de cordages minces et forts, le long d'un grelin qui partait du pont d'un bateau mouillé en face de la Piazzetta, et aboutissait au sommet de la fenêtre du milieu, sur la façade du palais. Quelquefois aussi, suivant que le représentent quelques tableaux du temps, ces cordages passaient par le Campanille où l'homme ailé était censé avoir mis le pied, en arrivant par les airs de sa destination fantastique. De là, au moyen d'un autre cordage, le demi-dieu matelotesque descendait en droite ligne jusqu'à la galerie où se trouvait le Doge en grande cérémonie, et après lui avoir fait un compliment en dialecte vénitien, il lui présentait des fleurs, cachées à l'avance sur le toit du palais ducal, et qu'il était censé rapporter du ciel. Pendant toute la durée de son trajet le long du grelin, aller et retour, il jetait à profusion, par les airs, des sonnets, des poésies vénitiennes, tandis que la musique faisait retentir les accents les plus bruyants, mêlés aux cris de la populace enthousiasmée.

Puis bientôt commençaient les jeux, les défis, les assauts de tous genres. Le plus célèbre de tous, celui dont la tradition a le mieux résisté au passage du temps, c'est le jeu d'équilibre appelé les *forces d'Hercule*. C'étaient des groupes d'hommes variés, figurant successivement une pyramide, une tour, un portique, et une foule d'autres édifices dont les matériaux étaient les corps des joûteurs. Il y a quelques années, on vit paraître à Paris et dans les grandes villes de la France et de l'étranger, une bande d'Arabes dont les jeux de même sorte sembleraient une imitation des exercices dont nous parlons : qui sait où sont les inventeurs? Qui pourrait dire à ce sujet, qui fut créatrice? ou de la civilisation adriatique, ou de la sauvagerie de l'Atlas?

Nous avons en ce moment sous les yeux un grand volume manuscrit conservé jusqu'à ce jour par un vieux chef des Nicolotti, et qui offre pour un long période de temps les archives des deux partis, avec les figures enluminées de tous les jeux en usage entre les corps rivaux. Ce livre est des plus curieux pour sa rédaction et pour ses estampes. On y lit dans un langage vénitien qui s'efforce d'être toscan, que ce volume a été établi du commun accord des Castellani et des Nicolotti, pour qu'y soient consignés les succès de chaque parti dans les jeux publics. Parmi ces jeux, dont le pinceau a offert une description plus exacte qu'artistique, il faut remarquer avant tout le jeu de la pyramide humaine, dont la plupart des autres ne sont que des variétés. Ce jeu d'équilibre avait arbitrairement lieu sur terre ou sur le canal, à l'aide d'un petit radeau. Six, huit ou dix hommes servent de base à quatre autres, qui en supportent deux ou trois au-dessus desquels l'unité finit par un petit garçon, à la sixième ou septième puissance ascensionnelle. Quelques figures offrent même les superpositions multipliées jusqu'au nombre huit, qui semble la limite aérienne où il ait été permis d'atteindre, à ces Titans de nouvelle espèce.

D'autres équilibres moins audacieux par l'élévation, mais plus difficiles cependant par la complication de difficultés cherchées, se font sur le fer ou éperon des gondoles. L'homme de la base se tient un pied sur chacune de ces lames d'acier, et porte sur les épaules ou sur la tête deux et quelquefois même trois hommes. Ici l'absence du terrain solide rend la chose infiniment plus scabreuse à accomplir.

Les Nicolotti ont le bonnet et la ceinture *noirs*, comme encore de nos jours le *rouge* est l'attribut distinctif des Castellani. Il y a dans le volume une planche entr'autres qui semble plus curieuse, en ce sens que donnant d'abord la gloire du triomphe pour une pyramide de sept hauteurs d'hommes, aux Castellani, les Nicolotti les ayant bientôt surpassé d'un homme par les airs, il fallut que le peintre remit du noir à la place du rouge dont il avait d'abord peint les bonnets et les ceintures vaincus.

Bien qu'il représentât une sorte d'uniforme par la coupe, le costume de tous ces joûteurs est extrêmement pittoresque et éclatant. La veste juste, ainsi que la culotte, sont de toutes les couleurs possibles, variées et riches ; l'uniformité n'est que dans les bas blancs dessinant la jambe, et dans la ceinture et le bonnet aux couleurs du parti. Voici la liste des jeux de différentes sortes qu'exécutaient ces équilibristes, tantôt divisés suivant leurs couleurs, tantôt ensemble, et confondant leurs rivalités en un amour-propre général :

L'anera ; — I tre ponti ; — La carega imperiale ; — La bella Venezia ; — La fondamenta delli pensieri ; — Li quattro agnoli sopra le crosette ; — La fuma ; — Il Castello ; — Il Gaffaro ; Li due ponti ; — La mezza rosetta ; — La gloria.

Toute la variété de ces jeux consistait dans la multiplicité des attitudes des personnages qui formaient le dessein de l'édifice humain qu'on entreprenait de représenter. Il y a des groupes où, de compte fait, chaque homme de la base en portait quatre ou cinq sur ses épaules ou sur sa tête. Debouts, couchés, pliés, agenouillés, sur le ventre, sur le dos, sur les pieds, sur la tête ou sur les mains, chacun contribuait pour sa part à l'ensemble de l'architecture cherchée. Lorsque le groupe était formé, réussi, le peuple applaudissait et criait : *evviva !* Si le tour manquait l'autre parti l'entreprenait, et réussissant, ce jeu passait au nombre de ceux qu'il avait exclusivement le droit de représenter, jusqu'à ce que les autres reprissent avantage de quelque entreprise manquée. On vit ainsi, paraît-il, en 1568, les Nicolotti maîtres de onze jeux sur douze, et les Castellani réduits à ne figurer que pour *le crossette*, dans les fêtes publiques. Mais les pyramides manquées par le parti vainqueur ne tardèrent pas à rétablir l'équilibre des programmes, et deux ans plus tard, à l'occasion des fêtes qui signalèrent l'avènement au dogat de Louis Mocenigo, les Castellani avaient l'avantage sur leurs rivaux pour huit jeux sur douze (c).

La plupart des fêtes vénitiennes, finissaient par un feu d'artifice, *tiré en plein jour*, comme chez les Chinois, ce qui est assurément fort bizarre. D'abord on serait tenté de croire que quelque négligence des auteurs du temps fait omettre les détails qui prouvent que les jeux et les exercices se prolongeaient jusqu'à la nuit. Mais il en est plusieurs qui prennent soin de faire remarquer la bizarrerie de cet usage, de sorte qu'il est impossible de conserver de doute à cet égard : on mettait le feu aux artifices en plein soleil ! on ne dit pas si l'on attendait que quelque nuage vînt à en obscurcir un peu l'éclat.

Aujourd'hui que les jeux ont disparu des fêtes vénitiennes, et qu'il ne reste plus que la *Regata*, dont nous parlerons, il ne faut pas croire pour cela que les rivalités castellanes et nicolottes aient cessé. Les occasions ne sont pas les mêmes, mais les gondoliers vénitiens s'emparent de tous les prétextes pour les faire revivre, ou tout au moins pour les empêcher de mourir. Ainsi, par exemple, les Nicolotti qui semblent former le parti le plus fort, ou le plus populaire, tiennent tellement encore à leur privilége que si un Castellani se présente dans leurs limites, vers le Canareggio, par exemple, (c'est leur quartier général) son bonnet rouge sur la tête ; ils le lui font retirer ; et malheur à l'obstiné qui se refuserait à cette marque de déférence envers le parti dans les confins duquel il est entré ! La discussion pourrait bien finir par une bonne *coltellata*, ou par quelques grands coups de rame sur la tête trop lente à se dépouiller de la couleur rivale !

Un peintre français, qui ébauchait un jour une aquarelle sur le quai des Esclavons, avait peint quelques gondoliers en bonnet noir. L'un d'eux, qui suivait du coin de l'œil le travail de l'artiste, vint le prier humblement de vouloir bien changer le bonnet noir en bonnet rouge afin, dit-il, qu'en France on sût bien que les barcaroli de la Riva sont Castellani !

Quelques mots de la *Regata*, qui est la seule fête qui subsiste encore des anciennes joûtes de ces partis populaires.

Les gens du peuple comptent avec autant d'orgueil les prix de Regata dans leurs familles, que les praticiens énumèrent les doges, aussi voit-on encore à Venise dans quelques cabarets de Canareggio, ou dans les cases de quelques vieux gondoliers émérites, les grossiers portraits des vainqueurs de la Regata, ayant sur l'épaule leur bannière à frange d'or sur laquelle est brodée l'image d'un petit porc, animal qui depuis un temps immémorial est l'un des prix des joûtes nautiques. Nous avons souvent et vainement interrogé les gondoliers sur l'origine de ce porc, prix bizarre, mêlé aux sommes d'argent, assez légères du reste, dont on récompensait les vainqueurs des joûtes nautiques. Personne ne le sait; mais comme ce porc fut ajouté aux récompenses du plus habile rameur, peu de temps après la cessation de l'envoi des porcs du patriarche d'Aquilée, il est probable que cette mesure aura suivi l'abolition forcée du tribut, qui donnait au peuple la chair des immondes animaux turlupiné, et tués dans la fête du jeudi gras. (*Voir* la note K du chapitre sur la *place Saint-Marc.*)

La *Regata** n'est pas restée une chose uniquement vénitienne. Les Anglais de quelques ports de la Manche, et les Français, à Cherbourg particulièrement, se sont emparés du nom, comme à titres de nations maritimes, ils avaient depuis longtemps la chose. On dit à présent en France une regate; mais l'origine s'en rattache incontestablement à Venise; et ce fut longtemps le plus noble, le plus chevaleresque et le plus intéressant des jeux des Nicolotti et des Castellani. De nos jours, c'est le seul souvenir qui subsiste encore des fêtes poétiques et populaires de la République. Il faut au reste en savoir gré aux autorités de Venise, qui ont depuis peu essayé de ressusciter cet attrayant exercice après un abandon d'un assez long laps de temps.

Une description de la Regata sera plus à sa place à la fin du chapitre sur *le grand canal*, -- c'est là que le lecteur voudra bien la chercher, s'il veut retrouver dans toute la splendeur de leurs luttes les plus mémorables, les deux factions populaires des Nicolotti et des Castellani.

---

* Les étymologistes prétendent que le mot *regata* provient de *rigata*, et *rigata* de *riga*......; c'est-à-dire ligne, file de barques.... Soit! l'arbre généalogique de *regata* aura *riga* à sa racine.

SOMMAIRE DES NOTES

DU CHAPITRE SUR LES GONDOLES ET GONDOLIERS.

(A) De l'étymologie du mot gondole. — (B) Sur leur ancienne forme et sur leurs anciens ornements. — (C) Anecdote sur un gondolier. — (D) Sur le Tasse. — (E) Lord Byron échoue dans une tentative pour entendre chanter le Tasse. — Même insuccès d'un autre voyageur. — Détails sur une troisième tentative faite par l'auteur. — Alternatives d'espérance et de crainte. — Le ténor charpentier et le basse pêcheur. — La tradition retrouvée. — Chants au Lido. — (F) Sur le dialecte vénitien. — Citations de divers auteurs. — Une inscription du XIIe siècle. — Liste de quelques-unes des principales productions de ce dialecte. — Traductions. — Citations de poésies et chansons vénitiennes. — Musique des stances du Tasse. — (G) Sur les jeux des Castellani et des Nicolotti. — Le pont de *Pugni*.

(A) On trouve peu de renseignements qui puissent guider dans la recherche de l'étymologie du mot *gondola*. Villani dans son curieux manuscrit intitulé *De toutes Choses*, dit qu'elle pourrait bien provenir de *cymbula* (*barchetta*, petite barque), et qu'ayant changé le *c* en *g*, puis l'*y* en *u*, on aurait eu *gundula*, puis *gondola*. Villani ne parle pas du *b* de la seconde syllabe que pour obtenir gundula il faut aussi changer en *d*. En général ces prétendues étymologies dans lesquelles il faut changer tant de lettres en telles autres, ne nous inspirent guère de confiance, car avec un pareil système, rien n'empêche de faire dériver *poisson* de *nuage*, il ne faudrait pour cela que changer le *p* en *n*, l'*o* en *u*, l'*i* en *a*, etc.

(B) On verra à l'Académie des Beaux-Arts de Venise quelques tableaux, entr'autres celui de Carpaccio (le premier à droite en entrant dans la salle où est la statue colossale de Canova), représentant des gondoles telles qu'elles étaient garnies au XVe siècle. On remarquera qu'au lieu du *felze*, elles n'ont qu'une sorte de tente, fixée cependant, et qu'on ne doit pas supposer être seulement l'équipage d'été. Au palais ducal, plusieurs toiles de la salle du grand Conseil offrent des gondoles auxquelles apparaît l'éperon d'acier poli, qui ne se voit pas encore au temps de Carpaccio. Seulement dans ces derniers tableaux cet éperon n'a pas encore la forme actuelle, bien que le principe soit le même. Les gondoliers avaient, au XVIe siècle, des costumes d'un pittoresque et d'une élégance achevés.

(C) Un soir, nouvel arrivé à Venise, lors d'un premier voyage, nous errions sur la Piazzetta ; apparemment un gondolier flaireur de pratiques nous reconnut comme touriste frais débarqué, car il vint à nous avec un empressement insolite. Ses camarades groupés sur les bancs et sur les balustrades du traguetto le suivaient des yeux. — *La Jica! fiuol di vacca* — nous dit-il le chapeau à la main, et de l'air le plus révérencieux de son répertoire, — *volete una buona gondola?* et nous comprîmes que le facétieux personnage avait fait quelque pari.

— *Si!* — répondîmes nous, — *ecco il mio compagno!*

Ayant fait un signe à un soldat autrichien qui flânait par là avec sa baguette de justice, nous fîmes sur-le-champ mettre la main au collet du plaisant, qui devint livide de peur. Ses camarades pour ajouter à sa déconvenue, se mirent à le plaisanter bruyamment... Il s'agissait d'aller coucher en prison d'abord, et d'être privé de sa gondole pour plusieurs jours; les règlements sont sévères pour toute insulte envers les étrangers.

Lorsque nous jugeâmes que notre homme avait enduré une peur suffisante pour qu'il fût puni de sa grossièreté, nous le fîmes relâcher, bien certain qu'à l'avenir il serait prudent à l'endroit des étrangers qui n'ont pas l'air de comprendre la langue qu'on leur parle. Depuis, cet homme qui nous reconnaît parfaitement nous salue toujours jusqu'à terre en nous appelant *signor cavaliere* — A Naples nous serions *eccellenza*.

(D) Le Tasse était fils d'un Vénitien, et à l'âge de dix ans il vint à Venise où il fit son éducation. Le père de Torquato était aussi poète; il reste de lui un poëme d'*Amadis*, qui n'a pas moins de *soixante mille vers*.

C'est bien certainement de ce rapprochement qu'il faut établir le choix que firent les gondoliers du plus beau poëme de celui qu'on peut en quelque façon considérer comme leur compatriote, pour en faire le texte favori de leurs chants. La description qui suit, et que nous trouvons dans l'histoire de Venise, à propos du chant des gondoliers, ne manque pas de poésie, elle expliquera ce dont nous n'avions pas parlé à propos d'une tradition dont nous avons recherché les vestiges.

« C'était par des octaves du Tasse que le gondolier oisif dans sa nacelle, abrégeait les heures de la nuit et interrompait le silence des lagunes. Solitaire au milieu de cette ville populeuse, il chantait, et le calme du ciel, l'ombre de ces hauts édifices qui se prolongeait sur les eaux, le bruit lointain des vagues de la mer, le mouvement silencieux de ces gondoles noires qui semblaient errer autour de lui, prêtaient un nouveau charme à la mélodie. Sa voix allait frapper un autre batelier, qui lui répondait par la strophe suivante : la musique et les vers mettaient en rapport ces deux hommes, inconnus peut-être l'un à l'autre, et sur toute la surface paisible de ces canaux, des milliers de voix, en chantant *Renaud*, *Tancrède*, *Herminie*, proclamaient le poète national! »

Un voyageur qui a vécu quelque temps dans l'intimité de lord Byron, pendant son plus long séjour à Venise, raconte une promenade faite au Lido avec deux barcaroli chanteurs. Ils commencèrent un peu après avoir quitté la Piazzetta et ne cessèrent qu'arrivés à l'île. Ils chantèrent les passages relatifs à la mort de *Clorinde* et la description du palais d'*Armide*. Mais bien que ce fût encore là le beau temps du gondolier chanteur, il paraît que ni l'illustre poète, ni son ami, ne furent fort satisfaits des deux dilettantes. Les récitatifs étaient criards, monotones. Ils chantaient alternativement les strophes. L'un des deux gondoliers déclara qu'il savait aussi beaucoup de vers de l'Arioste; mais Byron ne se montra pas curieux de les entendre. Apparemment les voix de ces barcaroli étaient de qualités peu propres à exprimer ces chants poétiques.

Nous tenons d'un voyageur qui se trouvait à Venise, il y a environ vingt ans, les notes suivantes, à propos d'autres gondoliers chanteurs.

Ceux-ci n'avaient pas de mélodie proprement dite ; leur chant était tour à tour sérieux ou bouffe, suivant la manière dont le virtuose interprétait le texte. Sur les idées pompeuses, l'un déclamait une sorte de récitatif assez large et qui ne laissait pas que de révéler quelques principes d'organisation musicale ; l'autre avait une manière de sentir toute différente, et il faisait des roulades à perte d'haleine sur les syllabes finales ; c'était *il buffo*, l'autre *il tenore-serio*.

Mais il paraît que comme cela était arrivé à Byron et à son ami, les chants de ces nouveaux barcaroli laissaient à désirer sous le rapport des voix ; les sons étaient rudes et criards ; on eut dit que comme les nègres, les sauvages, ils fissent consister tout le charme de leur chant dans la force de leur organe. Ils semblaient, en alternant dans les strophes, faire assaut de poumons robustes, de sorte que le voyageur loin de jouir du plaisir qu'il s'était promis, se trouvait fort au supplice au fond de la gondole.

Il résulterait de ces deux tentatives, faites dans les derniers temps où le Tasse était encore à la mode, pour constater le charme du chant des gondoliers, de deux choses l'une : ou la chose ne valait pas la réputation que lui ont faite les poètes, ou elle est dégénérée. Nous avons voulu pour notre part, avant d'en parler dans ce livre, avoir la conscience nette sur ce sujet, et nous avons entrepris des recherches pour en pouvoir arriver à être juge aussi, et faire autre chose que d'enregistrer l'opinion des autres. Logé chez un gondolier au grand canal, nous avons mis ce vieux Beppo en campagne pour nous amener des barcaroli chanteurs. Il est bien entendu que nous ne voulions pas de ces vulgaires brailleurs qui assourdissent les voisins des traguetti en se déclarant virtuoses envers et surtout contre tous. Nous savions déjà à quoi nous en tenir sur les chanteurs de la Piazzetta... Comme Pantagruel, nous voulions *autre chose de pas trop approchant*.

Aussi n'était-ce pas une petite affaire que prétention pareille. L'usage est mort avec la République : les vieillards du temps n'ont plus de voix, ni de mémoire ; les jeunes gens n'ont pas la tradition. Il a fallu plus d'un mois de recherches pour qu'il nous fût possible d'acquérir l'espérance d'arriver à nos fins. Le vieux Beppo nous ait enfin découvert un charpentier de la pointe de la *Giudecca*, lequel, fils d'un gondolier de la République, savait des chants et les entonnait en maniant la hache dans son chantier. Le charpentier nous fut amené et nous parla avec la sûreté et l'assurance d'un *Ronconi* du genre. Nous n'osâmes vraiment point exiger une audition préalable d'un artiste en apparence si sûr de son fait, tant l'échantillonner nous eût semblé lui faire outrage. Nous nous bornâmes donc à lui faire découvrir un autre virtuose pour compléter le duo, les chants du Tasse exigeant d'être dits par strophes alternatives. Une semaine s'écoula encore ... et nous eûmes enfin notre affaire. Le partenaire du charpentier mélomane (Saint-Joseph chantait bien des cantiques en maniant la bisaiguë !) était un pêcheur venu de Pélestrina * à vingt-cinq mille et plus de Venise, lequel nous déclara avoir ramé

---

* Nous avons lu dans un ouvrage anglais intitulé : *Curiosities of literature*, que les

sur le dernier bucentaure pour le doge Manini. Nous ne nous arrêtâmes point à vérifier les rapports qui existaient ou n'existaient pas entre le toupet à peine grisonnant du chanteur et les dernières fiançailles du Doge avec l'Adriatique ; nous nous hâtâmes de demander une répétition générale sous notre terrasse, avant la soirée officielle fixée à la très prochaine pleine lune, et pour laquelle nous avions convié quelques gondoles d'amis à une excursion nocturne au Lido.

La répétition eut lieu le soir :.... nous avions les virtuoses à vingt pas de nous :.... l'effet nous donna des inquiétudes pour les plaisirs de nos invités...

Peu rassuré, nous parlâmes de la chose à un Vénitien instruit qui prétendit que nous ne nous étions pas placé à la distance nécessaire au bon effet de l'acoustique. Le chant des gondoliers est apparemment comme les décorations de théâtre qui sont faites pour l'éloignement....

Le Vénitien jaloux de l'honneur des traditions poétiques de sa patrie, nous ayant assuré que l'œuvre de nos chanteurs pouvait acquérir le plus grand charme harmonique dans l'éloignement, nous ne désespérâmes pas encore du succès, et nos invitations restèrent maintenues pour le lendemain.

La nuit venue, nous partîmes tous au grand canal, nous dirigeant vers la lagune. Nos chanteurs étaient sur les devants, mais divisés : chacun avait sa gondole. Le charpentier de la Giudecca l'avait voulu ainsi ; le pêcheur de Pélestrina avait obéi à son maître de chapelle !

Lorsque nous fûmes par le travers de l'île *San Giorgio maggiore*, nos virtuoses commencèrent. Nous étions inquiet et presqu'aussi ému que doit être un *impressario* qui lève la toile sur un opéra nouveau et dans lequel les répétitions lui ont donné peu de confiance. Notre mise en scène était superbe ! La lune pleine d'éclat servait de lustre en argentant tous les édifices dans le bleu de l'air ; les étoiles qui s'allumaient partout semblaient nous préparer, comme pour une solennité, une illumination *a giorno*....

Dès les premières stances que nos acteurs attaquèrent, nous nous sentîmes rassuré.... C'était beau !

La déclamation forte et perçante du *tenore*, les transitions rapides chantées à l'octave inférieure par le *basso* étaient d'un effet singulier, original et charmant. Le ténor (le charpentier) possédait un véritable accent musical, propre à interpréter par des notes douces et sonores les passages plaintifs et douloureux du sens poétique. La basse (le pêcheur) avait plus d'énergie, de mordant, de verve : l'un eût exprimé l'amour, la douleur, l'autre l'enthousiasme guerrier, la jalousie. On applaudit dans toutes les gondoles, auxquelles s'étaient jointes, sans invitation, toutes celles qui flânaient sur la lagune.

Nous fîmes répéter à nos chanteurs tout ce qu'ils savaient, et, ayant soupé dans nos gondoles, sans autre lumière que celle du doux astre qui régnait sur cette belle nuit vénitienne, nous défilâmes le long du Lido, et vers minuit tous les éperons d'acier brillant des gondoles se tournèrent vers la ville endormie. Nos chanteurs étaient fatigués. Comme le vieux Beppo (le maître de cérémonie) avait ordre de les restaurer entre le premier acte accompli et le second

---

femmes de Malamocco et de Pélestrina chantent aussi les poëmes du Tasse. Lorsque leurs maris pêchent sur la mer, elles vont s'asseoir sur le rivage, et *crient* leurs chants, jusqu'à ce que chacune d'elles puisse distinguer la réponse de son mari. L'auteur anglais écrivait en 1807. Aujourd'hui, la génération des habitants des îles est infiniment moins poétique.

sur lequel nous comptions, le vin de Chypre leur fut versé *à discrétion*. Mais sans doute ils en burent jusqu'à l'indiscrétion, car il nous fut impossible de leur faire chanter une seule strophe au retour.

Heureusement que, peu confiant peut-être dans l'issue de notre épreuve musico-nautique, nous avions eu la précaution de mêler à notre petite flottille une gondole de musiciens ambulants, jusque-là maintenue silencieuse, afin de ne pas faire d'imprudente diversion au plaisir que causaient les chanteurs. Les rossignols nocturnes, décidément enroués de Chypre et de jambon, nous fîmes donner la *bande*... Mais par malheur nous avions négligé d'en passer l'examen préalable, et il fallut bien la faire taire, en reconnaissant qu'elle offrait quatre instruments de cuivre et une grosse caisse, pour accompagner le chant d'une clarinette aigre comme un filet de vinaigre !

Le lendemain nous vîmes qu'il nous coûtait, pour avoir voulu ressusciter une nuit les chants du Tasse et de l'Arioste, un peu plus que pour monter un opéra au théâtre *Apollo* !

(F) Le dialecte vénitien est l'un des plus doux qui soient en Italie, où il y a tant de dialectes : presqu'un par chaque ville.

Madame de Staël, qui ne s'est montrée ni très aimable, ni très juste envers Venise, a écrit dans sa *Corinne* :

« Ce dialecte est doux et léger comme un souffle. On ne conçoit pas comment ceux qui ont résisté à la fameuse ligue de Cambray parlaient un langage si flexible. Il est surtout charmant quand on le consacre à la grâce, à la plaisanterie ; mais quand on s'en sert pour des objets plus graves, quand on entend des vers sur la mort avec ces sons délicats et presque enfantins, on croirait que l'événement ainsi chanté n'est qu'une fiction poétique. »

De son côté, Byron a dit : « Sa naïveté devient plus particulièrement agréable dans la bouche d'une femme. » Et ailleurs dans une lettre : « Je bavarde assez facilement l'italien, même dans sa modification vénitienne, qui est charmante, et a quelque chose dans le genre du patois anglais du Sommersetshire. »

Pour en finir enfin avec les citations, nous reproduirons une pensée spirituellement exprimée, autant que vraie par le fond, qui se trouve dans un conte vénitien d'un écrivain très distingué, M. Fulgence Girard :

« Le dialecte vénitien et le dialecte milanais sont à la pure langue italienne comme sont aux discours d'un homme éloquent le charmant baragouinage d'un enfant et le débagoulage niais et rocailleux d'une vieille femme ivre. »

Enfin, si naïf, si doux, si musical qu'il semble, ce dialecte a pendant de longs siècles servi à accomplir de grandes choses, il a formulé de puissantes résolutions, il a exprimé de nobles déterminations et dicté des lois modèles !

L'historien Daru dit que, dans les assemblées politiques du palais ducal, les orateurs étaient obligés de parler vénitien. L'usage du toscan n'était toléré que dans l'exorde.

L'orgueil national avait enraciné cet usage qui, il faut le dire, ne dut pas toujours être bien d'accord avec l'éloquence !

Ce dialecte est des plus anciens. On en retrouve une des premières traces lapidaires dans une inscription conservée de l'église Saint-Marc, qui renferme une sentence de morale pratique excellente. La voici :

« 'Lom po far e die in pensar,
E vega quelo che li po inchontrar. »

« L'homme avant de faire et de dire, doit réfléchir à ce qui peut en résulter. »

Cette inscription date du XIIe siècle, c'est la plus ancienne qu'on connaisse en langue vulgaire italienne.

Le dialecte vénitien est, avec le corse, celui de tous les dialectes de l'Italie qui se rapproche le plus de la langue-mère. Quiconque sait l'italien ne peut manquer de le comprendre, après la plus légère habitude, ou l'explication préalable de quelques tropes, et surtout du *xe*, qui sert à exprimer presque tous les temps du verbe *être*. Le vénitien est des plus riches en poésies et en traductions : sa littérature n'a de rivale que le napolitain. Nous donnerons pour les amateurs de linguistique une rapide énumération des principales productions de ce parler des lagunes.

— Le fameux *Milion*, relation des voyages lointains de *Marc-Paul*, qui a devancé tant de découvertes modernes, fut d'abord écrit en vénitien.

— *Il Naspo bizzarro* (le *Dévidoir bizarre*), est un poëme singulier d'Alexandre Caravia, au XVIe siècle.

— *La guerra de Nicoletti et de Castellani*, peinture exacte des vieilles et très curieuses mœurs vénitiennes, est de 1521.

— *La Strazzoza* (la *Déguenillée*), est une poésie célèbre d'un patricien de Venise, Maffio Venier, archevêque de Corfou, auquel on doit la tragédie d'*Ibalda*, reconnue pour une des meilleures qui fussent au XVIe siècle.

— *Lettere facete e chiribizzose*, sont une publication obscène de 1588, que l'on cite pour prouver que le dialecte vénitien ne manque pas d'une certaine extension, puisqu'elles furent publiées *à Paris*. Leur auteur était Vinzo Belando, dit *Cataldo*.

— *La carta del navigar pittoresco* est un in-4° paru à Venise en 1658. C'est un très curieux traité en quatrains rimés et en dialogue entre un amateur de peinture et un artiste. L'auteur y annonce en style imagé que « le vaisseau de Venise est conduit dans la haute mer de la peinture, à la honte de ceux qui ne savent pas la boussole », allégorie épigrammatique sur la décadence de l'école de peinture vénitienne durant ce siècle. Cet ouvrage est l'œuvre d'un artiste à la fois poète, peintre et graveur, nommé Marc Boschini.

— *L'Ipocrisia Smascherata* est une satire pleine de vigueur du père Caccia.

Puis dans des époques plus récentes, on trouve :

Les chansons d'Antoine Lamberti, surnommé l'*Anacréon vénitien*. Il a aussi écrit, outre de piquants apologues, un poëme des saisons (*Stagioni Campestri e cittadine*), qui comprend aussi les saisons *des Villes*.

— *Cavei de Nina* (les cheveux de Nina) sont des vers charmants de grâce et de sentiment, du docteur Mazzola.

— *Il vin Friulano* (le Vin du Frioul), est un dithyrambe fort poétique et plein de verve du docteur Posto.

— *Les Fables et apologues* de François Gritti, par leur moralité profonde, ont valu à leur auteur le surnom de *La Fontaine vénitien*.

Enfin, pour marcher avec la chronologie, nous citerons les admirables comédies de Goldoni, si vives, si gaies, si vraies surtout comme peintures de caractères et de mœurs.

Pierre Buratti, mort en 1832, est considéré comme le *Béranger* de Venise. Il a laissé plus de 70,000 vers en dialecte et une excellente traduction de la fameuse satire de Juvénal contre les femmes. Buratti n'était pas Vénitien, mais il quitta Bologne fort jeune, et son long séjour dans la ville des lagunes lui en avait fait une seconde patrie. Il fut un peu poète comme Lantara était peintre, écrivant volontiers ses vers à souper, sur le coin de table du cabaret, au milieu de ses amis en gaîté. Plusieurs des plus jolies compositions de Buratti ont été mises en musique par un élève de Mozart, M. de Perucchini, dont les airs pleins d'expression et de grâce ont aussi été écrits sous les plus charmantes chansonnettes de Lamberti.

Le *Scaramazza* est un poëme héroï-comique fort estimé, par M. J.-B. Bada. — Le vénitien Baffo a excellé dans un genre plus érotique que littéraire, ce qui fait que la plupart de ses compositions sont restées inédites, bien que l'impression en ait furtivement répandu un bon nombre.

Il a été imprimé à Venise, en 1817, une collection de *Poésies vénitiennes*, qui ne monte pas à moins de 14 volumes. Leur savant et judicieux éditeur, M. B. Gamba, les a dédiées à un Anglais instruit, M. Davenport, homme très versé dans la littérature des dialectes italiens, et auteur lui-même dans ce genre de charmantes poésies.

Quant aux traductions dont s'est emparé le dialecte vénitien, elles sont nombreuses et importantes. Les premières furent les deux chefs-d'œuvre de l'Épopée ancienne et moderne : l'*Iliade*, traduite sous ce titre singulier *Omero in Lombardia* (Homère en Lombardie), par l'abbé François Boaretti. La *Jérusalem délivrée* eut dans la traduction le titre déjà cité de : *Il Tasso alla Barcarola*. Thomas Mondini en fut l'auteur. On a parlé de l'adoption de cette œuvre par les gondoliers chanteurs.

Les *Poésies Macaroniques* de Merlin Cocaie, ce bizarre compatriote de Virgile, ont aussi été reportées en dialecte vénitien.

Les *Aventures de Bertholdo, Bertholdino e Cacasenno*, œuvre collective de plusieurs joyeux Bolonais, ont aussi été traduites à Venise. C'est une œuvre d'une grande licence.

Nous terminerons cet aperçu rapide sur le dialecte vénitien par quelques citations propres à donner de son rhythme et de sa *musique*, peut-on dire, une idée légère au voyageur. Ce dialecte a deux glossaires ; le plus ancien parut à Padoue en 1775, il est de Gaspard Patriarchi. Le second, imprimé à Venise en 1829, est de Boerio. Il est impossible de feuilleter ces deux glossaires sans être frappé de l'abondance et de la richesse de cet idiome populaire de Venise.

Venons aux citations. La première est empruntée à la *Strazzoza* (la Déguenillée), du patricien Maffio Venier, dont il a été parlé plus haut. Elle décrit avec sentiment la pauvre maison d'une amante, et le bonheur qu'elle y trouve :

« *In casa chi xe in camera, xe in sala.*
Chi è in sala è in magazen.
Ghè nome un leto in t'una sotto scala
Dove in brazzo al mio ben,
Passo le note de dolcezza piene ;
Seben la piova e el vento
Nè vien talvolta drento
A rinfrescar l'amor su per le rene.
Note care e serene !
Caro liogo amoroso !
Bella celeste in povera schiavina !
    Toga un leto pomposo
    Chi a drento una Gabrina
Che fa in lu quel efeto un viso d'orca
« *Che in belache ha una gazolla sporca.* »

« Celui qui est chez moi est à la fois dans la chambre, le salon et le magasin. Sous l'escalier est un lit où dans les bras de mon unique bien je passe des nuits pleines de douceur, bien que la pluie et le vent viennent quelquefois jusque dedans rafraîchir notre amour. Nuits chères et sereines ! lieu amoureux ! céleste beauté vêtue d'une mesquine robe ! qu'il la mette dans un lit pompeux, l'amant d'une négresse verra bien que son visage d'ogresse fait le même effet qu'une pie malpropre dans une belle cage ! »

GONDOLES ET GONDOLIERS.

Ce qui suit est une chansonnette tout à fait populaire, que l'on entend partout à Venise. Il faut dire que le premier couplet est une sorte de thème, que l'imagination des chanteurs a ensuite varié à l'infini, comme font les nègres de l'Amérique, les poètes improvisateurs les plus singuliers qui soient.

> « *O Teresina! la mama te domanda*
> « *La mama te domanda : Cosa vuoi da me!*
> « *La me vol dare un zovene Castellano,*
> « *Un zovene Castellano, no lo voi, nò, nò!*
> « *Che tutti i zorni il me fa magnar i gambari,*
> « *Che fa magnar i gambari, no lo vo nò, nò!*

Voici le sens :

> « O Térésina, la maman te demande!
> « Que veut-elle de moi?
> « Elle veut me donner un jeune Castellano...
> « Je ne le veux pas; non! non!
> « Tous les jours il me ferait manger des *écrevisses*.
> « Je ne le veux pas; non! non!

Ici le mot écrevisse fait allusion à la couleur rouge, qui est l'attribut des Castellani. — Dans un autre couplet, une fille *castellane* refuse un *Nicolotto* qui lui ferait manger des *sepias*, poisson noir, qui symbolise la couleur nicolotte. — C'est sur ces thèmes naïfs que les chanteurs brodent, en faisant souvent passer les plaintes qu'ils prêtent aux jeunes filles, par des images et des comparaisons peu virginales!

La musique de ce chant est une sorte de pont-neuf, une psalmodie qui permet d'en marquer le rhythme en manœuvrant la rame.

Nous terminerons ces citations du dialecte vénitien, par une charmante poésie recueillie par George Sand, et sur laquelle le lecteur qui connaît la langue italienne pourra exercer sa pénétration, sa compréhension, de ce gracieux dialecte.

> « Coi pensieri malinconici
> No te star a tormentar.
> Vien con mi, montemo in gondola
> Andremo in mezzo al mar.
>
> Passaremo i porti e l'isole
> Che contorna la cita :
> El sol more senza nuvole
> Et la luna nascerà.
>
> . . . .
>
> Co, spandendo e lume palido.
> Sora l'aqua inarzendata
> La se specia e la se cocola
> Come donna inamorada.
>
> . . . .
>
> Sta baveta che te zogola
> Sui caveli imbovolai,

> No xe torbia de la polvere
> De le rode e dei cavai.
>
> Sto remeto che ne dondola
> Insordirne no se sente
> Come i schiochi de la scuria
> Come i urli de la zente.
>
> . . . .
>
> Ti xe bella, ti xe zovene,
> Ti xe fresca come un fior,
> Vien per tuti le so lagreme
> Ridi adeso e fa l'amor.
>
> . . . .
>
> In conchiglia i greci, Venere,
> Se sognava un altro dì;
> Forse, visto aveva in gondola
> Una bela come ti. »

Ces vers charmants ne portent-ils pas dans leur prononciation toute leur musique?

(6) Les jeux et équilibres dont nous avons donné une rapide description n'étaient pas les seuls qui fussent en usage à Venise sous la République, mais ils en furent les plus importants et les plus curieux par leur originalité toute locale. D'autres exercices, empruntés aux traditions grecques ou romaines, ne doivent qu'être désignés ou nommés pour être compris de tout lecteur qui n'est pas étranger à l'histoire ancienne, aux jeux du cirque et des amphithéâtres. Ainsi les Castellani et les Nicolotti s'exerçaient aussi au pugilat, au disque, aux luttes de pied ferme, etc. Les historiens rapportent que le pugilat particulièrement fut tellement en faveur à Venise pendant plusieurs siècles, que les patriciens eux-mêmes tenaient à amour-propre de passer pour *far bene i pugni*. C'est un art que les Anglais cultivent encore, et à Venise même, lord Byron boxait presque tous les jours avec un de ses gens, dont les gros gants rembourrés n'empêchaient pas toujours la vigueur musculaire de laisser des traces sur le corps du noble poëte.

Il y a à Venise plusieurs ponts, et en particulier celui connu sous le nom de *San Barnabà*, auxquels la tradition conserve le surnom de *Ponti dé Pugni*. C'était là, paraît-il, l'arène favorite des dilettantes du genre. On voit au *Musée Correr* un tableau bas-relief en bronze, qui représente ce *Ponte dé Pugni* d'une façon beaucoup moins poétique que Rubens a représenté le célèbre pont du *Combat des Amazones*, dont la gravure est si recherchée par les artistes. Un curieux pendant à cette gravure serait celle du pont *dé Pugni*, qui fait partie de quelques collections particulières, à Venise, et que possède entr'autres M. Em. Cicogna.

Les jeux de ballon, les chasses de taureaux, de même que le pugilat, furent des exercices dont le caractère n'était pas assez local pour que nous en fissions la description dans cet ouvrage sur la seule Venise *.

---

* Voir pour plus amples détails sur les autres exercices et combats des peuples vénitiens, l'intéressant ouvrage moderne intitulé : *Il Fiore di Venezia*, t. 3, page 61 et suivantes.

VII

LE GRAND CANAL.

SOMMAIRE.

Le jardin du gouvernement. — La Sanità. — Le palais Trevès. — *Ajax et Hector* de Canova. — Un tableau de Cicognara. — Artistes modernes, MM. Lipparini, Servi, Bezzuoli, Canella, Gilio, G. et L. Bisi, N. Schiavoni, Pauletti, Petter, Losa, Dusi, Canuccini, Hayez, Azeglio, Demin, Santi, Avrazowsky. — La douane de mer. — Palais Giustiniani, aujourd'hui *Albergo dell' Europa*. — La Salute. — Les stations de gondoles. — Aspect pittoresque du grand canal. — Le linge au sec. — Le palais Corner. — La base du palais Venier. — Anecdote. — Le palazzino Dario. — Le palais Da Mosto. — Le palais Balbi-Valier. — Le palais Angarani ou Manzoni. — Ce qu'il a coûté. — Le palais Cavalli du consulat de France. — Portraits de rois de France. — Descente à terre. — Le palais Pisani du doge. — Le palais de la famille Morosini. — Visite intérieure. — Tableaux, salle d'armes. — Un cadre fabuleux. — La dernière descendante de cette illustre maison. — Le traghetto *San Vital*. — Un projet de pont. — Conseils relatifs à l'Académie des Beaux-Arts. — Point de vue pittoresque. — Un paragraphe adressé aux amis de l'auteur. — Le vieux *Beppo*, gondolier émérite. — La gondole de lord Byron. — Une réclame. — Reprise du canal. — Erreur sur le palais de Marino Faliero. *La Ca del duca*. — Le théâtre san Samuele. — Le palais Cozzi de l'ambassade d'Espagne. — Le palais Grassi. — Le palais Rezzonico. — Magnifique architecture. — Collection de tableaux anciens de M. Della Rovere. — Le palazzino Camerazza. — Cabinet de curiosités. — Fabrique de pains à cacheter artistiques. — Le palais Moro Lin. — M. Lipparini. — Les palais Giustiniani. — Galerie de M. N. Schiavoni. — Demeure de M. de Chateaubriand. — Le docteur Aglietti. — La comtesse G***. — Le palais Foscari. — Ses destinations anciennes. — Mort du propriétaire. — Les deux dernières Foscari... — Le palais Balbi. — L'estrade des prix de Regata. — Le palais Contarini. — Les palais Mocenigo. — Sur cette illustre famille. — Le dernier Mocenigo. — L'esquisse de Tintoret. — La demeure de Byron. — Les ouvrages qu'il a composés dans ce palais. — Sur les scandales de la vie de ce poète. — Le palais Pisani. — Le tableau de P. Véronèse. — *La famille de Darius aux pieds d'Alexandre*. — Observations critiques. — Le peintre Lebrun et le même sujet. — Le palais Barbarigo. — Ouvrages de Titien, son atelier. — Sa Madeleine. — Une Vénus endommagée. — Divers autres tableaux. — *Dédale et Icare*. — Le palais Grimani. — Le palais Corner-Spinelli. — Collection de feu M. de Sivry. — Le palais Grimani. — Examen. — Destination nouvelle. — Le palais Tiepolo. — L'hôtel du *Lion-Blanc*. — Le palais Farsetti. — Les deux corbeilles de Canova. — Le patricien Faller. — Le palais Loredan. — La maison du doge Henri Dandolo. — Sa postérité. — Le palais Bembo-Lucrèce Borgia. — Le palais Manin. — Collection de tableaux anciens de M. *Barbini*. — Le pont du Rialto. — Examen. — Anecdote. — Le palais des trésoriers. — Le fondaco de Tedeschi. — Les fresques disparues. — Les nouveaux édifices du Rialto. — Le palais Valmarana. — Collections diverses — Rare bibliothèque. — La *déposition du Christ* de Titien. — Une lampe de Napoléon. — Palais Michieli delle colonne. — Tapisseries de haute-lice, d'après Raphaël. — Les armes du doge D. Michieli. — Un étendard de la République — Le palais Sagredo. — *La Ca' Doro*. — Les Doro. — Le palais Corner, dit di Regina. — Le dernier Cornaro. — Le pape Pie VII. — Les Juifs. — Le palais Pesaro. — Les cariatydes et les têtes d'animaux apocryphes de l'architecte Longhena. — Le collège arménien. — Les palais Grimani, Contarini, Tron et Lataggia. — Le palais Vendramini. — Statues d'Adam et d'Ève. — Le fondaco de Turchi. — Sa ruine. — Le musée *Correr*. — Son origine. — Ses directeurs. — Armes. — Un héraut. — Portraits de doges. — Galerie de tableaux anciens. — Écoles italienne et flamande. — La signature de Charles Stuart I". — Fayences curieuses. — Plan de Venise d'Albert Durer. — Dessins de Raphaël, Michel-Ange, Paul Véronèse, etc. — Bibliothèque. — Le palais Labia abandonné. — Fresques de Tiépolo. — Galerie Manfrin. — Tableaux des principaux maîtres de l'école vénitienne. — Le palais Galvagna. — Tableaux de grands maîtres. — Un jardin inattendu. — Le palais Flangini. — Bizarrerie de sa construction. — Fin de l'examen des édifices. — Retour. — De la *Regata*. — De cette ancienne fête et de la nouvelle. — Description pittoresque. — Le *Fresco*. — Promenades en gondoles. — Des sérénades nocturnes. — Conclusion.

Nous prendrons notre gondole à la *Piazzetta*, en ayant soin de la faire découvrir si le temps le permet, et nous nous dirigerons lentement vers le grand canal, ce Corso liquide qui est le Longchamps vénitien, et que nous appellerons aussi un *musée de palais*.

A droite nous laissons le charmant jardin du gouvernement, duquel il a été parlé à la note A du chapitre sur la *Piazzetta*, et dont la verdure riante est d'un si excellent effet dans l'ensemble panoramatique qu'offre cette partie de Venise. Nous dépassons ce pavillon de style grec qui termine le jardin, et que Napoléon fit bâtir pour y prendre après ses repas ce moka qu'il aimait tant, et nous donnons un coup-d'œil à l'édifice suivant, qui avance dans le canal ses deux ailes de pierre, semblables aux bras d'un homme qui se lance à la nage. Cette maison, dont la cour d'honneur est un bassin d'eau de mer, porte au front l'indice armorié de sa destination, heureusement peu utile : c'est la *Sanità*. Venise qui fut si souvent ravagée par les pestes, a pris ses précautions au XIXe siècle, comme si l'Orient lui appartenait encore. L'église votive de la *Salute*, qui s'élève sur l'autre rive du canal, semble un avertissement matérialisé qui rappelle à cette cité ses imprudences passées. La *Sanità* reçoit dans son bassin les barques des bâtiments en quarantaine au *Lazzaretto*, dans la lagune, et des grilles de ses quais les gens de la terre peuvent causer avec les marins mis en interdit pour quelques jours, par suite de la mauvaise réputation sanitaire qu'a le pays dont ils arrivent. C'est là que le capitaine vient communiquer avec l'autorité en attendant son admission à libre-pratique.

Plus loin, toujours à droite, à l'angle du canal, est le palais TREVÈS, autrefois palais EMO. Son propriétaire actuel M. le chevalier *Trevès-de-Bonfil*, qui a beaucoup contribué par ses démarches, à l'établissement du port-franc de Venise, et protecteur éclairé des arts, y a formé une belle réunion de tableaux modernes, ce qui n'offre pas un médiocre intérêt dans une ville où les anciens maîtres se rencontrent exclusivement. L'Italie actuelle a de bon peintres, et M. Trevès a fait un choix plein de goût et de discernement, parmi eux et parmi leurs œuvres, pour en orner les salons de son palais auquel il suffirait de posséder les deux magnifiques statues d'*Hector* et *Ajax*, par Canova, pour être une demeure remarquable au point de vue artistique.

Ces statues sont du plus beau temps de Canova. L'*Hector* date de 1808, l'*Ajax* de 1811. Le grand artiste avait conservé chez lui ces deux statues dans un dessein qu'on n'a pas pénétré complètement, on pense qu'il voulait en faire un splendide hommage à la ville de Venise. Diverses circonstances qu'on ne saurait révéler ici avaient pu retarder l'exécution de cette intention supposée.... La mort est venue surprendre l'artiste avant que ses dispositions fussent prises. L'évêque son frère les a fait vendre, et M. Trevès les a acquises en concurrence avec plusieurs grands seigneurs étrangers, et des agents envoyés par divers musées. Ainsi, Venise aura gardé ces deux magnifiques œuvres, suivant le désir attribué à leur auteur!

Nous ne nous arrêterons pas sur le haut mérite de ces deux colossales figures. Le nom de l'auteur dit tout. Elles sont notées de la façon la plus distinguée dans toutes les énumérations des œuvres de Canova, les catalogues les rangent parmi ses productions capitales. *Hector* représente la noblesse martiale, la grâce dans la force. *Ajax* c'est l'impétueuse audace, la force en mouvement, comme Hector montre la force en repos. Ce dernier tient un glaive de bronze, dont le choix a été l'objet de plusieurs discussions ou conférences d'hommes de l'art. Les uns le voulaient d'or, d'autres de marbre. La sévérité antique du bronze nous plaît mieux.

On remarque que l'*Ajax* a encore à la jambe droite le point d'appui laissé par les *praticiens**. Ce contrefort à cette jambe est comme *l'avant-la-lettre* d'une gravure précieuse.

La noble et élégante sévérité de la salle que M. Trevès a fait construire pour loger ces deux chefs-d'œuvre, est du meilleur goût.

Les salons de ce palais renferment entr'autres tableaux de mérite, une toile d'un intérêt qui sera senti par ceux qui sont un peu versés dans l'histoire de l'art au dernier siècle. C'est un *paysage* peint par le comte Léopold Cicognara, l'illustre auteur des *Monuments gravés et décrits* de Venise. Le portrait de cet homme éminent, qui a tant fait pour la gloire artistique de son pays, est aussi là; c'est une œuvre excellente de M. Lipparini, artiste réputé de la jeune école de peinture vénitienne.

Un fait de l'*Histoire des Croisades* par M. Servi, professeur à l'académie de Milan. — Un *Diogène* plein de sentiment et d'une excellente couleur, par M. Bezzuoli. — Un *Coucher de soleil* et une belle *Vue de Normandie* par M. Canella, artiste connu à Paris. — Une vue prise du *Pont-Neuf*, par M. Gilio, jeune peintre plein d'avenir, dont les études parisiennes furent interrompues par une mort prématurée. — Un superbe *Paysage* de G. Bisi, de Milan. — Un *Intérieur du dôme* par L. Bisi, artiste déjà éminent dans cette spécialité. — Une *Suzanne* de N. Schiavoni, peintre habile qui est aussi un graveur de premier ordre **. — *Ésope récitant ses fables*, par M. Paoletti, un des peintres du fameux *Café Pedrocchi* à Padoue. — Un *Incendie*, par M. Petter, directeur de l'académie de Vienne. — Et diverses autres toiles de E. Bosa, Dusi, etc., sont toutes œuvres estimables, choisies avec goût et entente de l'art (A).

Camuccini, grand artiste romain, que l'on prétend passé de mode, n'en doit être réduit là, que si la bonne peinture a subi le même contre-temps. Sa *Présentation au temple* est une œuvre de choix, pleine d'harmonie et d'un coloris très délicat. C'est une réduction du même sujet que Camuccini a fait dans de grandes proportions, et qui se trouve à Plaisance. Aujourd'hui que Raphaël lui-même est déclaré passé de goût par la jeune génération des artistes-élèves, et que le vent au caprice n'est qu'aux *Giotto*,

---

* Mot qu'on sait désigner les ouvriers sculpteurs, et qu'on ne confondra pas avec celui de *patricien*, si souvent écrit dans ce livre.

** La gravure de l'*Assomption*, du Titien, est un chef-d'œuvre de burin. Elle est aussi au palais Trevès.

Cimabuë, et *Bellini* (première manière), les peintres modernes peuvent se consoler du dédain de ces messieurs en longs cheveux, pourvu que les collections estimables ne ratifient pas l'arrêt de proscription. A la mode ou non, Camuccini a le droit d'asile partout où l'on réunit de bonnes œuvres.

Le palais Trevès possède trois tableaux d'un des peintres les plus estimés de la Lombardie, M. Hayez. Ils sont tous trois de *manières* différentes, et tous trois remarquables à différents titres. Le *Jugement de Salomon* date d'environ 25 ans; on sent à voir cette toile, qu'à l'époque où il la peignit, M. Hayez avait encore la vive impression du coloris vénitien. Le tableau de la deuxième manière de cet artiste, est *Hector reprochant sa paresse à Pâris*. Il offre un groupe de femmes supérieurement composé. Le dernier enfin, témoigne toute l'expérience que l'artiste a su acquérir dans son art, il a plus de *chic*, si l'on nous veut bien passer ce mot d'argot. Le sujet est *Mahomet II* faisant sauter la tête d'un esclave, pour offrir un modèle à Gentile Bellini. Peut-être M. Hayez a-t-il un peu perdu ici de son ancien coloris vénitien, mais il n'en a pas moins produit un charmant tableau d'un arrangement délicieux, peint *dans la pâte*, comme on dit, et tout à fait digne de la belle collection du palais Trevès.

M. d'Azeglio, peintre et écrivain milanais, gendre de l'illustre Manzoni, le *Walter Scott italien*, est ici représenté par un de ces sites fantastiques que ce peintre affectionne, et qu'il donne presque toujours pour théâtre à quelque scène héroïque de *Rolando furioso*, où il se distribue de grands coups de lance, et s'accomplit de fameuses batailles d'épée : C'est l'*Arioste peint*. L'auteur d'*Hettore Fieramosca* et de *Nicolò de Lapi*, romans estimés dans la littérature moderne de l'Italie, a exposé il y a quelques années à Paris des tableaux qui ont été remarqués.

M. Lipparini est un peintre plein d'imagination duquel on aura trouvé quelquels excellents portraits, au palais Trevès. Cette fois nous avons à le mentionner pour une œuvre capitale : *Socrate et Alcibiade*, tableau d'une composition charmante, et d'un coloris très harmonieux; la femme à la draperie rouge est délicieuse.

Un des salons offre un plafond et des frises peintes à fresques, représentant la *Vie de Psyché*. C'est l'œuvre de deux artistes vénitiens, MM. Demin et Santi. Ces peintures n'ont pas le cru ordinaire à la fresque, et sont par l'exécution aussi gracieuses que leur sujet.

Parmi tous ces artistes italiens, un peintre étranger a reçu du palais Trevès les honneurs d'une hospitalité d'exception, et hâtons-nous de le dire, il en était peu qui le méritassent mieux. La *Vue de Naples au coucher du soleil*, et *la Tempête sur les rochers de Capri*, sont des toiles qui placent à un rang élevé l'artiste russe auquel on les doit, M. Ayvazowsky. Ce jeune peintre possède une de ces organisations d'élite qui abrègent les études, et font rapidement un nom à ceux qui en sont doués. M. Ayvazowsky a trouvé le secret de mettre les rayons du soleil en vessie, et de les étendre sur sa palette. Son talent spontané, éclatant, poétique surtout, a les plus grandes affinités avec celui du célèbre Gudin.

Nous terminerons cet examen du palais Trevès (auquel nous avons donné un peu plus de place qu'à beaucoup d'autres, en raison de la spécialité toute moderne de ses toiles) par la mention d'un portrait de chasseur par Forabosco. Ce portrait semble un Rembrandt, et ce n'est pas peu dire*. Il joint la grâce à la vigueur et offre un fini rare, jusques dans les pelleteries dont est garni le costume du chasseur.

On aura remarqué en montant aux salons la splendide rampe d'escalier, œuvre moderne d'un goût exquis qu'a fait exécuter M. le chevalier Trevès dans son protectorat éclairé des diverses branches de l'art; cette rampe est tout à fait digne de succéder aux magnifiques grilles que le moyen-âge vénitien a laissées dans quelques églises.

Sorti de ce palais, en regardant à gauche, nous trouvons à la pointe d'embouchure du canal la *Douane de Mer*, bâtie en 1682 par l'architecte Joseph Bennoni. Cet édifice, dont la construction manque d'unité et de régularité, n'en produit pas moins un bon effet dans la décoration de cette partie si remarquable de Venise: de grands magasins contigus, construits au XIVe siècle, mais réparés, ou en partie réédifiés depuis, servent aujourd'hui à la conservation du sel. Il est fâcheux que le prolongement neuf qui

---

* *Girolamo Farabosco*, Vénitien, est considéré comme un des peintres de portrait les plus habiles de la décadence de l'art. Il eut assez de réputation pour que les Padouans le réclamassent comme leur compatriote. Boschini le place à côté de Liberi, et joue sur son nom, en disant que ce peintre va *hors du bois*, c'est-à-dire qu'il se soustrait à l'obscurité, et paraît au milieu de la lumière. Il faut pardonner ce médiocre jeu de mots à Boschini, qui a contribué à faire connaître un artiste dont les œuvres sont devenues trop rares, pour que son nom ait aujourd'hui le retentissement qu'il mériterait sans aucun doute.

regarde le grand canal n'ait pas été restauré dans un goût plus harmonique à l'ensemble des constructions.

A droite, l'ancien palais *Giustiniani*, dont l'architecture est dans le goût arabe en vogue au moyen-âge vénitien, est depuis de longues années occupé par l'*Hôtel de l'Europe,* dont il est parlé ailleurs. Les Giustiniani ont trois autres palais sur le grand canal et un autre aux *Zattere*.

Un peu plus loin, la Casa *Ferro*, bien qu'elle n'ait que deux fenêtres de façade, est une construction du plus charmant goût mauresque : les balcons sont d'un dessin et d'une élégance parfaites.

A gauche, la magnifique église de *Sainte-Marie della Salute* s'élève sur son haut perron dont l'eau baigne les degrés de marbre. Nous avons longuement parlé de ce temple splendide dans notre *chapitre sur les églises*, et la note F de ce même chapitre offre les détails historiques et anecdotiques qui se rattachent à son édification, après la terrible peste de 1630.

Les stations de gondoles qui sont là comme les *places de fiacres* des grandes villes de terre-ferme contribuent à l'effet pittoresque du grand canal. Le feuillage des treilles semble un sourire de la nature au milieu de toutes ces pierres magnifiquement amoncelées par la main des hommes, et l'eau du canal reflète ces vignes comme pour doubler la masse de leurs rameaux, dans cette cité si pauvre en verdure.

Souvent la gondole passe devant l'ouverture d'un canal étroit qui s'avance au cœur de la ville. Les ponts qui les enjambent accidentent ces originales perspectives. Puis, à droite, à gauche, ce sont partout des arceaux, des cintres aigüs, des ogives, des meneaux, tous les caprices de l'architecture arabe, gothique et mauresque, lignes gracieuses et recourbées à côté desquelles se dresse en opposition l'architecture droite et parallèle de la renaissance et des époques de décadence. Sur les balcons, aux angles supérieurs desquels se tiennent en védette de petits lions ou des chiens de marbre, l'imagination romanesque des femmes a posé des vases de fleurs. Il semble que les fleurs récréaient mieux la vue et l'odorat à Venise que dans les villes continentales. En général, on se sent bien disposé pour les gens qui les aiment, et tout arbuste fait chercher sur le balcon, ou derrière le rideau de la fenêtre, la femme qui le soigne !

Par malheur, toute cette poésie touche parfois aux plus regrettables vulgarités : là s'épanouissent les lauriers splendens et les roses trémières, à côté sèche le linge lavé en famille ou le matelas d'un berceau. Cette profanation de ces belles façades ogivales met l'artiste ou le poëte dans une indignation dont la sténographie fidèle serait plus comique que littéraire. Pour nous, qui regrettons aussi très fort ces exhibitions de la vie domestique, nous en faisons remonter la faute à qui de droit : les femmes de chambre et les bonnes d'enfants sont seules capables et coupables de choses pareilles, et assurément les belles dames qui aiment les fleurs, et qui savent que les fleurs aiment le soleil, ignorent que leurs gens jettent ainsi d'un étage sur l'autre l'ombre sur leurs plantes, en déshonorant par l'étalage de ces indiscrètes vulgarités d'armoire et d'alcôve la façade poétique de leurs palais !

Mais la gondole avance, voici à droite le palais CORNER, où réside aujourd'hui la *délégation royale de la province*. Sansovino bâtit ce palais vers 1532 pour la famille *Cornaro*, à laquelle appartenait la reine de Chypre, Catherine Cornaro (voir la note Q du *chapitre sur les Églises*). L'écrivain qui a dit que la reine était née dans ce palais a commis une erreur, car Catherine Cornaro naquit plus d'un siècle avant qu'il ne fût construit. La façade, divisée en trois ordres, dorique, ionique et composite, est plus imposante peut-être qu'élégante ; le perron laisse à désirer. Dans la cour on voit, au-dessus d'une citerne, une statue qui n'est pas sans mérite, et dont François Penso, surnommé Cabianca, est l'auteur.

Le dernier Cornaro de cette branche, descendante de la reine de Chypre, a servi sous Napoléon qui lui donna son ordre de la légion-d'honneur, il fut aide-de-camp du vice-roi d'Italie, Eugène Beauharnais ; il est mort tout récemment.

En face de cet immense palais est la base de celui du patricien VENIER DEL LEONE, ainsi surnommé parce qu'il eut longtemps chez lui un lion apprivoisé. On prétend qu'il avait commencé ce palais dans le dessein de surpasser en grandiose et en richesse celui des Cornaro qui lui faisait face ; mais la mort vint interrompre l'exécution de ce projet dont la raison est fort contestable, suivant nous, et aussi la construction de l'édifice. Les héritiers Venier ne jugèrent probablement pas à propos de poursuivre l'achèvement d'un si gigantesque palais. Il existe un dessin de l'architecte qui représente ce qu'eût été cette montagne de marbre, si son fondateur eut vécu. Aujourd'hui les plantes grimpantes d'un jardin de *Custode* regardent par-dessus les assises de ce soubassement marmoréen. Les colonnes doriques du terre-plein sont restées des fûts. Ce palais semble symboliser la prospérité interrompue de Venise.

Le petit palais Dario, à gauche, est du temps des Lombardi, tout recouvert de marbres à la façade. Ce goût est celui de l'époque qui précéda celle de la renaissance de la bonne architecture. A la base on lit cette inscription patriotique, que la ruine de la République rend assez touchante :

« *Genio urbis Joannes Darius.* »

Ce Joannes Darius, ou Jean Dario, disons plutôt, fut en 1450 ambassadeur de la République. Cette branche de famille est éteinte aujourd'hui.

L'antique palais Da Mouta a une façade mauresque et délabrée qui plait au rêveur. On comprendrait à la rigueur un pareil extérieur, avec un intérieur des plus confortables, suivant l'idée de Byron, qui avait voulu que certaines parties de la fameuse abbaye de Newstead, son domaine patrimonial, restassent ruines au-dehors, bien que palais au-dedans. Les Da Mouta, famille patricienne fort distinguée, ont eu un ambassadeur qui devint un très célèbre cardinal, persécuté par la République, qui ne lui pardonnait pas d'avoir accepté cette dignité, octroyée à l'ambassadeur vénitien par la cour de Rome.

Le petit palais voisin des Balbi-Valier est élégant et pompadour. Il semble qu'on va voir quelque mignonne marquise de la régence, en poudre et en mouches, s'appuyer sur les arcs des demi-terrasses. Balbi et Valier sont de beaux noms patriciens : les Valier ont eu deux doges.

Le palais Angarani, depuis Manzoni, aussi à gauche, est d'une élégance rare. Il est de la même époque que la maison *Dario*. Sa façade est revêtue de marbres précieux plus qu'aucune autre à Venise. Sa colonnade est légère et gracieuse, et tout cet extérieur présente un excellent état de conservation architecturale. Ce palais fut vendu il y a peu de temps pour la modique somme de vingt mille francs.

En face cet édifice, dans le goût mauresque du moyen-âge, que découpent deux élégantes galeries tréflées, est le palais Cavalli, occupé aujourd'hui, ainsi que l'indique l'écusson armorié